KB260124

MESIA

新산업
추격 전략

대한민국 산업의 투트랙 전략: 추격자 전략은 살아있다

Medical-bio | Energy-environment | Safety | Intellectual Service | Aerospace

MESIA

新산업 추격 전략

대한민국 산업의 투트랙 전략: 추격자 전략은 살아있다

KAIST 문술미래전략대학원/미래전략연구센터 지음

지식공감

투트랙 산업전략: 주력산업+MESIA

우리나라는 그동안의 노력으로 전자(반도체, 휴대폰) 자동차 조선 석유화학 철강 등의 주력산업에 대한 경쟁력을 갖게 되었지만, 지금은 중국 등 후발국의 추격을 받고 있는 실정이다. 2000년대 들어서 우리는 새로운 신성장산업을 발굴 육성하지 못하여 국가적으로 여러 가지 어려움에 직면하고 있으며 저성장시대로 접어드는 상황이다. 대한민국은 이처럼 어려운 상황을 어떻게 돌파해 나갈 것인가?

KAIST 문술미래전략대학원은 Two Track 전략을 제시한다. 5대 주력산업은 선도자(First Mover) 전략으로 경쟁력을 계속 유지하고, MESIA의 5대 신산업을 추격자(Fast Follower) 전략으로 새롭게 육성하자는 제안이다. MESIA는 의료·바이오(Medical-Bio), 에너지·환경(Energy-Environment), 안전(Safety), 지식서비스(Intellectual Service), 항공우주(Aerospace)의 영문자 앞글자를 딴 것이다.

대한민국에 적용할 MESIA 산업전략은 다음과 같이 설명할 수 있다.

첫째, 세계 시장에서는 아직 추격자 전략으로 개척할 수 있는 산업분야가 많다. 우리나라가 아직 세계적인 선두에 서 있지 못하는 산업이 많다. 이러한 분야는 선진국으로부터 배울 수 있는 것이 많이 있다. 즉, 추격자 전략이 효과적인 분야다. 여기서 제안하는 MESIA는 우리가 잘하지 못하여, 아직 추격자 전략이 유효한 분야다.

둘째, 현재 선진국이 주도하고 있는 MESIA 산업을 우리나라가 따라 잡을 수 있는가에 대해 회의적인 시각도 있을 수 있다. 우리는 추격자 전략에서는 성공스토리가 많다. 이러한 성공스토리를 바탕으로 자신감을 가지고 도전하면 선진국을 따라잡을 수 있을 것이다. 지금 우리에게는 IT 기술 등의 인프라가 있기 때문에, 과거 추격자 시절보다 더 유리한 위치다.

셋째, 주력산업은 중국과 경쟁하고 있고, MESIA 산업은 선진국과 경쟁하는 상황이다. 그동안 우리나라 산업의 역사를 보면 중국과 싸우는 것보다 선진국과 싸우는 것이 더 유리하다. 우리의 주특기는 생산기술의 효율화를 통한 가격 경쟁력이다. 그런데 이제 중국이 이를 활용하고 있다. 우리의 "이빨"은 아직 선진국에게는 아픔이 될 수 있다.

KAIST 문술미래전략대학원/미래전략연구센터는 대한민국 투트랙 산업전략 중에서 MESIA 육성 방안을 제시하기 위하여 MESIA 미래전략연구를 기획하였다. 'MESIA 미래전략'은 8년째 1인당 국민소득 2만불 대에 머물며 성장의 한계(limits to growth)에 도달한 우리나라 산업의 근본적인 대안으로서, 20년이상 일관되고 꾸준하게 추진해야 할 5대 전략산업 육성방안이다.

이 연구는 2015년 3월부터 8월까지 6개월 동안 17인의 교수와 약 60인의 연구원 대학원생이 참여하였는데, 연구의 효율을 위하여 임춘택, 정재승, 김원준 교수가 중간 책임자로 연구관리를 했다. 6월에 중간발표회를 하였고 8월에는 최종발표회를 통하여 내용을 다듬었다. 최종 결과는 9월 18일과 25일 이틀에 걸쳐서 서울창조경제혁신센터에서 발표하여 일반 시민의 의견을 청취하였다. 우리는 여기 제시하는 내용이 완벽한 산업전략이라 생각하지 않는다. 미래전략은 많은 사람들과 소통하고 공감을 하여야 실효성 있는 전략이 될 수 있다. 많은 분들의 조언과 첨삭이 필요한 일이라 생각한다.

대한민국 신산업을 MESIA로 정리하기 까지는 많은 논의와 토론이 있었다. 이 과정에서 MESIA라는 단어를 창조해낸 임춘택 교수의 공로를 기록하지 않을 수 없다. 그리고 연구에 참여해주신 교수님들과 연구원 대학원생들께 감사 드린다. 아울러 연구의 시작부터 출판까지 연구진행을 도와주신 KAIST 미래전략연구센터의 임화진 선임연구원, 서종환 연구조교수, 정채연 연구조교수께도 감사의 인사를 드린다.

연구책임자 이광형
(KAIST 문술미래전략대학원장/미래전략연구센터장)

contents

Medical-bio

분야책임자 정재승

KAIST 바이오및뇌공학과 교수
미국 콜롬비아대학교 의과대학 정신과 조교수
KAIST 물리학과 석·박사
KAIST 물리학과 학사

김도현 KAIST 생명화학공학과 교수

미국 Massachusetts Institute of Technology (M.I.T.) 화학공학 박사
KAIST 화학공학과 석사
서울대 화학공학과 학사

MESIA 미래전략
(Medical-Bio 산업 : 융합기술 분야)

세부분야

고령화 사회 BT/NT/ICT 융합 진단산업분야의 미래전략

1
연구 개요

■ 연구 목적

O 고령화 사회에 따른 만성질환 관련 조기진단/실시간 정보제공을 위한 BT/NT/ICT 융합 진단기술 개발전략 연구

- 노인 관련 질환과 관련인자 조사 및 설명

- 노인 관련 질환 인자의 선택적 검출과 관련된 연구 조사 및 정리

- BT와 NT, ICT의 융합 필요성 및 사례 조사

- 고령화 사회에 따른 국민 건강 저하와 의료비 부담의 절감을 위해 Medical−Bio 의료·바이오산업/융합기술 분야에서 추격자(fast−follower)전략을 활용, 선진국과 경쟁이 가능한 사업 아이템의 발굴

- 해당 사업 아이템들을 성공적으로 추진하기 위해 R&D 선도, 사업아이템 지원, 병·의원 연계 등의 중장기 전략 제시

O 본 연구제안의 최종목표는 최근 발표된 세계 7대 바이오 강국을 위한 산업 육성과 고령화 사회에 따른 개인건강관리에 관심이 많아진 사람들의 요구 충족을 위해 전 세계 주요 사망원인으로 대두되는 노인 관련 만성질환을 BT(Bio Technology)와 NT(Nano Technology), ICT(Information and Communication Technology)의 융합에 의하여 간단한 방법으로 단시간에 조기 검출 및 진단하고 그 정보를 개인과 담당의에게 제공할 수 있

는 스마트 기술의 개발전략을 연구하여 연구자에게는 스마트 기술의 진단관련 원천기술 개발을, 기업에게는 원천기술을 이용한 스마트 기술 개발 기회를, 병원 및 환자에게는 질병의 적극치료를 위한 현장진단과 실시간 정보 제공을, 일반인에게는 조기진단 기회를 제공하여 인류 건강증진, 질병예방·진단·치료에 기여함과 동시에 세계적인 의료진단 원천기술을 확보할 수 있도록 돕는 것

■ 연구 필요성

○ 만성질병 진단 및 BT/NT/ICT 융합 필요성

- 의료·바이오산업의 융합기술 분야에서 세계 시장에서 경쟁력을 갖는 사업영역 발굴과 그에 대한 추진 전략 개발이 요구됨

- 국내외 인구 고령화에 따른 만성질환자의 증가와 그에 따른 의료비 부담을 줄이기 위한 노력이 필요

- 또한 국내 성장과 복지를 동시에 실현할 수 있는 산업 중에 바이오산업을 선택하여 고령화로 인한 의료비 급증을 막고, 경제 성장을 도울 수 있는 원천기술이 필요

- 고령화 시대에서 노인을 중심으로 가장 늘고 있는 주요 사망원인 중 암, 심혈관계 질환과 같은 만성질환을 성인병과 대사증후군에 연계해 예방 및 관리하려는 노력이 급증

- 각종 만성질환 중 심혈관계 질환은 현재 세계 질병사망원인 1위이며, 국내 사망원인 1위인 암 발병에도 당뇨병과 함께 밀접한 관련이 있음이 많은 연구진을 통해 보고되면서 조기진단 및 관리의 중요성이 대두되고 있음

- 일상생활에서 지속적으로 관리가 필요한 만성질환 관련 진단 인자들의 검사는 현재 병원 검사 외에는 특별한 방법이 없고 시간 소요와 많은 비용이 필요

- 또한 만성질환은 표면적인 증상이 너무 늦게 나타나 치료시기를 놓치는 경우가 많고, 방사선 장비가 있는 병원 외에는 검사할 수 있는 방법이 없음. 또한 치료과정에서 기간이 워낙 길고 많은 비용이 들어 환자들의 적극적인 자세를 일으키는 동기부여가 쉽지 않은 상황

- 이러한 이유로 일반인들의 조기진단이 가장 우선되어야 하고, 환자들에게는 자신의 상태를 간편하게 검사할 수 있도록 사용이 쉽고 비용이 저렴한 만성질환 관련 진단기술 개발

이 세계적, 국가적으로 필요한 상황

■ 연구 범위

○ 고령화 사회 진단산업의 동향 조사 분석 및 미래 예측

　　– 고령화 사회에 따른 다양한 만성질환 관련 진단산업의 동향을 조사, 분석하고 적합한 진단 산업에 대한 미래를 예측

○ 고령화 사회 진단산업의 전략 아이템 도출

　　– 예측된 진단산업에 대한 적합한 진단 기술을 조사, 분석하여 적합한 유망 사업 아이템 도출

○ 도출된 사업 아이템에 대한 추진 전략 수립

　　– NT/ICT 융합 사례 분석 및 방안 제시

　　– 전략 아이템에 대한 추진 전략을 향후 30년간 단기, 중기, 장기로 구분하여 수립

○ 참여 연구자는 연구책임자 외 8명이며, 2명의 자문을 받았음

참여 연구진 소개

구 분	소속/직위/성명	담당 역할
연구 책임	카이스트/교수/김도현	– 연구과제 기획, 조정, 관리 – 유망 아이템 도출 및 미래전략 수립
연구 참여	카이스트/박사과정/정재민	– 고령화에 따른 질병 현황 조사, 분석 – 만성질환 진단 산업 및 기술 조사, 분석 – 현장진단분야 산업/기술 담당
	카이스트/박사과정/박견주	
	카이스트/박사과정/석승환	
	카이스트/석사과정/김현빈	– 현장진단 시장/전망 담당 – NT/ICT 기술 및 융합사례 조사
	카이스트/석사과정/장석현	
	카이스트/석사과정/이응준	– U헬스, 스마트 헬스 산업/기술 담당 – 국가 정책 담당
	카이스트/석사과정/강순희	
	카이스트/석사과정/강은진	

2

고령화 사회

1) 고령화 사회 특징

■ 한국과 세계 고령화 지수 추이

○ 고령화 사회란 65세 이상 인구가 총인구의 7% 이상일 경우를 말함(14% 이상일 경우 고령 사회, 20% 이상일 경우 초고령 사회에 해당)

○ 노령화 지수란 65세 이상 고령인구를 유소년(0~14세) 인구로 나눠준 값으로 한국은 2010년 68에서 2030년 214로, 선진국이 2010년 97에서 2030년 148로 증가하는 것에 비해 노령화 지수 변화폭이 매우 큼 〈그림 1〉

■ 의료비 현황

○ 한국의 1인당 연평균 의료비 증가율은 2000년에서 2009년까지 8.2%로 OECD 가입국가 평균(3.8%)에 비해 매우 높고 국민의료비 중 가계지출 비율은 2010년 34%로 멕시코, 그리스, 칠레 다음으로 높은 비율을 차지 〈그림 2〉

○ 연령대별 1인당 연간진료비는 60세 이상의 고연령에서 2011년 2백 5십만 원 이상으로 가장 많은 지출을 하는 것으로 분석 〈그림 3〉

➡ 현재 국내의 인구분포가 고령화 사회에서 고령 사회로 접어드는 시점으로 국내의 노인인구

가 급속도로 증가함에 따라 의료비 부담이 매우 늘어날 것으로 전망

〈그림 1〉 한국과 세계 고령화 지수 추이

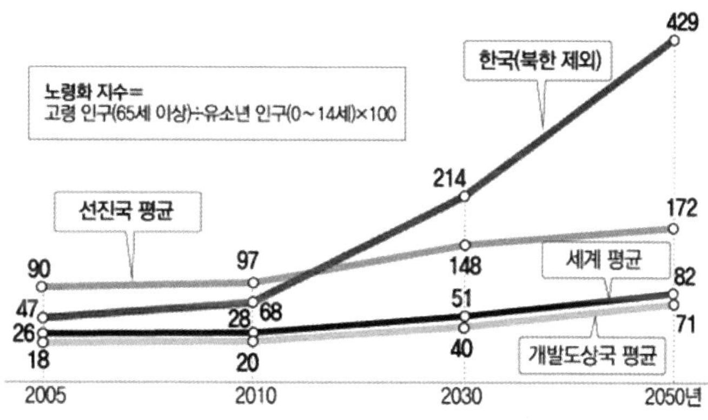

〈출처: OECD Health Data, 2011〉

〈그림 2〉 1인당 연평균 의료비 증가율

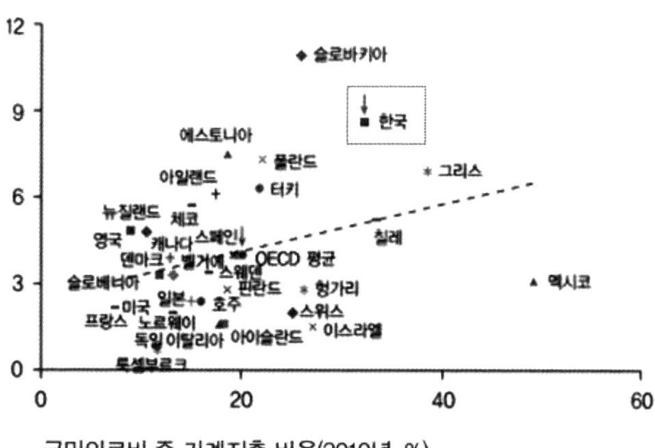

국민의료비 중 가계지출 비율(2010년, %)

〈출처: 국민건강보험공단〉

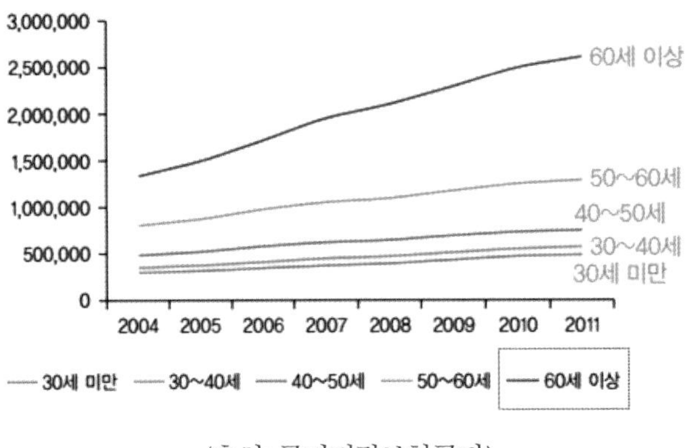

〈그림 3〉 연령대별 1인당 연간진료비 추이

〈출처: 국민건강보험공단〉

2) 노인인구의 주요 질환

■ 노인인구 질환의 특징

○ 노화와의 구분이 어려움(생리적 노화현상과 질병과의 구분 모호)

○ 평균 4가지 이상의 질병이 같이 발병

○ 만성적, 퇴행적 경과 보임(오랜 기간 발병·진행)

○ 청장년의 검사기준 적용 불가 개개인의 진단인자 변화확인 필요

○ 노인 인구의 자살을 제외한 주요 사망원인은 만성질환이고 대부분 성인병으로 분류됨. 이 중 심장질환의 증가율이 2010년 9.0%에서 2030년 15.3%로 가장 큰 증가를 보일 것으로 전망 〈그림 4〉

○ 만성질환은 인체의 노화가 시작되는 25세 이후부터 시작되는데 특별한 증상이 없어 지속적인 건강위험 요인의 관리가 필요함 〈그림 5〉

〈그림 4〉 20년 후 노인 주요 사망원인 변화

		암	뇌혈관질환	심장질환	간질환	자살	폐렴
남성	2010년	33.1%	8.9	9.0	3.4	5.4	2.1
	2030년	35.8%	2.5	15.3	0.5	3.6	5.4
여성	2010년	23.2%	11.8	11.2	1.0	4.0	2.6
	2030년	24.0%	2.9	22.1	0.2	6.1	7.0

자료: 고려대 통계학과 박유성 교수 · 통계연구소 김성용 연구원

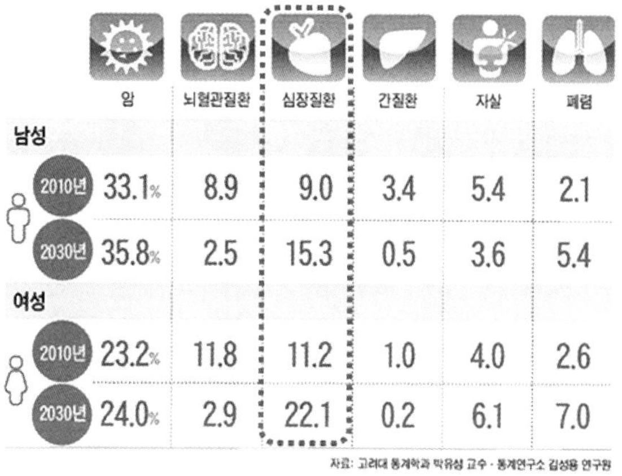

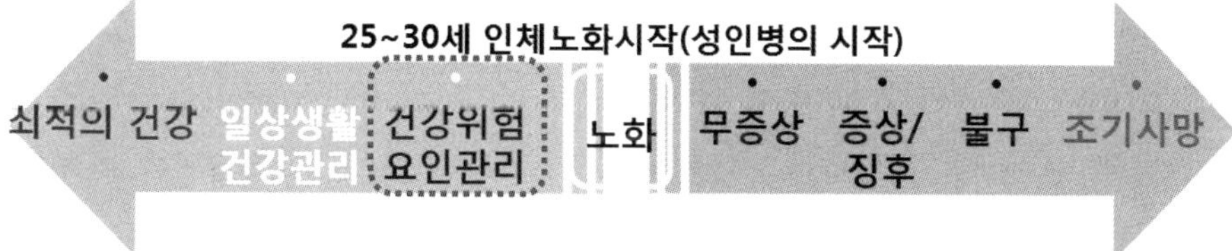

〈출처: 고려대 통계학과 박규성 교수〉

〈그림 5〉 만성질병의 시작단계

3) 만성질환 진단

■ 만성질환 진단의 한계점

○ 시간과 비용이 많이 들고 다양한 검사를 진행하는 병원방문을 통한 진단 외에는 특별한 진단 방법이 없음 〈그림 6〉

○ 만성질환의 특성상 증상이 없이 진행되고 발병 후 진단 시 대부분 만성질환으로 완쾌가 힘듦

○ 건강검진으로 병의 진행 예측 가능하지만 통계청 자료에 따르면 2015년 현재 41.7%의 많은 국민이 실천하지 않는 실정

〈그림 6〉 병원 방문 진단 절차

3

조기진단 산업

1) 조기진단이 가능한 체외진단 산업 현황

■ 체외진단 산업 현황 및 적용

○ 체외진단 시장은 〈표 1〉과 같이 대표적으로 5가지 산업분야로 분류 [1]

○ ㄱ 중 현상신난 분야는 다양한 기술 분야로 확대되는 전망

○ 현장진단 산업분야는 사용자의 손쉬운 접근이 (금액, 구입처, 사용방법 등) 가능하여 조기진단 기술 분야로 적합

○ 개발된 진단 기술이 혈당측정진단 기술과 같이 새로운 시장으로 형성될 수 있도록 현장진단과 NT/ICT와의 융합이 필요

<표 1> 체외진단 산업 현황

산업 분야	사용 분야	시장 점유율 (%)	시장규모전망 (억 달러)		Implication
			2012년	2017년	
면역화학적 진단	항체를 이용한 분석, 방사면역/효소면역분석 방법	35.7	187.6	259.4	매출액 대비 높은 성장률/ 전문 기술이 필요하여 발병 후 진단산업에 적합
자가혈당 측정진단	개인 당뇨관리 목적	20.4	82.3	101.1	단일 인자 진단 대비 최대매출분야/ 수요대비 공급포화 상태
현장진단	질병에 대한 즉각 대응 가능 목적, 비용/가격 문제 해결가능 분야로 각광	12.1	59.2	87.4	높은 성장률, 투자비대비 높고 빠른 경쟁력 확보가능/미래산업& 국가전략사업(조기진단 산업에 적합)
분자진단	병원체의 DNA, RNA 검출 및 분석 목적, 전문 기술 필요	9.3	50	90.7	미래산업(시장 증가율 최상위 분야)/전문기술 필요로 발병 후 진단산업에 적합
혈액진단	혈액 내 인자변화 파악 목적 (적혈구, 백혈구 등)	7.8	16.12	25.2	기본 진단 분야로 매출액 대비 성장률 느림

2) 현장진단 분야

■ 현장진단 분야의 장·단점 및 전망

○ 현장검사 분야의 기술은 빠른 결과를 제공할 수 있고, 복잡한 분석기가 필요하지 않는 장점이 있으며 2015년도 현장검사 시장은 약 82억 달러 정도이고, 현장검사 분야 중 가장 큰 분야는 혈당 측정 분야로서 그밖에 임신여부, 콜레스테롤, 혈중가스 측정, 자택용 혈액응고 테스트 분야 등이 있음

○ 최근 헬스케어 시장은 빠른 진단과 그 진단 결과에 따른 치료를 요구하고 있는 추세이며, 그에 맞는 진단기기의 종류도 많아지고 있고 심장질환 바이오마커, 약물중독 테스트, 성병 진단용 테스트 기기로서 임신진단, 콜레스테롤 수치, 심장질환 바이오마커 등이 있음

○ 현장진단 기기의 현재 기술적인 문제는 50% 이상이 수동인 점, 정보시스템과의 연계성이 부족하다는 점, 테스트에 따라 완전히 다른 기기가 필요하다는 점 등이 제시(자동화, 소형화 기술, 무선기술, ICT와의 융합 등이 함께 발전 필요)

○ 현장진단 기기 시장은 다수의 업체가 한가지 테스트 기기에 특성화를 이루고 있으며, 질병관리 차원에서 비용절감에도 효과적인 홈 테스트를 선호하는 의사들이 많아지고 있음

3) 조기진단이 가능한 체외진단 기술 현황

■ 체외진단 기술 현황 및 적용 [2]

○ 체외진단 기술은 분야에 따라 6개의 세부분야로 나눌 수 있으며 그중 임상화학, 면역학, 혈액학은 조기진단을 위해 육성 필요 〈표 2〉

○ 현장검사 분야는 특히 빠른 검사결과가 필요한 검사종목이고 숙련된 인력이 아닌 일반 검사자가 수행해도 오류가 없도록 기술을 개발하여 다른 종목들로까지 확대되는 추세이므로 앞으로 급속하게 늘어날 전망

○ NT가 발전하면서 선택도, 반응시간 등의 조기진단 기술이 갖춰야 할 부분의 발전을 불러오고 있어 기술력의 발전 또한 급격하게 향상될 전망

○ ICT와 접목한 u-Health 등의 유용성이 확실한 분야이기 때문에 앞으로도 더욱 확대될 것으로 예측됨

〈표 2〉 체외진단 기술 현황

기술 분야	특징 및 진단 가능 질병
임상화학	혈청, 혈장, 소변 등 체액 안의 성분을 화학반응을 이용하여 측정하는 것. 혈당, 전해질, 효소, 호르몬, 지질 등을 측정하여 당뇨, 간질환, 신장질환, 암표지자, 동맥경화, 임신, 불임 등 매우 다양한 질환 진단과 추적에 이용
면역학	항원·항체 반응을 이용하여 각종 암마커, 감염성질환, 갑상선기능, 빈혈, 알러지, 임신 등 다양한 질환 진단과 추적에 이용. 다양한 POCT가 개발되고 있음.
혈액학	혈액과 골수를 연구하는 분야로, 적혈구, 백혈구, 혈소판, 헤모글로빈 등 혈액세포를 검시하는 분야로써 전혈구검사나 응고인자검사가 기본이 됨.
병리학	유리판 위에 체액을 도말하거나 생체조직을 염색한 후 현미경을 통해 분석함으로써 암 조직이나 세포를 관찰하여 진단
분자진단	인체나 바이러스 등의 유전자 정보를 담고 있는 핵산(DNA, RNA)을 검사하는 것
임상미생물학	인체에서 유래된 검체를 이용하여 바이러스, 세균, 진균등을 배양, 동정하고 세균의 항생제 감수성을 검사하여 감염원을 찾아내고 그 치료 약제 가이드라인을 제공

■ 전략산업 분야 도출

현재 시장 현황 및 기술 현황을 고려하여, 본 연구의 취지에 부합하는 '추격자(fast-follower)' 전략 적용이 가능한 사업분야를 우선순위화하여 도출

○ 진단사업 분야

- 현장진단(POCT: Point of care test)

: 질병에 대한 즉각 대응 가능, 비용/가격 문제 해결가능 분야로 각광. 높은 성장률, 투자비 대비 높고 빠른 경쟁력 확보가 가능하여 조기진단 사업 분야로 적합

○ 진단기술 분야

- 임상화학, 면역학, 혈액학

: 만성질환 조기진단인자 검출에 적합, 현장진단에 적합한 간단한 검출 가능하여 조기진단 기술 분야로 적합

4

조기진단 사업

1) 조기진단 사업을 위한 선택과 집중

■ **조기진단 사업을 위한 만성질병의 발병 단계 구분 〈그림 7〉**

○ 1단계: 전조 증상이 없어 발병단계로 가는 생활습관을 방치하는 단계(신체 내에 발병단계로 가는 다양한 변화이 인지필요)

○ 2단계: 발병 초기증상을 무시한 채 생활하는 단계(초기증상이 만성질환 발병과 관련한 것인지 인지필요)

○ 3단계: 발병 후 지속적인 체크와 관리가 필요한 만성질환 단계(악화 또는 합병증이 생기지 않도록 평생관리 필요)

➡ 병의 징후가 없는 상태로 1단계와 2단계의 질병이 진행되고 있기 때문에 만성질환 진행단계 3단계 중 조기진단을 위한 1단계, 2단계에서의 조기진단 사업 개발이 필요

〈그림 7〉 만성질병의 발병 단계 구분

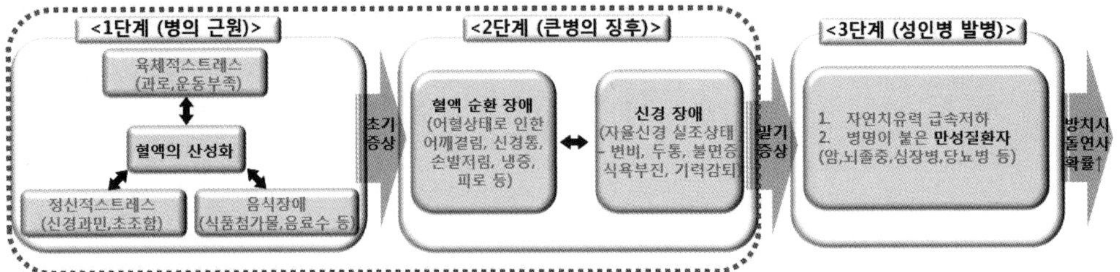

■ **만성질환 1단계(대사증후군)**

○ 만성질환 발병 전 허리둘레, 혈압, 혈당 등 변화를 파악하여 일상생활에서의 관리가 필요한 단계

○ 특별한 증상이 없어 국내외적으로 대사증후군이란 병명으로 조기관리를 추진

○ 하지만 대사증후군 판단 여부도 병원 검사에 국한

○ 혈당센서와 같이 값싸고 접근성 좋은 진단기술(중성지방, 고밀도 콜레스테롤, 인슐린)의 기술 개발이 필요

　－ 대사증후군 판단기준은 허리둘레(남자: 90cm 이상, 여자: 80cm 이상), 중성지방(150mg/dL 이상), 고밀도 콜레스테롤(남자: 40mg/dL 이하, 여자: 50mg/dL 이하), 혈압(30/85mmHg 이상), 혈당(100mg/dL 이상) 총 5가지 위험인자를 측정하여 3가지 이상 부합 시 대사증후군 판정 〈표 3〉

■ **만성질환 2단계(큰 병의 징후)**

○ 발병 전 이상증상으로 인한 만성질환 관련여부 파악과 병·의원 검사 필요성을 확인하는 단계

○ 만성질환 중 혈관계 질환은 전조증상 없는 돌연사와 관계되어 있어 병·의원 전 단계에서의 상태 파악이 중요

○ 만성질환 중 돌연사와 가장 밀접하게 연관된 혈관질환의 진단인자는 혈액검사(염증, 과응고 유무), 심전도(부정맥, 심박세동 유무), 심박동수(1분 60회 이하 또는 90회 이상), 심장질환 마커 등 다양하며〈표 4〉 각 인자의 진단을 통해 병원진료의 결정을 도울 수 있는 진단기기 필요

○ 병·의원 접근성이 좋지 않은 환자를 위한 헬스케어 ICT 융합 체외진단기술 개발 필요

〈표 3〉 대사증후군 판단기준

위험 인자	판단기준 (3개 이상 부합 시 대사증후군 판정)
허리둘레	남자 : 90cm 이상
	여자 : 80cm 이상
중성지방	150mg/dL 이상 또는 고지혈증 약 복용
고밀도 콜레스테롤	남자 : 40mg/dL 이하 또는 고지혈증 약 복용
	여자 : 50mg/dL 이하 또는 고지혈증 약 복용
혈압	30/85 이상 또는 혈관이완제 복용
혈당	100mg/dL 이상 또는 당뇨약 복용

〈표 4〉 혈관질환 판단기준

위험 인자	조건	
혈액검사	염증, 과응고 유무확인	
심전도	부정맥, 심방세동 유무확인	운동부하검사 가능 (일정조건의 운동과 병행)
심박동수	1분 60회 이하 또는 90회 이상	
심장질환 마커 농도	미오글로빈	기존 농도 대비 증가확인
	크레아틴 키나아제	
	트로포닌 I	
	뇌나트륨이뇨펩타이드	
	D-이합체	

2) 전략사업 시장 및 전망 : 현장진단

■ 현장진단 시장 현황 [3]

○ 현장검사는 질병에 대한 즉각 대응을 가능하게 하는 목적으로 이용되며, 시장규모는 2012년 59.2억 달러로 전체 IVD(In Vitro Diagnostics, 체외진단용 의약품) 시장의 13%를 차지하고 있고, 2017년까지 87.4억 달러, 8.1%의 높은 성장률을 보일 것으로 전망 〈그림 8〉

○ 지역적으로 서유럽에서 다른 진단제품들이 가지고 있는 비용 문제, 규제 문제를 해결할 수 있는 분야로 각광받고 있고 저비용의 장점으로 개발도상국가에서도 역시 수요가 예상

〈그림 8〉 현장진단 시장 규모

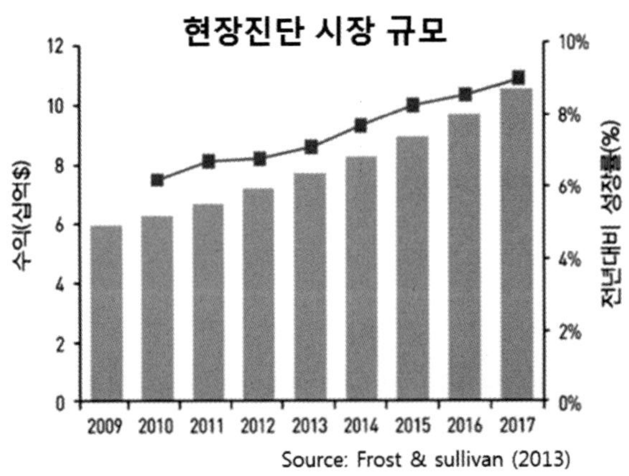

■ 현장진단 분야의 장·단점 및 전망

○ 장점

– 현장검사 분야의 기술은 현장에서 간단한 방법으로 빠른 결과를 제공

– 분석기기가 단순하여 사용에 편리함

– 큰 시장을 형성하는 혈당측정 분야가 있어 만성질환 조기진단 시장형성 가능성이 큼

○ 단점

- POCT 기기의 50% 이상이 수동 구동(사용자의 사용법 숙지 필요)

- 정보시스템과의 연계성 부족(병·의원 빅데이터와의 연계 필요)

- 테스트에 따라 완전히 다른 기기가 필요(기기가 많아져 사용자의 불편함 증가)

➡ 자동화, 소형화 기술, 무선기술, ICT와의 융합 등이 함께 발전 필요!!

○ 전망

- 질병관리 차원에서 비용절감에 효과적인 홈 테스트를 선호하는 의사들이 많아지고 있어 병·의원의 적극적인 협조가 가능

3) 전략사업 기술 : 임상화학/면역학/혈액학

■ 현장진단 기술현황 및 적용 [4]

○ 임상화학: 체액 기반의 만성질환 조기검진을 위한 기술로 다양한 만성질환 진단인자에 적용가능

○ 면역학: 심장 및 뇌 혈관질환 마커들의 항원·항체 반응으로 정확한 검출과 진단 가능

○ 혈액학: 혈액의 염증과 과응고 상태 등 혈관내 질환을 예측하여 만성질환 예측 가능

○ 병리학, 분자진단, 임상미생물학의 기술분야는 체액을 분리하거나 염색하는 전처리 과정이 필요하여 일반인들이 손쉽게 사용도록 만들기 힘든 기술

■ 현장진단 기술분야의 장·단점

○ 장점

- 체외진단기기 시장 중 전략사업 기술에 적합한 세 분야의 시장 점유율이 높음 〈그림 9〉

- 이는 진단 기술력이 높고 범위 또한 다양하여 만성질환 조기진단에 적합

○ 단점

- 진단기기의 가격 및 크기로 인한 일반인의 접근성 결여

- 정보시스템과의 연계성 부족

➡ 가격 경쟁력 확보와 ICT와의 융합 등이 필요

〈그림 9〉 현장진단 시장 규모

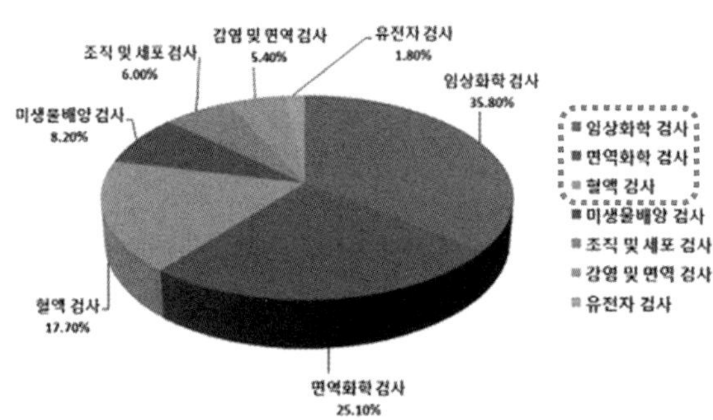

4) 전략사업 기술 : BT/NT 융합

■ 현장진단 BT/NT 기술현황 및 적용 [5]

○ 나노-바이오 융합기술은 나노미터 수준의 크기에서 물질이 가진 물리·화학적 특성을 분석·가공하는 나노기술과 식물, 동물이 가진 DNA 등 생체특성을 분석·가공하는 바이오 기술을 접목하여 개발되는 기술을 정의

○ 나노기술은 기존의 기술 분야(물리, 재료, 전자 등)를 횡적으로 연결함으로써 새로운 기술 영역을 구축하는 분야이므로 학문 간 경계가 없는 학제간(interdisciplinary) 연구가 필요한 분야로 판단

ㅇ 나노기술은 다양한 분야에 적용가능하여 그 응용분야가 많음. 그중 IT, BT와의 융합을 통해 의료건강, 생명공학 등의 분야에 활발한 연구가 진행되고 있음 〈그림 10〉

ㅇ 경제적 측면에서도 기술 집약적인 신산업의 다양한 창출로 고부가가치 전략품목의 새로운 개척과 선점이 가능한 분야로 판단

■ 현장진단 BT/NT 기술 전망

ㅇ 우리나라 국가과학기술위원회에서 발표한 자료에 의하면 IT, BT, NT 3개 분야의 2010년 세계시장 규모는 약 9조 4천억 달러에 이를 것으로 예측되며, 그중 NT 분야의 세계시장 규모는 5,125억 달러, BT 분야는 5,113억 달러에 이를 것으로 전망 〈표 5〉

ㅇ 이러한 세계적인 추세를 바탕으로 국내 신기술 산업 중 나노기술 분야는 2010년까지 연평균 49.5%의 높은 증가율을 보이면서 국내 시장 규모는 1,246억 달러에 이를 것으로 보이며, 세계시장에서 차지하는 비중도 2002년 1.9%에서 24.3%까지 확대될 것으로 전망〈표 6〉

ㅇ IT, BT 기술과의 융합을 통한 성장성에 주목받고 있으며, 이 중 BT와의 융합을 통한 BT/NT 융합기술은 생명과학과 나노 소자의 상호기술을 이용하여 발전할 전망

〈그림 10〉 나노기술응용분야 (출처: 나노종합기술원)

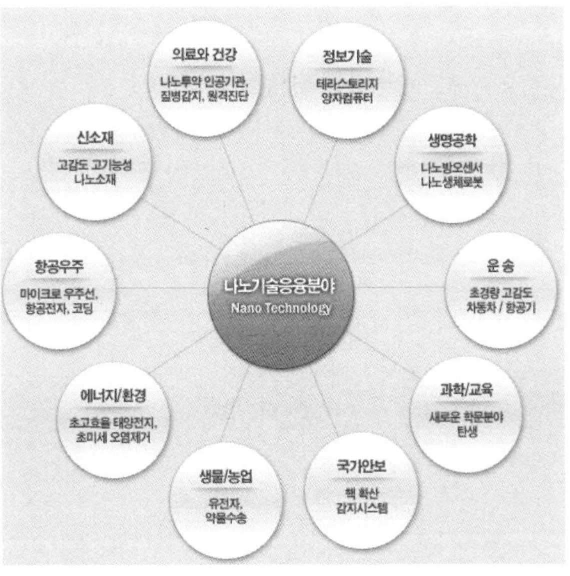

〈표 5〉 차세대 성장산업 분야별 세계시장 규모 (단위: 억 달러)

기술분야	2002	2003	2005	2010	연평균 증가율
IT	32,580	36,630	46,361	83,361	12.5%
BT	3,094	3,292	3,732	5,113	6.5%
NT	2,591	2,822	3,345	5,125	5.9%
계	38,265	42,744	53,438	93,782	

〈출처: 국가과학기술위원회, 「과학기술기본계획」, 2001〉

〈표 6〉 차세대 성장산업 분야별 국내시장 규모 (단위: 억 달러)

기술분야	2002	2005	2010	연평균 증가율
IT	372	467	682	7.9%
BT	12	22	60	22.3%
NT	50	167	1,246	49.5%
계	434	656	1,988	21.0%

〈출처: 국가과학기술위원회, 「과학기술기본계획」, 2001〉

5) 전략사업 기술 : BT/ICT 융합

■ 현장진단 BT/ICT 융합을 통한 헬스케어 시장 진출 전략

○ 헬스케어 신시장 창출 전략

- 정부는 헬스케어 신시장 창출 전략을 세워 BT/ICT 발전과 동시에 고령화 대비·성인병과 같은 만성질환 관리를 통해 국가 의료재정 부담을 줄이는 정책수단을 펼침
- 국민의료비 ('09년) 73.7조 원 → ('20년) 256조 원, 건보적자 ('10년) 1.3조 원 → ('20년) 16조 원 추정
- 미국행정부도 건강보험 개혁과 함께 의료 IT 분야에 2015년 400억 달러 지출 전망(출처: Mckinsey)

○ 헬스케어 육성지원 방향

- U헬스 기기 업그레이드 및 국제표준화, 고령화·만성질환(고혈압, 당뇨, 치매, 뇌졸중 등) 진단기술, 개인건강기록 개발 등 추진

  • 내용 : 고령자의 건강유지를 위한 만성질환(고혈압, 당뇨, 치매, 뇌졸중 등) 동시 검진이 가능한 One-Stop multi-diagnostics 개발

  * 항노화 인프라 및 제품화 기술개발 사업('12~15년 117억 원)

➡ 국가차원의 진단기술 개발로 환자의 건강증진과 더불어 조기진단 기술을 이용한 발병 전 예방이 필요

6) 전략사업 : 승인과 규제 [6]

■ 현장진단 전략 사업에 따른 승인과 규제

○ 전략 사업은 BT/NT/ICT 간의 융복합 영역에서 새롭게 형성되는 산업의 글로벌 경쟁력 확보가 필요하며 이를 위하여 기술 자체의 발전과 아울러 기술의 변하에 발맞춘 정책보완과 규제개선이 필요

■ 기술규제 개선방향

○ 혁신친화적 규제시스템 구축

- 새로운 비즈니스 생태계 창출을 위한 혁신친화적 규제시스템 구축

- 새로운 신기술 융복합 영역의 발전을 위한 네거티브 규제시스템 도입 검토

○ 글로벌 스탠다드 지향

- 국내 기술규제 시스템과 글로벌 스탠다드와의 조화

- 글로벌 기술규제 모니터링 및 대응체계 구축

○ 미래지향적 지원 인프라 구축

- 기술규제 분야별 전문가 시스템 구축 및 교류 확대

- 미래지향적 제도개선과 지원 인프라 구축

○ 민간 참여 확대 및 기술규제의 산업화

- 민간의 자율적 규제시스템 강화

- 기술규제 관련 서비스의 고부가가치 산업화

※ 기술규제 현황, 문제점 및 개선방향 〈부록 참고〉

5

조기진단 전략사업 분야 분석

1) 현장진단 산업에 따른 SWOT 분석 〈표 7〉

■ **강점**(Strength)

  ○ 현장진단은 질병에 대한 즉각 진단이 가능하여 결과에 대한 대응이 빠름

  ○ 현재 국내외 진단 기술과 NT 기술력은 우수한 수준으로 선신국과 충분히 겨뤄볼만 함

  ○ 국내의 뛰어난 ICT 기술력을 바탕으로 세계적인 트렌드인 홈케어, 스마트케어 산업의 핵
    심 진단 기기로 자리매김 가능

  ○ 혈당센서와 같이 다양한 질병 적용범위를 넓혀 조기진단 시장의 확대를 통하여 국민 건
    강 증진과 의료비 부담 감소 가능

■ **약점**(Weakness)

  ○ 현재 기술 수준은 다양한 질병에 따른 진단 인자에 따라 각각의 다른 진단기기가 필요

  ○ 현재 채혈기반의 진단기기가 주를 이뤄 사용자가 불편함

  ○ 개인의 확인만을 위한 수준의 진단기기가 대부분 이어서 병·의원과 연계할 수 있는 정보
    시스템이 없음

■ **기회**(Opportunity)

   ○ 최근 전 세계적인 트랜드인 홈케어, 스마트케어 산업의 다양화로 기술 개발에 따른 다양한 접목이 가능

   ○ 혈당센서 시장과 같은 규모의 신시장 확대에 따른 산업계의 경제적 효과 증대

   ○ 발병 전 조기진단과 관리를 통해 발병률을 감소시켜 의료비 부담 축소

■ **위협**(Threat)

   ○ 현재 시장들은 유럽 업체가 높은 점유율 차지

   ○ 의료인들의 대부분은 신뢰성을 최우선시하여 새로운 진단기기의 시장진입에 장벽이 생길 가능성이 있음

〈표 7〉 현장진단 산업에 따른 SWOT 분석

S (Strength)	W (Weakness)
– 현장진단은 질병에 대한 즉각대응 가능 – 우수한 진단 기술력 – 홈케어, 스마트케어의 핵심 진단기기 – 정부의 적극적 산업육성 의지 – 다양한 질병 적용에 따른 조기진단 시장의 확대	– 진단 인자에 따라 다른 진단기기 필요 – 현재 채혈기반이 주를 이뤄 사용자가 불편함 – 정보시스템과 연계 부족
O (Opportunity)	**T (Threat)**
– 홈케어, 스마트케어 산업의 다양성 확대 – 시장확대에 따른 산업계의 경제적 효과 증대 – 조기진단으로 인한 의료비 부담 축소	– 유럽 업체의 높은 시장 점유율 – 의료인들의 신뢰성 중시로 인한 시장진입 장벽

2) 현장진단 기술에 따른 SWOT 분석 〈표 8〉

■ 강점(Strength)

○ 체외진단기기 시장에서 현재 점유율이 높음

○ 국내의 다양한 질병에 대한 진단 기술력 높음

■ 약점(Weakness)

○ 현재 시중에 판매하는 체외진단기기는 사용방법이 복잡하고 단가가 높아 일반인의 접근
성이 매우 낮음

○ 병·의원에 직접 연계가능한 정보시스템이 부족

■ 기회(Opportunity)

○ 조기진단이 필요한 다양한 만성질환에 적용하여 진단기기의 다양성 확보 가능

○ 국내의 문제만이 아닌 전 세계적 관심분야로 수출시장이 매우 클 것으로 전망

■ 위협(Threat)

○ 관련시장에서 저가의 모조품을 기반으로 한 중국시장의 급성장 예상

○ 전 세계적인 트랜드인 만큼 국가 간의 치열한 경쟁 예상

〈표 8〉 현장진단 기술에 따른 SWOT 분석

S (Strength)	W (Weakness)
– 체외진단 기기 시장에서 점유율 높음 – 다양한 질병에 대한 진단기술력 높음	– 일반인의 접근성 부족(사용방법, 단가 등) – 정보시스템과 연계 부족
O (Opportunity)	**T (Threat)**
– 조기진단이 필요한 질병에 적용으로 다양성 확보 – 전세계적 관심분야로 수출시장 확대	– 중국시장의 급성장 – 국가간 치열한 경쟁환경 고조

— **6** —

조기진단 기술 개발 전략

1) NT/ICT 융합된 만성질환 조기진단 기술 개발 전략 〈그림 11〉

■ 진단 기술적 측면

○ 단기 (5년 이내)

- 임상화학, 면역학, 혈액학을 통한 만성질환 1, 2단계 모든 진단인자 검출 및 진단 기술 개발

- 1단계 진단인자 중 중성지방, 콜레스테롤/2단계 진단인자 중 혈액검사(염증, 과응고), 심전도 (부정맥, 심박세동), 심박수, 심장질환 마커(미오글로빈, 크레아틴 키나아제, 트로포닌, 뇌나트륨이뇨펩타이드, D−이합체) 등의 체외진단형 진단 기술 개발

- 현장 진단 가능한 채혈기반의 소형 플랫폼 개발

○ 중기 (5~10년)

- 만성질환 1, 2단계 모든 진단인자 검출 및 진단을 체액(땀, 침, 소변 등)기반의 기술로 개발

- 현장 진단 가능한 체액기반 소형 플랫폼 개발

○ 장기 (10~20년)

- 부착형 탐지 기반의 진단센서 기술 개발

- 실시간 만성질환 관련 인자 확인 가능

    – U헬스케어, 스마트케어 등의 시스템에 핵심기술로 사용

■ NT 융합 측면

○ 단기 (5년 이내)

    – 임상화학, 면역학, 혈액학 등 조기진단 기술에 적용 가능한 NT 기술 개발

    – 진단인자와 반응하여 검출이 가능한 민감도, 선택도, 반응시간이 향상된 NT 기술 개발

○ 중기 (5~10년)

    – 개발된 NT 기술의 생산성 극대화

    – 대량생산 가능하고 가격 경쟁력이 높으며 신뢰성 있는 생산방법 개발

○ 장기 (10~20년)

    – 바이오마커가 없어 장시간 보존 및 사용 가능하고 다양한 인자를 통합검출 가능한 NT 기술 개발

■ ICT 융합 측면

○ 단기 (5년 이내)

    – 소형 진단기기에 융합 가능한 ICT 기술 개발(다양한 형태의 정보공유시스템 개발)

    – ICT 융합 및 병·의원 연계 시스템 개발(사용자와 의사 및 약사와의 연계 필요)

○ 중기 (5~10년)

    – 현재 구출 중인 의료정보 인프라의 업체 간 공유 및 통합시스템 개발

    – 제약회사, 스포츠용품 회사 등 다양한 산업분야와 전략적 제휴를 통한 다양한 형태의 ICT 시스템 개발

○ 장기 (10~20년)

    – 개발된 시스템의 고도화 및 증설, 제일 중요한 보안 강화에 집중 투자하여 해외 수출 가능한 안전하고 편리한 시스템 개발

■ **정책적 측면**

○ 단기 (5년 이내)

- 채혈기준 각 만성질환 인자별 진단 기준의 표준화

- 개발된 만성질환 채혈기반 조기진단 기술의 국가적인 사용 권장 및 홍보

- 현재 범용적으로 사용되는 혈당측정기 시장과 같은 시장형성에 힘써 많은 투자와 연구 개발이 자연스럽게 일어나도록 유도

- 다학제간 융합형 인력양성에 적극적 지원

○ 중기 (5~10년)

- 채액기준 각 만성질환 인자별 진단 기준의 표준화

- 진단기술의 표준화 관련 법률 및 제도적 장치 마련(현재 면대면 진료만 합법)

- 검출된 데이터를 의사가 확인하고 진단할 수 있는 의료서비스 확대 유도

○ 장기 (10~20년)

- 법률/제도 운영을 통한 수출 장려 및 기술 개발 확대

- 해외 인증 및 수출활로 확보로 국내 업체의 수출시장 확대

- 산업계의 마케팅 및 수출지원, 전문인력 양성으로 장기적인 지원방안 마련

〈그림 11〉 NT/ICT 융합된 만성질환 조기진단 기술 개발 로드맵

— **7** —
결론 및 제언

■ 결론

본 연구를 통하여 향후 30년간 우리나라가 5대 전략산업 중 Medical-Bio 의료·바이오 산업 중 바이오칩 융합기술에 대한 추격자 전략을 세우고자 노력함. 전 세계적으로 인구 고령화에 따라 사회적, 경제적으로 다양한 문제가 발생되고 있음. 의료분야에서도 만성질환자의 급증과 동시에 의료비 부담을 해결하기 위해 만성질환자의 치료와 관리에만 많은 노력을 기울이고 있음. 그에 따라 관련 시장과 산업이 성장하고 있지만 의료분야 특성상 신뢰를 중요시하기 때문에 관련 산업은 국외기업이 주로 선도하고 있음. 또한 근본적인 해결방법은 조기진단과 관리를 통한 만성질환자의 예방이 중요함. 이에 국가적으로 이 분야의 체계적인 분석과 지원을 통해 조기진단 시장을 확대하고 관련 인력이 충원될 수 있도록 유도하는 것이 만성질환자 감소와 동시에 국가적 경쟁력을 갖는 새로운 원천기술과 국내 기업이 선도하는 신시장을 보유하는 방법이 될 것임.

■ 제언

현재 연구관련 지원이 국제적 이슈에만 따르고 있기 때문에 관련 연구비, 연구인력 및 산업체만 경쟁이 치열하여 신시장 창출 및 원천기술 확보가 힘든 실정임. MESIA 같은 추격자 전략이 필요한 산업분야에서는 1위로 치고 나가기 더욱 힘들기 때문에 창의적인 연구가 진행될 수 있도록 새로운 분야에 적극적이고 지속적인 지원이 필요하다고 생각됨.

참고 문헌

[1] 첨단신기술정보분석연구회. (2011). *IT 융합 U-헬스 및 의료정보시스템 시장동향과 기술개발 전략*. 진한엠엔비.

[2] 산업교육연구소. (2015). *디지털 헬스케어 산업분석과 비즈니스 모델 및 주요과제*. 세미나 자료집.

[3] 임팩트 편집부. (2015). *의료IT융합, 의료기기 및 U헬스케어 기술 시장전망과 참여업체 동향*. 임팩트.

[4] 데이코 편집부. (2014). *차세대 의료기기 시장 개발동향과 사업전망*. 데이코.

[5] 생명공학정책연구센터. (2013). 바이오칩연구동향.

[6] 한국공학한림원. (2015). 산업발전을 위한 기술규제 개선 및 정책제언.

1. 만성질환 조기진단관련 체외진단기기 기술 개발현황 [1]

1) 만성질환 조기진단기기 개발현황

■ 체외진단기기 특성

○ 체외진단기기는 질병 진단과 예후 판정, 건강상태의 평가, 질병의 치료 효과 판정, 예방 등의 목적으로 인체로부터 채취된 조직, 혈액, 소변 등 검체를 이용한 검사에 사용되는 의료기기로서 사용되는 시약을 포함한 기기로 정의

  - 체외진단기기 산업은 높은 부가가치를 낼 수 있는 산업이나 사용자가 일부 자가측정용 기기를 제외하고 의료서비스에 종사하는 의사와 임상병리사로 국한되어 있어 안전성과 신뢰성 중시로 후발업체의 시장진입이 어려운 상황

  - 자가측정용 기기를 제외하고는 수요처가 병원과 검사센터, 보건소 등이며 품목 수가 매우 다양하고 BT, IT 등 다양한 기술개발이 연계되어 계속 새로운 방법과 기기가 출현

  - 최근 스크리닝과 치료 모니터용으로 새로운 검사방법 도입이 폭증하여 체외진단기기 사용이 가파르게 증가하는 추세이고 관련 고객 서비스에 대한 비중이 점차 상승

  - 한국보건산업진흥원의 의료기기 유형 분류를 보면 체외진단기기는 혈당측정기, 체액분석기기, 혈액검사기, 유전자분석기, 소변분석기, 체외진단기기용 검사지 등을 포함

■ 체외진단기기 업체동향

○ 국내의 체외진단 검사 시장은 주로 중·대형 병원과 녹십자, SCL, 삼광, 이원, 네오딘과 기타 작은 커머셜 랩에서 주로 실시

  - 이용 중인 기기의 대부분은 외국산이며 소변검사, 일부 Rapid test, 면역검사 등에 국산이 이용되고 있으나 대부분의 고가 장비는 모두 외국산인 상황

- 체외진단협의회 74개 회원사 중 홈페이지를 통한 분석이 가능했던 회사는 68개사로 이 중 55개 회사(81%)가 한 가지 분야의 소형 제품을 출시한 상태이고 주로 분자진단 관련 제품이 다수(39개 업체, 57.4%)이며 다음 면역진단 23개 회사(33.8%), 자가혈당측정기를 포함한 생화학 측정 분야가 18개 회사(26.5%) 순서임
- 현재 체외진단기기 시장은 Roche 진단기기사업부, Abbott, Siemens, Johnson&Johnson, Beckman Coulter, Bayer, bioMerieux 등 7개 회사가 전 시장의 68%를 장악

■ 체외진단기기 기술 개발현황

○ 휴대형 혈액응고시간 측정기 기술개발

- 환자가 INR 수치를 현장에서 측정할 수 있는 휴대형 혈액응고시간 측정기 기술 개발
- 환자(와파린 복용자)는 INR 수치를 확인하기 위해 정기적으로 병원에서 채혈검사를 받아야 하는 불편함이 있어 널리 사용되고 있는 혈당측정기와 같이 시간과 장소에 구애받지 않고 환자가 직접 자신의 INR을 측정하여 환자 주도적인 INR 관리가 가능한 휴대형 혈액응고시간 측정기가 필요
- 이에 휴대 가능하고 환자가 직접 측정이 가능한 혈액응고시간 측정 기술 확보
- 양산용 측정기 본체와 전기화학적 진단기술이 적용된 스트립 양산 기술 확보
- 주요 특징은 혈액샘플은 측정기에 삽입하는 스트립의 혈액주입구에 점적
- 작동 환경은 18℃~32℃이고 날짜와 시간 포함하여 500가지 이상 측정결과 저장가능
- 전문기관을 통한 의료기기 안전성 시험 및 성능시험이 필요하고 지식재산권 확보 필요
- 개발기간 24개월, 정부출연금 총 10억 원

○ 죽상동맥경화증 진단을 위한 비침습적 혈관 기능 검사 시스템 개발

- 개발의 필요성은 혈관내피세포기능을 측정하여 심혈관 질환에서 중요한 죽상동맥경화증 진단을 위한 기술 및 제품 개발
- 심혈관 질환의 예후를 판단하는 데 있어서 혈관내피세포기능이 중요한 인자로 대두
- 현재의 혈관내피세포기능 검사는 초음파 장비와 고도로 숙련된 임상경험이 필요

- 이에 간편하게 진단할 수 잇는 검사기기의 개발이 요구

- 주요 성능은 혈류량 변화를 1ml 차이로 식별, 혈압측정을 50~300mmHg 내에서 측정

- 주요 특징은 혈관의 충혈·방혈 장치 개발, 혈압 및 혈류량 측정 기술 개발, 측정된 생체 신호를 수치화하는 분석 소프트웨어 시스템의 개발

- 기타 요구사항은 제품기능 평가를 위한 연구임상시험이 필요, 지식재산권 확보 필요

○ 생체신호 인식 기반 개인맞춤형 전기자극기 개발

- 개발의 필요성은 다중 바이오센서에 의해 인식된 생체정보를 바탕으로 가장 적절한 전기 자극을 인체에 조사하는 개인맞춤형 전기자극기 개발

- 인구고령화와 웰빙산업 확대는 개인용 전기자극기 등 셀프케어 시장의 확장으로 연결

- 기존의 단순한 프로그램을 뛰어넘어 생체정보를 인지하는 새로운 개념의 효과적인 스마 트케어 제품에 대한 수요 증대

- 개발 목표는 다중 바이오센서에 의해 인식된 생체정보를 활용하여 최적의 전기자극을 다 채널로 조사할 수 있는 개인용 전기자극기 개발

- 무선 인터페이스를 기반으로 사용자의 활동량 데이터의 저장과 처리를 스마트케어 단말 기의 어플리케이션을 통하여 관리할 수 있는 제품

- 주요성능은 다중 바이오센서를 이용한 생체정보(표면저항, 혈압, 체온, 맥박 등) 인식

- 5채널 이상의 다채널 자극용 출력포트, 패드별 출력값의 정확성 5% 이내, 장기 사용시 출력 변동률 2.5% 이내, 무선 인터페이스 지원

- 주요 특징은 바이오센서를 이용한 생체정보 인식과 이 정보에 기반한 치료 프로그램 구성

- 5채널 이상의 다채널 생체자극 프로그램, 배터리, 정밀 모션센서, 시계 등으로 구성된 인 체 부착형 활동 모니터링 기기

- 기타 요구사항은 공인 시험 인증서와 지식재산권 확보, 셀프케어에 적합한 제품 디자인 개발이 요구

2) 체외진단기기와 IT 융합 기술 개발현황 [2]

■ 체외진단기기 IT 융합 기기의 특성

○ 정보통신기술 기반의 지능형 의료기기와 첨단화에 관계된 IT 기술이 융합되고 있으며 차세대 맞춤형 진단치료기술, u-Health 핵심기술, SW기술, 센서기술 등 향후 10년 이내에 개인 건강관리를 위한 모바일 의료기기 시장이 급속히 성장할 것

  – 산업적으로 전형적인 중소기업형 다품종 소량생산의 고부가가치 산업으로 최근 비만 및 성인병 환자 증가에 대한 경계심과 건강관리에 대한 보급이 확대

  – 만성질환 등의 상시 관리를 위한 원격/재택 진료 및 현장진단시스템과의 융합 시도 증가

■ 체외진단기기 IT 융합 기기 동향

○ 인구 고령화, 질병의 조기진단 치료, 예방의학발전 등 패러다임의 급속한 변화에 따라 의료 서비스 수요가 급증하고 있으며, 세계 의료기기 시장의 85%를 차지하는 미국, 유럽, 일본 등 의료선진국가의 평균수명 증가로 인해 인구 고령화가 가속화

  – 세계 각국의 소득수준 및 생활수준 향상과 의료비 지출의 증가로, 고급 의료서비스 수요가 지속적으로 창출. 최근 의료 서비스의 트랜드 변화는 기존 치료중심에서 건강관리의 개념으로 확대된 신규 시장이 창출되고 있으며, IT 관련 기술혁신 및 인프라 확충으로 이를 이용한 u-Health(원격건강관리) 산업의 대두와 u-Health 의료기기에 대한 수요도 증가할 것으로 전망

  – 고혈압, 당뇨, 심장질환, 뇌졸중 등 만성질환에 지속적인 생리현상 감시 및 이에 대응하는 의료서비스가 가능할 것으로 전망

  – 특히 손목형 혈압, 혈당, 심전도 측정기 등에서 인체 친화학적이고 사용자 인터페이스가 우수한 센서 기술을 채용

  – 바이오 MEMS 기술과 고분자기술, 광학기술, 생물학 기술 등이 융합된 센서 및 유전자칩 개발이 가속화

■ 체외진단기기 IT 융합 기기 기술 개발현황

○ 만성질환 관리를 위한 인체삽입형 생리기능 자동감시 시스템 기술 개발

- 이 기술은 날로 증가하는 만성질환 환자를 위한 인체 이식형 시스템을 구현하기 위해서 의료용 통신 기술을 사용한 생체신호의 송수신 및 제어가 가능하며, 무선전력전송 기술을 통해 반영구적 사용을 가능하게 하는 IT 융합형 인체 이식형 시스템 플랫폼의 원천기술을 개발하고 생리기능(혈당, 혈압, 심장박동 등) 감시가 가능한 이식형 융복합 시스템을 개발하며 국제표준을 만족하는 의료용 통신기술과 인체에 무해한 파형을 통해 외부로부터 에너지 공급이 가능한 초소형·저전력 인체 이식형 시스템 플랫폼 개발

- 인체 이식형 시스템 플랫폼 기반의 혈당, 혈압, 심장박동 등의 감시가 가능한 이식형 융복합 개발 시스템

- 이 연구의 목표는 인체 이식형 융복합 시스템의 기반이 되는 무선통신, 무선충전이 가능한 저전력·고효율·생체적합형 플랫폼 원천기술 개발과 이식 적용이 가능한 생리기능 자동감시 모듈 개발을 통한 맞춤형 인체 이식형 통합 시스템의 개발(임상 환자 수 100인 이상, IRB 승인 최종년도 6개월 전, TRL: 6단계까지)

- 또한 혈당, 혈압, 심장부정맥 모니터링 내구성은 5년 이상 확보, 생체정보 4종 이상 확보를 목표

- 연구 진행내용은 이식형 생리기능 감시 시스템 개발

- 체내 이식이 가능한 생화학적(혈당)/물리적(혈압, 심장박동) 정보 센싱 모듈 제작 기술

- 생리기능 연속 모니터링 및 약물 주입/자극 연동을 위한 지능형 폐루프 통합 제어 시스템

- 생체신호 측정 및 처리/분석 기술과 초소형·저전력 인체 이식형 시스템 플랫폼의 통합 기술

- 인체 이식형 무선전력 송수신 모듈 기술, 전력제어 및 에너지 변환 모듈 기술, 무선전력 전송의 인체안정성 확보 및 검증기술, 생체 적합형 재료 선정 및 packaging 제작 기술

- 지원내용은 5년간 20억 원 이내이며 대학병원급 이상 의료기관 참여 필수 조건

3) 체외진단기기와 ICT 융합 기술[3]

■ 체외진단기기 ICT 개요

○ 체외진단기기 ICT 기술은 언제 어디서나 질병의 예방, 상태파악, 진단, 지료, 예후, 건강
및 생활 관리 등의 맞춤형 보건의료서비스를 제공하는 기술로 정의

 - 유무선 통신망을 통해 정보기기를 이용하여, 필요한 정보를 측정, 분석, 관리하는 기술
과 서비스를 위한 기기, 용어, 플랫폼, 정보보호, 시험 및 인증 등을 포함

 - 의료기관을 통한 의료서비스를 포함하여 일상생활 중 건강과 생활에 관련된 생체정보를
측정하고 가정이나 이동 중에도 건강을 관리하며, 병원진료 정보와 연계하여 평생전자건
강기록, 개인건강기록을 구축하여 질병을 관리하고 건강을 증진하며 전문적인 헬스케어
서비스 제공

■ 체외진단기기 ICT 표준화 개요

○ 다양한 사업 주체가 참여하는 체외진단기기 ICT 산업의 특성을 반영하고, 국제경쟁력
확보를 통한 성장동력화와 체외진단기기 ICT 서비스 활성화 및 기술 발전 촉진을 위해
표준화 필요

 - 체외진단기기 ICT 표준 플랫폼 구축은 신규 서비스를 창출하려는 기업의 진입 문턱을
낮추어 체외진단기기 ICT 분야의 기술발전을 촉진시키고 산업활성화에 크게 기여할 것
으로 예상

 - 체외진단기기 ICT 표준 규현을 통해 국제경쟁력 확보 및 성장 동력화가 가능

 - 언제 어디서나 질병의 예방, 관리, 치료 및 건강관리의 개인맞춤형 보건의료서비스를 제
공하는 체외진단기기 ICT 서비스 구현을 위한 표준기술 개발을 목표로 1단계–2013년까
지 기반 구축 및 표준화 방향 정립, 2단계–2015년까지 기술표준화와 시장 진입 및 국제
표준에 진입, 3단계–2015년 이후 체외진단기기 ICT를 미래전략 산업화하고 국제 표준을
선도

 - 체외진단기기 ICT 표준 개발을 통하여 체외진단기기 ICT 산업의 활성화 및 국민 삶의
질 향상을 꾀하고, 표준을 통한 국제 경쟁력 확보로 세계시장 점유율 확대 및 수출 증대

효과 창출 가능

- 체외진단 ICT 활성화로 의료소외계층의 복지지원 및 소외감 해소의 기반을 구축할 수
있으며, 소비자 중심의 건강관리로의 의료서비스 변화와 IT와 보건의료산업의 결합을 통
한 국민 복지 증진에 기여

■ 체외진단 ICT 표준화 추진동향

○ 체외진단 ICT는 국제표준화기구 및 해외 국가 정책에서 ICT 융합을 통한 개인건강관리
서비스를 중심으로 하고 있으며, 국내 미래창조과학부의 15대 미래서비스 및 산업체의
개발 방향이 ICT 융합을 중심으로 이루어져 ICT 힐링 플랫폼에 활용 가능한 기술을 중
심으로 표준화 항목을 도출 〈표 1〉

■ 체외진단 ICT 표준화 주요 정책현황

○ 선진국을 중심으로 건강관리 서비스를 위한 체외진단 ICT 산업 육성과 정부차원의 지
원정책을 수립하고 추진 중인데 OECD에서는 최근 고령화 사회에 대비해 ICT를 활용한
스마트헬스(Smart Health) 확장을 향후 전략 과제 중 하나로 선정

- 국내에서는 2007년 12월 TTA에 유헬스 프로젝트 그룹(PG419)이 만들어졌으며 2008년
'1채널 심전도 신호 전송 규약' 표준을 시작으로 2009년에는 'u-Health 기반의 소변검사
서비스 통신 프로토콜' 표준을 제정하였고, 2010년에는 '유헬스 서비스 참조모델', '유헬스
서비스 정보보호 참조모델' 등의 표준이 제정

- 2014년도에는 유헬스 서비스의 기반이 되는 '유헬스 서비스 참조모델' 표준 개정을 시
작으로 ICT 힐링 플랫폼 서비스 표준 개발을 논의하였으며 TTA에서 표준 제정을 목
표로 함

〈표 1〉 Health ICT 표준화 항목

표준화 항목		표준화 내용	전략목표
라이프 로그 서비스	수면 패턴 모니터링	수면상태에서 여러가지 형태의 디바이스를 통해서 지속적인 모니터링 결과를 토대로 수면상태에 대한 사이클, 유형, 수면의 질 등을 분석	차세대공략
	비만관리를 위한 식이정보	식사속도, 음식의 질, 소금 섭취량, 총 열량, 섬유질, 비타민 성분, 무기질 성분 등의 식이정보와 정보의 정량화	차세대공략
	정신건강 정보 (스트레스, 한의 관점)	피부 전도율 측정 센서를 위한 PHD 표준 정신건강 분석을 위한 목소리 패턴/얼굴 사진분석을 데이터를 포함할 수 있는 PHD 표준 정신건강 데이터의 교환/통합을 위한 프로토콜	차세대공략
한방 서비스	맥진 정보표현구조	맥진 정보 표현구조 및 한의 건강관리용 맥진 정보 표현 기술	적극 공략
	설진 정보표현구조	설진 정보 표현구조 및 한의 건강관리용 설진 정보 표현 기술	다각화협력
	침구	침구 치료 정보 표현구조 및 침구 치료정보 표현구조	다각화협력
원격 진료 서비스	원격 의료용 사용자 식별	진료정보를 포함하는 건강정보교율에 대응할 수 있는 사용자식별 기술을 표준화	방어적 수용
	원격 의료용 전자처방전	전자처방을 위한 공통 임상서식항목을 정의하고, 체계화된 의학용어를 기반으로 전자처방전을 표준화	적극공략

2. 산업발전을 위한 기술규제 [4]

1) 기술규제 현황 및 문제점

■ 기술규제 현황

○ 기업의 활동단계(business life cycle)는 '기술개발–제품생산–마케팅'의 3단계로 구분할 수 있으며, 각 단계에서 다양한 형태의 기술규제가 작동

○ 각 단계의 다양한 기술규제는 기업 활동이 다음 단계로 넘어가는 것을 저해할 수 있으며, 혁신적 기술의 시장진입을 어렵게 하는 요인으로 작용

○ 법령 분포 현황은 다음과 같음
- 기술규제 관련 법령 조항 수는 총 4,463개로 법령 1,643개, 시행령 982개, 시행규칙 1,838개 등으로 구성
- 직접적 기술개발 단계의 기술규제 비중(1.3%)보다는 제품생산(59.7%) 및 판매·마케팅(29.0%) 단계에 다수의 기술규제 혼재
- 소관 법령 이외에도 각 부처별 관리기관이나 지자체의 조례 등에도 많은 기술규제가 분포하고 있으나, 이에 대한 통계 및 관리제도는 미비
- 기술규제로 인한 문제점
- 기술개발 의욕 및 기업가정신 저해

2) 기술규제로 인한 문제점

■ 기술개발 의욕 및 기업가정신 저해

○ 높은 진입장벽으로 인해 시장 고착화 초래

○ 숨은 기술규제가 다양하게 존재하여, 재량권 남용 가능성 존재

○ 기술·산업의 특수성 반영 및 환경변화의 대응 미흡

○ 급속한 글로벌 환경변화에 긴밀하게 대응하기 위한 신설규제 제정 지체 기술규제의 개선 방향

3) 기술규제의 개선 방향

■ 혁신친화적 규제시스템 구축

○ 기존 수직적 규제시스템을 수평적 형태로 전환함으로써 진입장벽 완화를 통한 시장경합 성 제고 유도

○ 새로운 신기술 융복합 영역 발전을 위한 '네거티브'식 규제시스템 도입 검토

■ 글로벌 스탠다드 지향

○ 국내 기술규제 시스템과 글로벌 스탠다드 간 조화 모색

○ 글로벌 기술규제 모니터링 및 대응체계 구축

■ 미래지향적 지원 인프라 구축

○ 기술규제 분야별 전문가 시스템 구축 및 교류 확대

○ 미래지향적 제도개선과 지원 인프라 구축

■ 민간 참여 확대 및 기술규제의 산업화

○ 민간의 자율적 규제시스템 강화

○ 기술규제 관련 서비스의 고부가가치화 산업화

4) 산업별 기술규제 이슈 및 개선방안

■ ICT 융합 산업: 모바일 케어

○ 현황 및 문제점

－ u－healthcare 산업의 급성장 예측

- 산업부에 따르면 2010년 1조 6,849억 원 규모였던 국내 u-healthcare 시장규모는 연평균 12.5% 성장하여 2014년 3조 341억 원에 이를 전망
- 그러나 u-healthcare 산업은 의료법을 중심으로 한 관련 법령의 규제로 인해 국내 산업 기반이 미비
  - 의료기기에 대한 허가 및 승인
  - 의료기기 변경 및 A/S
  - 원격의료의 주체·범위·책임소재
  - 의료·건강정보의 활용 저작권 및 공공성 등
- 의료법을 중심으로 한 규제로 인해 모바일 웰니스 기능 보유 IT 기기 및 앱 관리기준의 부재, 원격의료를 위한 산업기반이 미흡한 상태

○ 개선방안

- 모바일 웰니스 관련 제품: 비의료 건강관리기기에 대한 분류기준 설정, 비의료 건강관리 기기에 대한 인·허가 기준 완화, 혁신적 스마트 의료기기에 대한 인·허가 절차 단축
- 원격의료: 원력의료가 합법적 의료행위에 포함될 수 있도록 관련 면허제도 신설
  - 일반적 건강증진, 예방·관리 활동에 대한 비의료인과 개인의 참여 허용
  - 원격의료 사고 시 관계자 책임부담에 대한 면책조항 신설
  - 원격의료 관련 의료보험수가에 대한 예외조항 신설
  - 원격처방에 의한 의약품 제조 및 판매·배송에 대한 제한 완화 등
- 3rd party 의료기업 연계 서비스 제공
- 의료·건강 정보의 유통·관리에 대한 제한 완화
- 정책적 지원
  - u-healthcare 산업의 기반 마련을 위한 다양한 유형의 시범사업 실시
  - 기술적 불확실성 해소를 위한 핵심기술의 개발 지원
  - 범부처 및 민관 협력체계 구축

■ **중소기업 분야: 의료 전자의무기록 관리보존 방법**

○ 현황 및 문제점

- 전자의무기록은 의료법에 의거 병원 밖 보관이 불가

- 악용방지가 목적이나, 개별 의료기관 내의 보관으로 데이터 보안의 안정성 등에서 어려움 발생

○ 개선방안

- '네트워크에 연결되지 아니한 백업저장시스템' 규정 해석지침을 변경하여 보안 요구사항 충족을 전제로 의료정보의 인터넷데이터 센터 보관을 선택적으로 허용

- 정보 유출 및 유실에 대한 책임 소재 및 피해 보상에 관한 규정 마련

■ **중소기업 분야: 신기술·신제품 수상기업 정책자금 융자 인센티브**

○ 현황 및 문제점

- 정부는 유망중소기업 성장지원을 위해 3.9조 원의 정책자금(2013년)을 기업평가를 거쳐 중소기업·소상공인에게 융자

- 신기술·신제품으로 공인된 국내외 대회 수상 기업일지라도, 정책자금 융자를 통한 사업화에 어려움 발생

• 수상 기업에 대한 인센티브가 미미

○ 개선방안

- 신기술·신제품으로 공인된 국내외 대회 수상 기업은 잔액기준 및 매출액 한도와 융자제한기업 기준에 있어 예외기업 인정(중소기업청 융자계획 개정)

참고 문헌

[1] 한국산업기술평가 관리원. (2015). 체외진단기기 현황 및 전망.

[2] 한국산업기술평가 관리원. (2015). 차세대 의료기기 시장 개발동향과 사업전망.

[3] 한국산업기술평가 관리원. (2015). 의료IT융합, 의료기기 및 U헬스케어.

[4] 한국공학한림원. (2015). 산업발전을 위한 기술규제 개선 및 정책제언.

이재원 KAIST 경영공학과 조교수

미국 Columbia University, Ph.D. in Accounting
미국 University of California at Berkeley, B.S. in Business Administration

M

MESIA 미래전략
(Medical-Bio 산업 : 생명기술 분야)

세부분야

제약/신약, 유전자치료

— 1 —
연구 개요

■ 연구 목적

○ 향후 20년간, 즉 2035년까지 우리나라 의료바이오산업 육성방안을 제시

- 미국, 일본, 프랑스 등 선진국들이 높은 기술과 규제 장벽을 형성하고 있는 5대 신전략산업 중 하나인 의료바이오 산업의 새로운 방식의 '추격자(Fast Follower)' 전략을 연구

- 민관 협동으로 선진국 추월 전략 모색

- 새로운 산학협동 모델 제시

- 의료바이오 연구의 상용화 모델 제시

■ 연구 필요성

○ 의료바이오 산업은 기초 연구에서부터 완제의약품의 생산과 판매까지의 전 과정을 포괄하는 산업으로, 기술 집약도가 높고 완제의약품이 인간의 생명 혹은 국민의 건강에 직접적으로 영향을 미친다는 특성상 신제품 개발 여부에 따라 높은 부가가치를 창출할 수 있는 새로운 미래 성장 동력산업임. 〈표 1〉에 의하면 의료바이오 산업의 부가가치율은 제조업 및 전산업보다 9%~14% 이상 높아 타 산업에 비해 고부가가치 산업이고 총자본 투자효율 역시 제조업 및 전산업에 비하여 1~3% 높음

〈표 1〉 의약품 산업의 부가가치 및 효율 (단위: %)

구분	부가가치율	총자본투자효율	설비투자효율	기계투자효율
의약품	35.65	19.70	67.72	405.31
제조업	21.25	19.53	58.45	169.06
전산업	26.01	16.89	55.03	235.91

〈출처: 한국은행 경제통계시스템(ECOS), 기업경영분석〉

○ 정부 또한 의료바이오 산업이 미래창조의 핵심산업으로 성장할 수 있도록 「제약산업 육성 및 지원에 관한 특별법」('12.3월)에 의거하여 정부의 국정과제로 '2017년 세계 10대 제약강국 도약'을 위해 「제약산업 육성지원 5개년 종합계획('13~'17)」('13.7월)을 수립하고, 세부시행 계획을 추진하고 있음

○ 세계적인 인구고령화 추세에 따라 암, 치매, 중풍, 파킨슨병 등 노인성질환에 대한 치료 수요가 빠르게 증가. 세계보건기구(WHO)는 2020년경 고혈압, 당뇨, 관절염 등 만성질환이 전 세계 질병의 70%를 차지할 것이라는 전망을 내놓음. 이와 함께, 소득증대 및 생활패턴의 변화 등 삶의 질 향상으로 인해 건강증진 및 유지와 직결되는 의료바이오 산업의 지속적인 성장 예상. 〈표 2〉에 의하면 2013년 세계 의약품 시장 규모는 9,893억 달러에 이르며 성장률은 10년 평균 5.9%로 나타남

〈표 2〉 연도별 세계 의약품 시장 규모 및 성장률 (단위: 십억 달러, %)

구분	2004	2005	2006	2007	2008	2009	2010	2011	2012	2013
세계시장 (불변가격)	601.1	645.5	691.0	739.5	786.7	842.6	889.4	936.9	959.0	989.3
전년대비 성장률	7.8	7.4	7.1	7.0	6.4	7.1	5.5	5.3	2.4	3.2

〈출처: IMS Health, IMS Market Prognosis, 2014〉

○ 인구, 사회 구조적 변화로 인해 의료바이오 산업의 전망은 매우 밝으나 국내 의료바이오 산업의 비용 대비 수익성은 악화되고 있음. 이는 약값 인하와 같은 정책과 신약 개발의 어려움 등의 산업 변화 때문인데 새로운 한국형 성공/성장 모델 발굴이 시급

  – 기존의 국내 의료바이오 산업은 글로벌 제약사와 경쟁할 대형 제약사 부족, 시장에서의 과당경쟁 및 상·하위 기업과의 양극화, 그리고 제네릭 의약품의 높은 시장 점유율 등 새로운 R&D 모델 발굴이 시급

  – 한국의 환경(R&D 인력/예산 부족 등)을 고려하여 국내 수요에 맞는 연구/상용화 전략 필요

  – 세계 유수 대학들이 의료바이오 분야 연구를 상용화하는 추세임. 이에 국내 수요에 맞는 대학 연구 상용화 모델 필요

■ 연구 범위

○ 본 연구에서는 의료바이오 산업 중에서도 제약 및 신약개발 산업에 집중, 국내외 산업 현황을 분석하고 전도유망한 산업분야 및 기술을 파악해 이에 알맞은 전략을 제시하고자 함

○ 시장 환경 및 기술 등의 변화를 전망하고 우리나라에 맞는 비즈니스 및 R&D 전략을 제시하는 미래학적 전략연구임

○ 해외 대학/해외 기업의 의료바이오 연구의 상용화 벤치마킹 및 한국형 모델 연구

○ 한국의 환경(R&D 인력/예산 부족 등)을 고려하여 국내 수요에 맞는 상용화 전략 연구

○ 참여 연구자는 연구책임자 외 3명이며, 비공식적인 자문을 여러 차례 받음

〈참여 연구진 소개〉

구 분	소속/직위/성명	담당 역할
연구 책임	카이스트/조교수/이재원	– 연구과제 기획, 조정, 관리 – 의료바이오 미래전략 연구
연구 참여	카이스트/조교수/박건수	– 의료바이오 미래전략 연구
	안세재단/연구원/노경아	– 의료바이오 미래전략 연구
	안세재단/연구원/윤희도	– 의료바이오 미래전략 연구

2

산업/기술의 현황/동향 및 미래예측

1) 산업의 현황/동향 및 미래예측

미국을 중심으로 의료바이오 산업 중 제약 부분은 계속 성장하고 있으며 국내 제약 산업에도 영향을 미치고 있음. 글로벌 제약사들은 외부에서 R&D 프로젝트를 수혈하는 비중이 증가하고 라이센싱(Licensing) 계약금도 지속적으로 성장하고 있음. 국내 의료바이오 기업이 신약을 개발하여 글로벌 제휴하기에 매우 좋은 환경이 조성됨. 〈표 2〉에서 본 바 글로벌 의약품 시장은 2013년 9,893억 달러에 이르렀고 2018년까지 12,950억 달러로 성장할 것으로 예측됨. 제약 산업은 2000년대 초 대중이 조금 이르게 열광했던 유전자 과학에서 10여 년간 상업화 과정을 거쳐 성장한 혁신적 치료제 부분으로 관심이 옮겨짐.

또한 신약 개발의 중심은 고혈압 및 당뇨병과 같은 전통적 의약품에서 희귀질환이나 내과전문의에 의해 처방되는 특수 의약품으로 이동하고 있음. 이에 맞는 전문성을 갖춘 국내 기업이나 연구진에게는 좋은 기회로 예상됨. 이러한 글로벌 환경을 고려하며 국내 의료바이오 산업의 장단점을 파악하고 장단기적으로 집중할 의료바이오 부문이 어디인지 분석하는 것은 매우 중요함. 이어지는 내용으로는 국내 의료바이오 산업의 SWOT 분석을 통해 현황파악 및 미래예측을 하고 한국에 맞춘 국가 전략을 제안함.

■ SWOT 분석

　기존의 국내 의료바이오 산업은 시장에서의 과당경쟁 및 상·하위 기업과의 양극화, 그리고 제네릭 의약품의 높은 시장 점유율 등의 특징을 오랜 기간 나타내왔음. 한편으로는 일본 제약 산업이 비교적 성공적으로 이룩한 산업 구조조정이 필요함. 산업내 제약회사의 숫자는 많으나 글로벌 제약사와 경쟁할 대형 제약사가 부족. 매출 3조 원이 가능한 빅브라더 역할을 할 수 있는 기업이 존재해야 산업성장에 도움이 됨. 이를 위해서는 M&A 등이 활성화되고 자금 조달이 증가해 균형 감각을 갖춘 유능한 과학자/경영인이 산업에 참여해야 함. 이에 맞춰 정부는 리베이트 쌍벌제, 약가제도 개편 및 제약산업 선진화, 제약산업 육성·지원 5개년 종합계획 등과 같은 정책을 통해 한국 의료바이오 산업의 변화를 모색함. 이 시점에서, 내부적으로 강점(Strength)을 파악해 국내 의료바이오 산업의 성장 엔진을 진단하고 약점(Weakness)을 파악해 보완할 방안을 분석. 외부적으로는 기회(Opportunity)를 조사해 잠재적 시장 진출 기회를 예측 글로벌 의료바이오 시장에서의 성장을 도모 위협(Threat)을 조사해 국가적 방어 전략을 분석해야 함.

Strength

- 신약 개발 잠재력 확보
- 대기업의 연구개발 투자
  (연구비 및 연구인력)확대

Weakness

- 글로벌 제약사 부재
- 세계적수준 연구개발비 미달
- 상하위 기업간의 양극화
- 저조한 의약품 수출실적
- 산학연구간 GAP존재

Opportunity

- 한국이 강점을 나타내는
  제네릭 의약품의 수요 확대
- 기술상용화 전문가 활성화
- 대학의 의료바이오 연구
  상용화 증가

Threat

- 다국적 제약회사로부터의
  상품비중 증가
- 파머징 국가들의 기술 향상

○ 강점(Strength)

– 신약 개발 투자를 가능하게 할 성장 잠재력 확보

: 국내의 제약기업 71개(대기업 44개, 중소기업 27개)를 선정하여 기업규모, 시장구분, 기업 특성등을 기준으로 경영성과를 분석한 결과, '09년~'13년 사이 국내 상장 제약기업의 유형자산증가율의 평균은 13.2%임. 성장 잠재력을 나타내는 하나의 지표로서, 높은 증가율을 나타내는 국내 제약기업의 유형자산은 한국 의료바이오 산업의 긍정적인 측면으로 바라볼 수 있음. [1]

– 지속적으로 증가하는 대기업의 매출액 대비 연구개발비

: 국내 상장 제약기업의 연구개발비는 '09년 이후 5년 만에 약 2배 가량 증가함. 뿐만 아니라, 국내 제약 대기업의 매출액 대비 연구개발비는 꾸준한 성장을 나타냄. 〈표 3〉은 의약품 R&D 비중을 점점 중요시하는 기업들의 동향을 반영함. 오랜 시간과 큰 규모의 자본을 필요로 하는 신약 개발에서, 대기업이 상대적으로 더 높은 신약개발 가능성을 지닌다는 것은 자명한 사실임. 따라서 큰 폭으로, 그리고 지속적으로 증가를 나타내는 제약 대기업의 연구개발비는 신약 개발 가능성을 높인다는 점에서 한국 제약 산업의 강점으로 작용할 수 있음. 성과의 한 예로 개량신약은 '09~'13년간 39개 개발되었음.

〈표 3〉 국내 제약기업 부문별 연구개발비 및 매출액 대비 연구개발비 (단위: 백만 원, %)

구분			2010	2011	2012	2013	2014
연구개발비	상장 제약기업		731,589	874,296	764,887	880,120	950,060
	상위 10대 기업		262,169	285,709	309,797	432,072	501,633
	기업 규모	대기업	647,244	719,871	674,841	796,290	870,060
		중소기업	84,345	154,426	90,045	83,829	80,000
매출액 대비 연구개발비	상장 제약기업		6.8	7.7	7.2	7.8	7.4
	상위 10대 기업		7.0	6.9	7.3	8.2	8.2
	기업 규모	대기업	7.0	7.4	7.6	8.2	7.9
		중소기업	5.5	9.4	5.2	5.1	4.6

〈출처: 한국보건산업진흥원〉

– 꾸준히 증가하는 한국 의료바이오 산업의 연구개발 인력 및 감소하는 영업직의 비중

  : 한국의 제약/바이오 기업들은 영업직의 비율을 지속적으로 줄여온 반면 연구직의 비율은 늘려 온 것으로 드러남[1]. 리베이트를 통한 제약기업의 과도한 영업 경쟁은 의약품 유통에서의 비효율성으로 인해 사회적 비용을 증가시킬 가능성이 존재할 뿐 아니라[2], 각 기업들에서 연구개발이 차지하는 비중을 상대적으로 감소시킬 수도 있음. 때문에 한국 바이오/제약 기업들이 기존의 영업 중심 경영에서 연구 중심 경영으로 지속적인 변화를 나타내는 현 상황을 긍정적으로 바라볼 수 있음.

○ 약점(Weakness)

– 세계적 제약기업들과 비교했을 때, 저조한 수준을 나타내는 한국 제약기업들의 연구개발비

  : 국내 제약기업들의 연구개발비 및 매출액 대비 연구개발비는 지속적으로 증가세를 나타내고 있음에도 불구하고, 아직까지는 세계적인 기업들과 비교해 보았을 때 절대적 그리고 상대적으로 저조한 것으로 드러남. 2014년 기준 의료바이오 산업 상위기업들의 매출액 대비 연구개발비 투자 비중은 평균 14.5%에 달함[3]. 이는 절반 정도에 미치는 국내 매출액 대비 연구개발비보다 매우 높으며 미래 성장성을 예측하고 있음. 국내 연구개발비 기업 평균은 13,795백만 원으로[1] 전 세계 294개 제약회사 평균 연구개발비인 45,000백만 원에 비해 매우 부족한 실정임.

– 상·하위 기업간의 양극화

  : 국내 제약기업 81개(대기업 41개, 중소기업 40개)를 선정하여 분석한 결과, 대기업과 중소기업간의 매출액, 연구개발비 및 매출액 대비 연구개발비 격차는 '11년 이후 점점 심화되고 있는 것으로 나타남. 상위 10위 기업의 매출액증가율이 22.2%로 가장 높았고, 그 뒤로 대기업 11.1%, 중소기업 2.1% 순으로 나타나 중소 제약기업의 성장률이 대기업에 비해 낮은 것으로 나타남. 선정된 대기업 및 중소기업의 연구개발비는 '10년 약 4.7배 차이를 보였지만, '14년에는 그 차이가 약 10.9배로 증가함. 또한 대기업의 매출액 대비 연구개발비는 최근 5년간 증가세를 나타낸 반면 중소기업의 매출액 대비 연구개발비는 '11년 이후 지속적인 감소를 나타냄. 연구개발을 통한 산업 성장을 추구하는 현재 한국 제약산업의 추세로 미루어 볼 때, 중소기업의 낮은 연구개발비용 투자는 미래에 기업 간 양극화를 더욱 심화시킬 수 있음. 이로 인해 제약산업의 과점화가 이루어진다면, 약가 상승위험과 제약산업의 사회적 책임 약화 등으로 인해 산업기반에 부정적 영향을 미칠 가

능성이 존재함[1]. 또한, 영세적인 중소기업들이 밀집한 시장구조, 과다경쟁으로 인한 가격경쟁 구도, 영업 및 마케팅에서의 후진성에서 기인하는 필요 이상의 광고나 접대 등 판매관리비의 과다한 지출[4], 내수 시장점유율을 높이기 위한 기업 간 과다경쟁이 발생하여 판매관리비의 비중이 높은 반면 상하위 기업 간 양극화 문제가 지속적으로 제기되고 있음. 그리고 음성적인 리베이트 구조도 여전히 존재하고 있음. 전문의약품은 최종 선택권이 소비자에게 있는 것이 아니라 처방의사에게 있어서 제약기업들은 마케팅을 일반 소비자가 아닌 의사 또는 의료기관을 대상으로 실시하고 있음. 이러한 요인으로 음성적인 리베이트 수수가 발생. 수요자는 의약품의 성분 및 효능에 대한 전문적인 지식이 부족하고, 전문의약품의 경우 대중광고를 제한하고 있음. 즉, 공급자가 수요자보다 더 많은 정보를 보유하고 있기 때문에 최종 구매자는 합리적인 선택의 제한을 받음.

- 산업을 이끌 빅브라더 기업의 부재

: 국내 제약산업에서도 일본 제약 산업이 비교적 성공적으로 이룩한 산업 구조조정이 필요함. 산업내 제약회사의 숫자는 많으나 글로벌 제약사와 경쟁할 대형 제약사가 부족. 매출 3조 원 정도가 가능한 빅브라더 역할을 할 수 있는 기업이 존재해야 산업성장에 시너지 역할을 함. 이를 위해서는 M&A 등이 활성화되고 자금조달이 증가해 균형 감각을 갖춘 유능한 과학자/경영인이 산업에 참여해야 함. 현재로서는 연구진들이 사업성이 있는 연구보다 희망하는 연구를 하는 경우가 많음. 전체적으로 큰 그림을 보는 안식이 필요함.

- 저조한 의약품 수출 실적

: 지금까지의 한국 제약산업은 내수완제품 중심의 구조를 나타내 왔으며, 이는 상대적으로 부진한 수출 실적으로 이어짐. 이는 단순히 말해 제품의 부재에서 오는 것이며 국내 제약 산업에서는 향후 제품 개발에 힘을 써야 함. 한국 경제에서 무역이 갖는 중요성을 고려할 때, 저조한 수출 실적은 의료바이오 산업의 분명한 약점이며, 향후 국가 주력 산업으로서 적합한지에 대한 의문 또한 발생시킬 수 있음. 〈표 4〉에서 볼 수 있듯이 의약품에서의 무역수지 적자는 지속적으로 증가함.

〈표 4〉 주요국가 의약품 무역수지 (단위: 천 달러)

순위	연도	2010	2011	2012	2013	2014
1	스위스	27,919,466	32,330,963	33,963,712	35,439,315	39,054,133
2	독일	18,591,617	20,451,320	26,728,939	29,704,553	30,491,181
3	아일랜드	27,243,781	30,297,224	24,682,462	21,229,627	22,124,149
4	벨기에	10,304,680	13,513,591	9,320,515	8,679,701	10,363,462
5	인도	4,872,140	6,782,460	7,845,886	10,064,105	10,032,172
6	네덜란드	76,685	8,546,933	6,593,630	5,308,874	7,824,470
7	덴마크	5,082,375	6,217,080	6,864,399	7,355,484	7,533,829
8	프랑스	8,526,256	6,425,078	8,366,326	11,008,967	7,308,905
9	싱가포르	3,382,472	3,749,857	4,627,407	4,573,788	4,980,102
10	이스라엘	5,025,031	5,443,436	4,923,594	4,253,468	4,313,329
−	한국	−2,573,275	−2,889,219	−2,971,769	−3,001,155	−3,367,538

〈출처: International Trade Center (ITC)〉

○ 기회(Opportunity)

– 세계 인구 증가 및 고령화로 인한 의약품 수요 확대 예상

: 중국, 브라질과 같이 떠오르는 의약품 시장(Pharmerging)과 선진국에서의 제네릭 의약품 수요 확대. 브릭스(BRICs) 4개국에서의 2020년까지 신약/제네릭 분야 매출은 600억 달러/1,100억 달러 정도로 예상함[1]. 또한, BRICs 및 멕시코, 터키 등 7개국을 포함하는 파머징국가에서의 의약품 시장 성장은 특허가 만료된 의약품을 중심으로 이뤄지고 있어 제네릭이나 바이오시밀러에 강점이 있는 국내 기업들이 시장을 파고들기 좋은 기회가 될 수 있음[5]. 뿐만 아니라, 현재 미국과 유럽 등 대부분의 국가가 의료 분야 비용 증가를 억제하기 위해 제네릭 사용을 정책적으로 강력히 권장하고 있으며, 이는 한국 제약산업에 기회가 될 것으로 전망됨.

– 대학의 의료바이오 연구 상용화

: 신약 개발은 비용과 기간면에서 리스크가 높아 기업과 대학, 병원과 기업, 대학과 병원 등의 공동개발을 통하여 리스크를 분산하는 방안을 고려해야 함. 〈표 5〉에 의하면 개

량신약은 신약대비 개발 비용 및 기간에서 유리하고 약값도 높게 책정되어 개발 기간 및 비용에서 유리함. 그러므로 단기적으로 개량신약 개발, 상품판매 등이 필요하나 근본적인 경쟁력 확보를 위해 차별화된 신약 개발이 필요.

〈표 5〉 각종 신약 개발 기간 및 비용

	개발 기간	개발 비용	약 가격
신약	10~15년	1,000억 원	100%
개량신약	3~5년	100억 원	60~68%
특허 만료 후 복제약	…	…	53.60%

〈출처: 조경진, 제약산업의 환경 변화〉

향후 바이오 의약품의 특허만료, 국내외 판매승인 증가 등으로 국내기업의 바이오시밀러 개발은 지속될 전망임[6]. 희귀의약품(유병인구가 2만 명 이하이거나 적절한 치료방법과 치료의약품이 개발되지 않은 희귀난치성질환을 위한 의약품), 새로운 바이오의약품 등의 개발에 집중함으로써 대형 글로벌 제약사들과의 경쟁력 확보가 필요함.[6] 국내 의약품 시장의 성장둔화에 대응하기 위한 사이드 전략으로는 건강식품, 의료기기, 음료, 화장품 등으로 사업 범위를 확대하는 사업 다각화 및 확산 비즈니스 모델을 생각할 수 있음.

○ 위협(Threat)

 – 다국적 제약사로부터의 상품비중 증가

 : 약가규제로 인한 매출 감소를 상쇄하기 위해 제약사들이 선택한 전략 중 하나는 코프로모션 등을 통한 다국적제약사의 오리지널 신약 도입임. 이에 따라 '09년 26.1%를 나타냈던 주요 제약사의 상품매출 비중은 '14년 3분기에는 42.7%를 기록하며 지속적으로 증가하는 모습이 나타남[7]. 이러한 상품도입은 제품에 비해 수익성이 열위하고 판권 회수에 따른 실적 변동의 가능성이 내재되어 있어 신용도에 불리하게 작용할 가능성이 존재하며 국내 제약업체로 하여금 연구개발을 통한 신약개발을 등한시하게 하여 장기적으로 국내 제약산업의 경쟁력을 하락시킬 위험이 존재함. [8]

 – 경쟁국가의 제약 산업 발전

: 지금까지의 의약품 수출 모델은 대부분 제네릭 의약품 위주의 단순한 제품 수출이었지만, 향후 중국, 인도 등 저가 의약품을 생산하는 국가들과 글로벌 시장에서 경쟁한다는 것은 한계가 있어 보임[11]. 현재 한국의 제네릭 의약품은 품질 경쟁에서 파머징 국가들의 제네릭을 앞서지만, 가격 경쟁력에서는 명확한 한계점이 존재함. 과거 5년간 미국, 일본 등 주요 선진국의 성장률은 전체 성장률을 하회하며 저성장 기조를 유지하거나 마이너스 성장을 기록한 반면 중국(19.0%), 브라질(15.2%), 인도(14.9%) 등 파머징 국가는 최근 5년간 10% 이상 높은 성장을 이어나가고 있음[1]. 미국, EU 5개국, 일본, 캐나다, 한국 등 선진국의 제약시장 규모는 6,236억 달러로 전체시장의 63%를 차지하고, 중국, 브라질, 러시아 등 파머징 국가의 시장은 2,429억 달러로 24.6%의 비중을 보임. 〈표 6〉을 참고하면 한국의 의약품 생산량은 인도, 브라질 등 몇몇 파머징 국가들의 생산량보다 이미 저조한 것을 볼 수 있음. 특히 일본의 생산량은 감소하고 있는 반면 중국의 의약품 생산량은 최근 큰 증가세를 보이고 있는 것을 볼 수 있음.

〈표 6〉 주요국가 제약산업 추정 생산량 (단위: 백만 달러)

국가	2013년		2011년	
	생산량*	순위	생산량*	순위
미국	316,030	1	304,225	1
중국	77,886	2	61,868	4
일본	76,404	3	95,457	2
독일	75,533	4	65,149	3
프랑스	48,165	5	46,382	5
스위스	42,739	6	N/A	–
이탈리아	30,251	7	25,851	8
영국	28,879	8	27,976	6
인도	26,464	9	N/A	–
브라질	24,766	10	26,056	7
한국	13,920	–	13,257	–

출처: IMS World Review Analyst 2014, International Trade Center (ITC)
*생산량=시장규모+수출−수입 (한국 의약품 생산량은 2015/08/30 기준환율 적용)

　〈표 7〉에 의하면 생산량뿐 아니라 시장규모면에서도 기존 제약 산업 강국을 유지해오던 일본 및 유럽 국가들을 제치고 의약품의 거대 수요와 매년 발전하는 의학기술과 결합해 중국, 브라질, 러시아, 인도 등 제약신흥국이 급부상하면서 세계 제약시장의 판도가 바뀔 것으로 예측됨. 2008년 세계 의약품 시장의 국가별 순위 13위였던 한국은 2013년 15위로 두 단계 하락, 2018년 예상순위는 14위로 한 단계 상승하지만 여전히 10위권 중반에 머무를 것이라 추측되고 있음. 2013년 기준 세계 의약품 시장의 국가별 순위는 미국이 부동의 1위를 차지하고 있으며, 그 뒤로 중국, 일본, 독일, 프랑스 등의 순으로 나타남. 2018년에는 미국 및 중국이 1, 2위를 기록할 것으로 예상되며 브라질이 프랑스를 제치고 세계 5위 시장을 차지할 것으로 예측됨.

〈표 7〉 지역별 의약품 시장 규모 (단위: 십억 달러, %)

구분	2013	비중	CAGR ('09~'13)	2018(E)	CAGR ('14~'18)
세계 시장 (합계)	989.3	100.0	5.2	1,280~1,310	4~7%
선진국(Developed)	**623.6**	**63.0**	**3.1**	**766~796**	**3~6%**
미국	340.0	34.4	3.6	450~480	5~8%
EU 5	156.3	15.8	2.2	157~185	1~4%
독일	45.9	4.6	3.9	48~58	2~5%
프랑스	37.1	3.8	−0.7	30~40	−2~1%
이탈리아	27.9	2.8	2.5	28~36	2~5%
영국	24.6	2.5	5.5	27~37	4~7%
스페인	20.7	2.1	0.3	20~26	−1~2%
일본	94.1	9.5	3.2	94~120	1~4%
캐나다	21.4	2.2	1.4	23~33	3~6%
한국	11.7	1.2	4.2	12~19	2~5%
파머징(Pharmerging)	**242.9**	**24.6**	**13.6**	**358~388**	**8~11%**
중국	97.7	9.9	19.0	155~185	10~13%
Tier2	62.4	6.3	14.4	88~98	9~12%
브라질	30.6	3.1	15.2	36~46	9~12%
러시아	17.7	1.8	12.8	20~30	7~10%
인도	14.1	1.4	14.9	21~31	9~12%
Tier3	82.8	8.4	8.1	95~125	5~8%
그 외 기타	**122.9**	**12.4**	**3.3**	**124~154**	**2~5%**

〈출처: IMS Health 2014〉

2) 산학협력 및 대학 연구의 상용화 현황/동향 및 미래예측

■ 산학협력단

- '03년도에 개정된 산업교육진흥 및 산학협력촉진에 관한 법률에 따라 설치되기 시작.

- 정부가 추진 중인 산학협력선도대학육성사업 예산('13년 2,184억)을 통해 성장 중.

- 〈표 8〉에 의하면 전국 433개 대학 중 산학협력단을 설립한 대학은 356개로 84.2%에 달함.

〈표 8〉 2013년 기준 산학협력단의 설치 및 운영 유형

구분	내용	대학 수
독립형	교내연구는 산학협력단 이외의 부서가 담당하고 산학협력단은 교외연구만 담당(연구처 부재)	129
병렬형	연구처(교내연구)와 산학협력단(교외연구)이 역할 분담(연구처와 산학협력단의 겸임 없음)	49
연계형	연구처(교내연구)와 산학협력단(교외연구)이 역할 분담(연구처장이 산학협력단장 겸임)	50
통합형	산학협력단이 교내연구와 교외연구 통합 관리(연구처와 산학협력단의 통합)	128
합 계		**356**

〈출처: 2013 대학산학협력활동조사보고서〉

- 지난 10년간 대학의 특허출원은 14배, 기술이전은 29개 증가.

- '12년 기준 교원업적 평가 시 산학협력 실적을 반영하는 대학은 전체 431개 대학 중 281 (65%)임. [9]

- '12년 기준 산학협력단 운영수익 순위를 보면 서울대학교, 연세대학교, 고려대학교 순으로 국내 주요 대학이 높은 순위를 차지하고 있음. 서울대 6,481억, 연세대 3,389억, 고려대 2,318억 원의 산학협력단 수익을 올림. '12년 기준 산학협력 수익 순위를 보면 연세대학교, 포항공과대학교, 서울대학교 순으로 운영수익 순위와 유사한 경향.

- '13년 말 기준 총 26개사의 기술지주회사 설립. 431개 대학 중 총 34개 대학이 기술지주회사 설립에 참여함. 전국 99개 대학에서 160개의 학교기업 운영, 이를 통해 7,674명의 학생이 학점인정 현장실습 수행.

- 2012 대학 산학협력활동 조사보고서에 따르면, 전국 대학의 산학협력 연구 규모는 6,254억 원이고, 과제당 평균 연구비는 17.7백만 원임.

〈그림 1〉 연도별 기술이전 사업화 실적 현황

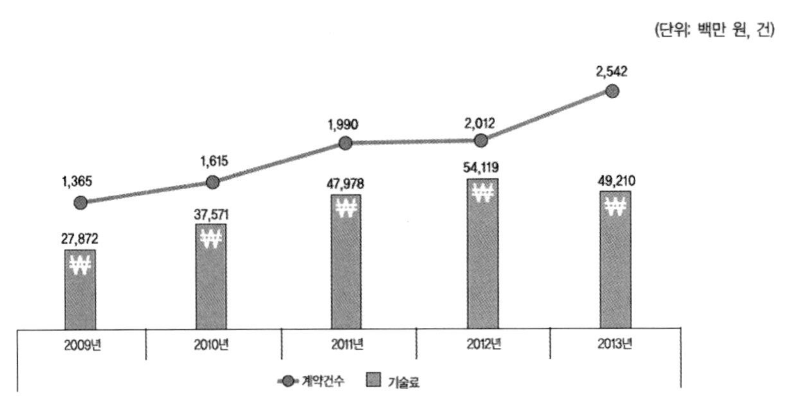

〈출처: 2013 대학산학협력활동조사보고서〉

- 〈그림 1〉에서 볼 수 있듯이 산학협력단을 통한 국내 대학의 기술사업화 성과는 꾸준히 증가하고 있으나, 선진국에 비해 낮은 수준임. 〈표 9〉에서 보면 한국의 대학들이 기술이전 건수는 해외 대학들에 비해 뒤지지 않는 반면, 기술이전 수입은 10~40배 가량 적은 것이 관찰됨. 대학 및 출연(연)의 기술이전 및 사업화 저해요인으로는 기술사업화 전담기관의 전문성 부족 및 비즈니스 마인드 결여를 들 수 있음. [10]

〈표 9〉 기술이전 성과

대학	기술이전 건수	기술이전 수입 (백만 원)
서울대학교	79	4,589
KAIST	71	4,159
연세대학교	63	2,982
한양대학교	36	2,249
동경대학	62	2,701
Columbia	58	162,415
MIT	87	84,493
Stanford	101	74,145

〈출처: 2011 대학산학협력활동보고서〉

- 전체 신약개발 단계 중 대학·출연 연구소 및 벤처기업은 탐색(Discovery) 단계를, 그리고 국내 제약기업은 전임상/임상2상까지 단계를 담당하는 것이 일반적임. 산업화에 가장 결정적인 단계로 평가되는 임상3상 또는 FDA 승인 단계는 해외 대규모 제약회사가 하는 것이 대부분임.

■ 미국 대학 성공사례 벤치마킹

○ Stanford, MIT, Harvard

〈표 10〉에서 주목되는 것은 미국 대학들도 대부분의 초기 연구 프로젝트는 소액 지원으로 시작됨. 그리고 성공 케이스를 살펴보면 대학과 협력한 대부분의 기업들은 대기업이 아닌 중소기업들임. 국내 사정을 고려해 Stanford/Harvard 모델을 혼합한 한국형 산학협동 모델을 모색할 수 있음.

〈표 10〉 미국 산학협동 연구 및 연구 상용화 프로그램

	지원금액/성공률/ 지배구조	교과과정 유무	학연 기업간 채널	정부 및 기타기관 참여
Stanford	−연간 $50,000 지원 (2년동안 $100,000) −57% 성공률 (임상시험 22건, 라이선스 9건, 회사설립 11건) −전문가 패널: 교수 및 산업전문가 자문단	The Department of Chemical and Systems Biology: Drug Development Process 과정. Tuition: $49,892	−Silicon Valley Area: 수많은 벤처와 스타트업의 클러스터 형성 −Medicine/Medical Device Cluster 형성 −학생, 기업/산업 전문가 집단으로 구성된 강사진과의 만남의 장 형성	−초기 투자 받은 프로젝트중 산업 및 정부지원금 −추가 지원 가능: $10M
MIT	−연간 $50,000~ $250,000 지원 −30% 회사설립 성공률 −7인 운영위원회: 교수와 기업인으로 구성	−MIT Sloan School의 박사과정 있음 −일반 학생들도 다수의 Commercialization/ Innovation 관련 수업 수강	−Biotech Cluster in Greater Kendall Square 확장에 직간접적으로 영향 −MIT의 생명과학자들이 지역 사회 기업의 이사회 구성원으로 참여	2014년, 캠퍼스 연구비 지출 중 주정부기관으로부터의 Funding은 약 $455M으로써 전체 Funding 액($678M)의 대부분을 차지
Harvard	−2014년 기업들이 후원한 총연구비: $48.6M −Licensing 매출: $17.3M U.S. Patents Issued: 87건 회사설립: 10건	Healthcare Innovation & Commercialization (HIC) 과정: 수강생 60명으로 제한된 워크샵. 의료바이오 기업/산업 전문가 집단으로 구성된 강사진	교과과정 세미나에서 학생, 기업/산업 전문가 집단으로 구성된 강사진과의 만남의 장 형성	−연방정부지원금: $608M −기타지원금: $204M

*M은 Million, 백만을 뜻함.

〈출처: 각 대학 홈페이지 자료〉

3

의료바이오 산업의 미래전략

앞서 살펴본 국내 의료바이오 시장에서의 상·하위 기업과의 양극화, 글로벌 대형 제약사의 부재, 제네릭 의약품의 높은 시장 점유율, 제약산업 지원 정책 등에 대한 분석을 바탕으로 현재의 상황을 분석하고 미래 전략을 제시하고자 함. 즉, 내부적으로는 강점(Strengt)을 원동력으로 국내 의료바이오 산업의 성장을 끌어내고 약점(Weakness)을 보완할 방안을 연구, 외부적으로는 기회(Opportunity)를 파악하여 시장 기회를 예측해 글로벌 의료바이오 시장에서의 성장을 도모하고 위협(Threat)을 방어할 전략을 분석함. 그 결과, 정부도 많은 부분의 미래 전략을 의료바이오 산업 육성계획이라는 방대한 기획을 통해 대비하였음을 확인 할 수 있음. 예를 들어, 한국 의료바이오 산업이 강점을 나타내는 제네릭 분야를 통해 수출 극대화를 도모하는 전략은 제약산업 육성 지원 5개년 종합계획의 전략적 수출지원 과제를 통해 보건당국이 이미 대비를 하였음을 알 수 있음.

또한, R&D의 질적·양적 지원 확대도 이미 정부에서 논의가 이루어졌음. 그럼에도 불구하고, 아직 의료바이오 산업 미래 전략 중 미흡하다고 판단되는 부분은 악화되는 글로벌화 전략의 부족, 상하위 기업 간의 양극화 문제와 대학연구의 상용화의 간극(gap) 문제임. 특히 상하위 기업 간의 양극화의 문제가 심화될 경우 제약산업의 과점화가 이루어질 위험성이 존재하며, 이는 약가 상승위험과 제약산업의 사회적 책임 약화 등으로 산업기반에 부정적 영향을 미칠 가능성이 있음 [1] 또한, 제약산업의 과점화는 중소기업이 갖는 장점인 과제집중도와 유기적 산학협력관계에 대한 해결책을 전혀 제시해주지 못한다는 점에서 문제가 될 수 있음. [11]

■ 한국형 R&D 및 비즈니스 모델: 고비용 저효율의 R&D 리스크를 넘어서

국내 제약 산업의 경우 글로벌 제약사들과 비교했을 때 R&D 투자 규모가 상당히 적음. 2000년대 들어 신약개발 비용이 평균 26억 달러로 증가함. 글로벌 기업은 보통 매출액의 15~30%를 신약에 투자함(예: Norvatis 99억 달러, 매출의 17%; Amgen 43억 달러, 매출의 21%). 반면 국내 제약사의 경우 R&D 투자 규모가 현저하게 적음(예: 국내 제약사 중 가장 큰 규모인 한미약품은 145백만 달러, 매출의 20% R&D 투자). 따라서, 국내 제약사 중 장기간 R&D에 투자해 온 중견기업이 신약 개발에 성공할 가능성이 높을 것으로 판단됨. 그러나 신약 개발 시 임상 전 과정을 수행하기에는 국내 제약사의 규모나 환경이 열악한 편. 따라서 신약 개발 기간을 단축하는 접근방식으로 신약 개발에 대한 투자비용이나 리스크를 낮출 수 있을 것으로 예상됨.

신약 개발 잠재력을 확보한 기업들은 바이오에서 제약으로 무게 중심 현상을 볼 수 있음 [12] 본 연구에서는 그 중 초기 단계에서 라이센싱 아웃(Licensing-out; 기술수출)이 가능한 질환영역을 공략, 임상이 비교적 짧고 수출이 용이한 바이오시밀러를 육성, 그리고 임상1상이 면제되어 개발비용과 시간을 절약할 수 있는 천연물 신약 분야 공략을 권장하며, 이에 맞는 한국형 산학협동모델이 필요함.

■ 라이센싱 아웃(Licensing-out) 가능한 질환 영역 공략

○ 지속적으로 까다로워지는 임상실험 절차로 인해 R&D는 고비용 저성공률의 공식으로 가는 실정임. 이 시점에서 블록버스터급 신약 개발에 도전할 수 있는 국내 제약 회사는 없는 것이 현실. 따라서 임상 1단계에서 글로벌제약사에 라이센싱 아웃하는 전략을 일차적 전략으로 모색할 수 있음. 전 세계적으로 기술 수출이 활발한 분야는 항암제, 심혈관계, 대사질환 순으로 나타나므로 이런 분야의 초기 R&D 장려 정책을 고려해 봄. [15]

○ 신약 개발을 위해서는 후보물질의 발굴부터 전 임상시험 과정, 시판 전 3단계에 걸친 임상시험을 거쳐야 함. 그러나 국내 제약사가 신약 시판까지 단독으로 진행하기에는 투자비용이나 기간 면에서 현실적으로 불가능함. 이러한 상황에서도 금년 3월, 한미약품이 글로벌 제약사 일라이릴리를 대상으로 약 7,000억 원에 달하는 라이선스 아웃 계약 체결에 성공함. 따라서 글로벌 제약사가 주목하는 신약 파이프라인을 개발, 임상 초기에 라

이센싱 아웃하는 전략이 신약 개발 R&D의 성공 가능성 면에서 주목받고 있음.

- ⟨그림 2⟩에서 2012년부터 2014년까지 전 세계 제약사들 사이에서 라이센스가 거래된 분야를 살펴보면, 항암제, 심혈관질환 치료제, 대사질환 치료제 순으로 많은 거래가 발생했음. [12]

⟨그림 2⟩ 질환영역별 라이선스 계약 현황 (2012-2014)

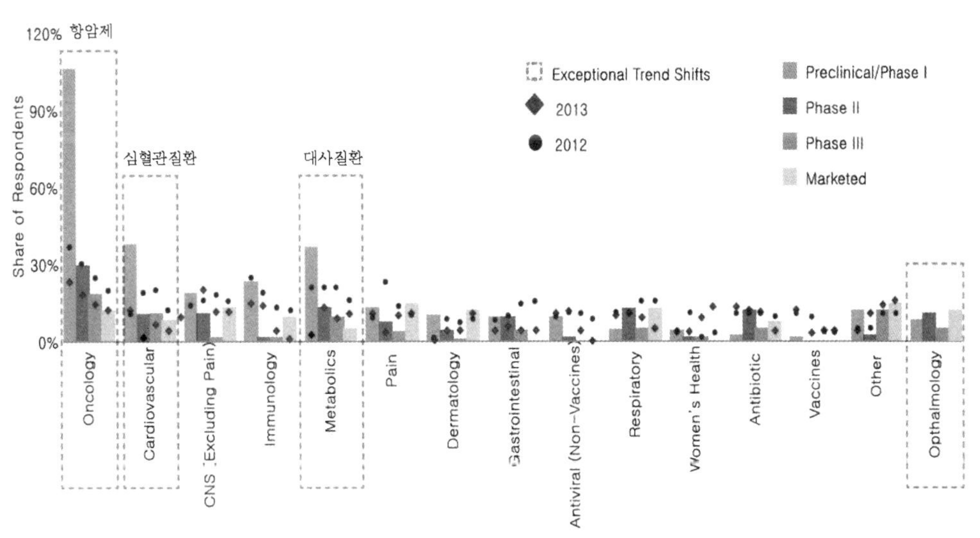

⟨출처: Cambell Alliance Dealmakers' Intentions 2012, 2013, 2014⟩

○ 표적항암제

- 항암제의 경우 임상시험 초기에도 간접적인 약효를 확인할 수 있는 '바이오마커 연구'가 활발하게 이루어지고 있기 때문에, 임상 초기에 라이센싱 아웃이 가능할 것으로 여겨짐. 또한 글로벌 제약사들이 암 특이적이고 부작용이 적은, 새로운 기전(mechanism)의 항암제 파이프라인을 갖추려는 추세임. 따라서 항암제에 대한 라이센스 수요가 향후 계속 유지될 것으로 기대됨. [12]

- 항암제 중에서도 1990년대 후반부터 등장한 2세대 항암제인 표적항암제가 주목을 받고 있음. 표적항암제는 암세포 주변의 신생 혈관 생성을 억제하거나, 세포증식 관련 신호전

달과정을 억제하는 방식으로 특정 암세포를 제거할 수 있음. 이에 정상세포와 암세포 구별 없이 공격하는 기존의 세포독성항암제와 비교했을 때 약효가 뛰어나고 부작용이 적음.

- 〈표 11〉과 같이 국내 제약사 중에서는 한미약품, JW중외제약, 종근당이 표적항암제 파이프라인을 보유 중.

〈표 11〉 국내 표적항암제 주요 파이프라인

프로젝트명	제약사	표적	개발단계	임상 국가	적응증	시장규모
Poziotinib	한미약품	HER2	임상1상 완료	국내	비소세포폐암 유방암	$6.1B $11.B
HM-61713	한미약품	EGFR	임상1상 완료	국내	비소세포폐암	$6.1B
CWP-291	JW중외제약	Wnt	임상1상 진행	미국	급성골수성백혈병	$0.9B
CKD-581	종근당	Histone deacetylase	임상1상 진행	국내	림프종	$5.6B

*B는 Billion, 10억을 뜻함
〈출처: 구완성, 제약 R&D, 한국형 성공모델을 찾아서〉

○ 당뇨병 치료제

: 전 세계 당뇨병 치료제 시장이 2008년 250억 달러에서 연평균 10% 성장하여 2014년 530억 달러에 이름. 2014년 기준 전체 시장 중 미국이 57%, 유럽이 25%, 일본이 9% 점유 [17, 19]

- International diabetes federation의 2013년도 자료에 따르면, 당뇨병 환자 수는 2012년 3억 7,100만 명에서 2035년 5억 9,200만 명으로 60% 증가할 것으로 전망되며 이에 따라 당뇨병 치료제의 수요는 지속적으로 증가할 것으로 기대됨. [17]

- 당뇨병 치료제 중 인슐린 제제의 경우 주기적으로 자주(1일 1회) 투여해야 하는 단점이 있음. 또한 기존의 경구용 당뇨병 치료제의 경우 장기 복용 시 저혈당 유발, 소화기계 부작용, 체중증가 등 부작용을 유발할 뿐 아니라 인슐린을 분비하는 췌장의 베타세포가

파괴되기도 함. [15]

- 2014년 기준, 당뇨병 치료제의 세계 시장에서 비인슐린 제제는 63%, 인슐린 제제는 37%를 점유하고 있으며, 향후 인슐린 제제의 사용에 대한 부작용(저혈당 유발)과 불편함(투약) 등으로 비인슐린 제제의 시장점유율이 더 높아질 것으로 전망 [14]

- 또한, 바이오베터의 일종인 지속형 단백질의약품(Long-acting protein) 형태의 당뇨병 치료제는 1일 1회 주사해야 하는 기존의 단백질의약품의 투여주기를 늘릴 수 있어 현재 주목 받고 있음.

- 펩트론은 유럽 및 미국에서 2주/4주 지속형 당뇨병치료제의 특허를 취득한 상태이며, 유한양행과 공동 개발 진행 중 임상2상을 마친 상태임. 1개월 지속형 제품의 경우, 16년부터 임상1상 진행 예정 [14]

- 한미약품의 경우 현재 미국 FDA 허가 하에 4주 1회 제형 지속형 당뇨병치료제(LAPS-EXENDIN-4)의 임상2상 후기 완료한 상황임. 인슐린 1주 제형과 복합제형 개발도 추진 중으로, 혈당 강하효과 및 비만 억제의 이중효과를 목표로 하여 기술이전 가능성이 있음. [18]

■ 바이오시밀러(Biosimilar)

: 바이오의약품(Biologics)은 화학적인 합성이 아닌 생물학적인 방법을 통해 제조되는 의약품을 포괄적으로 일컬음. 분자량이 매우 크기 때문에 분자량이 작은 화학의약품에 비해 제조비용도 많이 들고 약의 가격도 높음. 개발 초기에는 박테리아나 효모 등에서 배양하여 추출하는 방식으로 제조한 반면, 1990년대부터는 동물세포를 배양하여 추출한 단일클론항체의 형태로 등장하기 시작하면서 보다 높은 난이도의 제조 공정이 요구됨. 다만, 일반적인 화악의약품과는 달리, 바이오의약품의 경우 완전히 동일한 구조로 제네릭 의약품을 만드는 것이 거의 불가능해 바이오시밀러(Biosimilar)라는 명칭으로 불리게 됨. [19]

○ 바이오시밀러 산업의 장점과 단점

- 바이오시밀러는 신약과 비교했을 때 개발 비용이 적게 들면서 성공 가능성이 높을 뿐만 아니라 임상 기간도 짧은 편임. 바이오시밀러 개발능력은 신약개발의 선행조건이라는 것이 대부분 제약사들의 견해임.

- 화학의약품에 비해 생산 공정에 높은 수준의 기술이 필요하며, 기존의 의약품과 바이오시밀러간의 생물학적 동등성을 입증하기가 어려워 기존 의약품과의 호환성(interchangeability)을 인정받기 어려움.

- 바이오시밀러의 경우 의약품의 가격이 비싸고, 고가의 항체 바이오의약품이 전 세계 매출의 절반 가량을 차지하는 미국 시장에서 가격경쟁력을 발휘할 것으로 보임. 당초 미국 내 바이오시밀러의 시장 진입에 대해 오리지널 바이오의약품 대비 20~30% 낮은 가격이 형성될 것이며 시장점유율이 30% 선에 그칠 것이라고 전망됨. 단, 최근 미국에서는 오리지널 대비 50~60% 낮은 가격으로 시장을 50% 이상 점유할 것이라는 전망도 일부 나오고 있음. [19]

- 〈그림 3〉에 의하면 2013년 이후 2세대 바이오의약품 다수(Rituxan, Remicade, Humira, Herceptin 등)의 특허가 만료될 예정임. 특히, 2016년에서 2018년 사이 미국과 유럽 특허가 모두 만료될 Rituxan, Remicade, Humira의 경우, 매출 규모가 크고 적응증이 다양하여 많은 제약사들이 개발을 시도하고 있음. [19]

〈그림 3〉 주요 바이오의약품의 특허만료 스케줄

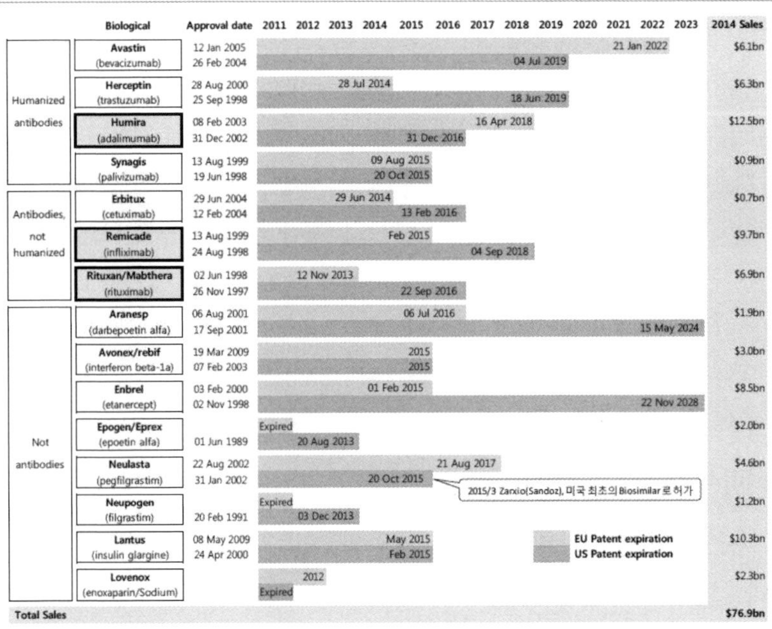

〈출처: 김미현, 제약/바이오 산업 글로벌 밸류 체인 속으로〉

○ 국내 바이오시밀러 주요 개발 현황

- 셀트리온은 Remicade의 바이오시밀러인 Remsima에 대해 2013년 EMA (European Medicines Agency)로부터 최초로 항체 바이오시밀러 허가를 취득, 2014년 미국 FDA 에 판매 허가를 신청한 상태이며, 지난 7월 러시아 내 판매 허가를 획득함[23]. 또한 Herceptin의 바이오시밀러인 Herzuma는 글로벌 임상3상까지 완료했고 국내 허가 획득 함. Rituxan의 바이오시밀러는 글로벌 임상3상을 진행 중임. [19]

- 삼성바이오에피스는 지난 7월, 자가면역질환 치료제인 'SB5'의 글로벌 임상3상 결과 오 리지널 제품인 'Humira'와의 약효동등성을 확보했고 국내 허가 획득함. Enbrel 바이오시 밀러(SB4)와 Remicade 바이오시밀러(SB2)에 이어 Humira 바이오시밀러(SB5)까지 글로 벌 3대 자가면역질환 치료제 모두 3상 시험에 성공한 회사는 삼성바이오에피스가 유일해 글로벌 바이오시밀러 산업 내에서 경쟁력을 확보했다고 보여짐. 이외에도 현재 Avastin, Herceptin, Lantus의 바이오시밀러 임상시험을 진행 중임. [20]

○ 바이오의약품 하청업에서 개발자로 진화전략

- 바이오의약품 제조의 어려움 때문에 바이오의약품 생산에 있어 CMO (Contract Manufacturing Organization) 역할은 중요함. 2012년 기준 글로벌 Bioreactor (Mammalian Cell Culture) In-house 생산규모는 2,800,000L, CMO 업체가 보유한 생 산규모는 이 중 1/4 정도로 추정됨. [1]

- 바이오의약품 CMO는 Scale-up이 중요함. 추후 상용화가 목적이나 현재 국내에서는 파 이프라인이 초기 단계임. 바이오의약품 CMO는 공정개발(Process development) 때부터 필요하나 바이오시밀러 개발에 있어 적합한 파트너가 될 수 있음. 합성의약품과는 달리 바이오의약품을 개발하는 데 공정개발 및 생산을 Core competency로 하면서 플랫폼 을 갖춰 파이프라인을 개발해야 함. 국내의 경우 셀트리온, 바이넥스 등이 좋은 예시임. 이들은 다수의 바이오의약품의 제조과정(Bioprocess)을 개발하면서 풍부한 경험과 독자 적인 단백질 발현시스템(Proprietary In-house Expression System) 등을 발전시키기 때 문. 따라서 바이오의약품 CMO는 바이오의약품 제조플랫폼(Biologics Manufacturing Platform)의 역할을 할 것으로 기대됨. 나아가 일부 바이오의약품 CMO는 Biosimilar를 자체개발/상업화에 나설 것으로 예상됨.

■ 천연물신약

10년 이상 개발 기간이 걸리는 임상1상, 2상, 3상 단계를 거쳐야 하는 신약개발 대신 임상1상이 면제되는 천연물신약의 개발은 글로벌 제약사를 추격할 수 있는 하나의 영역임. 독성 이슈 등 연구개발에 어려움이 존재하나 연구개발비용 예산이 부족한 국내 실정을 고려해 볼 때 투자비용 대비 수익성이 뛰어난 천연물신약은 합성 의약품보다 상대적으로 유리할 수 있음.

○ 천연물신약 연구개발 배경

- 「천연물신약 연구개발 촉진법 제2조」에 따르면, 천연물신약은 천연물성분을 이용하여 연구, 개발한 의약품으로서 조성성분, 효능 등이 새로운 의약품을 일컬음. 천연물신약 연구개발사업은 기존 합성의약품 개발 부문에서 우리나라가 미국, 유럽 등 선진 제약국보다 경쟁력에서 뒤처지고 있는 상황에서 한국이 상대적으로 우위를 확보하고 있는 전통 의약 지식을 활용할 수 있음에 착안, 천연물을 이용한 신약을 개발하고 이를 통해 국내 제약 산업의 새로운 성장 동력을 확보하기 위해서 추진됨. [21]

- 특히 고혈압이나 당뇨 등의 만성질환의 치료가 기존의 합성의약품 등으로는 어려운 경우가 많아 대체의학으로서 천연물의약품의 잠재적 가치가 높아지고 있으며[22], 상대적으로 개발기간이 짧으면서 투자비용이 적다는 점에서 주목 받아옴. [21]

〈표 12〉 천연물신약 개발 현황 및 원외처방실적 추이

제품명	제약사	주요성분	효능	허가일	2014 상반기 원외처방실적	2015 상반기 원외처방실적	증감률
아피톡신	구주제약	봉독	골관절염	1999. 11	0	0	–
조인스	SK케미칼	위령선, 괄루근, 하고초	골관절염	2001. 7	277억	195억	-29.8%
스티렌	동아ST	애엽	위염	2005. 4	172억	131억	-23.5%
신바로	녹십자	자오가, 우슬, 방풍	골관절염	2011. 1	38억	38억	0.7%
시네츄라	안국약품	황련, 아이비엽	기관지염	2011. 3	157억	155억	-1.0%
모티리톤	동아ST	현호색, 견우자	기능성 소화불량	2011. 5	109억	94억	-13.2%
레알라	피엠지제약	당귀, 목과, 방풍	골관절염	2012. 3	47억	72억	51.6%
유토마	영진약품	돼지폐 추출물	아토피	2012. 11	0	0	

〈출처: 식품의약품안전처, 유비시트, 이데일리〉

○ 국내 천연물신약 동향

- 국내에서 개발한 일반 합성신약의 대부분이 큰 성공사례가 없는 데 비해, 천연물신약은 국내 시장에 성공적으로 안착했다고 볼 수 있음. [21]

- 〈표 12〉에 의하면 최근 5년간 국내 천연물신약이 6,881억 원의 매출을 기록하고 있음. 2014년 기준으로 보면, 국내 의약품 시장이 14조 2,805억 원이고, 이 중 전문의약품의 시장규모는 11조 8,675억 원(전체 83%)에 달했으며, 천연물신약의 시장규모는 1,430억 원으로 전문의약품 시장에서 1.2%를 차지함. 특히, 2002년에 동아ST에서 발매된 위염 치료제 스티렌의 경우, 2014년까지 12년 동안의 누적 매출액이 6,900억 원에 달하는 등 엄청난 성공을 거둠. [21]

- 그러나 국내에서 개발된 천연물신약 8종 중 미국이나 유럽과 같은 제약선진국에서 의약품 품목 허가를 받은 약품은 없으며, 해외 수출 실적도 미미함

- 〈표 13〉에서 동아ST의 당뇨성신경병증 치료제 DA9801은 국내 최초로 미국 FDA의 임상 허가를 받아 올해 상반기 임상2상을 마쳤으며, 모티리톤의 미국 임상2상도 2016년 완료를 앞두고 있음. 영진약품도 COPD(만성 폐쇄성 폐질환)치료제 YPL-001의 미국 임상2상을 진행 중임. [23]

〈표 13〉 천연물신약 파이프라인 현황

기업명	테마명	적응증	R&D 단계
녹십자	X	위염	임상2상
대원제약	DW-1401	위염	임상3상
	DW-3101	위염	임상2상
	DW-3102	고지혈증	임상2상
동아ST	DA-9801	당뇨병성 신경병증	임상2상
동화약품	DW1029M	신장염	임상2상
	DW2006	알레르기비염	임상2상
신풍제약	혈행개선제	혈행개선	임상2상
안국약품	AK903	치주염	임상2상
	NRF803	신장염	임상2상
영진약품공업	YPL-001	OOPD	임상2상
일동제약	치매치료제H	치매	임상2상
	항바이러스제G	항바이러스	임상1상
한림제약	HL301	기관지염	임상2상
한미약품	ALS-L1023	복부비만	임상3상
휴온스	ASH	지방간	임상2상
	SEP	패혈증	임상1상
CJ헬스케어	CJ-20001	위궤양	임상2상
SK케미칼	HMP301	천식	임상3상

*전임상·후보물질 등 단계 제외
〈출처: 한국신약개발연구조합 제약산업연구개발백서, 2015〉

○ 글로벌 천연물신약 개발을 위한 효과적인 지원책 필요

- 감사원의 감사 결과에 따르면, 2001년부터 2014년까지 총 3,092억 원의 정부예산이 천연물신약 연구개발사업에 투자되었으며, 이 중 기초연구 분야의 경우 208개 연구과제에 1,375억 원의 연구개발비가 지원되었음에도 불구하고, 기초연구 분야 지원을 통해 제품화로 연결된 성과가 전혀 없었음. 참고로, 현재 국내 허가를 받은 8종의 천연물신약은 개별 기업이 기초연구를 진행한 이후 임상연구 지원을 통해 제품화로 연결된 경우임.

- 글로벌 천연물신약 개발을 위해서는 한의학적 근거에 의해 선별된 천연물을 원료로 사용

하더라도 신약 개발과 같은 과정을 거쳐야 하며, 신약의 성분 및 효능에 대한 과학적인 검증이 뒷받침되어야 함[22]. 또한 천연물의약품의 안전성과 유효성에 대한 평가 및 안전관리체계의 구축, 관련 규정의 정비가 필요함. 그러나 연구개발 사업을 효율적으로 추진하고 지원할 통합 관리 및 지원 체계 없이 정부예산이 비효율적으로 지원되어 왔음. [21]

    – 이에, 감사원은 보건복지부에 1) 천연물신약 연구개발 사업의 정책지원 범위 재설정, 2) 관련 기반기술 구축 및 안전성, 유효성평가 역량 강화, 3) 기초연구에서 제품화 단계까지 통합적인 관리체계 구축 등 효과적인 연구개발 사업 추진을 위한 방안을 촉구하였음

○ 향후 천연물신약 개발에 대한 제언

    – 유럽의 경우, 천연물신약 개발 추세가 기존의 임상적 유용성이 입증된 천연물 원료(예: 은행잎 제제, St. John's Wort, Sativex 등)를 기반으로 임상 적응증의 확대를 시도하는 방향으로 나타나고 있음. 반면, 미국의 경우, 소규모기업을 중심으로 상대적으로 미충족 의료수요(unmet medical need)가 높은 중증 질환을 대상으로 천연물신약이 개발되고 있는 추세임. [24]

    – 향후 글로벌 천연물신약 연구개발에 있어서 세계수준의 임상연구를 시행, 완료하는 것이 필수적임.

    – GW사의 Sativex나 Salix사의 Fulyzaq의 사례[25]와 같이, 기존에 개발된 천연물신약의 적응증을 확대하는 방향으로 임상연구를 지원하는 전략도 고려되어야 할 것(단, 적응증 확대 임상연구 진행을 위해서는 기존 천연물신약에 대한 임상연구가 먼저 완료되어야 함). 국내외에서 개발된 천연물신약 현황 및 성분정보는 아래 〈표 14〉와 같고 유럽과 미국의 진행상황도 〈표 15〉와 〈표 16〉에서 볼 수 있음.

〈표 14〉 국내 천연물신약 개발 현황

제품명	제약사	주요성분	유효성분	효능
아피톡신	구주제약	봉독		골관절염
조인스	SK케미칼	위령선,괄루근,하고초	아세클로페낙(Aceclofenac)	골관절염
스티렌	동아ST	애엽	유파틸린(Eupatilin), 자세오시딘(Jaceosidin)	위염
신바로	녹십자	자오가(가시오가피), 우슬, 방풍 등	아이소플레본(Isoflavone) 아칸토사이드D(AcanthosideD)	골관절염
시네츄라	안국약품	황련, 아이비엽	버버린(Berberine) 알파-헤더린(α-hederin)	기관지염
모티리톤	동아ST	현호색, 견우자	코리달린(Corydaline)	기능성 소화불량
레일라	피엠지제약	당귀, 목과, 방풍 등		골관절염
유토마	영진약품	돼지폐추출물		아토피피부염

〈출처: 리서치, 이데일리〉

〈표 15〉 유럽 천연물신약 개발 현황

개발사	후보물질	적응증	기원	단계 (2010)	단계 (2015)
ALK-Abello	Grazax	고초열	큰조아재비	3상	시판
GW Pharmaceuticals	Dronabinol (Sativex)	암성 통증	대마초	3상	시판
Medigene	Veregen	생식기 사마귀	녹차	2상	시판
Phynova	PYN17	만성 C형 간염	황기, 엉겅퀴, 깨꽃, 오미자	2상	2상
Phytopharm	P58 (Cogane)	파킨슨병, 치매	중국 약초	2상	D/C
Schwabe	WS-1531	류마티스성 관절염	천수근	2상	2상
Ipsen	Egb 761 (Tanakan)	기억력 장애	은행잎	3상	M

〈출처: 생명공학정책연구센터〉

〈표 16〉 미국 천연물신약 개발현황

개발사	후보물질	적응증	기원	단계 (2010)	단계 (2015)
Bionovo	Menerba (MF101)	만성불변성 협심증	약초 18종	3상	D/C
Phytomedics	PMI-001	류마티스성 관절염	약초	3상	3상
Phytoceutica	PHY906	결장암	황금, 백작약, 감초, 대추	2상	2상
Memorial Sloan Kettering Cancer Center, Honso Pharm	SST (H09)	간암, C형 간염	황금, 감초, 시호, 인삼, 반하, 대추, 생강	2상	2상
Sirtris Pharmaceuticals	SRT501 (Resveratrol)	암, 2형 당뇨	식물, 적포도주	2상	2상
Bionovo	BZL101	유방암	반지련	2상	D/C
Zehjiam Kanglaite Pharmaceutical	Kanglaite	비소세포성 폐암	의이인	2상	2상
Microbio	MS-20	간암	2종의 균으로 발표된 콩	2상	2상
Phynova	PYN17	만성 C형 간염	황기, 엉겅퀴, 깨꽃, 오미자	2상	2상
Phytopharm	P58 (Cogane)	파킨슨병, 치매	중국 약초	2상	D/C
Mcdigcnc	Veregen	생식기 사마귀	녹차	2상	시판
Microbio	WH-1	당뇨성 족부궤양	약초 2종	2상	3상
Schwabe	WS-1531	류마티스성 관절염	천수근	2상	2상
Tsumura	TJ-96	천식	시박탕 (목련 외 약초 9종)	2상	2상
Tsumura	TU-100 (Daikenchuto)	수술후 장폐색	생강, 인삼, 산초 열매	2a상	2b상
Beijing Peking University, WBL	XueZhiKang	고지혈증	붉은 효모쌀	전임상	2상
Tasly	T-89 (Dantonic)	만성 불변성 협심증	단삼, 삼칠	전임상	3상
Nutrition Science Partners	HMPL004	궤양성 대장염	Andrographolide	2b상	D/C
Izun Pharma	IZN-6N4	점막염(항암제 복용)	항염증 작용 약초	전임상	2상
Salix Pharmaceutical	Fulyzaq (crofelemer)	설사(HIV약 복용)	Dragon's blood	3상	시판
ViroXis	EISO	피부사마귀	Santalum album oil	전임상	2상

〈출처: 생명공학정책연구센터〉

■ **양극화를 극복 할 수 있는 R&D 모델**

○ 산학 합동 연구 활성화 및 대학의 연구 상용화

- 비용 대비 리스크가 너무 큰 연구개발의 위험 분산을 위해 산업, 병원, 대학의 합동 연구 장려. 특히 중소기업과 대학 합동 연구 시 R&D 비용 지원을 통한 연구개발 장려가 필요함. 예를 들어 미국 스탠포드 의과대학에서는 대·중소기업 제약사와 리스크 분산을 위한 협동 연구가 활발히 시행되고 있고 성공률 또한 매우 높음. 또한 기존의 대기업의 투자 유치를 유도함으로 협동 연구를 장려함

- 의료바이오 연구의 상용화는 글로벌 대학의 추세임. 국내에서도 산학협동 연구 사례 및 성공사례들이 있으나 연구는 연구자 주체로 시작되어 산학협동 기관이 지원하는 반면 해외 상용화가 더욱 성공적인 대학에서는 모두가 주체가 되어 지속적인 '만남의 장'을 형성해 정부가 협동 연구를 지원하는 모델임. 주요 만남의 창구로는 대학의 의료바이오 연구 상용화 과정인데 이를 통해 수강자들끼리의 네트워킹, 교육 주체와의 접촉, 중소기업의 대학 연구의 관심 고조 등의 순효과적인 요소들이 작동함. 스탠포드대학교에서는 연구의 실질적인 상용화를 위해 펀딩뿐 아니라 사업 전반적인 부분에 대한, 인력수급, 펀딩, 마켓팅, 글로벌 전략을 할 수 있는 팀을 조성해 주고 그 팀을 통하여 선진화된 사업 시스템을 도입, 세계로 직접 진출할 수 있도록 지원. 일련의 예로 현재 제안되고 있는 홍릉 의료바이오 R&D 단지는 대학, 연구소, 연구원, 제약회사, 스타트업전문가, 특허전문가 등등 한 곳에서 좋은 만남의 장이 될 수 있다고 판단됨

- 분야 전문가 양성(상용화 전문가 포함) 시급

○ 「제약산업 5개년 종합계획」R&D 분야 세부사업 이행 방안 연구 등 이행계획 수립

- 이에 맞춰 정부도 종합계획 R&D 분야의 미래 제약·바이오 10대 특화유망 지원, 산학 협력 신약개발 프로젝트(K-SPARK) R&D 지원 등 7개 신규 사업 대상으로 산업계 연계성을 강화하면서 선택과 집중을 통해 글로벌 성공사례를 창출할 수 있도록 사업 추진의 타당성을 검증하고 구체적인 이행 계획을 수립

- 특히, 「미래 제약·바이오 10대 특화 유망지원 사업」의 경우 '15년도에 10억 원의 예산이 반영되어 2015년 하반기부터 지원될 예정. 본 사업은 기획연구를 통해 해외시장, 기술동향, 국내 기업 기술역량 등을 고려하여 제약산업 미래를 주도할 10대 특화분야(항암제, 신경계질환치료제, 항감염제-백신포함, 항바이러스제, 당뇨및대사질환치료제, 면역치료제, 심

혈관계 질환치료제, 희귀질환치료제, 바이오시밀러, 줄기세포치료제)를 선정. 5년 이내 글로벌 신약개발을 목표로 내년부터 신약연구 특성화 센터를 선정하여 조기성과 창출이 가능한 5개 분야를 우선 지원하는 방식으로 5년간 센터 당 연간 10억 원 지원할 예정

- 또한 일련의 예로 싱가포르에서도 최근 실리콘밸리 모델의 아시아 현지화 전략을 통해 A*Star Funding Agency를 통한 새로운 모델을 제시하고 난양공대(Nanyang Technological University)는 노벨 재단의 노하우를 접목해 NITHM (Nanyang Institute of Technology Health and Medicine)과 같은 플랫폼을 제시, Engineering in Medicine 이라는 가치를 걸고 Clinician이 문제를 제시하고 공대적인 관점에서는 실용적인 솔루션 제시하는 방향으로 연구가 진행돼 가고 있음

○ 한-싱가포르 국제협력연구지원 사업 육성

- 글로벌 제약산업은 R&D 생산성 저하를 극복하고 글로벌 경쟁력을 확보하기 위해 Open Innovation 경영 혁신 전략으로 전환하고 있음. 이에 발맞추어 국내 제약기업들도 내수 성장 한계를 극복하고 신약개발 성공과 글로벌 시장 진출을 위해 노력하고 있음. 그러나 글로벌 시장 진출에 있어 고비용, 고위험 개발 부담에 따라 민간분야협력(B2B)이 미흡하기 때문에 정부 간 협력(G2G)을 통해 국내 제약산업의 해외시장 진출을 촉진시킬 필요가 있음. 이에 따라 지난해 2013년 12월 한-싱가포르 정상회담에서 바이오메디컬 분야 R&D 등 양국 간 협력 방안이 논의되었고, 한국보건산업진흥원-싱가포르 과학기술청(A*STAR: Agency for Science, Technology and Research) 간 MOU가 체결됨. 그 후속조치로 한국보건산업진흥원은 올해 6월에 싱가포르의 A*STAR 본부 내 '국제공동연구협력센터(KHIDI-A*STAR Med Tech Development Centre)' 설립. 본 센터의 설립 목적은 국내 기술사업화 인프라 취약 문제를 극복하기 위해 센터를 통해 국내 기업과 A*STAR 간 국제공동연구를 추진하고 상업화 가능한 후보기술을 조기 상품화하여 글로벌 시장에 진출을 지원하는 것. 또한 Med Tech 센터와 연계하여 '한-싱가포르 R&D 국제협력연구지원' 사업을 추진. 본 사업은 원천기술이 확보된 신약 후보물질을 글로벌 수준으로 조기 상업화하기 위해 싱가포르 A*STAR와의 국제협력 연구개발을 지원

- 이 사업을 통해서 제약분야를 포함한 총 4개의 과제가 올해 10월에 협약이 완료되어 진행되고 있으며, 과제당 총 연구기간(3년 이내) 동안 미화 0.6 달러(약 6억 원)가 국내에서 지원될 예정임. 국내 최초로 국내 기업과 싱가포르 A*STAR 간 공동연구 협력을 통해

국내 제약산업의 글로벌 경쟁력 제고가 기대됨

○ 공정한 연구개발비 지원을 위해 사전 사후 평가단 구성

‑ 특히 외부(외국인 포함) 전문가를 포함한 평가단 구성을 통해 객관적이고도 효과적인 연구개발 비용 대비 리스크 관리가 시급함. 또한 최근 연구개발 중복 방지를 위해 예산 분배 주체가 단순해지고 있는 상황에서 객관적 평가단의 역할이 더욱 커질 수 있음

■ **교수 및 중소기업을 위한 미국 FDA 임상실험 과정 요건 충족 교육 지원**

: 신약 개발 연구는 각 단계마다 막대한 비용과 시간이 소모됨. 특히 2000년대 후반부터는 규제당국의 허가 요건이 까다로워져 행정적인 절차에서 실패하는 사례가 많음. 그러므로 임상시험을 성공적으로 허가받아 수행할 수 있게 하는 교육 및 지원 정책이 유용할 것임. 이러한 교육과 더불어 안전성 자료와 유효성 자료를 효과적으로 증명하는 방법, 부가적으로 시행되어야 할 평가 지표, 임상기간, 피험자 수 등에 대한 행정적 교육 및 보완이 시급함

‑ 제약산업특성화대학원 신규 추가선정 및 운영

: 정부의 국정과제인「제약산업특성화대학원」지원 사업은 국내 제약기업의 글로벌 진출에 있어 핵심 역할을 담당할 多학제간 융합 지식·실무 경험 등을 갖춘 석사급 인재를 양성하기 위한 학위과정 설치 및 운영을 지원하는 사업으로 3년 7개월 동안 약 20억 원 내외 예산을 지원받게 됨. 본 사업의 수행기관으로 '12년도에 성균관대학교와 충북대학교가 선정되었고 '14년도 6월에 중앙대학교가 추가 선정되어 총 3개 대학이 운영되고 있음. 제약산업의 인허가, 경제성 평가, 기술 경영 등 분야에 글로벌 제약산업을 선도할 석사급 전문 인력 161명을 양성 중('14. 9월 기준)

4

결론 및 제언

앞에서 살펴본 바와 같이 기존의 국내 의료바이오 산업은 여러 가지 강점과 약점이 동시에 존재하고 있음. 강점을 살리고 약점을 보완하는 데는 정부의 지원과 정책도 중요하지만 각 연구 주체의 현황 파악과 미래를 볼 수 있는 거시적인 안목 또한 중요함.

시장에서의 과당경쟁 및 상·하위 기업과의 양극화, 글로벌 대형 제약사의 부재, 제네릭 의약품의 높은 편중률, 글로벌화 비즈니스 전략의 부족, 균형감각을 갖춘 상용화 전략의 부재, 산업 구조조정의 필요 등을 고려한 국내 시장은 국내 의료바이오 산업의 기회이자 아킬레스건임. 글로벌 사회 구조상 성장할 수밖에 없는 이 산업에서 국내 의료바이오 산업은 일차적으로는 비용 대비 수익률이 높은 연구에 집중하면서 점차적으로 복합적 임상시험 단계를 거쳐가는 블록버스터 신약으로 연구개발 방향을 옮겨 가야 됨.

요약하자면 1) 임상1단계에서 글로벌기업에 라이센싱 아웃(Licensing-out; 기술수출)하는 전략을 쓰면서 점진적으로 블록버스터급 신약개발에 도전할 발판을 마련. 특히 글로벌 라이선스 시장이 성장하고 있고 한국이 강점을 가지고 있는 항암제, 심혈관질환(당뇨병 치료제), 대사질환 영역에 집중. 2) 제조 과정이 까다로워 한국이 강점을 가지고 있고 급속도로 성장하고 있는 바이오시밀러 산업을 장려. 초기에는 하청을 받고 이를 토대로 독자적인 단백질 발현시스템을 발전시켜 개발자로 전환. 3) 투자비용 대비 수익성이 뛰어난 천연물신약으로 고혈압이나 당뇨 등 만성질환의 치료제를 개발. 4) 비용 대비 리스크가 큰 연구개발의 위험 분산을 위해 산업, 병원, 연구소, 대학의 합동 연구 장려. 특히 글로벌 대학의 추세인 의료바이오 연구의 상용화를 통한 지원 제도뿐이 아닌 성공적인 미국 대학에서처럼 전문가들의 실제 만남의 장 형성. 5) FDA임상요건 충족, 특허, 상용화 전문화 인력 육성 및 지원과 정기적으로 만날 수 있는 과정/공간 제공 등의 전략이 필요. 또한 정부는 기술수출 및 바이오시밀러 산업 육성 지원, R&D 통합관리를 위한 Bio Library 설립, R&D 기획평가를 통해 산학협동 연구를 장려, 공정한 연구개발비 지원을 위해 사전 사후 평가단 구성해 '먹거리 기술'을 배양할 수 있는 연구에 예산을 집중적 투자, 21세기를 대비한 의료바이오 산업을 적극 지원해야 함. 6) 일본 제약 산업이 비교적 성공적으로 이룩한 산업 구조조정이 정부 주도로 필요함. 산업내 제약회사의 숫자는 많으나 글로벌 제약사와 경쟁할 대형 제약사가 부족. 이를 위해서는 M&A 등이 활성화되고 자금조달이 증가해져 균형 감각을 갖춘 유능한 과학자/경영인이 산업에 참여해야 함.

참고 문헌

[1] 한국보건산업진흥원. (2014). 2014년 제약산업 분석 보고서.

[2] 이정환. (2014). 소비자, 리베이트 제약사에 다시 패소. DailyMedi.

[3] European Commission. (2014). Pharmaceutical R&D.

[4] 한국보건사회연구원. (2012). 제약산업구조분석발전방향.

[5] 김명룡. (2013). 제약·바이오사, 브릭스 '파머징' 시장 정조준. 머니투데이

[6] 조경진. (2015). 제약산업의 환경 변화 보고서. KDB 산업은행.

[7] 허익선. (2015). KIS Industry Outlook.

[8] 정윤택. (2015). 신약개발 역량 강화 통해 '제약 강국' 도약하자. 보건산업동향, pp. 12-19.

[9] 한국연구재단 산학협력종합지원센터. (2013). 대학 산학협력활동 조사보고서.

[10] 과학기술정책연구원. (2013). 대학 출연. (연)의 기술사업화 활성화 방안. STEPI Insight, 123.

[11] 이정규. (2005). 중소기업뉴스.

[12] 구완성. (2015). 한국형 성공모델을 찾아서. 하이투자증권.

[13] Cambell Alliance. (2014). Healthcare Consulting.

[14] 이임규. (2015). 대사성 질환 치료제 시장 동향. 연구성과실용화진흥원.

[15] 윤선주. (2013). 당뇨병과 치료제 개발. . (재)범부처신약개발사업단.

[16] 교육부. (2011). 대사질환치료제 신약 후보물질 발굴 기획연구.

[17] 김현태, 김승민. (2015). 펩트론. KDB 대우증권 리서치센터.

[18] 김지현. (2015). Healthcare outlook, 키움증권.

[19] 김미현, 정준섭. (2015). 제약/바이오 산업 Global Value Chain 속으로. 유안타증권.

[20] 한국보건산업진흥원. (2015). 7월 제약기업 주요성과. 해외진출/주요 Issue, 19.

[21] 감사원. (2015). 천연물신약 연구개발 실태.

[22] 보건복지부. (2014). 글로벌 천연물신약개발 산업화 전략기획 기획보고서.

[23] 김지섭. (2015) 감사원 감사결과 논란 "글로벌 진출 위해 기준 높여야" 2015. 8. 31., 메디칼옵저버 보도자료.

[24] 성상현. (2015). 천연물의약품 연구동향. 생명공학정책연구센터.

[25] 배은희. (2014). 천연물의약품 글로벌진출 전략보고서. 한국바이오협회 바이오경제연구센터.

장호종 KAIST IT융합연구소 연구조교수

KAIST IT융합연구소 생체의료팀 팀장, 선임연구원
LG Philips LCD 연구원
공학박사, 美 MBA

MESIA 미래전략
(Medical-Bio 산업 : 사회의료 분야)

세부분야

의료기기, 의료서비스, 재난의료

— **1** —
연구 개요

■ **연구 목적**

○ 30년 후 공공 의료 복지 서비스 제공이 가능한 사회의료 분야의 미래전략 제시를 위한 의료기기, 의료서비스, 재난의료 분야 분석

- 의료기기 기술 발전 현황 및 시장 현황 파악

- 의료서비스 기술 발전 현황 및 시장 현황 파악

- 재난의료 현재 시스템 파악

- 국내 보건의료산업 구조 분석 및 법, 제도 관련 사항 확인

- 국가 의료기기 및 의료서비스 관련 중장기 발전계획 분석

○ 사회 변화 예측 및 관련 산업기술 분석을 통한 한국 실정에 적합한 전략을 모색

- 의료 플랫폼 현황 분석을 통한 국내 시장 적용 가능성 분석

- 국외 재난의료 시스템 파악을 통한 주안점 확인

- 최근 사례 중심의 의료 시스템 문제점 분석

- 사회의료 통합 서비스 구축을 위한 전략 수립

■ **연구 필요성**

○ 통계청에 따르면 2060년 우리나라는 65세 이상의 인구가 40%을 넘어서는 세계 최고령 국가가 될 것으로 예상됨

  – 현재의 의료시스템을 유지하기 위해서는 막대한 비용이 소요되므로 이를 ICT와 접목을 통해 해결하려는 움직임이 활발히 이루어지고 있음

  – 노령화에 따른 시대 흐름에 맞춘 서비스들이 요구되고 있으며 이를 위한 의료기기, 의료 서비스의 필요성이 대두됨

○ 현재 국내 의료기기 시장은 70% 이상을 국외 기업에 의존하고 있으며 이를 대처하기 위한 기술개발이 원활하게 이루어지고 있지 않음

  – X-ray, 초음파기기, 임플란트 등 몇몇 분야에서의 시장은 선점하고 있는 상황이나 첨단 의료기기, 고성능 의료기기들의 경우 대부분 수입에 의존하고 있음

  – 명확한 타깃팅과 시장분석을 통한 의료기기 발전 방향을 수립할 필요가 있음

  – 영리 목적이 아닌 공공성을 띤 의료기기 개발을 통한 사회의료 서비스 제공이 필요함

○ E-health의 영향으로 ICT와 의료기술의 접목을 통한 새로운 의료서비스 패러다임이 생겨나고 있음

  – 국외 다국적 기업들의 세계시장 선점을 위한 의료서비스에 대한 연구가 활발히 이루어지고 있으며 이들의 연구 방향을 파악하고 대처하기 위한 전략을 세워야 함

  – 현재 우리나라 의료서비스의 주체의 대부분은 국가이지만 건강보험 기금고갈, 의료민영화 등에 따른 서비스 본질에 대한 변화가 일어날 가능성도 있음

○ 국내의 재난 관리는 주로 자연재해 및 호우 등에 의한 것으로 한정되어 있으며 재난의료 대책은 재난의 종류를 막론하고 현장 응급의료에 초점이 맞추어져 있음

  – 재난의료에 대한 통합 관리 플랫폼이 구축되어 있지 않으며 이를 위한 특화된 의료기기 및 의료서비스에 대한 구축이 미비한 상태임

  – 효율적인 재난 관리가 이루어지지 못하고 있으며 특히 재난의료에 대한 명확한 민/관/공의 역할분담 및 시나리오 기반의 대처 방안이 확립되어 있지 않음

○ 의료복지 소외자(노인 및 도서산간지역)에 대한 의료서비스 질의 개선을 위한 통합 플랫

폼, IT와 의료의 융합에 따른 보안 문제 등에 대한 통합 추진이 필요함

- 특수상황 및 다양한 계층의 국민들이 의료복지 혜택을 받을 수 있도록 u-health와 재난 의료 진행방향에 부합된 추진 전략 수립이 요구됨

- 선진 의료서비스를 추격하여 국내 의료서비스 산업의 활성화에 기여할 수 있는 의료 플랫폼, 의료보안의 통합 전략 마련이 필요함

- 의료 복지확대 및 의료 사회 안전망 확보를 위한 체계 구축이 필요함

〈그림 1〉 사회의료 연구 범위

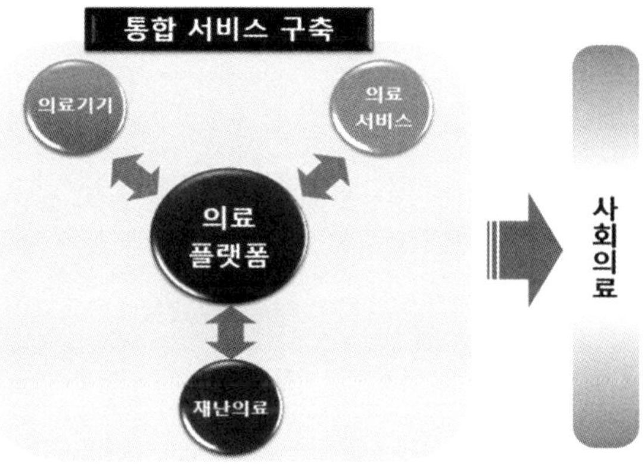

■ 연구 범위

○ 본 연구에서 다루고자 하는 분야는 의료기기, 의료서비스, 재난의료이며 이를 통합할 수 있는 플랫폼 바탕의 통합서비스를 통한 공공성을 띤 사회의료 서비스 제공에 대한 것임

○ 플랫폼에 대한 내용은 의료기기, 의료서비스, 재난의료가 공공성을 띤 통합 서비스를 제공하기 위한 연동플랫폼에 대한 것임

○ 흔히 이야기하는 social medicine을 포괄하는 개념으로 '수십 년 후에 얼마의 금액적인 효과가 있을 것이다'라고 판단할 수 있는 사업 모델이 아닌 공공 의료가 나아갈 방향에

대한 전략 제시이며 적어도 30년 내에 우리나라 의료 부분에서의 대변혁이 예고되는 가운데 30년 후에도 제공 가능한 서비스 구축을 위한 현황 분석과 전략 수립을 위한 연구임

○ 참여 연구자는 연구책임자 외 1명이며, 2명의 자문과 1명의 연구 지원을 통해 진행됨

〈참여 연구진 소개〉

구 분	소속/직위/성명	담당 역할
연구 책임	카이스트/연구교수/장호종	– 연구과제 기획, 조정, 관리 – 의료기기, 플랫폼, 재난의료 산업 전략 담당
연구 참여	카이스트/겸임교수/김현덕	– 최신 동향 및 의료 시스템 분석 – 의료서비스, 재난의료 관련 전략연구
연구 자문	고려대학교병원/교수/윤승주	– 사회 의료를 위한 의료기기 발전 방향 자문
	고려대학교병원/교수/박상현	– 의료 서비스 및 의료 플랫폼 관련 자문
연구 지원	카이스트/행정원/주민기	– 자료 수집, 정리 및 자료 분석 – 해외 최신 동향 분석

2

산업/기술 동향 미래예측

1) 산업/기술 현황

■ 현황 분석

○ 의료기기

- 국내 의료기기 시장규모는 2013년 기준 4조 6천억 원 규모이며, 2009년 이후 연평균 6.2% 의 성장세를 지속하고 있음

- 2013년도 의료기기 생산액은 4조 2천억 원으로 2009년 이후 연평균 11.2%의 성장을 하고 있으며 수출액은 2조 5천억 원으로 5.6%의 성장을 하고 있음

- 수출의 대부분은 단순 소모품 위주이며 수입은 첨단 고부가가치 기기를 바탕으로 이루어 지고 있어 무역수지 적자규모는 4천억 원이 넘어가고 있음

〈그림 2〉 국내 의료기기 시장 규모

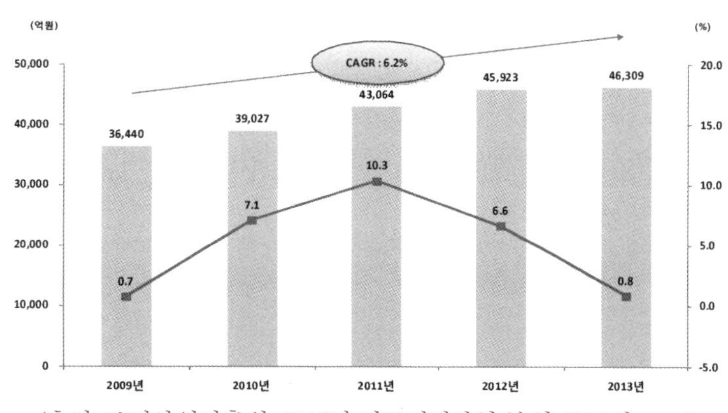

〈출처: 보건산업진흥원, 2014년 의료기기산업 분석 보고서, 2015〉

- 세계 의료기기 시장규모는 약 3천억 달러로 추정되며, 2009년 이후 연평균 6.5%로 성장하고 있음

- 진단영상 의료기기가 전체시장의 25% 이상을 차지하고 있으며 GE, SIMENS 등 소수의 대기업이 높은 시장 점유율을 보임

- 전통적인 의료기기 시장과 함께 ICT 융합 헬스케어 산업을 통한 디지털 의료기기가 등장하고 있음

〈그림 3〉 국외 의료기기 시장 규모

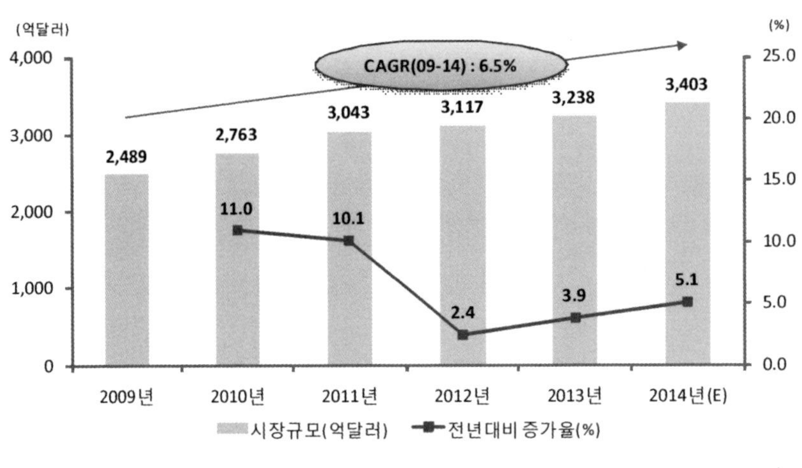

〈출처: BMI Espicom, 2014〉

- 반도체 기술과 고정밀 가공 등을 접목시킨 초고성능 장비 개발이 (95% 수입) 필수임

- 국내 기업은 중·저가 품목의 영세 중소기업이 대부분이며 기술력, 자본력, 인지도 등이 매우 열세한 상황임(국내 수요의 64%를 수입에 의존)

- 모바일 웨어러블 기기를 통한 사용자의 접근성이 향상되고 있는 추세임

- 개인용, 체외진단기기 위주의 시장 확장세를 보이고 있음

- 효용성, 기술, 디자인, 가격이 주요 펙터로 작용함

○ 의료서비스

- 의료서비스 산업의 증가속도는 국민의료비 증가속도보다 빠르게 증가하고 있음

- 국내 의료서비스 산업의 규모는 약 64.5조 원으로 국민의료비 97.1조 원(공공의료비 52.9 조 원)의 66.4%를 차지하며, GDP의 5.1%에 해당하는 규모임

- 국민의료비를 구성하는 의약품, 의료기기, 시설투자 등의 증가속도에 비해서 의료서비스 산업의 규모가 상대적으로 더욱 빠르게 성장하고 있음

〈그림 4〉 국민의료비 추이 및 의료서비스 산업

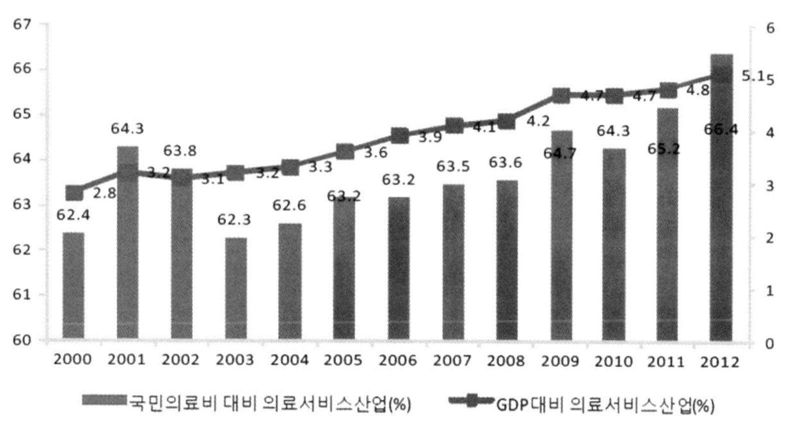

〈출처: 보건산업진흥원, 의료서비스 산업 동향 분석, 2014〉

- 노인인구의 급속한 증가와 더불어 노인진료비의 비중이 사회적인 문제가 되고 있고 노인 인구의 비율은 11.5%로 전체 진료비의 35.4%를 노인진료비(18조 원)가 차지하고 있으며 매년 증가하는 추세임

- 국민 1인당 의사의 외래진료는 연간 14.3회로 서구 선진국에 비해 높은 수준이며 계속적 으로 증가하는 추세임

- 지속가능한 의료보장을 실현하기 위해서는 의료서비스 공급기반의 재구축에 대한 필요 성이 제시되고 있음

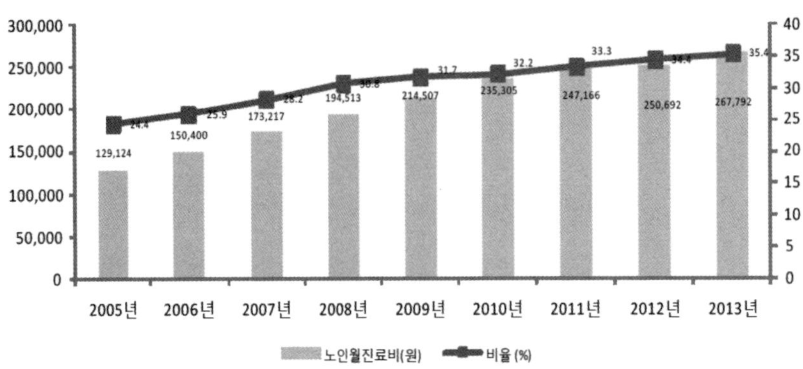

〈출처: 보건산업진흥원, 의료서비스 산업 동향 분석, 2014〉

- 고비용·저효율인 진료 중심의 현 의료공급체계는 인구고령화와 질병의 만성질환화가 만연한 의료 환경 변화에 적절히 대응하기 어렵다는 전문가들의 견해가 있음

- 고령화 사회로의 진입 및 치매인구의 증가 등 인구구조 및 유병양상의 변화가 급격하게 전개되고 있어 국내의 의료서비스 공급과정에 만연되어 있는 비효율 제거를 동시에 해결할 수 있는 의료서비스 공급기반의 재구축이 필요한 상황임

- 또한 민간의료기관 중심으로 구축된 의료서비스 공급기반은 비용과 질적 측면에서 현재와 미래의 의료수요를 충족시키기에는 미흡하여, 공급기반 조정이 필요성이 제기되고 있음

- 우리나라 의료서비스 산업은 우수한 인력, 인프라와 선진국 수준의 진료시스템을 보유하고 있으며 이를 활용하기 위하여 u-헬스케어 시스템 등 스마트 의료서비스 관련법·제도의 개선 진행 중

- 현재 의료서비스는 웨어러블, 원격관리 시스템, 원격 진료 등이 태동 및 확산되려는 추세이며 간호기록, 전자투약기록(eMAR), 개인의료기록(PHR), 전자의료기록(EMR) 등 의료 정보를 관리하는 플랫폼의 일원화가 진행 중임

- 클라우드, 빅데이터를 이용한 서비스 시나리오 개발이 이루어지고 있으며 의료 소비자가 주체가 되는 의료 서비스 패러다임으로 변화됨

- 글로벌 기업들의 시장선점을 위한 관련 플랫폼 서비스 개발, 제품들의 지속적인 출시 등의 움직임을 보이고 있음

○ 재난의료

- 재난의 정의는 국민의 생명과 신체 및 재산과 국가에 피해를 주거나 줄 수 있는 것을 말하는 것으로 자연재난(태풍, 홍수 등), 인위재난(화재, 교통사고 등) 그리고 기반재난(에너지, 통신, 금융, 전염병 확산 등)을 포함함

- 재난은 내부의 능력으로만 해결할 수 없는 수요와 공급이 심각한 불균형 상태의 복잡한 형태로 나타나고 있음

- 재난의료는 딱히 정의되어 있지는 않지만, 재난에 대처하는 의료로 정의했을 때 발생된 재난 상황에서 제한된 의료자원으로 최대한의 인명을 구해야 하는 국민을 위한 공적 서비스임

- 이는 일차적으로 재난 현장에서 구조와 현장 의료지원과 일차의료 역량(외래의 기능), 이송 역량(구급차수, 동승 인력 수), 응급실 역량(응급실 병상 수, 응급실 의료진 수), 진단 역량(CT, X-ray 진단기기, 임상병리), 치료 역량(일반 병상 수, 중환자실 수, 수술실 수, 치료제, 혈액, 전문 인력, 지원인력)을 포함함

- 재난 시 응급 환자에 대한 접근방법은 일반적 상황에서 응급환자와 다르며 제한된 의료 자원으로 최대한 많은 환자를 치료해야 하므로 높은 위기자원 관리 능력이 요구됨

  재난 시 예상하지 못한 인직 손실, 대량 환자발생 등이 동반되므로 통합적인 재난의료 시스템이 필요하여 국가 안전처가 신설되었지만 각 부처의 이해관계로 관리 효율성이 떨어지는 상태임

- 국내의 경우 세월호, 메르스 사태 이후 재난의료의 필요성과 국민적 관심이 높아졌으며 과거 다른 나라에서도 재난 이후 〈표 1〉에서와 같이 효율적인 대처를 위한 정책과 산업을 육성시켜 이를 대비하는 경향을 보임

〈표 1〉 전 세계 재난에 의한 대응 및 관련 시장 성장

미국	911 테러 (2009)	통합 부처 신설 보안예산 투자	보안시장 성장 410억 달러 (2017)
중국	베이징스모그 (2014)	안전산업 육성 기술 및 품목 공표	방호용품, 응급구조 설비, CCTV 시장 성장
일본	후쿠시마 원전사고 (2011)	무인화 시스템 기술 육성 원전로봇기술	생활기준 로봇에 대한 ISO 13482 기준 신설 및 취득
네덜란드	남서부해안 침수 (1953)	재해방지 프로젝트 실시	물 산업 성장 172억 유로 (2009)

- 현재 재난의료의 특징은 SNS을 통한 재난 발생 인지가 빨라지고 정보의 동시 공유가 가능해져 인력 활용에 효율성이 증대되고 있으며 빈곤, 질병, 재난 등의 위협으로부터 안전하게 보호받을 수 있는 최소한의 사회 안전망에 대한 국민들의 요구가 커짐

- 하지만 의료조직은 90%가 민간이기에 미리 준비하지 않으면 정부조직과 같이 재난에 대응하는 데 어려움이 있음

- 권역별 응급센터를 중심으로 재난 거점 병원으로 지정하여 응급환자에 대응하고 있으나 재난의료 중심병원 설립에 대한 요구가 커지고 있음

- 현재 우리나라의 재난의료 시스템은 중앙통제를 전제로 조직개편이 이루어졌을 뿐, 전문인력의 이동 배치가 함께 이루어지지 않아 복합재난 대응에 전문성이 결여되어 있으며 개별 부처 단위의 추진으로 효과를 거두지 못하고 있음

- 형식적이고 조직개편 위주의 서류화된 매뉴얼에 의존하여 많은 문제를 내재하고 있어 이를 해결하기 위하여 국립재난안전연구원의 스마트 빅보드를 통해 CBI 기술 기반 재난관리 통합플랫폼과 전국통신망(LTE-D2D 통신 포함)을 갖추고 지자체 통합 재난관리 정보시스템 통합플랫폼을 구축하려 하고 있음

- 이를 위해 현장중심과 기관 간 역할이 잘 정립된 통합재난 관리체계로 성과를 보이고 있는 미국과 같은 선진국을 벤치마킹할 필요가 있는 상황임

■ SWOT 분석

○ 의료기기

- 2015년 6월 시작된 메르스 재난에서 WTO는 현장조사를 마친 후, 국내의 메르스 재난이 크게 문제가 된 것은 한국의 병원문화인 '의료쇼핑'이 큰 역할을 하였다고 발표하였음. 이 '의료쇼핑'은 재난 상황 시에는 단점으로 작용하였지만 평상시에는 장점이 될 수도 있음 또한 국내에는 삼성전자, LG 전자 등 세계적인 IT 기업들이 있어서 국민들이 새로운 신기술에 대한 적응도가 매우 높은 편임. 이는 의료기기 측면에서 큰 강점으로 볼 수 있음

- 경제발전의 성공으로 현재는 국민소득 2만 달러의 비교적 높은 소득 수준을 유지하고 있으며, 세계에서 최고 빠른 속도로 고령인구가 증가하고 있기 때문에 치매환자 및 만성질환자 등이 많은 고령인구를 대상으로 하는 의료기기 산업에는 큰 기회라 할 수 있을 것임

- 하지만 대부분의 국내 의료기기 기업은 규모가 매우 영세하여 신기술을 개발할 수 있는 능력을 보유하지 못함. 초음파기기 업체인 삼성메디슨은 자산규모 약 3천억 원, 매출 약 3천억 원 정도이고, 치과치료 기자재 생산업체인 오스템인플란트는 자산규모 450억 원, 매출 약 2천억 원 정도이며, 치과용 영상장비 업체인 비텍은 자산규모 약 2천억 원, 매출 약 2천억 원 규모로 이 3개 회사를 제외하면 대부분의 의료기기 기업들이 영세하여 GE, SIENSE, PHILLIPS 등 선진 글로벌 기업들과 경쟁할 수 있는 규모가 되지 못하는 약점이 있음

- 세계 의료기기 시장의 약 25%를 차지하는 고부가가치의 영상진단기기 시장에서 국내 업체들의 존재감이 없는 상황이며, 점점 높아져만 가는 기술 장벽 및 시장 진입 장벽 등에 의해 선진 글로벌 기업들이 국내 의료기기 시장에서 점유율을 점차 높여가는 등 국내 의료기기 산업계가 큰 위협을 받고 있음

- 현재 우리나라 의료기기 분야는 R&D 투자가 지속적으로 증가하고 있다는 것과 IT 분야의 세계최고 기술력과 병원중심 우수 연구인력을 보유하고 있다는 것이 큰 강점이며 이를 지속하고 활용하는 것이 필요함

- 또한 소득수준 향상, 고령화에 따른 의료기기 수요의 급증, 세계적 IT 기술 보유 및 적용에 따른 품질이 강화되고 있는 상황임

— 의료기기 시장은 상위 10대 기업의 시장점유율이 매우 높은 상태이며 우리나라 시장도 대부분 수입에 의존하고 있음. 허가 및 심사 전문성이 미흡하고 선진국의 기준, 규격 강화 등의 상황에 직면해 있음

〈표 2〉 의료기기에 대한 SWOT 분석

강점(Strength)	약점(Weakness)
– R&D 투자의 지속적인 증가 – 세계 최고 수준의 IT 인프라(융복합) – 세계적 수준의 임상기술 – 병원중심 우수 연구인력 보유 – 신기술/제품에 대한 높은 수용도 – IT 분야 세계 최고 기술력 – 정밀기계 분야 우수 경쟁력 – 우수한 산업화 기술개발 연구인력	– 산업역량(경쟁력)의 취약 – 부처 간 분산/중복 R&D 투자체계 – 허가 및 심사 전문성 미흡 – 중저가 위주의 제품구성과 낮은 국내 점유율 – 연구개발 축적 저조 – 의료기기 산업의 영세성 – 글로벌 대기업 부재 – 열위의 브랜드파워 및 인지도
기회(Opportunity)	위협(Threat)
– 소득수준 향상과 고령화에 따른 의료기기 수요의 급증 – 세계적 IT 기술 보유 및 적용에 따른 품질 강화 – 의료기기 시장규모 상위국가 중 무역수지 적자국 다수 – FTA 발효로 대상국 무역 활성화 – 21세기 미래 성장산업 – 인구고령화 수혜 – IT, BT, NT 융합 발전가능	– 시장 점유경쟁 가속화 – 상위 10대 기업의 시장점유 – 선진국의 기준, 규격 강화 – 외국인 직접투자(FDI) 활성화 – 정부의 관련분야 미비한 연구개발 투자 – 낮은 인지도

○ 의료서비스

- 1977년 공적의료보험 도입, 1988년 전 국민건강보험 도입 및 2000년 건강보험 통합을 거치면서 의료비에 대한 부담이 낮아짐. 이로써 전 국민 의료접근성은 상당히 높아져 OECD 국가 평균 6.6건(2011년)보다 훨씬 높은 13.2건(2011년)임. 인구 10만 명당 병원입원 건수는 OECD 평균 15만 건(2012년)보다 조금 낮은 14만 건(2012년)으로 높은 의료이용률이 매우 높은 강점임

- 지난 4년(2008~2012) 동안 노인인구 증가율은 17.4%로 매년 증가하고 있어 중장년층을 대상으로 하는 다양한 의료서비스가 개발, 제공되고 있으며 또한 의료자원이 서울·경기 지역에 집중되어 발생하는 지역불균형 문제를 해소하기 위한 다양한 의료서비스가 시도되고 있음. 그중 e-health 분야 및 원격진료 분야 등을 중심으로 의료서비스 시장이 활성화될 수 있는 좋은 기회가 제공되고 있음

- 현재 민간 의료시장에 많이 의존하고 있는 의료서비스에 대한 문제점을 파악해야 함. 공공성 확대를 위한 제도 개선 및 자원 재분배를 위한 책임감 있고 투명한 관리를 위한 거버넌스의 부재가 비효율적 운영으로 인한 의료비 상승으로 국민건강보험제도를 위협할 수 있는 큰 약점이 될 수 있음

- 형식상 비영리단체인 의료서비스 제공 기관들이 영리활동을 위해 대다수 서울·경기 지역에 집중되어 있음. 특정 지역에 의료서비스의 공급 곤란 등 수급 불균형을 초래하여 의료서비스 제공의 공공성을 훼손하고 있을 뿐만 아니라 질적 수준 향상을 위한 경쟁보다는 환자 당 진료량 증대에 주력하는 양 중심 경쟁이 만연함. 고비용 저효율 의료서비스 공급형태로 우리나라 의료비를 상승시키는 위협에 놓여 있음

- 우리나라 의료서비스는 낮은 의료비 부담으로 인해 전 국민의 의료 접근성이 높은 특징을 갖고 있으며 우수한 인적 의료자원과 선진 IT 정보통신기술의 보유로 e-health화의 용이성이 강점임

- 사회적으로 첨단의료 기술에 대한 필요성이 생기고 있으며 삶의 질 향상과 고령화로 인한 서비스 제공에 관한 관심도가 높은 상태임

- 의료비 급증에 따른 건강보험 고갈 문제와 거버넌스의 부재, 공적 의료보험 체계 붕괴 등 해결해야 하는 상황 또한 많은 상황임

〈표 3〉 의료서비스에 대한 SWOT 분석

강점(Strength)	약점(Weakness)
– 낮은 의료비 부담 하에서 전 국민 의료 접근성이 높음 – 우수한 인적 의료자원 – 선진 IT 정보통신 기술의 보유로 인한 e–health화의 용이성 – 특정분야에서 높은 기술력 확보 – 세계 수준의 임상시험 인프라 보유 – 우수인력 유입 증가	– 건강보험의 낮은 보장성 – 건강수준의 양극화 형성 – 세계적 수준의 R&D 성과 및 의료기술개발 미흡 – 새로운 자본투입 유인이 낮음 – 선진국 대비 상대적으로 낮은 R&D 투자 비중 – 거버넌스 부재 – 취약한 연구 생태계 – 기술성과 및 실용화성과 미흡
기회(Opportunity)	위협(Threat)
– 의료시장의 급속한 확대 예상 – 고령화 사회로의 진전 및 e–health화 경향 등으로 의료산업구조의 변화 – 의료시장의 글로벌화(WTO, DDA 등)로 인한 시장 확대 – 첨단의료 기술에 대한 니즈 증대 – 삶의 질 향상을 위한 정책으로의 과학기술 정책기조 전환 – 기술 혁신으로 인한 의료 패러다임 전환	– 인구고령화에 따른 의료비 급증 – 선진의료기술의 한국 내 진출로 인한 경쟁 심화 – 공적 의료보험 체계 및 민간의료 보험 도입 문제 – 국내 의료비의 지속적인 증가 추세 – 글로벌 경쟁 강화

○ 재난의료

- 국내에는 세계적인 IT 제품 제조회사 삼성, LG 등을 포함하여 통신기술 면에서도 세계적인 IT 기술 경쟁력을 갖고 있는 ETRI, SK 등을 중심으로 다양한 재난에 신속하고 효율적으로 대처하기 위한 재난통신망 구축을 2015년 시범사업을 통해 2017년까지 완료하려고 함. 이처럼 재난 관련 인프라 구축을 국내의 기술로 할 수 있는 많은 장점이 있음. 다양한 사고 및 세월호 침몰, 메르스 사태 등 큰 재난을 겪으면서 국민들의 재난에 대한 관심이 크게 증가하고 있어 2017년까지 구축되는 재난통신망을 통한 다양한 서비스 제공과 같은 좋은 기회가 주어지고 있음

- 하지만 2012년 4월 수원에서 발생했던 '오원춘 사건' 이후 112 신고의 '콜백 시스템' 개선이 이루어지는 등 후속조치가 취해졌지만 실제 회신율은 2015년 8월까지 8%에 불과하고, 2014년 발생한 세월호 침몰 이후 선박의 위치를 무선으로 확인할 수 있는 'V-PASS'시스템이 보급되었지만 3천여 대는 작동하지 않는 것으로 밝혀짐. 정부 정책 책임자들의 보여주기식 무분별하고 무책임한 정책결정과 인명경시, 안전문화 취약 등으로 인해 재난 이후 후속 조치들이 실질 반영은 거의 없는 등 큰 약점을 가지고 있음

- 1979년 미국 스리마일 원전사고를 조사한 찰스 페로의 '정상 사고(normal accident)' 주장과 같이 많은 재난은 다양한 사전 신호를 주고 있다고 할 수 있는 증거들이 많음. 2013년 출범한 박근혜 정부가 '안전'을 최우선으로 행정안전부를 안전행정부로, 그리고 2014년 세월호 이후 재난 컨트롤타워를 위해 다시 국민안전처를 별도로 신설하였으나 2015년 6월 메르스 재난 때에도 주어진 역할을 못하는 등 고위 공무원들의 무지와 무능이 재난을 키우고 있을 뿐만 아니라, 사회가 발전하고 복잡해지면서 실생활에서 다양한 형태로 재난이 발생하는 등 재난의 불확실성이 증가하고 있어 재난의 위협은 크게 증가하고 있음

- 재난의료 분야는 최근 대형 재난 빈발에 따른 국민들의 안전, 재난 관리 분야로 관심이 증대되고 있으며 세계 수준의 IT 기술을 바탕으로 풍부한 국내 고급인력 및 기술 인력을 활용한 재난관리를 위한 연구가 활발히 이루어지는 상황임

- 재난에 대한 불확실성과 발현 빈도가 높아지고 있으며 이를 해결하기 위한 방안이 마련되어야 함

- 최근에서야 관련 분야에 대한 연구가 이루어지는 상황이므로 선진국과의 기술 격차가

존재하며 원천기술이 미약하다는 단점과 기준 및 제도 등 국제화 관련 정보가 미비한 상태임

〈표 4〉 재난의료에 대한 SWOT 분석

강점(Strength)	약점(Weakness)
– 세계 수준의 IT 기술 경쟁력 – 풍부한 국내 고급인력 및 기술 인력의 잠재력과 재난관리 연구역량 향상(기업 R&D 인력 포함) – 관련 기업 및 연구기관 증가	– 선진국과의 기술 격차 및 원천기술 미약 – 선진국 대비 정부지원(투자) 미흡 – 안전문화 취약 – 기준 및 제도 등 국제화 미비 – 전문 인력의 체계적 육성 및 관리 미흡 – 관련 정보 DB 부재
기회(Opportunity)	위협(Threat)
– 대형 재난 빈발 및 국민들의 안전, 재난 관리 분야 관심 증대 – 국과위 내 전문분과 설치 및 관련 예산 증가 전망 – 국민 삶의 질 향상, 편의성 제고를 위한 국가안전체제 강화 – 첨단기기와 기술 수요 증대	– 재난의 불확실성 증가 – 국토 개발확대와 규제완화 분위기로 인한 재난 관리 취약성 증가 – 국가 간 급격한 산업화 및 기후변화로 인한 대형 재난 증가

2) 산업동향 미래예측

○ IT 모바일 기기 및 웨어러블 장치와 의료분야의 결합

- 현재 미국의 헬스 및 의료 IT 분야의 시장규모를 4조 8천억 달러로 예상하고 있을 정도로 IT와 의료기기의 융합은 차세대 성장 동력이라 할 수 있음. 따라서 미국 시장에서는 글로벌 IT 기업들이 애플-헬스키트, 삼성전자-SAMI, 구글-구글핏 등의 프로젝트로 시장을 선점하기 위해 플랫폼 개발을 진행하고 있음. IT 모바일 분야는 무선통신 접목을 통한 헬스케어 분야라고 규정한다면 웨어러블 장치(device)는 실시간 생체정보 측정 등의 헬스케어 분야로 규정할 수 있어 사물인터넷을 실현하는 하나의 디바이스로 볼 수 있음. 하지만 의료영상장치 분야의 경우 웨어러블이 가능한 디바이스의 발전으로 운동 시 영상촬영을 통한 In-Motion(실제 움직임 속에서 영상촬영)이라는 진단 방법 개발 등 새로운 진단 개념이 나타남. 현재 3천억 달러로 예상되는 의료기기 시장의 25% (BMIEspicom, 2014)를 차지하는 의료영상장치 분야가 미래에는 더욱 확대될 것으로 예측되는 미래분야임

○ 사물인터넷과 의료분야의 결합

- 1999년 케빈 애쉬튼(Kevin Ashton)에 의해 도입된 사물인터넷 개념은 부족한 기술로 인해 대중화에 실패하였지만, 현재 사물인터넷은 국가적인 현안을 해결하는 수단 및 비용 절감 및 운영 효율화 그리고 신규 서비스 창출 등 기업경쟁력 강화 수단으로 활용(Cisco 2013, Gartner 2012, 2013)되고 있음. 특히, 인구고령화가 빠르게 진행되는 국내에서는 고령층 홈케어 및 만성질환 치료 및 관리 등 의료서비스 부문과 접목되어 한해 37조 원에 달하는 노령인구의 국민건강비용의 절감 및 효율적으로 관리할 수 있을 것으로 기대할 수 있음. 기존에 존재하지 않았던 새로운 시장과 부가가치를 창출할 수 있는 미래기술일 뿐만 아니라 Cisco는 2013~2022년까지 사물인터넷 시장이 14.4조 달러 규모까지 확대될 것이며 이 중 의료산업은 전체 시장에서 7%(1조 달러)를 차지할 것으로 예측하고 있음

○ 빅 데이터 활용을 위한 지능형 의료정보시스템

- 현재의 의료정보시스템은 단순 정보전달을 하는 역할에서 벗어나지 못하고 있기 때문에 시장에서의 규모도 현재는 미미한 수준임. 하지만 환자의 의료정보 및 진료 기술을 체계적으로 관리 분석할 수 있도록 빅 데이터를 활용한 AI(인공지능) 기반의 지능형 의료정

보시스템은 '스마트 홈 케어'에서 중요한 부분을 차지할 것임. 현재 7억 달러인 의료정보관리 플랫폼 세계 시장 규모는 연평균 12%의 고속성장을 할 것이며 빅 데이터와 연계되어 그 시장성 역시 크게 증가할 것임

○ 개인 맞춤형 의료기기의 시장 증대

  – 인구가 고령화되고 국민소득 향상에 따른 의료 욕구가 증가할 것임. 특히 보청기, 치과용 임플란트 등 3D 프린터를 통한 소재산업의 변화를 통해 개인 맞춤형 의료기기에 대한 개발이 활발히 진행되고 있는 등 미래 의료시장의 변화를 주도할 것임. 뿐만 아니라 현재와 같이 표준화 된 의료산업구조에서 90% 이상의 약들이 단지 30~50%의 환자들에게 유효한 점을 고려하지 않고 획일적인 방법으로 진단 및 치료되고 있음. 미래에는 NT, IT, BT가 융합된 기술의 발전으로 더욱 진보된 분자진단의 확대로 개인 유전적 특성에 맞추어 진단 및 치료가 되는 시장으로 발전할 것임

○ 로봇기술과 융합된 미래형 의료산업

  – 기술의 발달로 2013년 세계 최초의 사이보그형 로봇 슈트 'HAL'이 유럽 의료기기 인증을 획득한 것을 시작으로 로봇기술을 이용한 다양한 의료장치의 개발이 활발히 진행되고 있어 미래에는 대중화를 이루는 등 산업적으로도 급성장할 것임. 또한 '다빈치' 등 로봇기술을 이용한 수술이 최근 몇 년간 많이 이루어지고 있음. 서울아산병원의 사이버나이프센터는 최근 치료성공률 98%(1,000회)를 기록하는 등 섬세한 수술을 가능하게 해줌으로써 많은 환자들이 혜택을 보고 있음. 수술 분야에서 실시간 추적 기능이 첨가된 내비게이션 기반의 로봇수술 산업은 현재 전 세계 30조 원 규모보다 미래에는 크게 확대되어 대중화될 것임

○ 패러다임 변화로 위협받고 있는 미래의 의료서비스

  – 국민소득 증가와 의료에 대한 다양한 욕구가 의료서비스 산업을 빠르게 발전시키고 있지만 고비용 저효율의 진료 중심의 현재의 민간부분에 공급체계를 의존하는 의료보장시스템은 급증하는 국민의료비 증가로 위협을 받게 될 것임. 또한 세계적으로 인구 고령화로 인해 만성질환 관리 및 예방 중심의 지속가능한 의료공급체계 구축으로 패러다임이 변하고 있어 현재의 민간부분에 의존한 공급체계를 부분적 국영화를 통해 변화를 꾀함으로써 커져가는 미래 의료서비스 시장에 대비해야 함

○ 미래 국가 핵심전략 산업으로서의 의료서비스

- 2016년 이후 급속히 노령화되고 있는 우리나라는 노령인구(65세 이상) 증가율이 유소년 인구(18세 이하) 증가율을 앞서게 되는 등 많은 변화를 맞이하게 될 것임. 또한 현재의 노령인구의 8%에 이르는 치매 유병률은 2040년도에는 11%까지 증가하여 약 200만 명의 노령인구가 치매환자가 될 것으로 예측되고 있음. 특히, 고령인구의 급속한 증가로 만성 질환자의 비율이 점점 커지고 있고 만성질환자 중 70% 이상이 평균 3개 이상의 만성질환 (암, 만성 뇌졸중, 고지혈증 및 당뇨병 등)을 갖고 있어 이를 대상으로 하는 건강관리 및 웰니스 서비스 전문 소매업 등 새로운 브랜드가 구축되는 등 의료서비스 산업 전반에 걸친 변화가 예상됨. 때문에 미국 등 선진국에서도 만성질환 관리를 위한 방문보건 인력, 요양보호사 등 많은 일자리가 생길 것으로 예측하는 등 높은 성장률이 전망되고 있음

○ 재난관리를 위한 새로운 산업 창출

- 다른 산업 분야와 같이 재난의료 산업은 고유한 시장을 갖지 못하고 다른 분야와 연계된 산업군을 형성하게 된다면 국내의 경우 안전방재산업, 방송·통신 산업, 방위산업 등과 융합된 시장 형태로 발전할 것으로 전망됨. 현재 정부가 추진 중인 PS-LTE(재난안전망) 사업과 연계된 산업으로 발전될 것임. 미국의 경우 국내보다 한발 앞서 모바일 기반의 재난정보 플랫폼인 'World Disaster Alert(세계재난경보)'와 긴급 구조자 정보수신을 위한 국가 공공안전 광대역망을 구축하는 등 통합 플랫폼 산업에 대한 지원이 이루어지고 있어 미래의 전략산업으로 육성되고 있음

○ 평상시 의료지원이 가능한 재난의료 시스템

- 현재의 재난의료가 재난현장에서의 응급처치 및 긴급후송에 맞추어져 있다면 다가오는 미래에는 이동식 병원 및 이동식 의료장비를 이용한 현장에서 즉시 진단하고 치료하는 시스템으로 진보할 것임. 특히, 고가의 의료영상진단 장비들은 병원의 수익사업에 맞추어져 제작되고 있어 의료비 상승을 부추기고 있기 때문에, 이러한 장비를 재난현장에서 이용한다는 것은 현실적으로 너무 어려운 부분들이 존재함. 때문에 재난현장에서 이동형 병원 및 평상시 응급차량에서 쉽게 이용 가능한 영상진단기기 보급화를 통해 미래에는 재난 시에도 신속하게 지속적인 의료서비스를 받을 수 있을 것임

3) 기술동향 미래예측

○ 사물 인터넷, 빅 데이터 그리고 컴퓨팅 에브리웨어(Computing Everywhere)로 인한 의료
기기의 기술변화

 - 2012년부터 최근까지 가장 빠르게 연구가 진행되는 분야로 2015년 글로벌 IT 컨설팅 기
관인 가트너(Gartner)에서도 사물인터넷, 빅데이터, 그리고 컴퓨팅 에브리웨어 분야로 선
정하고 있을 정도로 많은 연구가 진행되고 있음

 - 3D 프린팅분야는 2014년도부터 많은 관심을 갖기 시작한 분야이면서 향후 3년 내 관련
분야에 큰 영향을 초래할 것임. 특히 프린터의 종류에 따라 다양한 분사방식 및 소재를
이용할 수 있을 뿐만 아니라, 16um의 두께로 정교하게 적층할 수 있는 기술을 바탕으로
개별적인 환자에게 맞는 '맞춤형' 의료서비스를 제공하는 기술로 발전할 것임

 - IT 기술의 발전은 과거에 쉽게 접근하지 못했던 다양한 분야에 대한 접근성을 높아져 다
양한 분야들이 기술의 발전에 따른 혜택을 많은 보고 있음. 현재에도 의료분야에서는
MRI, CT 등의 영상을 통한 이미지 재구성을 통해 해부학 교육 등으로 가상현실이 활용
되어 교육되고 있는 등 의료분야에서는 최첨단 기술을 접목하여 이용하려는 움직임이 커
지고 있음. 특히 미국에서는 '비저블 휴먼 프로젝트'를 통하여 남녀 사체에 대한 영상을
데이터화를 수행하여 인체 해부학적 데이터를 정립하는 등 아직 활성화되지는 않았지만
가상현실을 이용한 의료교육 분야로 확대하기 위한 기술개발이 상당히 진행되었음. 따라
서 미래에는 가상현실을 바탕으로 다양한 영상기반의 정확한 진단 및 정밀한 수술 등을
할 수 있는 기술로 발전할 것임

 - 현재의 기술발전은 머지않은 미래에 지금과 같이 많은 의사가 필요 없을 정도로 기술적
진보가 이루어질 것으로 예측되고 있음. 그중 사물인터넷 기반의 의료기기와 결합된 빅
데이터 분야의 융합이 현재 많은 연구자들이 생각하는 지능형 스마트 홈 케어(Smart
Home Care: 빅 데이터 기반의 AI(인공지능)를 활용하여 집안 곳곳에 설치되어 있는 센
서로부터 데이터를 수집하여 건강상태를 평가하고 필요한 조치를 취하는 것) 기술로 발
전할 것임

 - 빅 데이터를 활용한 AI를 통한 진단 분야 뿐만 아니라 '개인 맞춤형 의료'에 필요한 유전
자 해석 등 다양한 개인정보 분석을 통해 최적의 적절한 치료방법 제공 등이 될 것으로
기대되고 있음. 특히 IBM 인공지능 컴퓨터인 '왓슨'이 2011년 '퀴즈 쇼 제퍼디'에 참여하여

승리하면서 인공지능에 대한 가능성을 여는 동시에 뉴욕 메모리얼 슬론 암센터와 휴스턴의 MD 앤더슨 암센터 그리고 메이요클리닉 등에 채용되어 인공지능과 의료진들이 공존할 수 있는 다양한 모델에 대한 연구가 진행되고 있어, 미래에는 의사 없이 스스로 진단할 수 있는 기술로 발전될 것임

○ 현재의 건강보험을 발전시키면서 지속적인 의료서비스를 제공할 수 있는 기술의 필요성 증대

  – 현재 의료서비스는 제공기관(병원, 약국, 장기요양병원 등) 및 제공자(의사, 한의사, 간호사, 물리치료사, 치과의사 등) 등으로 제한되어 있지만, AI를 이용한 스마트 홈 케어와 보건 의료서비스가 효율적으로 연계될 수 있는 플랫폼 개발이 필요함. 현재 국내에서 카이스트를 중심으로 진행 중인 '닥터 앰' 플랫폼이 개발 중에 있으나 아직까지는 미비한 상황이며 미래에는 플랫폼이 기반이 되는 의료서비스로 기술이 발전될 것임

  – 웨어러블 IT 기기의 발전과 사물인터넷 기기들의 기술발전은 의료서비스 분야에도 다양한 영향을 미침. 특히 2043년 이후에는 국내 치매환자의 수가 200만 명을 넘어설 것으로 예측되고 있어서 치매의 예방 및 진단을 통해 적절한 서비스를 제공할 수 있는 기술이 요구되며 특히 치매환자들의 효율적인 관리를 위한 웨어러블 기기 및 사물인터넷 기기의 기술이 많이 발전할 것임

  – 현재 의료비 부담이 증가되고 건강보험 재정을 약화시키는 가장 큰 원인 중 하나는 진료에 편향된 민간병원 중심의 고비용 저효율적인 의료시스템 고착화임. 따라서 의료서비스를 지속 가능한 제도로 유지하기 위해서는 현재 중장년층을 대상으로 하는 많은 의료서비스를 민간병원에서 국영병원 (현재는 없음) 또는 모든 지역에 분포하고 있는 보건소를 중심으로 지원할 수 있는 제도개선 및 기술 개발(의료정보화, 의료기기, 플랫폼 등)이 되는 방향으로 발전해야 할 것임

○ 재난 시에도 지속적으로 의료서비스를 제공할 수 있는 기술로 발전

  – 재난의 불확실성이 증가하면서 2017년 구축이 완료되는 PS-LTE 재난안전망을 이용한 재난에 대비한 새로운 정보서비스 산업이 만들어질 것이며, 이를 위해서는 위치정보 및 생체정보를 양방향으로 주고받을 수 있는 사물인터넷 및 IT 웨어러블 기기들이 개발될 것으로 기대됨. 또한 재난상황에서 응급원격협진 등이 가능한 플랫폼 및 재난환자 분류를 위한 다양한 IC 태그 기술 그리고 이동형 병원 및 응급차량에 탑재할 수 있는 이동형 의료영상진단기기 등의 기술 개발이 이루어질 것임

3

산업/기술 육성 미래전략

1) 산업육성 미래전략

○ 사회의료를 통한 국민들의 삶의 질 향상

- 사회의료는 통상적인 의료서비스와 의료기기, 재난의료가 상호작용을 하는 의료 플랫폼을 기반으로 급변하는 사회변화에 적용할 수 있는 사회문제 해결을 위한 공공성을 띤 통합 서비스를 의미함

- 사회의료는 당장 '수십 년 후에 얼마의 금액적인 효과가 있겠다'라고 판단할 수 있는 사업 모델이 아닌 공공 의료가 나아갈 방향이며, 적어도 30년 내에 우리나라 의료 부분에서의 대변혁이 예고되고 있는 가운데 지속적으로 제공 가능한 사회적 서비스가 되어야 함

○ 사회의료 시스템 구축을 위한 의료기기에 대한 전략

- 의료기기 활성화 및 이를 이용한 신속하고 지속가능한 의료서비스 제공을 위해서는 미래에 개발되는 사물인터넷 및 IT 웨어러블 기기 등의 미래 의료기기들은 사회의료 서비스 제공을 위한 플랫폼 안에서 공공성과 개인화를 충족시키면서 상호 연동되는 방향으로 개발이 진행 되어야 함

- 세계 의료기기 시장의 대부분을 장악하고 있는 글로벌 의료기기 회사들이 국내 의료 시장 역시 대부분 점유하고 있음. 특히 의료비의 상승을 유발시키고 있는 국내 고부가가치 의료영상기기의 경우 계속 시장이 커지고 있지만 전량 수입에 의존하고 있는 상태임. 글로벌 의료기기 회사들의 시장 전략을 파악하고 대비하여 의료 주권을 빼앗기지 말아야 할 것임

- 2014년 '의료기기산업 중장기 발전계획'에서 발표한 2020년까지 세계 7대 의료기기 강국으로의 도약을 위해서는 타 산업과 연동이 가능한 플랫폼 개발이 필수적임. 또한 글로벌 의료기기 회사들의 기술 장벽이 너무 높으므로 핵심 부품기술 개발에 대한 지원을 통해 먼저 부품소재에 대한 국가경쟁력을 확보해야 함. 경쟁력 강화가 먼저 수행되고 혁신적인 신제품 개발 및 시스템 기술에 대한 연구가 진행된다면 2030년 이후 국내에서 글로벌 기업 출현도 가능하다고 예측할 수 있을 것임

- 특히 의료기기는 글로벌 의료기기 회사의 제품 위주로 시장을 형성하고 있으므로 시장 진입장벽이 매우 높은 특징을 갖기 때문에 목표 시장을 명확히 하여 접근해야 함. 이를 위해서 현재 우리나라에 확보되어 있고 구축되어 있는 IT 기술을 최대한으로 활용할 수 있도록 기술개발과 함께 법제도 개편도 동시에 이루어져야 할 것임

- 미국 헬스 및 의료 IT 플랫폼 시장규모는 2021년까지 4조 8천억 달러 규모로 형성될 것으로 예상되고 있어 애플, 구글 등이 시장진출을 하고 있는 상황임. 특히, 미래의 의료시장은 AI 기반의 u-health 시장으로 진입할 것으로 예상되므로 국내에서도 AI와 IoT 기반의 의료기기들의 개발과 타 산업과의 연동이 가능한 플랫폼 개발이 필수적임

- 우리가 목표로 할 기기들을 개발하기 위해서는 IoT 기반 e-health 장비, 저전력 이동형 의료장비, 부품소재 및 로봇기술 등의 연구 개발이 선행되어야 할 것임

〈그림 6〉 국가 기술경쟁력 확보를 위한 의료기기 미래 전략

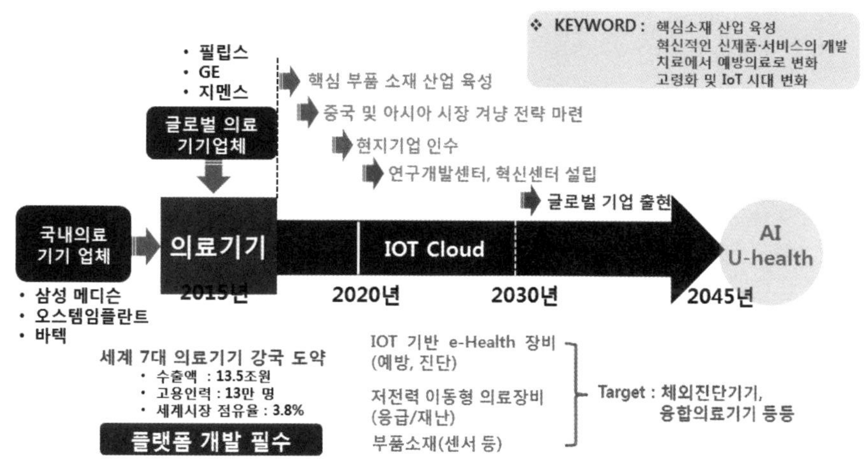

○ 사회의료를 통한 의료서비스의 공공성 확보 및 개인 맞춤형 의료서비스 제공 전략

- 사회의 개인화 특성에 맞춘 개인 맞춤형 의료서비스 제공과 공공성을 띤 보편화 의료서비스 제공을 위한 인프라 구축이 필요함. 또한 상황별 서비스 제공 주최에 대한 명확화 및 보편화가 필수이며 맞춤형 의료서비스 인력 양성이 필요함

- 급격한 노령사회로의 진입 및 만성질환자의 급증 등 커다란 사회적 문제는 민간에 의존하고 있는 현재의 의료서비스 공급 구조로는 급변하고 있는 사회변화에 쉽게 대처하지 못하므로 국영의료기관 설립 또는 현재 전국단위의 보건소의 역할 재정립을 통한 의료서비스의 주도권을 정부가 가질 필요가 있음. 이를 통해 급성기 진료의 고비용 저효율 진료시스템을 만성기 진료의 예방, 건강유지 및 증진으로 의료서비스 패러다임을 바꾸면서 Pre-care, Total life-care, Post care의 전주기적 맞춤형 의료서비스 제공을 위한 전국 단위의 건강안전망 구축을 통해 공공성 확보가 필요

- 이와 같은 패러다임 변화는 전주기적 의료서비스 플랫폼 개념을 바탕으로, 빅 데이터 활용이 가능하게 될 것이고 이를 통해 미래에는 궁극적으로 AI(인공지능) u-health 서비스를 통해 Smart Home Care(가정 등에서 웨어러블, IoT 기기들을 통해 실시간 관리가 되는)가 될 수 있도록 국영 의료기관을 통해 정부 주도로 개인정보 및 보안 문제 등에 대한 기술 개발 및 제도 개선 등이 필요함. 특히, 아직까지 전 세계적으로 개인정보 활용에 대한 거부감 등으로 u-health 서비스 시장의 성장이 더딘 상태이지만 제도 개선 등을 통해 문제가 해결되면 그 파급력은 상당히 클 것임

- 2030년 이후 건강보험의 적자에 의한 서비스 중단과 의료 민영화가 한꺼번에 겹친다면 현재 공공성을 바탕으로 사용자 친화적 보건의료서비스 체계를 구축하고 있는 우리나라의 의료서비스는 한 순간에 붕괴되어 공공성을 상실하고 큰 사회 혼란을 야기시킬 가능성이 매우 높은 상태임. 뿐만 아니라 2043년에는 치매인구가 계속적으로 증가하여 2043년에는 약 200만 명에 달할 것으로 예상되고 있어 향후 의료서비스의 특성을 좌우할 수 있는 의료 민영화와 재정 적자 문제가 심각한 건강보험 서비스에 대한 명확한 분석을 통해 중·노년층을 위주로 한 사회의료 서비스의 체질 개선이 필수적이며 이를 새로운 맞춤형 의료서비스를 고려한 기술개발과 플랫폼 개발이 이루어져야 할 것임

〈그림 7〉 지속가능한 공공 의료서비스 제공을 위한 의료서비스 미래전략

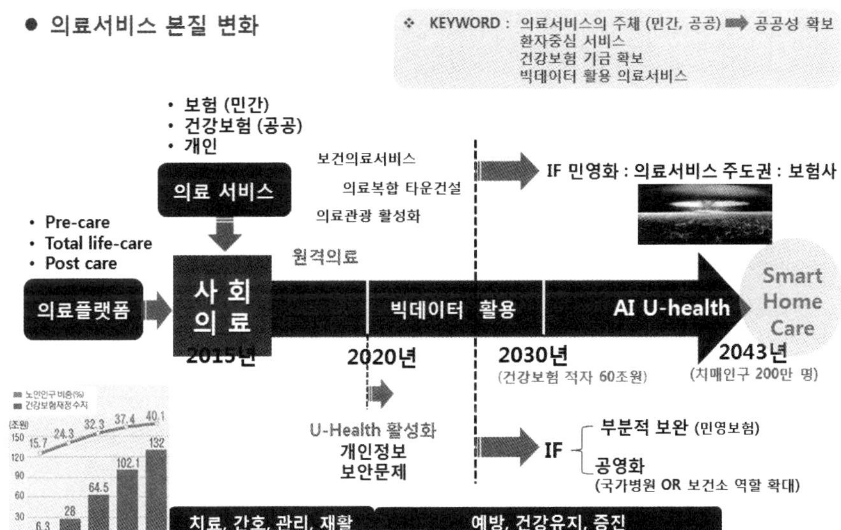

O 재난의료에 대처하기 위한 사회의료 시스템 개발

- 세월호 침몰 및 메르스 재난을 통해 알 수 있듯이 재난의료와 관련하여 고려해야 할 사항 중 가장 명확히 되어야 할 부분은 컨트롤타워 주체임. 사회의 발전으로 증가하는 재난의 불확실성 때문에 정부에서는 2014년 국가의 재난·안전 분야를 총괄하기 위해 '국민안전처'를 신설하였지만 제도의 문제가 아닌 고위 공무원들의 전문성 결여 및 리더십 부재 등의 인재로 재난이 확대되었음. 따라서 재난 초기 시스템에 의해 조치가 가능한 현장중심의 통합플랫폼의 개발이 필요함

- 의료자원의 90% 이상을 민간에 의존하고 있는 현재의 재난지원 시스템으로는 재난 시 신속하게 대응할 수 있도록 훈련되어 있지 않은 민간의료기관들이 감당할 수 없으므로 현재 논의 되고 있는 것과 같이 국가기관에 의해 대응될 수 있도록 재난중심병원의 설립이 필요함. 이를 통해 현재 문제가 될 수 있는 재난의료서비스의 주최(민간, 공공)에 따른 치료비 부담 문제를 해결할 수 있음

- 현재 선진국을 대상으로 성공적으로 운영되고 있는 재난중심병원의 운영 방안에 대한 벤치마킹을 통해 재난 시 운영방안 뿐만 아니라 평상시 운영방안 및 제공 서비스 등이 명확히 정립되어야 할 것임

<그림 8> 상시, 지속적 지속적 의료서비스를 제공하기 위한 재난의료 미래 전략

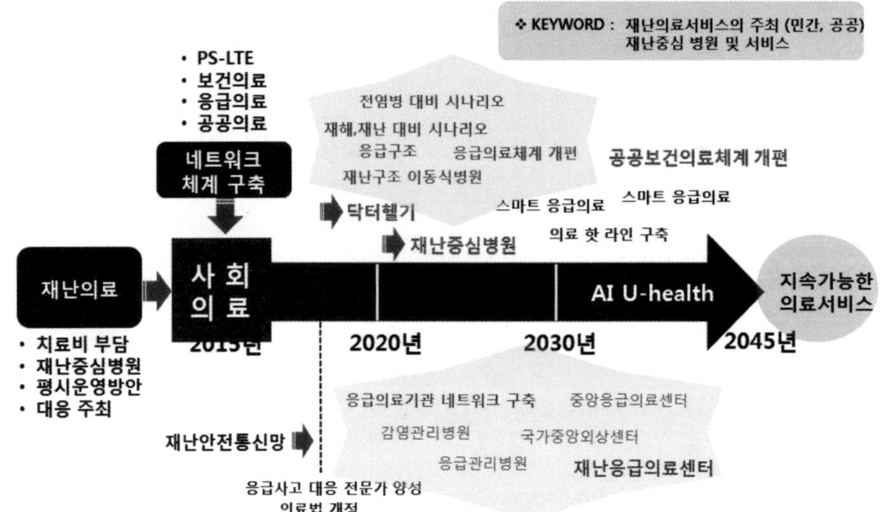

4

결론 및 제언

■ **결론 및 요약**

○ 의료기기

- 글로벌 의료기기 회사들이 국내 의료 시장을 대부분 점유하고 있는 상태로 공공성 의료 체계 확립을 위해서는 저가형, 보편화된 의료기기의 개발이 이루어져야 함

- 의료기기는 IoT와 AI 기반의 스마트 머신으로의 발전이 예측됨

- IoT 기술의 발전과 시장 성장 추세에 맞추어 예방 의료를 목적으로 하는 개인 맞춤형 의료기기들의 개발이 이루어질 것임

- 상시 모니터링, 조기진단, 진단+치료 기반의 맞춤형 의료기기 개발과 의료기기 원격관리, 정보시스템 표준 통합을 통한 첨단의료기기 개발이 필요함

- 응급, 재난에 특화된 저전력 이동형 의료장비들의 개발이 필요하며 체외진단기기, 융합의료기기 기술을 바탕으로 보편적인 의료서비스가 가능한 의료기기들의 개발이 필요함

- 상황 맞춤형 의료기기의 개발에 대한 전략이 필요하며 한국형 의료기기 개발을 통한 자체 플랫폼 개발이 필요함

○ 의료서비스

- 우리나라 의료서비스 산업은 우수한 인력, 인프라와 선진국 수준의 진료시스템을 보유하고 있으며 원격의료, 전자의료 기록의 활용 등 이를 활용한 서비스를 제공하기 위한 법, 제도 개선이 진행 중임

- ICT 기술을 활용한 서비스가 확산되려는 추세이며 의료 정보를 관리하는 플랫폼에 대한 일원화가 진행 중임

- 노인인구의 급속한 증가와 노인진료비의 비중이 사회적 문제가 되고 있으며 고비용·저효율의 급성기 진료 중심의 현 의료공급체계는 인구고령화와 질병의 만성질환화라는 의료환경 변화에 적절히 대응하기 힘든 상황임

- 현재 민간의료기관 중심으로 구축된 의료서비스 공급 기반은 비용과 질적 측면에서 미래의 의료수요를 충족시키기에는 미흡함

- 상황별 서비스 제공 주체에 대한 명확화 및 보편화가 필요하며 전국단위의 건강안전망 구축 서비스가 필요함

- 보편적 의료서비스의 제공을 위한 공공 의료기관을 목표로 하는 의료기기 플랫폼을 활용한 의료 인프라 확충이 필요함

○ 재난의료

- 현재 우리나라의 재난의료 시스템은 중앙통제를 전제로 조직개편이 이루어졌을 뿐, 전문인력의 이동 배치가 함께 이루어지지 않아 복합재난 대응에 전문성이 결여되어 있으며 개별 부처 단위의 추진으로 효과를 거두지 못하고 있음

- 한국형 재난의료체계 확립 및 부처별 연계 시스템 구축을 통한 안전 공동체를 구축하여야 하며 예방중심의 관리체계 및 신속 정확한 의료지원 방안 마련이 필요함

- 의료 취약 계층을 위한 안전 의료 서비스 향상과 민관협력을 통한 재난의료 관리 프로그램 개설이 요구됨

■ **정책 관련 제언**

○ 사회의료 시스템의 구현을 위해서는 의료기기, 의료서비스, 재난의료에 적용이 가능한 공통 플랫폼의 구축과 동시에 타 산업과 연계가 가능한 플랫폼이 구현되어야 함

○ 개인 정보 보호 등의 이유로 의료데이터의 활용이 지극히 제한된 상태여서 관련 산업의 시장 형성이 어려운 상황이므로 이에 대한 보완책과 법적 근거를 마련해야 함

○ 시장 상황에 따른 의료기기 개발은 공공을 저해할 수 있으므로 공공 목적의 의료기기를 개발하기 위하여 국가 주도의 R&D 지원이 필요하며 이를 활용한 사회의료 서비스 모델이 확립되어야 함

○ 고령화 시대에 대비한 의료기기 및 의료서비스 발전방안과 빅 데이터, 웨어러블 등 기술 개발 현황에 맞춘 법, 제도 개편이 필요함

○ 의료서비스의 질을 향상시키기 위하여 상황별 의료서비스의 주체를 명확히 하여야 하며 공공성을 띠는 환자 중심의 서비스가 제공될 수 있어야 함

○ 의료서비스 민영화에 대한 현실을 반영한 분석이 이루어져야 하며 건강보험 적자에 대한 대비책이 마련되어야 함

○ 모든 국민이 공평한 치료 혜택을 받을 권리를 누릴 수 있도록 시스템 반영과 보완을 통한 서비스가 이루어져야 함

○ 재난의료의 형태에 따른 시나리오별 대응 전략이 수립되어야 하며 시스템 운용의 주체설정과 효율적인 운영방안을 위한 정책이 필요함

○ 재난의료 상황 시 민/관 협력에 대한 모델 확립이 필요하며 PS-LTE와의 상화 연동을 통한 서비스 제공이 가능해야 함

○ 공공보건의료서비스의 개편과 이에 따른 의료 공백 최소화를 위한 대비책 마련이 필요함

참고 문헌

[1] 한국정보화진흥원. (2009). 트렌드로 보는 미래사회의 5대 특징과 준비 과제.

[2] 왕순주. (2012). 국가 재난의료관리체계 설계 및 재난의료관리 표준매뉴얼 개발. 응급의학연구재단.

[3] 보건복지부 대한재난의학회. (재)응급의학연구재단. (2012). 국가 재난의료관리체계 설계 및 재난의료관리 표준매뉴얼 개발.

[4] 한국보건산업진흥원. (2013). 의료서비스 산업 동향 및 정책연구.

[5] 오영호. (2013). 우리나라 공공보건의료의 정책방향과 과제. 한국보건사회연구원.

[6] 대한상공회의소. (2013). 의료서비스 산업 발전을 위한 정책과제 연구.

[7] 한국보건산업진흥원. (2014). 2014년 의료기기산업 분석 보고서.

[8] 윤한덕. (2015). 재난보건의료 현황과 산업화 방향. 국립중앙의료원 중앙응급의료센터.

[9] 김지영. (2015). 최근 세계 의료기기 시장 동향 분석. *보건산업브리프*, 178.

1. 해외 시장 현황

■ 의료기기

〈그림 1〉 세계 의료기기 시장규모 (2010-2019)

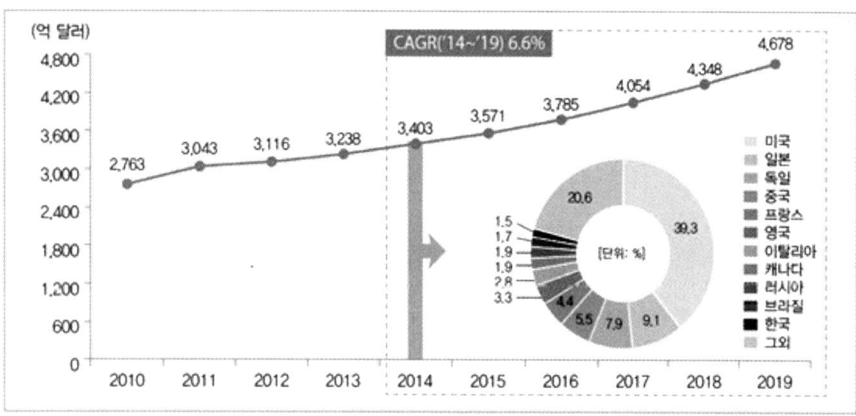

자료: BMI, Worldwide Medical Market Forecasts to 2019, October 2014

○ 의료기기 시장규모는 미국이 전체의 1/3 이상을 차지했으며 일본, 독일, 중국, 프랑스 등 순으로, 제품군별로는 진단영상기기, 의료용품 비중이 높게 나타남

  - 기타 부문을 제외하면 미국, 일본, 중국은 진단영상기기 비중이 가장 컸으며, 다음으로 미국, 일본은 정형외과/보철 기기, 중국은 의료용품 비중이 높게 나타남. 반면, 유럽의 독일과 프랑스는 의료용품 시장이 가장 컸으며, 진단영상기기 순으로 비중이 높게 나타남

  - 세부 품목별로 진단영상기기에서는 전기진단 장비(초음파 영상진단장비, MRI 등), 의료용품은 주사기/바늘/카테터 품목의 비중이 컸으며, 일본을 제외한 시장규모 상위 4개국은 휴대용 보조기구(보청기, 심박조율기 등) 비중이 10% 내외로 19개 세부 품목(기타 기

기 및 기구 제외) 중 상대적으로 높은 비중을 보임

○ 2014년 세계 의료기기 시장규모는 3,403억 달러, 수출은 2,143억 달러, 수입은 2,177억 달러로 추정되며, 공통적으로 미국의 점유율이 가장 컸으나 무역수지는 독일이 103억 달러로 가장 큰 흑자를 거둠

○ 현재 가파른 상승세를 보이고 있는 중국은 2018년 382억 달러 규모로 세계 2위로 부상할 것으로 전망되며, 그 외에도 신흥국들이 빠른 성장세를 보이고 있어 세계 의료기기 시장에서 비교우위를 차지하고 적자 개선을 위해서는 국가별로 수입 의존도가 높은 시장 분석과 함께 주요 수입 품목에 대한 경쟁력 강화를 통한 전략적 대응이 필요함. 〈출처 : 보건산업브리프(2015). 최근 세계 의료기기 시장 동향 분석〉

〈그림 2〉 의료기기 시장규모 상위국의 제품군별 분포 현황 (2014)

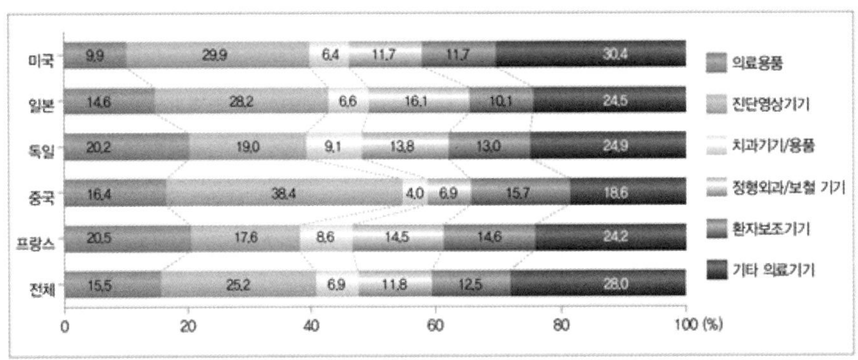

주: 기타 의료기기는 휠체어, 안과용 기구, 병원용 가구, 의료 및 수술용 살균제, 자외선 및 적외선 장비, 그 외 기타 기기 및 기구를 포함함
자료: BMI, The World Medical Markets Fact Book 2014, August 2014

○ 주요국 의료기기 시장 동향

－ 미국 의료기기 시장은 2014년 1,338.2억 달러로 2009년 이후 연평균 6.5% 성장한 것으로 추정됨. 2019년 1,774.4억 달러로 예상되며, 2014년 이후 연평균 5.8% 성장할 것으로 전망

－ 독일 의료기기 시장은 2014년 268.0억 달러로 2009년 이후 연평균 6.4% 성장하였고, 2019년 325.5억 달러로 2014년 이후 연평균 4.0% 성장할 것으로 전망

－ 2014년 브라질 의료기기 시장은 57.6억 달러로 2009년 이후 연평균 10.6%의 고성장을 기

록하였으며, 2019년 126.5억 달러로 2014년 이후 연평균 17.1% 성장할 것으로 전망

- 중국 의료기기 시장은 2014년 187.5억 달러로 2009년 이후 연평균 20.6% 성장하였고, 2019년에는 381억 달러로 예상되어, 2014년 이후 연평균 15.2% 성장할 것으로 전망

■ **의료서비스**

○ 의료서비스 산업은 그 특성상 산출물의 정의와 산업의 범위를 정하는 것이 쉽지 않으므로 연구마다 의료서비스 산업의 성과를 측정하는 방법이 매우 상이함

〈표 1〉 주요국의 GDP대비 의료서비스 산업 규모 (단위: %)

구분	2001	2002	2003	2004	2005	2006	2007	2008	2009	2010	2011	2012
캐나다	6.1	6.3	6.3	6.3	6.3	6.4	6.4	6.6	7.3	7.4	7.4	–
프랑스	6.8	7.1	7.3	7.4	7.5	7.5	7.4	7.5	8.0	7.8	7.9	7.9
독일	7.1	7.2	7.3	7.3	7.2	7.2	7.1	7.2	7.9	7.9	7.9	7.8
일본	5.8	5.9	5.9	6.0	6.0	6.0	6.0	6.3	6.9	7.0	7.3	–
한국	3.1	3.0	3.2	3.2	3.5	3.8	4.0	4.1	4.5	4.6	4.9	5.1
미국	10.4	10.9	11.2	11.3	11.3	11.3	11.4	11.8	12.8	12.8	12.8	12.3

○ 미국

- 미국은 현재 국내총생산(GDP) 대비 보건의료비 지출이 17.7%에 달하며 다양한 정부정책에도 불구하고 2020년까지 매년 5.8%가 증가할 것으로 예측되고 있음

- 따라서 낮은 비용으로 더 나은 서비스를 제공하는 신규 진입자들이 보건의료산업에 주목하고 있으며, 의료서비스 산업 내에서도 접근성과 의료의 질 향상, 비용절감, 관리효율의 제고, 국민의 편의성 증진을 위한 여러 가지 혁신적인 시도들이 계속되고 있음

- 건강보험 적용인구 및 급여범위 확대, 의료전달 체계의 성과 향상, 비용 통제를 위한 조항들이 포함된 ACA 법안은 2010년부터 2018년까지 총 9년에 걸쳐 의료서비스 산업과 건강보험 산업, 의약품과 의료기기 산업 등 보건의료 산업 전반을 아우르는 포괄적 개혁

의 성격을 띠고 있어 미국의 보건의료체계와 의료시장의 급격한 변화는 불가피할 전망임

○ 일본

– 일본은 이미 초고령 사회에 진입하였으며, 2025년에는 고령화비율이 30%를 넘어설 전
망임

– 평균수명은 증가하였으나 일상생활에 어려움을 겪는 '건강하지 못한 기간'은 남성 9.1년,
여성 12.7년으로 향후 이 기간은 더욱 길어질 전망

– 급증하는 고령자에 대응하는 의료와 감소하는 젊은 층을 위한 의료를 어떻게 적절하게
조정할 것인가 하는 점이 의료서비스 체제 개혁과 관련한 논의의 쟁점임

– 또한 후기 고령자가 증가할 것으로 예상됨에 따라 앞으로 관리형 급성기 의료 수요가 증
가할 것이라고 전망하고 바람직한 관리형 의료서비스 체제를 구축해야 함을 강조함

○ 그 외 국가

– 의료서비스 산업의 효율성과 접근성은 프랑스, 형평성은 캐나다, 건강수준은 일본, 산업
수준은 미국이 양호한 것으로 나타남

– 유럽 국가들의 경우 의료서비스 산업의 각 영역별로 고른 점수를 획득하였으며, 일본의
경우는 건강수준은 매우 높지만 효율성과 접근성에서 다소 낮은 점수를 받았음. 미국은
산업수준에서는 매우 높은 점수를 받았으나 건강수준에서 낮은 점수를 받아 비교대상
주요국과 격차가 존재하는 것으로 나타남. 〈출처: 정기덕(2014). 의료서비스 산업 동향 분석〉

○ 국내외 보건의료체계 성과 측정 현황

– 기존 보건의료분야의 성과측정은 세계보건기구(2000)와 캐나다 컨퍼런스보드(2006),
Davis 등(2010)의 국가별 보건의료체계에 대한 성과측정이 대표적임

– 세계보건기구의 보건의료체계 성과측정

: WHO의 성과측정 체계에서는 보건체계의 최종적인 목표는 건강이며, 이와 함께 국민들
의 의료기대치에 대한 부응(responsiveness)과 재원조달의 형평성(fairness in financial
contribution)을 하부 목적으로 제시함

– The Conference Board of Canada(2006)의 보건의료체계 평가

: 컨퍼런스보드의 캐나다본부(The Conference Board of Canada)는 OECD가 제공한
30개의 공통 지표를 중심으로 평균기대여명, 유아사망률, 각종 암 유병률 등 건강수준

(Health Status)과 암·심근경색 사망률 등 진료결과(Health care outcome), 보건의료이용 및 성과(Health care utilization and performance)를 총체적으로 평가하였음. 〈출처: 의료서비스 산업 성과지수를 통한 국가 간 비교분석, 2015〉

〈표 2〉 의료서비스 산업 성과지수 관련 유사 연구 현황

구분	보건체계 성과측정	보건의료체계 평가	의료산업 성과지수	유럽 의료소비자 중심지수
평가 주관기관	WHO	The Conference Board of Canada	강성욱 등	Health Consumer Powerhouse(민간기관)
목적	보건의료체계의 구성평가	건강수준과 진료결과를 총체적으로 평가	의료산업의 성과비교	유럽지역 의료시스템의 소비자 지향성을 평가
성과지수의 구성	최종적인 목표는 건강. 하부요인은 서비스제공, 자원개발, 재원조달, 정책 및 관리	건강수준, 진료결과, 보건의료 이용 및 성과	생산요소, 내수시장의 크기와 질, 기업전략 구조 및 경쟁양상, 관련 및 지원산업	환자권리 및 정보, 치료 접근성(대기시간), 치료결과, 제공되는 서비스의 범위, 의약품, 질병예방
자료원	공적 통계 국가별 서베이 결과	OECD Hcalh DATA	OECD DATA	공적 통계 환자 투표, 기타 연구결과
한계점	산업적 측면 및 효율성이 제대로 반영되지 못함	투입비용을 고려하지 못함	미국을 기준으로 선정 효율성과 형평성 미흡	소비자 만족과 정보의 중요성 강조

〈출처: 2015년의 의료서비스와 모델, 2015〉

○ 영국, 미국과 같은 국가에서는 특정 질병 또는 니즈에 대한 낮은 비용과 편리한 접근성의 수요를 충족하기 위해 '소매 진료(Retail Clinic)'가 증가하고 있음. 급성 치료에 있어 이동 수술 센터가 업무 처리 절차에 많은 변화가 일어나고 있으며, 급성 및 만성 치료 모두의 경우 원격 의료와 e-Visit(전자 왕진)을 사용하여 원격으로 환자를 모니터링하고 상담하고 있는 실정임

〈표 3〉 경쟁구조와 의료서비스 공급자의 행태 관련 국외 선행연구

제목	저자	연도	목적	시장 확정 방법	결과
The Impact of Hospital Market Structure on Patient Volume, Average Length of Stay, and the Cost df Care	Robinson and Luft	1985	지역 시장 구조가 개인 병원의 평균 환자 당 비용과 평균 환자 1일 당 비용에 미치는 영향 분석	지정학적 방법	경쟁이 심한 환경에 있는 병원이 상당히 높은 금액을 보여주고 있음.
Market and Regulatory Influences on the Availability of Coronary Angloplasty and Bypass Surgery In U.S. Hospitals	Robinson Garnick and McPhee	1987	지역 시장 경쟁의 영향 분석 및 경피 관상동맥 확장술, 관상동맥 우회술 규제 프로그램의 유용성 측정	지정학적 방법	경쟁은 심장 질환 관련 서비스를 촉진시키며, 규제는 이를 저해하는 효과를 가짐.
Competition among Hospitals	Noether	1988	가격과 비용에 관한 병원 시장 특성의 효과 측정을 통한 병언 경쟁 유형 결정	지정학적 방법	시장 집중도가 낮은 곳일수록 가격과 의료 질에 관한 경쟁이 크게 나타남
The Effects of Hospital Competition and the Medicare PPS Program on Hospital Cost Behavior In California	Zwanziger and Melnick	1988	비용 상승을 목적으로 하는 프로그램의 도입 이후 캘리포니아 병원의 변화 연구		더 경쟁적인 시장에 있는 병원이 비용을 상당히 낮춘 경향이 있음.
Is Hospital Competition Wasteful?	Dranove, Shanley and simon	1992	MAR 이론의 실증적인 근거를 재확인	환자흐름 방법	시장 규모를 적절하게 명시하는 것이 중요함.
Updated Variable–Radius Measures of Hospital Competition	Gresenz et al	2004	병원 시장 크기의 변동 반경 측정 계산	변동반경 방법	인구 밀집도, 지역 내의 다른 병원의 수, 병원 특성은 병원의 시장 크기와 밀접한 관계가 있는 것으로 나타남.

〈출처: 의료서비스 산업의 경쟁구조 및 경영효율성에 관한 연구, 2013〉

■ **재난의료 관련 재난 통신망 현황**

○ 재난 통신망은 대형화·다양화·복합화된 재난환경에서 신속·정확한 의사결정 및 일사불란한 구조작업을 수행할 수 있도록 통합된 재난안전 무선 통신망 구축이 전 세계적으로 추진되고 있음

○ 전 세계적인 재난망 기술의 흐름을 살펴보면 기존 음성 중심의 재난대응에서 보다 효율적으로 다양한 멀티미디어 기능을 적극 활용할 수 있는 통신기술이 급부상하고 있음을 알 수 있으며, 국가 차원의 재난안전 통신망 구축은 주로 협대역 디지털 TRS 방식인 유럽의 TETRA 기술표준과 북미 기술표준인 APCO-P25로 구분되는데, 최근 미국, 영국을 중심으로 음성 및 광대역의 데이터를 전송이 가능한 PS-LTE 기반 재난안전 통신망이 구축되고 있음

○ 미국의 재난통신망 관련 기관 및 사업 현황

- FirstNet (First Responder Network Authority), www.firstnet.gov

  • FirstNet은 광대역 재난통신 전국망의 설계, 망 구축 및 운영 책임과 권한을 수행
  • 응급의료, 화재, 경찰업무에 망 서비스 제공
  • NTIA는 보조금을 통해 FirstNct서비스 도입을 의뢰힌 주(州) 지원
  • 미국연방통신위원회(FCC)는 LTE 방식 공공안전망 구축을 위해 FirstNet에게 10년간 700MHz 대역 주파수 라이선스를 발급

〈표 4〉 미국 LTE 공공안전망 구축 개요

항목	세부사항
사용 주파수	700MHz Band Class 14 (D Block: 758~763, 788~793)
감독기관	FirstNet (10년 계약 만료 후 FCC에 라이센스 연장신청)
관련 정부기관	NTIA, FCC
서비스대상 기관	연방, 주, 지방, 부족 총 약 60,000개 기관
정부 지원자금	70억 달러 (약 7조 2,065억 원)

- Public Safety Communicators Research, www.pscr.gov

  - (요구기능 개발) 네트워크 관련 안전, 보안, 복구에 관한 개발

  - (표준) 망사용 및 액세스 관련 범국가적 표준 개발

  - (시험) 망 인프라와 단말기 관련 인증 도입 테스트

  - (연구개발) 공공안전망 기술의 조기 도입을 위한 연구 개발

- ADCOM911, www.adcom911.org

  - ADCOM911은 향상된 기능의 모바일 데이터(advanced mobile data) 서비스를 주요 공항에 제공하여 공항 공공 안전업무에 기여

  - 현장 실험(Real-world testbed)의 장으로서 FirstNet은 커버리지(coverage), network speeds, 핵심 상호호환성(core interoperability), 최종소비자 단말기(end-user devices)에 관한 이슈 분석으로 활용

  - General Dynamics社가 시범사업의 주계약자로서 LTE 장비 납품 및 기지국 운영. 〈출처: 미국의 재난통신망 관련 기관 및 사업 현황〉

○ 미국

- 미국에서는 재난대응 기관들이 1만여 개 이상 분리된, 그리고 종종 독점 기술의 LMR (Land Mobile Radio) 망을 사용하고 있었으나 재난에 대응하기 위하여 비디오와 많은 양의 데이터 처리가 요청되고 있음. 이에 대응하기 위하여 빠른 데이터 통신이 가능한 기술을 이용하는 전국 단일의 공공안전 전용의 네트워크의 필요성이 대두되었고, 이 망은 재난 대응 요원들 간에 상호 운용성이 보장되어야 함. 이러한 요구에 부응하여 2012년 미국 전역에 걸쳐 단일의 공공안전용 모바일 브로드밴드 망을 계획, 구축 및 운영을 담당할 FirstNet가 출범하게 되었으며 PS-LTE를 기반으로 망을 구축하여 미션크리티컬 (mission critical) 데이터를 위하여 사용될 예정임

- FirstNet의 설립 목적은 미국 전역에서 상호운용 가능한 공공안전 전용의 무선광역망을 설치하여 경찰, 소방, 응급은 물론 기타 공공안전 관련 종사자들이 더욱 효율적으로 업무를 수행하고 통신할 수 있게 하는 것이며, 구축될 무선 통신망의 배치 및 운용을 관리함. FirstNet의 현재 목표는 공공안전을 위한 미션크리티컬 데이터를 안정적으로 전송하는 것임. FirstNet에서는 충분하지 않은 통화권 확보, 혼잡 대비, 기지국 장애 대비, 상용 사용자와의 우선순위 경쟁 등에 대비하는 차원에서 자가망과 상용망이 혼합된 망의 구

축이 필요함을 제시하고 있으며, 특히 FirstNet의 아래와 같이 '3-in-1' 접근(지상 + 위성 + 차량탑재이동)으로 다양한 통화권 아키텍처를 계획하고 있음. 3-in-1 접근을 통하여 FirstNet의 생존성은 보다 강화될 수 있음

○ 영국

- 영국 정부는 Airwave社와 계약을 맺고, TETRA 방식(380MHz 대역)의 재난통신망 서비스를 제공 중임. Airwave社와의 계약이 지역별로 만료될 예정(2016~2020년)임에 따라, 음성 위주 통신의 한계를 극복할 수 있는 신규 재난망 구축을 추진하고 있음

- 영국 정부는 TETRA기반 Airwave망을 위기대응(Mission Critical) 음성서비스와 광대역 데이터 서비스를 통합 지원하는 LTE 기술로 단계적으로 대체하기로 결정

○ 일본

- 다양한 자연재해가 많이 발생하는 일본은 방재체제 정비, 국토보전정책추진, 기상예보의 강화, 재해정보의 전달 수단을 구축하는 등 재난대응 능력 향상을 통해 자연재해 저감 노력을 지속해오고 있음

- 재난 대응 시 소방, 구급, 경찰 등 재난대응 기관별 자가 망을 주로 사용하고 있고 최근 기관들 사이에 통신 불능 상태가 발생하는 등 자체기술의 한계를 극복하기 위해 중앙정부는 위성통신망을 구축하여 주요 재난기관에 고정형 위성지구국 설비를 운영 중에 있으며, 지방정부는 일본의 TRS 표준인 MCA (Multi Channel Access) 또는 VHF/UHF 등 무선통신망을 재난통신망으로 운영하고 있음. 이와 더불어 다양한 기술 방식들을 MCA 디지털 방식으로 통합하는 등 범국가 차원의 중앙재난관리무선망 구축·운용을 위한 계획을 추진 중에 있음

○ 유럽

- 유럽우편통신청(CEPT)은 07년 PS-LTE 재난안전통신 주파수 대역으로 Wideband용으로 380~430MHz, 광대역용으로 4.9GHz 대역 이용을 권고한 바 있으며, 유럽 대부분의 국가에서 380~400MHz 대역을 이용해 TETRA 및 Tetrapol 등의 TRS 방식으로 자가망을 구축하여 서비스 중에 있음. 그러나 최근 광대역 이동통신 기술이 발전되고 광대역 재난안전통신 서비스 이용에 대한 요구가 증대됨에 따라 CEPT는 11년에 연구반을 구성해 광대역 재난안전통신 서비스 요구사항, 주파수 대역, 망 구축 방안 등에 관한 사항

의 연구를 추진 중에 있음. FM49는 13년 초에 광대역 재난안전통신 요구사항 및 주파수 소요량에 관한 보고서를 완성했으며, 유럽 공통 주파수 대역 및 망 구축 방안(전용망, 상용망 등)에 대한 보고서는 올해 말 완료될 예정

- 유럽 공통 주파수 대역 관련해서는 450MHz과 750MHz 대역이 중점적으로 검토되고 있는 것으로 알려져 있고 특히 700MHz 대역의 경우 WRC-12 결정에 따라 15년부터 제1지역(유럽, 아프리카)에서 이동업무로 활용할 수 있게 된 대역으로 유럽위원회도 동 대역 활용 방안으로 무선 광대역뿐만 아니라 재난안전통신용 활용을 고려해 채널 배치 및 기술적 조건을 연구하도록 하고 있어 700 MHz 대역 일부가 PS-LTE 재난 안전통신망 활용 가능성이 높다고 할 수 있음

〈표 5〉 해외 안전망 구축 현황

국가	재난망 명칭	기술방식	구축년도
미국	FirstNET	PS-LTE	2012 ～ 2022
캐나다	PSNE	APCO-P25	2000 ～ 2010
영국	ESN	PS-LTE	2016 ～ 2020
독일	BOSNET	TETRA	2008 ～ 2014
핀란드	VIRVE	TETRA	1998 ～ 2004
네덜란드	C2000	TETRA	1999 ～ 2004
스웨덴	RAKEL	TETRA	2006 ～ 2010
노르웨이	Nodnett	TETRA	2009 ～ 2015
일본	재난관리무선망	MCA	2009 ～ 2016

○ 미국, 일본, 유럽 국가들의 재난무선통신망 정책 구축 사례를 보면 몇 가지 특징적인 요소들을 발견할 수 있음. 우선 국가 전체 지역에 구축하는 통신망이고 공공안전 확보라는 중요성 때문에 장기간에 걸쳐 준비를 하였음

○ 통신 방식에서부터 각종 구성장비, 시스템 외에도 재난과 관련한 각종 대응 체계(SOP), 법, 제도, 조직 등 전체적인 관점에서의 통신망 구축이 이루어졌다는 점. 그리고 전 세계적으로 재난의 규모와 피해가 커지고 있으며 그 형태 또한 다양화, 복잡화되고 있는 실정을 감안하여 기존의 통신망, 통신방식의 개선과 변화를 추구함과 동시에 재난대응체

계, 관리체계 등에 대한 부분에 대해서도 현실성을 반영하여 개편해 나가고 있음. 또한 재난 현장의 특수성을 고려하여 통신 생존성 확보를 위한 위성통신시스템의 채택과 관련 기술에 대한 다양한 개발이 뒤따르고 있으며 소셜미디어와 같은 신기술들을 적용하여 다양한 형태의 정보수집과 공유, 분석을 한다는 점. 위와 같은 요소들은 우리나라의 재난통신망 구축에 있어서도 심도 있게 고민하여야 하는 부분으로 사료되며 우리의 환경과 실정에 맞게 재구성하거나 개선해 나가야 할 필요가 있음을 시사

참고 문헌

〈보고서〉

[1] 이재희. (2005). 의료산업 전망과 대응전략. 산업연구원.

[2] 정기택·하봉찬·서울대 의대 의료정책연구실. (2007). 의료서비스 산업의 2020 비전과 전략. 산업연구원.

[3] 유순규. (2007). 병원전 응급의료시스템 구축에 관한 연구. 을지대학교 산학협력단.

[4] IBM 기업가치연구소. (2008). 2015년의 의료서비스와 모델. (서비스 제공 모델 개선, 역량 정의).

[5] 안명옥. (2010). 공공서비스로서의 u-Health. 차의과학대학교 보건복지대학원.

[6] 서지영, 박형준. (2010). 고령자를 위한 의료기기 연구개발 전략. 과학기술정책연구원.

[7] 이종화. (2010). u-Health 동향 및 활성화를 위한 정책 방향. 정보통신정책연구원.

[8] 안윤옥. (2011). 21세기에 필요한 예방의료서비스 개념 및 필요성. 서울대학교 의과대학 예방의학교실.

[9] 박춘식. (2011). 국가 재해에 대비한 국가의료체계 현황 및 개선책. 한국과학기술한림원.

[10] 한영미. (2011). 모바일과 소셜미디어를 활용한 스마트 시대의 재난재해 대응 선진 사례 분석. 한국정보화진흥원.

[11] 송태민 외 6인. (2011). u-Health 현황과 정책과제. 한국보건사회연구원.

[12] 정명애. (2011). IT 기반 의료 신산업 정책지원 및 시장 동향. 한국전자통신연구원.

[13] 박수경. (2011). 의료서비스 이용 및 공급 등에 대한 의료권 설정 연구. 한국보건산업진흥원.

[14] 안윤옥. (2011). 21세기에 필요한 예방의료서비스 개념 및 필요성. 서울대학교 의과대학 예방의학교실

[15] 의료정책연구소. (2012). 의료정보의 보호와 관리방안.

[16] 이승관 외 3인. (2012). u-Healthcare 융합기술 활성화 방안. 성남산업진흥재단.

[17] 정윤한. (2013). 외국의 재난안전관리시스템 운영사례. 월간 자치발전.

[18] 우혜경, 조영태. (2013). 건강한 삶의 변화를 이끄는 '스마트 헬스': 쟁점 및 정책과제. 보건복지포럼.

[19] 백승민. (2013). 빅데이터를 활용한 보건산업 신산업 전망 및 정책방향. 한국보건산업진흥원.

[20] 한국산업기술진흥원. (2013). 성장과 복지의 선순환 창출을 위한 산업기술정책 방향 모색: 헬스케어산업을 중심으로.

[21] 서정석, 박석천. (2013). 모바일 기반 개인 맞춤형 의료서비스 지원 시스템 설계 및 구현.

[22] 박종현. (2013). 스마트 헬스의 국내 니즈 분석 및 활성화 방향. 정보통신산업진흥원.

[23] 보건복지부. (2014). 국가 재난의료지원 정책 방향.

[24] 김윤년, 박정한. (2014). 원격의료의 전략적 접근과 문제점 해결을 위한 제언. 대구경북미래연구원.

[25] 권석준. (2014). 개인별 맞춤의료 구현을 위한 산업 기술 개발 동향. 한국과학기술연구원.

[26] 정보통신산업진흥원. (2014). 세계 5개국의 ICT 기반 헬스케어 정책 사례.

[27] 이승관. (2014). 모바일 의료융합기기 시장 활성화 방안. 성남산업진흥재단.

[28] 권석준. (2014). 개인별 맞춤의료 구현을 위한 산업 기술 개발 동향. 한국과학기술연구원.

[29] 정보통신기술진흥센터. (2014). 고령화 사회에 대비하는 유럽의 e-헬스 정책동향. 해외 ICT R&D 정책동향.

[30] 이진수. (2014). 디지털 헬스케어 플랫폼과 주요기업 동향. 한국보건산업진흥원.

[31] 최재호, 신은경. (2014). 원격진료 - 미래형 의학 및 진단 기술. 한국산업기술평가관리원.

[32] 한국무역협회. (2014). 중국 의료기기시장 동향보고서.

[33] 정혜실. (2014). 헬스케어 웨어러블 디바이스의 동향과 전망. 한국보건산업진흥원.

[34] 보건산업브리프. (2015). ICT 헬스케어 융합 R&D와 산업융합. (M&A) 특성 분석.

[35] 김지영. (2015). 최근 세계 의료기기 시장 동향 분석. 보건산업브리프 보건산업정보통계센터.

[36] 홍영상. (2014). 미국 FIRSTNET의 PS-LTE 네트워크 구축 동향. *한국통신학회지. (정보와통신)*, 31-10, pp.34-42.

[37] 배성훈. (2015). 재난안전통신망 구축 전략에 관한 연구. 한국지역정보화학회지, 18-2, pp.69-90.

[38] Gartner's Top 10 Stragegic Technology Trends. www.gartner.com

[39] 정영호. (2006). 보건의료부문의 거버넌스 현황과 발전방향. 한국보건사회연구원.

[40] 오윤섭. (2015). 국민의료비 추이와 지속가능한 의료정책 방향. 감사원 감사연구원.

[41] 이주선. (2006). 의료서비스 산업의 문제점과 정책대안. 한국경제연구원.

[42] 조홍준. (2013). 보건의료에서의 형평성:우리나라의 현황. J Korea Med Assoc.

[43] 김동진. (2011). 인구집단별 의료이용의 형평성 현황 및 형평성에 영향을 미치는

 요인분해. 한국보건사회연구원.

[44] 김수진. (2015). 지역재난의료체계와 의료기관의 재난 대비/대응 체계 구축과 적정 운영. 의료정책 포럼, 12-4.

[45] 이윤태. (2013). 의료서비스산업 동향 및 정책 연구. 한국보건산업진흥원.

[46] 배예나. (2014). 지속가능한 국가발전을 위한 청조비타민 해외전략분석: 재난-안전 분야의 신ICT 융합전략. 한국정보화진흥원.

[47] 이상규. (2012). 우리나라 고가 의료장비 현황과 정책대안: 정책의 수직적, 수평적 동기화. J Korea Med Assoc.

〈도서〉

[1] 이상이·김창보·박형근·윤태호·정백근·김철웅. (2008). *의료민영화 논쟁과 한국의료의 미래.* 도서출판 밈.

[2] 브렛E.트루스코, 캐롤린 펙스톤, 제임스 헤링턴, 프라빈 굽타 공저/이동원,이해종 공역 . (2011). 의료산업의 6시그마 혁명. kmac.

[3] 윤인모. (2013). 미래의료 생태계와 건강플랫폼. 서울경제경영

[4] 오상현. (2014). 글로벌 시대의 의료서비스. YOUNG

[5] 박종덕, 남경엽, 임자윤. (2014). 의료서비스와 문화의 이해. 보문각

[6] 국제미래학회. (2014). 전략적 미래예측 방법론 바이블. 두남

[7] 강성모 외 13. (2015). 국회로 간 KAIST. 심북스

[8] 박영숙,제롬 글렌,테드 고든 . (2015). 유엔미래보고서 2045. 교보문고

[9] Linda Young Landesman. . (2015). 재난과 공중보건관리 실무 가이드. 대학서림. (보문서원).

[10] 정병도. (2015). 재난관리론. 동화기술

[11] 김용익 외 17인. (2015). 대한민국 의료혁명. 살림터

[12] 김치원. (2015). 의료, 미래를 만나다. 클라우드나인

MESIA

E
nergy-environment

분야책임자 임춘택

KAIST 원자력및양자공학과 부교수
전 청와대 안보전략비서관실 행정관
KAIST 전자공학과 석·박사
KIT(국립) 전자공학과 학사

이도창 KAIST 생명화학공학과 부교수

미국 Los Alamos National Laboratory 박사후연구원
미국 University of Texas at Austin 화학공학 박사
서울대 화학공학과 학·석사

E

MESIA 미래전략
(에너지환경산업 : 자원관리 분야)

세부분야

신재생 에너지 및 에너지 자원관리, 지속가능성

1

연구 개요

■ 연구 목적

○ 환경 및 자원관리 분야에서 추격자 전략을 활용한 산업 육성 경로 발굴

○ 이를 위해 세계적으로 관련 산업과 기술을 분석하고, 한국 실정에 맞는 전략 모색

■ 연구 필요성

○ 21세기의 인구 급등으로 인한 기후변화가 세계를 움직이는 화두가 되고 있으며, 기존 에너지 과잉 사용으로 화석에너지 자원 고갈의 우려와 환경 파괴로 기후 변화가 발생할 것으로 예측됨

○ 세계 경제, 국제 정치, 사회 기반 시스템에 많은 영향을 끼칠 것으로 우려됨. 인류가 직면하고 있는 새로운 도전을 기술적 필요성을 충족하기 위해서 미래 기술은 다섯 가지의 메가트렌드를 따를 것으로 분석 〈표 1〉

– 자원 및 에너지 확보 경쟁 심화, 신재생 친환경기술 개발, 재활용 및 폐기물 처리기술의 중요성, 환경오염의 심화, 그리고 기후변화의 지속이 대두될 것으로 분석됨

〈표 1〉 과학기술정책연구원 지정 미래환경기술 메가트렌드[1]

메가트랜드	미래 이슈	중요도
자원 및 에너지 확보 경쟁 심화	중국, 인도 등 신흥개도국의 에너지자원 수요 급증	☆☆☆
	기존 화석연료 자원 국유화 및 자원 민족주의 확산	☆
	화석에너지 가격의 지속적인 상승	☆☆☆
	궁극에너지 등 신에너지 개발 가속화	☆☆
신재생·친환경기술 개발 박차	중앙 공급형 에너지시스템의 탈피	☆☆
	신재생 에너지개발 확대	☆☆☆
	단중기 온실가스 감축을 위한 기술의 두각	☆☆☆
	새로운 에너지저장기술의 필요성 증대	☆
재활용 및 폐기물 처리기술의 중요성	재활용 기술 수요 증가	☆☆☆☆
	폐기물 에너지화 기술 수요 증가	☆☆☆☆
	폐기물 자원화 기술 수요 증가	☆☆☆
	자원순환사회 요구 증대	☆☆☆
환경오염의 심화	이상 기상현상에 의한 지구온난화 확대	☆☆☆☆
	기상이변에 따른 풍수해 발생 빈도 증가	☆☆☆☆
	매체별 환경오염 발생 증대	☆☆☆☆
기후변화의 지속	폭염, 폭풍, 사막화, 해수면 상승 지속	☆☆
	온실가스 저배출 에너지원으로의 이용 이전 가속	☆☆
	물 부족 문제, 풍토병 등 위생문제, 식량문제 등 기후변화에의 적응전략 필요	☆☆☆
	기후문제 해결을 위한 국제적인 노력	☆☆

○ 우리나라는 고속성장으로 '한강의 기적'을 달성하여 2009년도 이후 세계 10위의 에너지 소비국으로 대두. 전력소비량은 세계 9위 수준

- 한국은 원천적으로 에너지 발전자원 인프라가 매우 취약하고 지구온난화 원인이 되는 화석연료 의존이 높음

- 전 세계는 악화되고 있는 기후변화 영향으로 환경규제를 강화하고 있는 추세. 탄소배출권(Certified Emission Reduction) 거래제 등장으로 전 세계는 정책과 법률적으로 기후변화에 대비하고 있으며, 한국도 해결 방안 모색에 나서기 시작함

  • 미국: 오바마 대통령이 기후변화 액션 플랜을 발표하였고, 2020년 온실가스 감축 목표를 제시하였으며, 이를 위한 대책으로 신재생 에너지 보급을 현재 수준의 2배로 확대하기로 결정

  • 유럽: 2020년까지 온실가스 배출량을 1990년 대비 20% 감축을 목표로 하고 있으며, 신

재생 에너지 발전 비율 20%, 에너지효율향상 20% 달성을 위한 20-20-20 전략을 수립

- 일본: 후쿠시마 원전 사고 이후, 2030년까지 신재생 에너지 보급 3배 확대 및 에너지 절감 19%를 달성하기 위해 전력산업 구조 개편을 추진
- 우리나라: 2008년 11월, 202년 BAU 대비 30% 감축의 중기목표를 발표하였고, 이를 위해서는 적극적이고 선제적인 에너지 부문의 녹색 성장 전략의 도입이 필수적

○ 미래 2030년 메가트렌드에 맞는 친환경 자원관리 도전과제와 고부가가치 산업 구축이라는 이상과 현실을 달성하기 위하여 미래기술의 가이드라인 필요

- 한국이 이미 확보한 기술로 먼저 움직이는 개척자(First Move)전략과 함께 현재 보유하고 있는 기술로 일본, 미국, 유럽을 따라잡는 추격자(Fast Follower)전략으로 기술과 시장 경쟁력을 확보
- 한국이 보유하고 있는 IT(전자정보), NT(나노재료), 또는 BT(생명과학) 기술로 고도화된 에너지 환경 기술 품목을 구축
- 환경 및 에너지 관리 산업은 일반 소비품목보다 거대규모 산업이므로 선택적인 대형 투자를 거쳐 거대 수익 확보 필요
- Scale Up 사업을 통하여 산업 인프라가 구축되면 높은 시장진입 장벽이 형성되어 다른 국가를 견제할 기술독점이 가능 할 것으로 예상됨

■ 연구 분야 구분 및 범위 축소

○ 본 연구에서 다루고자 하는 분야는 에너지(신재생 에너지 및 에너지 자원 관리), 환경분야(지속가능성)임

○ 향후 미래기술 성숙도를 분석하기 위하여 가트너 하이프 곡선(Gartner Hype Cycle)을 이용. 한국의 장기간 2030년 성장 동력으로 활용할 미래기술을 미래지향적이면서 현실적인 예측을 위한 에너지 및 환경 인프라 산업 관련 기술을 나열한 가트너 하이프 곡선을 통해 기술 선정 필터링 이행

○ 가트너 하이프 사이클 곡선은 총 다섯 단계로 구성

① 기술촉발단계(Technology Trigger): 잠재적 기술이 관심을 받기 시작하는 시기. 초기 단계의 개념적 모델과 미디어가 대중의 관심을 불러일으키며, 상용화된 제품은 없고 상업적 가치도 아직 증명되지 않은 상태임

② 부풀려진 기대의 정점(Peak of Inflated Expectations): 초기의 대중성이 일부의 성공적 사례와 다수의 실패 사례를 양산해 내는 단계. 일부 기업이 실제 사업에 착수하지만, 대부분의 기업들은 관망하는 단계

③ 환멸단계(Trough of Disillusionment): 실험 및 구현이 결과물을 내놓는 데 실패함에 따라 관심이 냉각되는 단계. 제품화를 시도한 주체들은 포기하거나 실패하기도 하지만 살아남은 사업 주체들이 소비자들을 만족시킬만한 제품의 향상에 성공한 경우 투자가 지속됨

④ 계몽단계(Slope of Enlightenment): 기술의 수익 모델을 보여 주는 좋은 사례들이 늘어나고 2-3세대 제품들이 출시되며, 더 많은 기업들이 사업에 투자하기 시작하는 단계

⑤ 생산성 안정단계(Plateau of Productivity): 기술이 시장의 주류로 자리 잡기 시작하며, 사업자의 생존 가능성을 평가하기 위한 기준이 명확해지고 시장에서 성과를 거두기 시작하는 안착 단계

〈그림 1〉 에너지 및 환경 기술 항목 가트너 하이프 사이클[2]

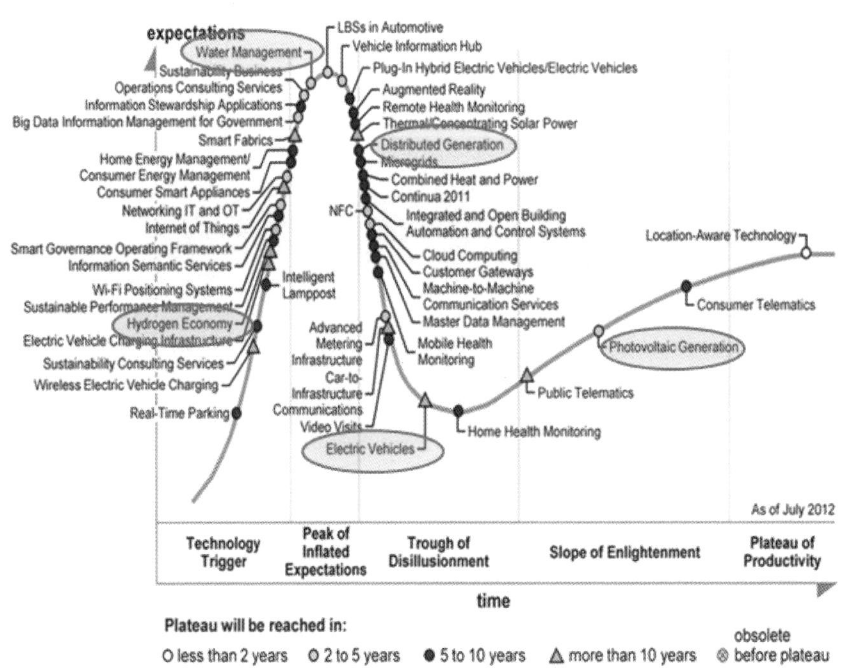

○ 여러 미래 환경 및 에너지 관리 기술은 가트너 곡선 위에 다양한 단계에 위치한 것으로 나타남. 가트너 분석을 통하여 선정될 기술은 지나치게 성숙되지 않으면서 너무 초기 단계에 머물고 있는 기술을 회피할 필요성 존재. 2030년까지 고부가가치 기술을 달성하기 위해서는 기대정점 도달 항목을 육성, 환멸단계에 머물고 있는 병목현상을 해결, 또는 계몽단계로 상승세를 타고 있는 기술을 고를 필요가 있음

- 높은 성숙도를 보이는 생산성 안정단계 기술은 풍력발전으로 뚜렷하게 나타나 있음. 실제로 세계 신재생에너지 발전 수단 중에서 풍력발전(318 GW)은 수력발전(1000 GW) 다음으로 가장 높은 전력출력 비중을 보이고 있음[3]. 하지만 최근 관심은 해상풍력으로 집중되기 시작했으며, 해상풍력에 한해서는 계몽단계로 볼 수 있음. 우리나라의 조선해양 산업을 바탕으로 발전 가능성이 높을 것으로 예상됨

- 계몽단계에서 안정적으로 성장하고 있는 에너지 및 환경 항목은 환경감시기술, 그리고 태양광 에너지가 있음. 특히, 기술이 성숙하면서 세계 태양광 에너지 발전 전력량은 2000년부터 2014년까지 기하급수적으로 성장하고 있고 생산 전력량 당 발전 단가도 급격하게 낮아지고 있는 상황임. 기술이 성숙되는 과정에서 여러 국가 간 시장 경쟁이 치열해지는 상황이며, 2012년에는 독일의 107억 달러 가치로 책정된 Q-Cell사, 2011년에는 미국의 Solyndra사 태양광 회사 부도가 발생. 2008년도 폴리실리콘 가격이 75% 폭락하여 전 세계의 태양광 회사는 적자생존을 겪고 있는 상황임 [4]

- 환멸단계에는 탄소배출권거래제도 정책 그리고 시장 진입 어려움을 경험하고 있는 기술은 전기자동차임. 미국 Tesla Motors, 일본 토요타의 Prius 전기 하이브리드 자동차의 등장으로 시장도입을 하고 있는 단계. 그러나 아직 제품은 낮은 시장점유율을 보이고 있는 현황임. 하지만 R&D로 누적된 기술이 총동원되어 실제 제품으로 형성되는 만큼 이차전지의 에너지 밀도, 전지 충전 속도, 부품 생산 효율화로 경쟁력 있는 차량이 나올 것으로 기대

- 기대정점 기술로는 물 관리 기술, 에너지 저장, 그리고 에너지 관리가 높은 관심을 보임. 에너지 관리에 해당되는 대표 기술은 변동되는 전력수요를 적절하게 배급하는 스마트그리드(Smart Grid) 시스템. 기존 전력 배급 시스템에는 시간과 공간에 따른 전력 수요 정점을 보충하기 위하여 발전소의 전력을 늘리는 방향인 반면, 태양광과 풍력발전 등의 신재생 에너지 도래로 기후 조건에 따른 불규칙적인 전력 공급을 안정화하기 위하여 스마

트그리드가 높은 관심을 불러옴. 전력 수요가 낮은 시간에는 신재생 에너지 발전의 잉여 전력을 저장하는 기술과 시설이 필요할 것으로 보고됨 [5]

■ **기술 격차 분석**(에너지 분야)

○ 가트너 하이프 분석을 토대로 기술 발전 가능성이 있는 에너지 및 환경 분야 기술을 압축하고 그에 대한 기술 격차 분석을 시행

〈표 2〉 에너지 분야 미국 대비 기술 수준 및 격차[6]

분야	국가전략기술명	최고기술국		기술 수준 그룹		기술 수준(%)			기술 격차(년)		
		2012	2014	2012	2014	2012	2014	증감	2012	2014	증감
에너지·자원·극한기술	1. 스마트그리드 기술	미국	미국	선도	선도	91.9	90.3	−1.6	1.2	1.9	0.7
	2. 고효율 전지기술	일본	일본	선도	선도	82.2	82.6	0.4	3.3	2.9	−0.4
	3. 바이오에너지기술	미국	미국	추격	추격	70.7	73.3	2.6	5.3	4.7	−0.6
	4. 지열기술	미국	미국	추격	추격	64.2	68.6	4.4	6.2	6.4	0.2
	5. 태양에너지 기술	미국	미국	선도	선도	80.8	82.8	2.0	2.8	3.0	0.2
	6. 풍력발전기술	EU (영국)	EU (독일)	추격	추격	71.7	72.5	0.8	5.7	4.5	−1.2
	7. 수소에너지 기술	미국, 일본	미국	추격	추격	76.0	73.6	−2.4	5.3	5.6	0.3
	8. 원자력기술	미국	미국	선도	선도	82.5	82.7	0.2	6.0	5.3	−0.7
	에너지·자원·극한 기술 분야	**미국**	**미국**	**추격**	**추격**	**77.4**	**77.9**	**0.5**	**4.8**	**4.6**	**−0.2**

○ 연구결과에 따르면 한국 정부의 연구개발 보조 투자는 민간기업의 연구개발 투자에 비례한다고 실증됨. 따라서 정부는 미래의 고부가가치 기술을 민간 기업에 전환하여 경제적 성장을 달성할 수 있도록 육성이 필요함. 정부가 초기 단계에 머물고 있는 선별 기술을 연구 보조하고 기업이 규모를 키우는 전략을 택하여야 함

○ 향후, 신재생 에너지의 간헐성 극복을 위한 스마트그리드 및 에너지 저장 기술은 현재 선도 그룹에 속해 있으며, 특히 에너지 저장 기술은 꾸준한 기술 발전으로 2014년에 선

도그룹에 진입한 기술임. 2020년 500억 달러 시장이 형성될 것으로 전망하여, 2030년 기술 혁신으로 100조 원 시장이 열릴 것으로 기대됨. 세계 수준의 기술력이 확보되어 있으므로, 단기간에 시장 개척이 가능할 것으로 보임

○ 바이오 에너지와 지열 에너지에 대해서는 추격자 전략으로는 다소 맞지 않을 것으로 예상됨. 바이오 에너지는 최근 셰일가스 개발 및 유가 안정세로 가격 경쟁력이 약화되어 있는 상태이며, 정유업계와 바이오 연료 업계와의 대립이 시장 성장에 크나큰 저해 요소로 작용할 것임. 또한 지열에너지는 도입 초기, 정부 주도로 진행한 보급사업으로 시공기술에 집중 투자로 인해 기술 격차가 다소 큰 상황. 현재 세계적으로 천부지열 잠재량에 대한 연구가 전무하며, 높은 초기 투자비로 리스크가 높아 투자를 하기엔 조심스러운 분야임

○ 풍력 에너지는 현재 기술 격차가 크지만, 최근 2년간 조선해양과 같은 우수한 관련 산업 기반으로, 가장 많은 기술 발전을 이룬 산업. 낮은 국산 브랜드 이미지로 국산화율이 낮아 내수시장에서 실적이 부족하지만 국산 해상풍력발전기 개발, 인증, 설치, 시공 등을 통해 해외 시장 진출의 기반을 조성하기엔 적합한 산업이라 볼 수 있음. 더불어 약 45%의 가장 높은 연간 성장률을 보이는 태양광 산업은 2010년 초반 다소 주춤한 발전을 보였으나, 2014년 이후 성장세가 가속화되어, 현재 시장의 주도권은 아시아가 쥐고 있는 형세임. 시장규모가 1,000억 달러 이상으로 커질 것으로 예상되며, 선도 기술을 보유하고 있는 한국의 입장에서는 매력적인 산업임

○ 원자력 에너지는 선도그룹에 속해 있는 사업이지만, 후쿠시마 사고 이후 안정성에 대한 불안감이 증대되어 있는 상태. 해외 원자력 정책의 변화로 안전성 확보에 비용이 많이 소모되므로 다소 주춤할 수 있는 기술이라고 볼 수 있음

■ 기술 격차 분석(환경 분야)

〈표 3〉 환경 분야 미국 대비 기술 수준 및 격차[6]

분야	국가전략기술명	최고기술국		기술 수준 그룹		기술 수준(%)			기술 격차(년)		
		2012	2014	2012	2014	2012	2014	증감	2012	2014	증감
환경·지구·해양	1. 환경 통합 모니터링 및 관리기술	미국	미국	추격	추격	73.2	73.3	0.1	6.2	6.2	0.0
	2. 오염물질 제어 및 처리기술	미국	미국	추격	추격	73.9	75.5	1.6	6.6	5.4	−1.2
	3. 환경·인체 위해성 평가기술	미국	미국	추격	추격	71.6	72.4	0.8	7.2	6.5	−0.7
	4. 수자원 통합관리 시스템기술	미국	미국	추격	추격	74.9	76.4	1.5	5.5	5.3	−0.2
	5. 이산화탄소 포집·저장·이용기술	미국	미국	추격	선도	78.0	81.6	3.6	5.1	3.8	−1.3
	6. 온실가스 감축 통합관리기술	EU (독일)	EU (독일)	추격	추격	75.6	77.4	1.8	8.0	5.2	−2.8
환경·지구·해양 분야		**미국**	**미국**	**추격**	**추격**	**77.2**	**77.9**	**0.7**	**5.4**	**5.0**	**−0.4**

○ 환경 분야에서는 크게 가능성 있는 사업을 환경 통합 모니터링, 오염물질 제어, 수자원 통합 관리 시스템, 이산화탄소 저장 및 포집 기술로 분류할 수 있음

○ 환경 통합 모니터링 기술 및 오염 물질 제어 기술은 현재 추격 그룹에 속해 있으나, 이는 일부의 기술에 의한 것이라고 볼 수 있음. 즉, 기술 편향이 심각하여 장치 및 모니터링 기술보다는 센서 기술만이 경쟁력을 가지고 있음. 두 개의 기술 중 오염 물질 제어 기술이 IT/나노/바이오 융합 기술을 이용하여 미래 시장 선도 가능성이 존재하지만, 국내에서 규제 대상별 독립된 법에 의한 제도적 문제와 정책적 지원 부족으로 인증 시스템을 구축하는 데 상당 시간 소요될 것으로 보임

○ 수자원 관리 시스템은 현재 추격자 전략에 가장 적합한 기술로 분류할 수 있음. 환경부, 국토교통부를 중심으로 활발한 R&D가 진행 중. 또한 유역 종합 개발 측면에서 최근 추진한 4대강 살리기, 경인 아라뱃길 사업 등을 통하여 세계 최고 기술의 역량을 보유하게 됨. 상하수도 분야에 전략적 집중 투자가 이루어진다면, 향후 스마트 물 관리 시스템 기술에서 유리한 고지를 점령할 수 있을 것으로 전망됨

▪ 연구 범위

- RPS 시행으로 수혜가 예상되는 태양광과 풍력은 성장 잠재력이 무궁무진한 대표적인 신재생 에너지원으로 분류하여 집중 연구

- 신재생 에너지원의 간헐성 극복을 위한 에너지 저장 시스템의 중요성이 대두되고 있으며, 전력수급 불균형, 정전, 계통 혼잡, 신재생 에너지 통합 등 다양한 전력문제 해결을 위한 스마트그리드 시스템 연구

- 환경 관리 분야에서는 21세기 블루 골드(Blue gold)의 시대가 도래함과 동시에 확대될 시장규모를 예측하고, 2020년 세계 최고 수준의 풍부하고 깨끗한 물환경 시스템을 목표로 연구

- 참여 연구자는 연구책임자 외 5명

〈참여 연구진 소개〉

구 분	소속/직위/성명	담당 역할
연구 책임	카이스트/부교수/이도창	– 연구과제 기획, 조정, 관리 – 물 관리 시스템 산업/기술 담당
연구 참여	카이스트/조교수/오지훈	– 태양광 분야 산업 전략연구
	카이스트/부교수/김일두	– 환경 관리 기술 연구
	카이스트/부교수/남윤성	– 바이오 에너지 산업/기술 연구
	카이스트/부교수/윤동기	– 환경 모니터링 기술 전략 연구
	카이스트/부교수/한종인	– 풍력 분야 산업 전략연구

2
산업/기술 동향 미래예측

1) 산업/기술 현황

■ SWOT 분석

○ 태양광 및 풍력발전

- 태양광 산업은 현재 반도체, LCD 등 태양전지 부문의 발전에 기여 가능한 확고한 기반 산업이 존재하며, 특히 반도체 관련 장비 부문의 노하우가 여러 종류의 태양전지 제조에 강점으로 작용할 수 있음. 기반 인력 Pool이 탁월하고, 우수한 생산공정 기술 기반을 보유하고 있으며, 정부의 정책적 지원으로 상당한 기술 발전을 이루어 냄. 태양광 발전 분야에 유리하게 작용하는 기회 요소는 원전 사고 이후 정책적으로 신재생 에너지와 분산 전력망을 각광 받는 움직임. 또한 인도, 중국, 그리고 동남아시아의 태양광 시장의 급증이 태양광 산업에 유리하게 작용하고 있음. 하지만 한국 태양광 기술 구축에 대한 위협/약점 요소는 중국의 태양광판 저가 생산에 대한 China Risk가 증가하고 있는 추세임. 2008년도 폴리실리콘 생산 과잉으로 폴리실리콘 원료가 킬로그램당 가격이 $450/kg에서 $50/kg로 폭락함. 현재 한국 OCI는 폴리실리콘 생산 세계 3위를 기록하고 있지만 중국의 가격단가 하락으로 한국이 추가 고부가가치 창출에 위협이 될 것으로 예상됨

- 풍력발전은 해상풍력에 대한 관심도가 높아지면 세계적으로 투자가 늘어나고 있는 추세임. 우리나라는 세계적인 수준의 국내 중공업사들의 자체 투자와 정부의 정책적 지원으로 세계 시장 진출이 가속화될 것으로 보임. 또한, 조선해양 기술과의 접목을 통해 기술 개발이 급격하게 이루어질 것임. 하지만 블레이드, 피치시스템과 같은 핵심부품에 대한 기술력 부족으로 기술 및 가격 경쟁력이 낮은 것이 위협요소로 작용할 것으로 예상되며, 원천 기술 확보가 해상풍력 시장에 중요한 열쇠가 될 것으로 예상됨

〈표 4〉 태양광 및 풍력 SWOT 분석

태양광

Strength(강점)	Weakness(약점)
- 정부 보급사업 지원 정책에 따른 대규모 발전 시스템 구축 - RPS 및 ODA사업을 통한 대규모 발전시스템 구축 경험	- 중국산 모듈의 저가화에 따른 China risk 증가 - 국가 지원 정책에 크게 의존하는 구조적 한계 - 유지/관리 및 서비스 시스템 체계 및 경험 부족
Opportunity(기회)	Threat(위험)
- 해외 대규모 태양광 발전 시스템 project 수요 증가 - 개도국 및 신흥국가에서 수 MW급 분산 전원 개발 project 수요 증가	- 양적, 질적으로 급팽창하고 있는 중국의 성장세와 산업 경쟁력 - 대규모 발전 시스템 설치 경험을 갖고 있는 선지사의 산업 경쟁력

풍력

Strength(강점)	Weakness(약점)
- 연관 산업기반 우수 - 전력운영, 프로젝트 개발 등 분야 경쟁력 보유 - 대형 전력망이 구축되어 있어 대규모 풍력단지 개발이 가능 - 정부의 정책적 지원의지	- 핵심기술력 미흡 - 경험부족 - 보급 및 운영실적 미흡 - 풍력산업의 Value Chain 구성 취약 - 전문 인력 부족, 풍력자원 한계
Opportunity(기회)	Threat(위험)
- 고유가 지속에 따라 신재생에너지(풍력 등)의 경제성 증대 - 세계 각국 정부 관련 정책 지원 - 민간자본의 활발한 유입	- SI, 기자재, 부품 분야의 선두주자가 시장을 과점 - 진출가능 시장이 제한적 - 유럽, 미국 등 선진국 진출의 어려움 - 자국산 기자재, 부품 사용 의무화-중국, 인도 등은 70%

○ 에너지 저장 및 스마트그리드

- 선진국과 개발도상국의 신재생 에너지 수요 급등으로 동반성장 가능성이 매우 높다는 것이 에너지 저장 기술 산업이 급성장 기회로 활용될 수 있는 요인. 시공간적으로 날씨와 기후 변동이 많은 신재생 에너지 발전을 안정화하기 위하여 스마트그리드 설치는 매우 중요한 기술로 인식되고 있음. 대용량 에너지 저장 기술이 이러한 시스템 구현을 가능하도록 하는 핵심 역할을 할 것으로 분석됨. 한국의 에너지 저장 기술의 강점으로 활용 가능할 요인은 높은 수준의 리튬이온전지 기술력임

- 한국이 기존 확보한 리튬전지 기술로 향후 리튬전지를 대체할 차세대 플로우 전지(Redox Flow Battery) 기술 개발이 가능할 것으로 예상됨. 약점 요인은 아직 한국은 대량 에너지 저장을 위한 대형 시스템 제작 실증 경험이 적고 아직 상용화 인프라 구축이 필요하다는 점임. 위험 요소로 일본과 미국도 수준급 이차전지 기술과 경쟁을 할 필요가 있고 다양한 에너지 저장 기술 등장으로 패러다임 변화 리스크가 있다는 점임

〈표 5〉 에너지 저장 및 스마트그리드 SWOT 분석

에너지 저장(Energy Storage System)

Strength(강점)	Weakness(약점)
- 공해 배출 요인이 없음 - LIB분야에서 세계 탑 수준의 경쟁력 확보 - RFB는 기 보유한 이차전지, fuel cell 소재 국산화 등이 가능하여 해외 의존도가 낮음	- 대형 시스템 제작 경험이 적고 상용화를 위한 인프라 구축필요 - 표준화, 규격에 대한 정부 가이드 라인 필요 - LIB에 대한 집중 투자로 다양성 부족
Opportunity(기회)	Threat(위험)
- 미국, 유럽 등 신재생 보급 확대정책 추진 중 - 스마트 그리드 사업의 저장 경로로서 시장 활성화 가능 - 선진국 대비 기술 격차 적음 - 빠른 상용화 가능	- 원자재 패권주의로 핵심 자재확보가 어려움 - 선진 경쟁국의 다양한 에너지 저장 기술 개발로 패러다임 변화 가능성

스마트 그리드

Strength(강점)	Weakness(약점)
- 세계 1위 수준의 IT대국 - 최신 전력망 투자, 구축의 실무 경험 보유 - 특정 충전지 분야의 세계 최고 기술 보유 - 연관 산업의 폭이 넓음	- 장기적 시설 투자 및 시스템 연계형 연구 미흡 - 관련 부품산업의 취약 및 경험, 응용 능력 부족 - 원천 기술의 해외 의존도 심화 - 핵심 인력자원 부족
Opportunity(기회)	Threat(위험)
- 개도국 중심으로 전력설비 시장의 폭발적 증가 추세 - 그린 에너지 산업에 대한 기대 - 정부의 적극적인 산업 육성 의지 - 국가간 전력 계통 연계 추세 - 대규모 신재생 에너지 보급 확대로 유연 송전계통 필요	- 선진 글로벌 기업의 연대에 의한 기술 지배력 강화 - 높은 기술 난이도와 소요 비용으로 기업 단독 투자 한계 - 미국, 유럽 대기업 주도로 시장 선점 우려 - 초기 인프라 및 투자비용 부담

○ 물 관리 시스템

 - 세계 물 시장에서 경쟁 우위 확보를 위한 국내 물산업의 성장 잠재력은 충분한 것으로 평가됨. 최근 여러 가지 사업의 국가 정책 지원으로 기술 노하우가 축적되어 있는 상태임

 - 자본, 기술력을 구비한 물 전문 기업 부재, 공공부분 중심의 서비스 공급체계로 인한 경쟁력 부족, 내수 중심의 산업구조와 원천 기술의 부족은 보완해 나가야 할 필요성이 있음. 환경 규제 강화로 신시장이 창출될 가능성이 높고 세계 최강 IT 기술을 기반으로 한 상하수도 분야 기술 도입이 이루어진다면 해외 수출이 활발해질 수 있는 사업으로 분석됨

〈표 6〉 수질관리사업 SWOT 분석

수질관리 사업

Strength(강점)	Weakness(약점)
- 세계 최강의 IT기술 기반 보유 - 장시간 수질 모니터링 자료 보유 - 축적된 수질 모델링 기술 노하우 - 잠재력 있는 우수 인재 확보	- 자본, 기술력을 구비한 물 전문 기업 부재 - 국내 녹색시장과 산업의 원천 기술력 부족 - 유해 화학물질 등 생활환경 위해 요소 대응체계 미흡 - 내수 중심의 사업구조
Opportunity(기회)	Threat(위험)
- 중국 등 주변국의 물시장 규모 급성장 - 지식기반 서비스 업종 비중 증가 - 웰빙 추세에 따른 물 서비스 기대 수준 상승	- 거대 외국기업의 시장 진출 본격화 - 기후 변화로 생태계 교란 및 재난 우려 증대

2) 산업동향 미래예측

■ 태양광 산업

〈그림 2〉 재생 에너지원별 연평균 에너지 성장률

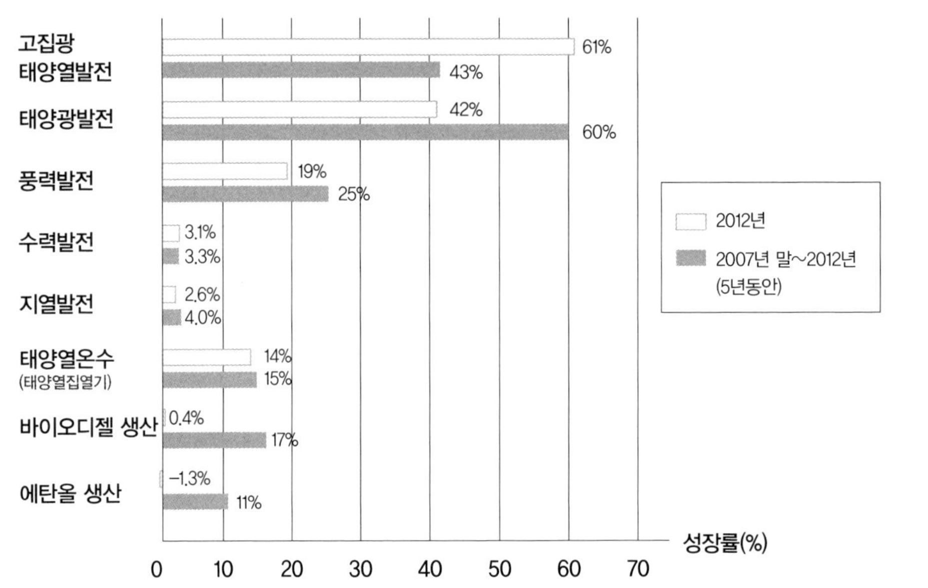

○ 태양광발전은 가장 높은 연평균 성장률을 기록해 왔음 〈그림 2〉 [7]

○ 2035년까지 국내 태양광 설치량은 17.5GW에 달할 전망

 － RPS 시행에 따른 태양광 보급이 크게 늘어남과 동시에, 태양광 시스템 가격 하락 전망

○ 태양광 발전설비의 증설은 발전시장과 시스템 운영에 영향을 미쳐, 타 에너지원과의 경쟁구도와 발전시장의 디자인 개혁이 일어날 것으로 예측

■ 풍력 산업

○ 세계 풍력발전 시장은 지속적인 고성장을 통하여 2030년 최대 2,000GW에 달하는 시장을 형성할 것으로 예상됨

- 2030년까지 점차적으로 해상풍력발전 투자가 커져서 연간 200억 유로 수준으로 증가할 것으로 전망됨

○ 터빈 효율 향상 및 제조단가의 하락 등으로 풍력발전의 경제성은 향후 높아질 전망 〈그림 3〉

〈그림 3〉 2030년 풍력 에너지 가격 예상

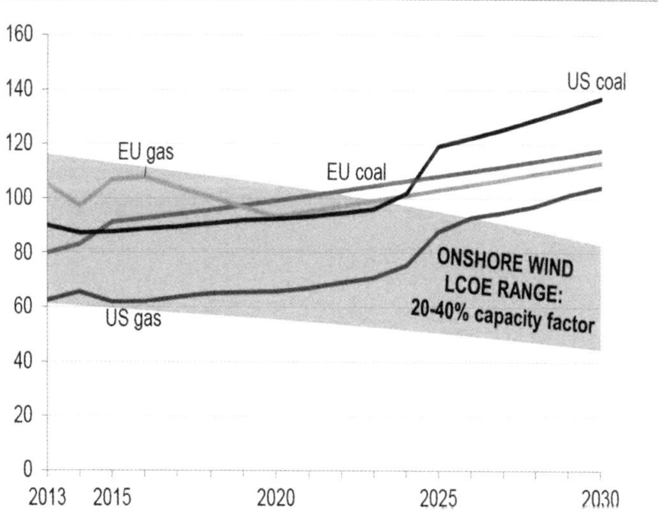

○ 지역별로 시장을 분석해 보면, 유럽이 시장을 선도하고 있으며, 북미와 아시아에서 신흥 풍력 국가가 부상하고 있음 〈그림 4〉

〈그림 4〉 지역별 풍력시장 현황

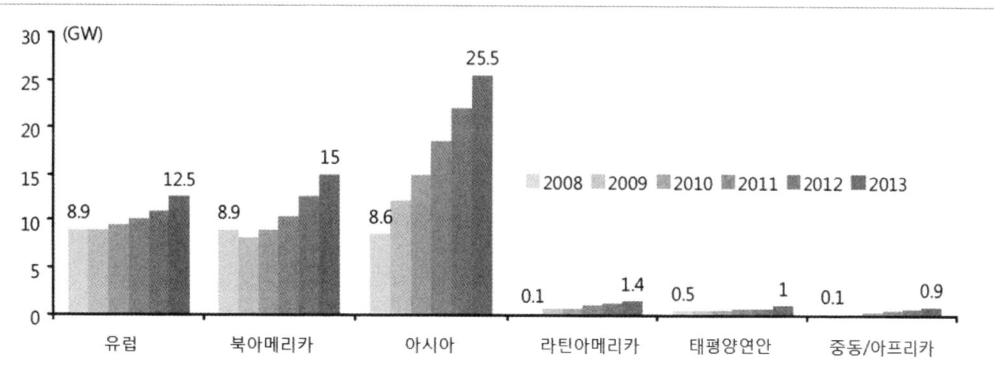

■ 에너지 저장 시스템 산업

○ 2012년 에너지 저장 시스템 시장은 142억 달러로 추정되며, 2020년 약 500억 달러 시장으로 성장할 전망

   – 에너지 저장 시스템 가격 하락과 함께 시장은 2015년 이후 급속한 양적 성장세를 기록할 전망

○ 신재생에너지 성장과 동반하여 중대형 이차전지 산업을 견인할 것으로 예상됨

■ 물 관리 시스템

○ 21세기 물의 시대, 블루골드 시대가 도래할 전망. 연평균 성장률은 5.5%로 낮은 수준이지만, 2020년 시장규모 약 8,000억 달러로 성장할 전망

3) 기술동향 미래예측

■ 태양광 기술

○ 발전효율, 생산설비 등을 감안했을 때, 향후 10년간 실리콘 태양전지가 시장을 지배할 것으로 전망

   – 중국이 저가, 대량 생산 전략으로 실리콘 태양전지 세계 시장을 잠식함

○ 비실리콘 태양전지는 시장규모는 작으나, 기술 장벽으로 인한 시장 독점에 유리하고, 타 산업 분야로 확장이 용이하여 신시장 창출이 가능

   – 국내 우수한 나노분야 인프라, 연구 인력 등을 활용한 비실리콘 태양전지 개발 필요

■ 풍력 기술

○ 단조 부품을 제외한 대부분의 핵심 부품에 대한 기술 경쟁력 미흡

- 블레이드(국외 대비 71%), 증속기(70%) 등과 같은 주요 부품에 대한 기술 및 가격 경쟁력이 높은 국가가 기술 시장을 선도할 것으로 예상됨

○ 해상풍력에 대한 기술 발전은 향후 5년간 성장이 가속화될 전망

■ **에너지 저장 기술**

○ 산업계의 과감하고 공격적인 R&D 및 설비투자와 정부의 지원으로 리튬이온전지는 세계 최고 수준을 유지할 것으로 전망됨

〈그림 5〉 이차전지 2000-2011년 세계 판매량 통계

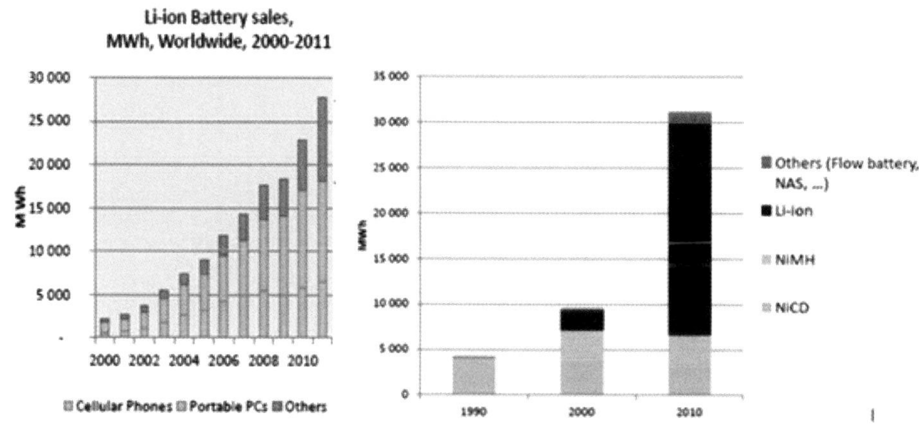

○ 기존 리튬전지 기술을 고효율 수준으로 끌어 올려도 경제적 한도 도달 예상됨

- 경제적인 나트륨이온전지, 가동률 향상 플로우 전지와 같은 새로운 전지 기술이 부상할 수 있음

■ **물 관리 시스템**

○ 도시 집적화, 기후변화에 대응을 위한 ICT 인프라 활용 및 융합 기술을 통해 스마트 분산형 물 관리 체계 구축 시스템이 각광 받을 전망

- 스마트 분산형 물관리 기술은 도시기반 저영향 개발 및 그린인프라 구축 기술(우수), 스마트 워터 그리드 구축 기술(상수), 그리고 통합 수자원 관리 적용 기술(하천 및 유역)로 특성화

○ 물의 복합성을 고려한 에너지, 식량, 도시 재생 등과의 연관 연구와 상호 보완성 확보를 위한 연구 개발이 세계적으로 확산

3

산업/기술 육성 미래전략

1) 산업육성 미래전략

■ 태양광 산업

○ 실증 시범사업 추진

- 태양전지 보급 확대(공동주택 포함)

- 친환경 에너지 타운에 태양광 발전 시설 구축(비실리콘계 태양전지를 포함하여 기술 개발 동시 지원)

- 태양광 대여사업 해외 진출 지원

○ 창조경제혁신센터와 연계

- 태양광 등 친환경 에너지 기술 시험, 검증을 위한 테스트 베드 건설 및 공동 활용

- 태양광 부품, 소재 중소기업 성장 단계별 지원을 위한 투자 지원

○ 제도 개선

- 태양광 판매 사업자 선정제도 개선

■ 풍력 산업

○ 차세대 해상풍력 시장 진출을 위한 기술 검증 및 실증 시험 지원 프로그램 강화

- 2017년까지 실증 및 시범단지 건설을 통한 해외시장 Track-record 구축

- 국내 터빈사, 건설사, 엔지니어링사의 산업 육성에 기여

○ 정부는 기술 개발 지원 외에 전문 인력양성, 성능시험 기관 육성 및 테스트 베드 구축 등의 프로그램을 통하여 산업 기반 구축

○ 해상풍력발전단지의 건설을 위한 관련 인·허가 절차의 간소화 필요

- 지식경제부, 국토해양부 및 건설 후보지가 속한 지방자치단체 등 다수의 관련기관들로부터 각종 인·허가 및 신고 절차를 완료하기 위해서는 긴 시간과 경비가 소요되므로 해상 풍력발전단지의 건설을 위해서는 인·허가 절차에 대한 간소화 정비 필요

■ 에너지 저장 산업

○ 실증 및 시범사업 추진

- 전기차 보급 및 공공 급속 충전소 구축

- ESS 신기술 신뢰성 확보를 위한 실증 추진

• 풍력 발전 연계 리튬이온전지

• 주파수 조절용 리튬이온전지

• 레독스 플로우 전지, 나트륨 베이스 전지

○ 대형 스케일의 에너지 저장기술 장려

- 정부가 정책차원으로 경제적 인센티브를 지원, 새로운 기술의 사회적 수용 유도

- 장기적 그리드의 안정성을 확보하여, 태양광, 연료전지, 풍력, 그리고 수력 등의 신재생 에너지원과 호환 작업

○ 창조경제혁신센터와 연계

- 이차전지 소재 관련 중소기업 대상 기술지원, 멘토링, 실증 공간 등 제공

- 이차전지 수입소재, 차세대 이차전지용 소재 및 부품 개발 지원

■ 물 관리 산업

○ 글로벌 경쟁력 강화

- 17년까지 물 관련 R&D 규모를 확대하고, 물 산업 실증화 단지를 구축[9]

○ 민간 참여 확대 및 토탈 솔루션 역량 강화

- 상하수도 광역화를 통한 구조개편과 물 산업 실증화 단지 구축 지원

- 스마트워터그리드(smart water grid) 기술 개발을 위한 지능형 수자원 관리 및 지능형 상수관망 사업 추진

○ 해외진출 활성화 및 미래 신성장 동력 육성 〈그림 6〉

- 4대강 살리기 기술과 노하우를 브랜드화하여 하천 종합정비, 수생태계 복원, 수질 개선 및 통합 물 관리 시스템 등 신시장을 선점

- 범 국가 차원의 해외 진출 통합 플랫폼 구축, 물 산업 전문 펀드 조성

〈그림 6〉 물 관리 산업 발전을 위한 로드맵

조기 개발에 의한 해외시장 선점

- **삼성전자의 전략** : 표준이 정해진 시장에 들어가서는 남이 아직 내놓지 않은 성능의 제품을 가장 빨리 내놓는 것 → **IT융합형 스마트 워터 그리드 미래 유망기술 확보**

기술개발 단계부터 글로벌 파트너쉽 수립

- **글로벌 네트워크 비즈니스 모델** → 연구개발 단계부터 해외 엔지니어링 회사를 참여시킨 **글로벌 컨소시움 추진**

IT 기반의 스마트 운영관리 기술 고도화로 브랜드 가치 향상

- **현대자동차의 전략** : 미국 진출 초기 품질에 대한 불신을 해소시키기 위하여 업계 최초로 '10년 보장' 도입 → IT 기반의 **운영관리 기술을 강화하여 품질과 서비스에 대한 인식**

스마트 워터 그리드 핵심기술의 국산화 및 패키지화

- **두산중공업의 전략** : 기본설계, 제작, 시공, 시운전, A/S에 이르는 전 공정을 독자수행하여 가격과 기술 경쟁력을 갖춤 → **탈추격형 모델 확립을 통한 개발기술의 수출전략 모색**

2) 기술육성 미래전략

■ 태양광 기술

○ 실리콘 태양전지 가격경쟁력 확보

– 실리콘 사용량 축소(박막화) 및 모듈 제조비용 절감 〈그림 7〉

• 기업 중심으로 생산공정 기술개발 지원과 함께 나노팹, 한국생산기술연구원 등 첨단 인
프라 및 전문 인력을 활용한 박판 기술 고도화를 지원

– 표면조직 최적화 등 발전효율 향상 기술 개발

• 기업 주관으로 효율향상 연구개발을 지원하고 수요기업협의체를 활용하여 신소재 개발
노하우를 보유한 공공연구기관의 연구자 등과의 협력을 지원

〈그림 7〉 태양광 기술 발전을 위한 로드맵

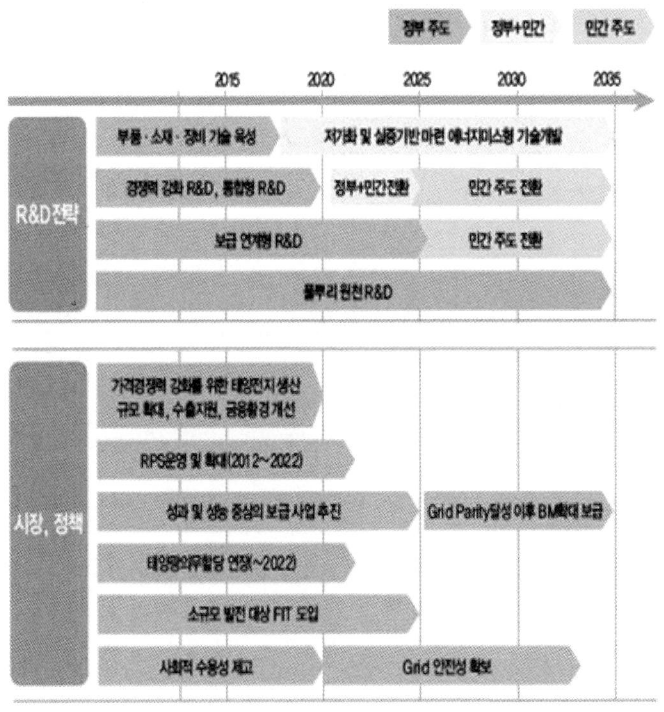

○ 비실리콘계 차세대 태양전지 개발

– 고효율 발전과 건축자재, 휴대용 및 웨어러블 기기 등에 적용이 가능한 태양전지 개발

• 실리콘 대비 원료가 저렴한 CIGS·페로브스카이트(고효율), 유기전지(유연성), 염료감응전지(투명성) 등

• 대학, 출연연 중심으로 신소재, 모듈설계 및 공정 개발을 지원하고, 연구내용 및 결과를 수요기업협의체와 공유하여 민간 참여를 유도

■ **풍력 기술**

○ 기술트리분석을 통한 시스템과 부품의 이원화 접근

– 국내 조선 산업 관련 기술을 활용한 해상풍력의 제2의 조선 산업으로 육성 〈그림 8〉

〈그림 8〉 풍력 발전을 위한 로드맵

– 가장 중점적으로 정부의 연구개발 지원이 이루어져야 할 부분은 공급사슬(Supply Chain)의 완성을 위한 요소기술 개발임 〈그림 9〉

- 공급사슬에서 우리나라의 취약 부분은 블레이드, 기어박스 및 대형 베어링과 발전기이며, 타워 및 단조 부품 분야는 현재 활발한 수출이 이루어지고 있음
- 핵심부품(블레이드, 증속기) 기술 개발 강화 및 국내 부품산업 육성을 통한 경쟁력 확보

○ 자체개발, 라이센스 계약, 인수 및 합병 등 다양한 수단을 동원

- 시스템 및 부품산업 동반 육성과 동시에 운송, 설치 및 유지보수 분야에 대한 대형발전 강화

○ 심해 설치를 위한 부유식 해상 기초 구조물 개발 및 실증시험

〈그림 9〉 풍력발전기 공급사슬(Supply Chain)

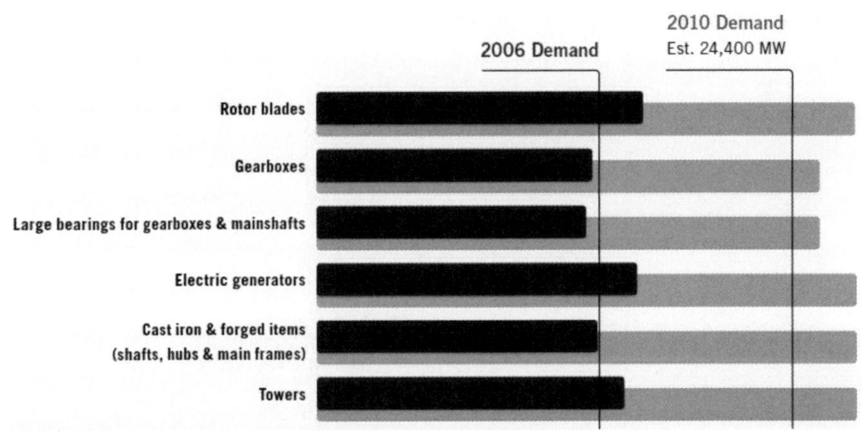

■ 에너지 저장 기술

○ 중소형 이차전지 글로벌 경쟁력 유지

- 연간 100조원 에너지 저장기술 확보를 위한 선 정부 주도, 후 민간 주도 병행 로드맵 〈그림 10〉

<그림 10> 에너지 저장 기술 발전을 위한 로드맵

- 리튬이온전지 충·방전 시 성능 유지 및 에너지 밀도 향상을 위한 핵심 소재 개발, 국산화

- LG화학, 삼성 SDI 등의 기업 주도로 전자 기기 응용 연구가 활발하게 진행 중

  • 정부의 에너지그리드 공급사슬(Supply Chain) 구축 보조받아 민간 기업이 추진, 2015-2020년까지 생산 단가 저가화

- 리튬, 황 등 차세대 이차전지 개발

  • 핵심소재, 모듈 및 생산기술의 통합 개발을 위한 '민간-연구기관' 공동 중형 연구 사업단 신설 검토

○ ESS 상용화 촉진

- 상용화에 필요한 가격, 고수명, 안정성 제고기술 확보를 위한 소재 및 설계·제조 기술 개발

  • 시스템 생산기업 중심으로 R&D를 지원하고, 수요기업협의체 등을 활용하여 시스템-부품소재 기업 간 공급사슬 구축을 위한 연구 개발 결과 공유 등 부품소재 상용화 지원

■ 물 관리 시스템 기술

○ 스마트워터그리드(smart water grid) 구현을 위한 상하수도 분야 집중 투자

- 수자원 확보 및 수자원 격차 해소, 수질 및 물 공급 그리드 안정성 확보, 저에너지 고효율 지능형 유지 관리 향상을 통한 세계 최고 통합관리 도달

○ 통합기술(integrated technology)과 표준화기술(standard technology) 선점 및 IT, NT, BT를 융합한 혁신기술(innovative technology) 개발을 통해 급성장하고 있는 미래 물 시장을 주도

- ICT 기반 SWG 플랫폼 기술 개발, 적합한 수자원 최적 조합 공정, 그리드형 플랫폼 구축

4

추가 미래 전략 제시

■ **신재생 에너지 융복합 사업 육성(2015-2020)**

○ 한국 보유기술로 대용량 에너지 저장이 가능한 ESS 응용 기술 확보, 2020년 단기/중기 계획으로 추구[10]

- 효율적인 에너지 밀도 증진(전기자동차)

• 리튬-공기 전지는 이론적으로 가솔린과 상대되는 에너지밀도(리튬공기: 11.1kW·h/kg, 가솔린: 13kW·h/kg). 전기자동차로 응용 가능성

○ 스마트그리드 시스템 실증

- 스마트그리드 시스템의 세계 시장 진입을 위해서는 글로벌 기업과의 전략적 파트너십을 위한 미국, 호주, 유럽과의 공동연구 또는 국내실증을 통해 국내기술의 신뢰성 향상 필요

- 글로벌 시장 진입을 위해서는 사이버 보안을 고려한 소프트웨어의 경쟁력 향상이 필요

- 태양광, 풍력 등 신재생 에너지 발전소에 스마트그리드용 친환경 대용량 에너지 저장 장치를 설치하는 실증 사업을 추진 필요(KEPCO 주도로 서울 전력그리드에 52MW 리튬 이온전지 프로젝트를 추진)

- 향후 정부는 MW (Megawatt), GW (Gigawatt)급 전력저장 검증 사업추진이 필요

〈그림 11〉 혁신 전력 저장 기술 전략 모식도

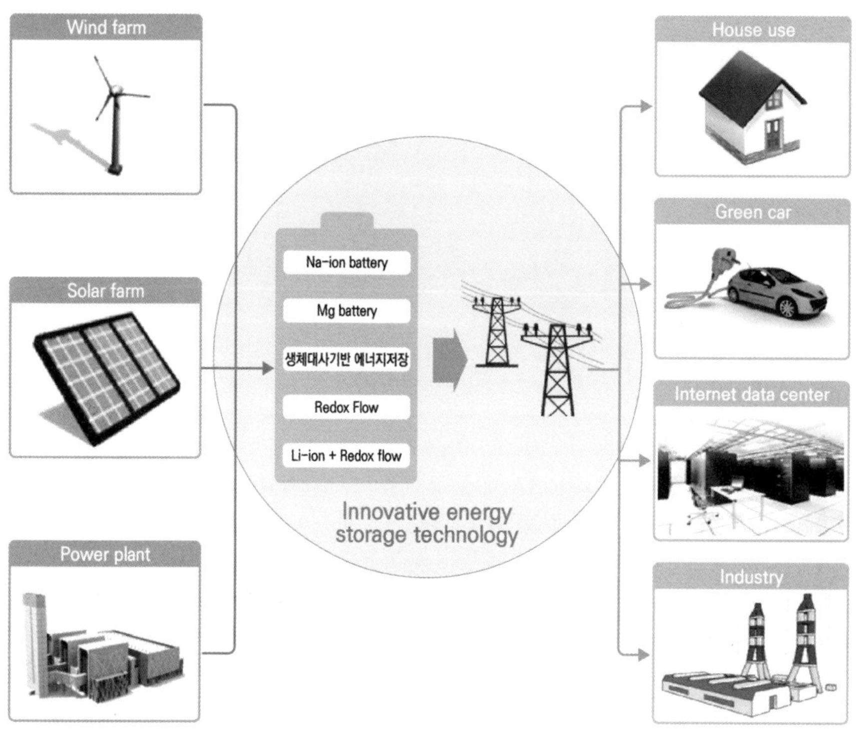

■ **혁신 전력저장 기술 육성**(2020-2030)

○ 태양광, 풍력 등의 신재생 에너지 전력이 저장 가능한 신형 에너지 저장시스템(ESS) 개발 필요. 2020년 이후의 장기 성장 동력으로 기회를 활용

○ 기존 리튬전지 기술을 고효율 수준으로 끌어 올려도 경제적 한도 도달 예상

  − $100/kWh에 도달(현재 $200/kWh)하는 저가형 저장 장치의 개발 필요

○ 경제적인 나트륨이온전지

  − 상온 구동 나트륨이온전지 기술로 리튬 금속의 자원 희소성을 극복

  − 리튬과 유사한 물리적, 화학적 성질을 보유한 기능 향상

○ 가동률 향상 플로우 전지

   – Vanadium Redox Flow Battery (VRFB)로 대표되는 기존의 redox flow battery는 전해
액과 전극의 표면에서만 반응 발생

   – 전극의 구조 변화 또는 부피 변화가 거의 없기 때문에 장수명 작동 가능

   – 고전압 작동이 가능한 redox couple 및 비수계 전해질의 도입으로 신개념 flow battery
원천 기술 개발

■ 스마트 물 관리 시스템(2015-2030)

   ○ 21세기에는 물의 시대, 즉 블루골드 (Blue Gold)의 시대가 도래할 전망, 2020년 세계 최고
수준의 풍부하고 깨끗한 물 환경 관리 시스템 구축 목표 〈그림 12〉

   ○ 유역종합개발 측면에서는 최근 추진한 4대강 살리기, 경인 아라뱃길사업 등을 통하여 세
계 최고의 기술 역량 보유

〈그림 12〉 물 통합 관리 시스템 모식도

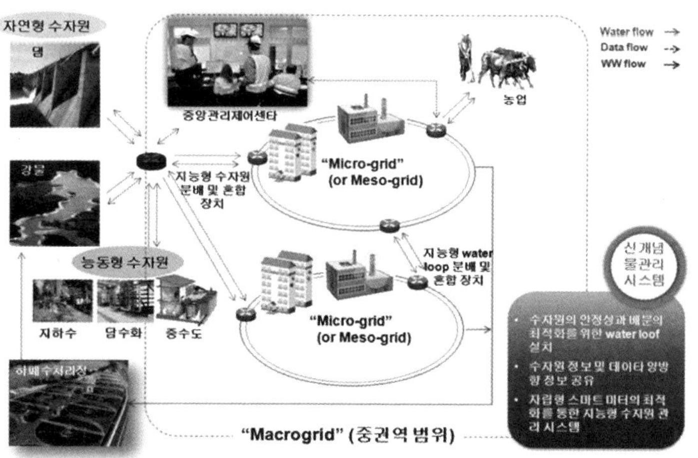

자료: 국토해양부, 2011

   ○ 지능형 수자원 활용망의 단기적인 연구개발

    – ICT 기반 SWG 플랫폼 기술 개발, 다중 수원 용수 공급 최적화 시스템 기술 개발 분야

집중 투자

- 망 설계 표준화 및 테스트 베드 설계

○ 실증 단계를 통한 세계 표준화 및 기술 사업화 추진

- Micro/Meso 그리드형 스마트 C&M 플랫폼 구축, 최적조합 공정 및 워터루프 연계로 실
증 단계 이후 기술 사업화 추진

— **5** —

결론 및 제언

■ **결론 및 요약**

○ 투자 비용 대비 편익 분석을 통한 미래 에너지 전략 산업 기대효과 분석

  – 편익항목은 생산 유발 효과, 부가 가치 유발 효과, 취업 및 고용 유발 효과, CO_2 배출량 저감 효과, 대기오염물질 배출량 절감 효과, 신성장 동력 시장 창출 효과 등을 통해 상성함

  – 풍력 발전이 가장 많은 경제적 효과를 발생시킬 것으로 예상됨

〈표 7〉 투자 비용 대비 편익 분석

	풍력	태양광	스마트그리드
투자 비용	2조 8천억 원	16조 4천억 원	18조 1천억 원
편익	147조 3천억 원	133조 7천억 원	213조 3천억 원
B/C ratio	51.70	8.14	12.78

○ 태양광, 풍력, 신재생 에너지 융복합을 위한 스마트그리드 활성화 방법 제시

- 태양광

• 수출 중심의 산업 경쟁력 강화를 위한 고효율 제품 개발

• 융합제품개발로 다양한 시장 진입 기반 마련

- 풍력

• 국내산 터빈 개발 및 실증 기술개발 분야 투자

• ICT 기술 이용 및 융복합 발전 분야 투자

- 스마트그리드

• 관련제품이 통합된 시스템 차원의 기술 개발 추진

• 스마트그리드 확산 사업을 비롯한 실증 사업 위주 투자

• 시너지 효과가 기대되는 신재생에너지와의 융복합, 에너지저장 기술 다양화

○ 장기적인 관점에서의 추가 전략 제시

- 스마트그리드 사업 선도를 위한 혁신 전력 저장 장치 기술 개발

- 스마트워터그리드 사업 추진

■ **정책 관련 제언**

○ 연구기관의 효율화

- 사업화 성과를 창출하는 것에 초점을 맞추고 연구개발 착수 단계부터 완료까지 기술 사업화를 고려하여 진행

○ 기술 사업화 자금 활성화

- 정부의 기술 사업화 지원을 위해 R&D 예산 확대 필요

- 정부의 주도적 기술 금융에서 시장 친화적 기술 금융 필요

○ 에너지/환경 분야 전문 인력 양성

- 글로벌 마인드를 겸비한 최고 수준의 인력 육성 필요

참고 문헌

[1] 과학기술정책연구원. (2010). 미래 환경기술의 방향과 과제, *과학기술정책*, 179.

[2] Gartner. (2012). Hype Cycle for Smart City Technologies and Solutions.

[3] REN21. (2014). Renewables 2014: Global Status Report.

[4] Matthias Grossmann. (2015). Polysilicon Reinvestment Price Levels A Moving Target, PVTech.

[5] Eurobat. (2013).Battery Energy Storage for Smart Grid Applications.

[6] 미래창조과학부. (2015). 우리나라 전략기술, 세계 최고 수준의 78.4%.

[7] REN21. (2013). Renewables 2013: Global Status Report.

[8] 한국과학기술기획평가원. (2011). *Green-tech Research*, pp.7-45.

[9] 김동환, 박경혜, 민경진. (2013). IT 융합을 통한 스마트워터그리드 추진방안에 대한 연구. *디지털융복합연구*, 11-7, pp. 27-40.

[10] 조성호. (2011). 이차전지 국내외 기술 및 정책 동향, 동향브리프, 한국과학기술기획평가원.

임만성 KAIST 원자력및양자공학과 교수

미국 하버드대 환경보건학과 석·박사
미국 신시내티대 핵공학과 박사
서울대 원자핵공학과 학·석사

MESIA 미래전략
(에너지환경산업 : 미래원자력 분야)

세부분야

원자력 발전, 방사선 및 플라즈마

1

연구 개요

1. 연구 목적

○ 향후 30년 간, 즉 2045년까지 원자력과 방사선 및 플라즈마 산업과 기술의 세계적인 동향과 미래를 전망

- 이 분야 산업의 세계적 동향과 기술 수준 파악

○ 우리나라가 주력해야 할 분야와 육성하면 안 되는 분야를 고려하여 지혜롭게 미래전략을 제시

- 향후 산업과 기술 발전 방향을 예측하고 대응 전략을 제시

2. 연구 필요성

○ 세계적인 에너지 산업 규모의 확대와 에너지 산업에서 원자력 산업이 차지하는 비중의 증가에 대비

- 에너지 전망을 볼 때 지구 환경 보호, 대기 오염문제 해결, 에너지 안정성과 경제성, 기술의 발전 등으로 인해 원자력이 차지하는 규모는 지속적으로 증가할 것으로 예상됨

- 이를 고려하여 국제 관계를 고려한 원자력 산업 관련 세계 시장 선점을 위한 전략 수립이 필요

○ 후쿠시마 원전사고로 재점화된 원자력 안전성 문제의 해결 방안 제시

- 경제성을 유지하면서도 안전성을 크게 개선할 수 있는 기술개발과 제도의 수립이 주요 과제로 대두

○ 확대되고 있는 방사선 및 플라즈마 관련 산업의 분야별 육성전략 수립 필요

- 100세 시대의 도래로 건강진단과 암치료 등의 분야에 방사선 산업이 크게 확대될 것으로 전망됨에 따라 관련 제조업과 서비스 분야의 신기술 확보와 시장 육성이 중요

- 또한 제조업분야와 대테러 등에도 방사선 기술이 폭넓게 활용되고 있으므로, 타 MESIA 분야 등에 대한 파급효과 측면에서도 방사선 기술과 산업의 육성이 필요

- 한편 반도체 공정과 식품위생, 폐기물 처리 등에 광범위하게 사용되고 있는 플라즈마 산업을 고도화하고 장기적으로는 핵융합 등에도 사용되는 플라즈마 기술을 확보하는 전략이 필요

3. 연구 범위

■ 원자력 산업과 기술 육성 전략 제시

○ 미래 산업 수요에 부응하는 원자로 기술개발 전략

- 피동 안전성 및 핵확산 저항성이 극도로 강화된 장주기 소형모듈형 원자로 개발 전략을 제시(해양원전, 해수 담수화 원전, 연료전지 수소생산 원전도 고려)

○ 사용후 핵연료 재활용 산업 육성 전략

- 투명한 핵확산 저항성을 확보한 사용후 핵연료 재활용 고속로 기술개발로 지속가능한 원자력 에너지 패러다임 제시

○ 방사능 폐기물 처리 및 관련 산업 육성 전략

- 효율적인 장수명 방사성 핵종 핵변환 기술개발로 원자력발전의 큰 현안 중 하나인 방사능 폐기물에 대한 근원적 해결책을 제시
- 사용후 핵연료를 포함한 방사성폐기물의 안전하고 효과적인 처리와 처분을 위한 종합적인 기술개발 전략 및 산업육성 전략 제시

○ 방사능 환경오염 방지 전략

- 원자로 중대 사고에 의한 환경(대기, 토양, 지하수, 해수) 오염 및 자연/주거공간 훼손 문제를 해결 또는 예방하는 신기술 개발 및 관련 산업 창출방안 제시

○ 지속가능한 원자력을 위한 제도 마련

- 원자력 환경문제와 관련된 사회적/정치적 도전들을 극복하면서 원자력의 사회적 비용을 최소화하기 위한 제도적 방안 제시

■ 방사선 및 플라즈마 산업과 기술 육성 전략 제시

○ 빠르고 정확한 맞춤형 안심 진단 및 최적 치료를 위한 방사선 의료기술 선진화 전략 제시

- 저선량 진단(X-ray 및 핵의학)이 중요한 치매 혹은 중증 질환 검진을 위해 환자 맞춤형 안심 진단 기술을 확보
- 암에 대한 방사선 치료 수요가 증가하는 것을 고려하여 양성자 치료, 중입자 치료, 영상유도 치료기법 등 관련 차세대 기술 확보

○ 방사성 동위원소 생산 공급 전략 제시

- 핵의학 진단을 위한 방사성의약품 및 방사성 동위원소(RI)의 수요 증가에 대비
- 방사성 동위원소 공급 부족 문제에 대한 대안 마련

○ 방사선 비파괴 검사 기술의 고도화 및 다변화를 통한 신산업 창출 전략 제시

- 산업 고도화 및 정밀화에 따른 방사선 비파괴 검사 수요 증가를 고려한 비파괴 검사 기술 확보
- 비파괴 검사 대상의 다변화를 고려한 가변형 다목적 검사 시스템 개발

○ 플라즈마 기술 관련 다양한 응용분야와 향후 발전 가능성을 고려한 산업 및 기술 개발

전략 수립

  − 반도체 공정과 식품위생, 폐기물 처리 및 핵융합 관련 플라즈마 기술 확보

ㅇ 연구 참여자는 연구책임자 외 9명이며, 7명의 자문을 받았음

〈참여 연구진 소개〉

구 분	소속/직위/성명	담당 역할
연구 책임	카이스트/교수/임만성	− 연구과제 기획, 조정, 관리 − 원자력환경 담당
연구 참여	카이스트/교수/김용희	− 원자력 발전 담당
	카이스트/교수/조승룡	− 방사선 담당
	카이스트/교수/김영철	− 플라즈마(핵융합 포함) 담당
	카이스트/교수/정용훈	− 신재생에너지/스마트그리드 담당
	카이스트/학생/김효임	− 과제 종합 관리, 원자력 발전 담당
	카이스트/학생/박미란	− 방사선 담당
	카이스트/학생/김건희	− 플라즈마(핵융합 포함) 담당
	카이스트/학생/김은혜	− 원자력 발전 담당
	카이스트/학생/김정환	− 원자력 발전(환경) 담당
연구 자문	전 KETEP원장/안남성	− 원자력 기술/산업
	KETEP/원자력PD/염학기	− 원자력 기술
	산자부/원전수출과장/채규남	− 원자력 산업
	에너지기술연구원/윤재호	− 신재생에너지
	원자력의학원/정원균	− 방사선 기술
	아산병원/김남국	− 방사선 기술
	전북대/홍봉근	− 플라즈마 기술

2

산업/기술 동향 미래예측

1. 원자력 발전

1-1. 세계 원자력 산업과 기술 동향

■ **세계 원자력 산업 현황 및 전망**

○ 2014. 2월말 기준, 세계 30개국에서 총 435기의 원전이 운영 중

　- 국가별로는 미국(104기), 프랑스(58기), 일본(54기), 러시아(32기) 순

　- 우리나라(24기)는 세계 5위의 원전 운영국임

○ 2030년에 전 세계에서 가동 중인 원자력 발전소의 70%가 연령 40~60년 이상의 노후 발전 설비가 될 것으로 분석되고 있음

　- 따라서 세계 각국은 2015~2030년 사이에 노후 원자력 발전소에 대한 대책을 강구해야 할 것으로 판단됨

■ **세계 원전 시장 수요 전망**

○ Low 시나리오 하에서, 2030년 전 세계 원자력 발전 설비 용량은 현재보다 26% 이상 증가한 470GWe에 이를 것으로 전망하며, 원자력 발전소 수는 435기에서 489기로 증가할

것으로 예상함

○ 한편, 중소형 원전의 필요성이 대두되고 있음

- IAEA는 2050년까지 전 세계에 중소형 원자로 1,000기가 필요할 것으로 예측

- 전력망 규모가 작거나 전력망이 낙후된 개발도상국이 적지 않아, 저용량 원전 모델 개발의 필요성이 주목되는 시점

: 마이크로그리드(Microgrid)에 적합한 원전으로, 중소규모 국가 수출에도 유리

○ 우리나라의 UAE 수출 이후로 한국의 원전수주가 경쟁국가로 인해 어려워졌으며 향후 러시아 및 중국이 세계 원자력 발전 시장을 상당부분 주도할 것으로 전망됨

- 2014년 기준, 전 세계적으로 약 70여 기의 원자로가 건설 중에 있으며, 이 중 절반은 중국과 러시아에 위치하고 있는 것으로 조사됨

- OECD 비회원국인 러시아는 자금융자조건에서 구속이 없을 뿐만 아니라 군사적 협력 및 사용후 핵연료의 인수 같은 파격적인 조건까지 해외 원전 진출 시 제시

- 중국은 낮은 건설비 및 풍부한 자금지원을 제시하며 세계 시장 공략 중

■ 원전해체 관련 현황

○ 현재 세계 각국이 보유하고 있는 원전은 총 600여 기 정도로 이 중 가동 중인 원전 450여 기, 나머지는 영구 정지 상태에 있음(출처: IAEA PRIS, 2013년 8월 기준)

- 정지된 150여 기의 원전 중 해체가 완료된 시설은 19기뿐으로 많은 원전이 해체 결정을 기다리는 상태

○ 해체 노하우를 가지고 있는 국가는 미국, 독일, 일본 정도로 우리나라의 경우 원자력 해체 핵심 기반기술 38개 중 17개를 확보하고 21개는 미확보(출처: Journal of the Electronic World 2015)

: 고리 1호기 해체 결정으로 2017년부터 우리나라도 원전해체에 대한 구체적인 작업이 시작될 예정

■ **원전 방사성폐기물 관련 현황**

○ 원전 방사성폐기물 관리

- 원전의 사용후 핵연료 저장용량 포화로 이에 대한 용량확충을 위하여 습식저장조에 조밀저장대 설치가 추진되고 있으며, 특히 미국과 독일의 경우 중간저장시설 계획의 유보로 원전 내 저장시설의 건설 및 원전 내 운반의 증가추세로 운반용기 개발이 활발함

- 미국은 원전 발생 방사성폐기물의 효율적 처리를 위하여 액체폐기물계통의 성능 향상, 코발트 핵종 선택적 제거 및 핵종제거를 위한 신물질 개발에 주력하고 있으며, 고체폐기물의 경우 부피감소를 위한 플라즈마 용융공정, 용융염 분해공정 및 증기개질, 유리화기술 등이 상용화 추진 중임

○ 원전 방사선안전관리

- 원전 작업자의 피폭 방사능량을 평가하기 위하여 레이저 스캐닝과 컴퓨터 디자인(CAD)을 활용하여 원전 방사선작업구역의 3차원 영상화와 실시간 추적관리가 가능한 원격감시기술 개발

- 원전의 수명연장으로 인한 대형기기 교체, 원전해체 과정에서 방사선 준위가 높은 지역에 대한 로봇 이용, 또한 로봇에 인공지능을 결합하는 기술 개발

- 방사선계측기는 소형화 경량화 추세이며 특히 디지털 기술을 접목하여 사용편의성을 높이고 있음

○ 사용후 핵연료 중간저장관리

- 세계적으로 콘크리트 저장모듈, 콘크리트 저장용기, 금속 저장용기, 볼트 시설, 운반저장 겸용용기 등 다양한 종류의 사용후 핵연료 건식저장계통의 고유모델을 개발하여 운영 중

- 사용후 핵연료 장기저장을 위한 건식저장계통 구조물과 사용후 핵연료 열화거동 분석과 건전성 평가연구가 활발함

- 영국, 프랑스, 일본, 스웨덴 등은 자국 내는 물론 국가 간 원양운반을 위한 전용선박과 항만시설을 구비한 해상운반시스템을 구축하여 운영 중에 있는데 영국, 프랑스 등은 사용후 핵연료 재처리 목적이고 스웨덴 등은 사용후 핵연료 저장 및 처분이 목적임

○ 방사성폐기물 처분

- 미국, 영국, 프랑스, 독일, 스웨덴, 일본, 대만 등은 자국에 적합한 중저준위 방사성폐기물 관리시설을 운영하고 있으며, 처분적합성 평가, 처분시설 안전운영 및 폐쇄 후 평가 등에 대한 기술개발 중

- 스웨덴은 실 규모 제작 및 실증을 위한 연구를 수행 중에 있으며, 지하 500m에 건설된 Aspo 지하연구시설에서는 개념 설계된 처분시스템의 원형처분장을 건설하여 기술성 등을 실증하고 있음. 현재 최종 처분 부지를 결정하고 인허가 도서 작성을 위한 과업을 진행 중임

1-2. 우리나라 원자력 산업과 기술 동향

■ 원자력 발전 (원전) 기술 자립화 추진 현황

○ 원자력 R&D는 대규모 장기 투자가 필요하여 정부주도로 기술을 개발한 후 산업화하는 특성 존재

- 우리나라는 정부주도로 한국표준형 원전(OPR-1000) 및 한국 신형 원전(APR-1400) 개발을 성공적으로 완료

○ 현재 원전의 해외 진출을 위해 미자립 핵심기술 등을 개발 중

- 현재 기술자립도는 거의 100%이나 원전설계코드, 원자로냉각재펌프, 원전제어계측 장치 등 일부 핵심기술 확보가 미흡하여, 전략적으로 해외 협력을 추진하고 있음

- 이로 인해 해외에서 우리에게 기술이전을 요구할 경우 원천기술 보유기업의 동의가 필요함

- 이러한 원천기술 부재로 인하여 기술이전을 요구한 2004년 중국, 2007년 남아프리카공화국의 원전입찰에서 배제됨

  : 자체 개발한 원천기술을 신울진 1, 2호기 등 신규건설 원전에 시범 적용할 계획임

■ 중소형 원전 개발 현황

○ 우리나라는 1990년대부터 한국 독자 모델인 시스템 일체형 중소형 원자로(SMART)를

개발

- 인구 10만 명 규모의 도시에 전력과 함께 온수를 공급하는 다목적 중소형 원자로임

- 최근 보급이 확대되고 있는 열병합 발전 시스템을 원자로에까지 응용한 제품임

- 미국 등에서 건설비용이 기존 대형 원전의 1/10 수준이고 단기간 내 건설이 가능한 소형 원자로에 대한 관심이 고조되고 있음

  : KAERI에서 SMART 설계 개발 및 세계 첫 표준설계 인허가를 획득함(2012년)

○ 중소형 시장 원천기술 보유면에서는 미국과 러시아가 우세함

- 신기술 확보로 신형 소형원전 산업화에서는 우리나라가 유리함

○ 최신기술을 적용한 제3++세대 원자로 관련 소형원전 시장은 형성되어 있지 않으며, 2020년 이후 건설을 목표로 현재 소형원자로 개발이 진행 중임

- 현재 사우디아라비아에 수출과 관련된 양해각서를 체결하고 실증로 건설을 통한 검증을 추진 중임

■ 4세대 원전 시스템 개발 현황

○ 4세대 원자력 국제포럼(GIF) 등 국제 협력을 통해 우리나라를 포함한 미국, 유럽, 일본 등 원자력 선진국 사이에 활발하게 연구가 진행 중임

- 지속적인 에너지의 확보, 즉 연료자원 활용성의 극대화와 폐기물 감소를 통한 환경 부담 경감을 중심으로 현재의 3세대 원전을 극복한 4세대 원전의 필요성이 대두됨

○ 우리나라는 4세대 원자력시스템 중에서 소듐냉각고속로 SFR(Sodium-cooled Fast Reactor)과 고온가스로 VHTR(Very High Temperature Reactor)에 중점 투자

- 현재까지의 기술 개발 경험(SFR) 및 수소 생산 등에 대한 고려(VHTR), 그리고 추가 원전 설계에 대한 검토를 토대로 향후 종합적으로 판단할 필요가 있음

■ 원자력 발전 수출 현황

○ 2009년 12월에 정상외교 등을 통해 아랍에미레이트(UAE)에 원전 플랜트 첫 수출

- 우리가 개발한 APR1400 모델은 미국 원자력규제위원회(NRC)로부터 사전승인을 받아야 함

○ 한편, 2010년 3월에는 요르단에 연구용 원자로(JRTR, 5MW) 첫 수출

○ 향후 원전 신규도입에 관심이 있는 나라 중 다수가 테러리즘이나 국제 분쟁과 관계된 지역에 속하고 있어 원전 수출국의 핵비확산 관련 역량이 중요하게 대두됨

KEPCO 주도 한전 모델의 수출 방식 소개

- 현재의 원전 수출은 단순 건설 수주가 아니라 사업관리, 금융, 투자 전반을 아우르는 사업

- 원자력사업부를 핵심사업부로 두고 있는 Areva를 위시하여 타 경쟁기업들에 비해 한수원(주)과 분리된 한국전력의 원자력발전사업 부분은 비핵심사업으로 분류되어 경쟁사와 비교할 때 한시적 수출을 위한 임시(task force) 조직임

- 향후 수주확대를 위해서는 안정적인 조직과 충분한 자금 규모, 그리고 풍부한 인력기반이 필수

■ 방사성폐기물 관련 현황

○ 방사성폐기물 관리

- 원전의 사용후 핵연료 임시저장용량을 확충하기 위한 경수로 원전 습식저장조 내 조밀저장대는 국내기술로 설계, 제작하고 있음

- 월성원전 내 중수로 사용후 핵연료 조밀건식저장시설 역시 국내기술로 개발 완료하여 운영 중임

- 방사성폐기물의 효율적 감소를 위한 유리화기술은 유도가열식 저온로를 이용한 국내 고유모델을 개발하여 실증시험을 거쳐 울진원전에 상용화설비를 건설하고 인허가를 획득하여 현재 운전 중임

- 방사성폐기물 감소를 위한 혼합형 플라즈마 토치방식도 국내기술로 개발하여 주요 성능시험을 완료한 상태로, 미국 에너지성(DOE) 보유 고준위 액체폐기물 실증용역 수출을 하였으며 이를 바탕으로 수출경쟁력 제고를 위한 고유모델 개발과 실증시험 기술개발에

주력 중임

- 중대 사고에 대응하기 위해 모듈형 이동식 고염도 액체폐기물 처리공정 개발과 고염도 액체폐기물의 방사성 핵종을 효율적으로 제거하기 위한 고효율 흡착제 개발이 수행 중임

○ 원전 방사선안전관리

- 세계 상위 수준의 작업자 방사선 피폭량 감소를 목표로 국내 원전 맞춤형의 방사선 감시기를 개발 중임

○ 사용후 핵연료 중간저장관리

- 사용후 핵연료 건식저장계통에 대하여 콘크리트모듈방식, 콘크리트용기방식, 운반저장겸용 금속용기방식에 대하여 개념설계를 완료하고 핵심설계 및 축소모델 이용 안전성 입증시험 기술을 확보

- 현재 상세설계 및 원형모델을 이용한 안전성 입증시험을 준비 중이며, 경수로 사용후 핵연료를 위한 운반용기를 개발하였으며, 이에 따른 안전성 입증시험을 수행하고 정부로부터 국제운반까지 가능한 용기형식의 인허가를 획득함

○ 방사성 폐기물 처분

- 동굴 사일로방식 중저준위 방사성폐기물 처분시설의 설계, 안전성평가 및 인허가를 완료한 후 현재 건설 중에 있으며, 2단계로 천층방식 처분시설 설계를 준비 중임

■ 사용후 핵연료 관련 현황

○ 현재 사용후 핵연료는 원전 내에 있는 임시저장시설에 보관되고 있지만 2016년부터 포화상태가 예상되며 저장 밀도를 최대한 높인다 해도 2024년이면 모든 임시 저장시설이 포화될 것으로 전망됨

- 중저준위 처분장 용지를 선정하는 데 19년이 소요되었고 건설기간을 포함하면 30년의 시간이 소요되었으며 사용후 핵연료 관리시설 건설에는 최소 7년 정도가 소요되기 때문에 시급한 문제임

  : 후쿠시마 원전사고 이후에 사용후 핵연료의 안전관리와 함께 원전 내 저장용량 포화문제가 대두됨

○ 사용후 핵연료 공론화 위원회에서 2051년까지 국가처분장을 완료하라고 권고함

 – 사용후 핵연료 공론화를 통해 권고안이 나옴에 따라 방사성 폐기물 관련 산업 확대가 예상됨

■ 원자력 발전 관련 가트너 기술분석

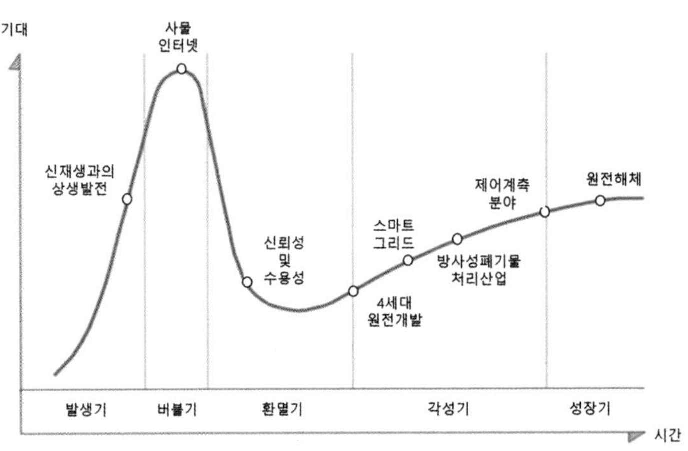

1–3. 원자력 산업과 기술 미래예측

■ 에너지 생산과 소비의 패턴 변화

○ 세계적인 기후변화, 대기오염 감소에 대한 요구 증가, 경제적 채굴 가능한 화석에너지의 부족 등으로 신재생에너지에 대한 관심이 고조되고 있음

 – 선진국들은 대규모 이산화탄소 감축 압력을 받고 있으며, 이로 인해 노후 석탄 화력발전을 원자력, 신재생, 가스복합화력 등으로 대체할 것으로 예상

 – 풍력, 태양광 등의 신재생에너지는 기후와 지구자전 등의 영향을 많이 받고 많은 면적을 필요로 하는 등의 문제가 있으나 경제성과 효율의 지속적인 개선과 에너지 저장기술의 발전으로 지속적으로 사용이 확대될 것으로 예상

- 다만, 우리나라는 지역이 협소하고 소음, 풍광 등의 제한으로 신재생에너지의 확대에는 일정한 한계가 있어 세계시장을 대상으로 한 수출 전략에 주력하는 것이 필요할 것으로 전망됨

- 한편 전기자동차 보급 등 수송 시스템이 전력을 사용하는 방향으로 변화할 것으로 예상

○ 한편 원자력은 세계적으로 이산화탄소 배출 없는 기저부하로서의 꾸준한 역할 유지 및 사용량 증대가 예상됨

　• 우리나라 2차 에너지 기본계획에 따르면 에너지 가격체계 개편과 더불어 스마트그리드 등 ICT(Information and Communication Technology) 기반의 수요관리시장을 활성화하고 ESS(Energy Storage System)·EMS(Energy Management System) 등 에너지관리 시스템을 확대 보급함으로써 신산업 육성·고용창출 등을 통해 수요를 15% 감축함으로써 2035년 전력 비중을 27% 수준으로 억제키로 함

　• 우리나라는 2030년까지 온실가스 배출전망치(BAU) 대비 37% 감축의 목표를 공표함에 따라 원자력의 비중이 늘어날 것으로 전망됨

■ 국내 전력 수요의 증가폭 둔화와 원전산업에의 영향

○ 향후 국내 전력시장은 전력수요 증가율 둔화로 인하여 신규원전 건설수요 감소도 예상되고 있기 때문에 원전산업의 지속적인 성장을 위해서는 해외 신시장의 개척이 요구되는 상황임

○ 한반도 통일 시 수요나 부지 확보 측면에서는 긍정적인 영향을 끼칠 것으로 예상됨

■ 원전해체 관련 산업 확대 전망

○ 원전산업계는 원전해체 시장이 세계적으로 2030년까지 약 100조 원, 2050년까지 누적 기준으로 200조 원에 달하는 신규시장을 형성할 것으로 예상(출처: IAEA, 2004)

○ 국내의 경우, 호기당 약 6,033억 원의 비용이 소요될 것으로 추정하고 있으며, 약 14.5조 원(24기*6,033억 원) 규모의 시장이 형성될 것으로 전망함

- 계속운전을 고려하지 않을 경우, 2030년까지 약 6조 원, 2060년까지 약 8.5조 원의 원전해체 시장이 형성될 것으로 예측됨(출처: 2012년 기준, 한수원, 2013)

– 2024년 이후부터 국내 원전산업은 해체사업이 주도할 것으로 전망

: 고리원전 등 일부 노후 원전을 테스트 베드로 지정해 실증사업을 진행할 필요성이 제기되고 있음

○ 발전용원자로시설의 해체 및 규제경험을 갖춘 미국, 독일, 프랑스, 영국, 일본 등에서 현재 시행되고 있는 관련 제도를 통해 국내 원전해체 규제를 개선할 필요가 있음

– 시설 영구 정지 및 해체 현황, 규제기관, 규제 법규 및 지침, 규제절차(해체 전 단계, 해체 단계, 해체 완료 후 단계)를 조사하고 국내 상황에 맞추어 적용 필요

■ 30년 후 4세대 원전의 산업화 전망

○ 4세대 원전과 함께 3세대 원전인 가압경수로 PWR (pressurized water reactor)도 지속 사용될 전망

– 기존 3세대 원전 APR+는 1,500MW급이 될 것으로 보이며 신고리 5, 6호기, 신한울 3, 4호기 이후에 계획 중인 신규원전에 채택될 예정으로 2023년, 2024년에 각각 상업 운전을 목표로 하고 있으며 향후 우리나라의 수출 주력 모델로 육성될 전망

– 하지만 기존의 3세대 원전은 지속가능성에 여러 기술적, 경제적인 측면에 한계가 있음

○ 4세대 원전은 원자력 선진국을 중심으로 2020년대까지 기술실증 추진, 2050년까지 상용화 추진

– 프랑스: 2012년까지 고속로형 결정, 2020년 원형로(ASTRID) 운전 개시, 2040년경 제4세대 상용고속로 운전 개시 계획

– 일본: 2010년 혁신기술 결정, 2025년경 실증로(750MWe), 2045년경 상용로(1,500MWe) 도입 목표

– 인도: 2012년 원형로 PFBR(500MWe) 가동, 2013~2020년 상용로(CFBR, 500MWe) 6기 건설, 2050년대 금속연료 상용로(1,000MWe) 계획

– 중국: 실험로 CEFR(25MWe) 2010년 초임계 달성, 2020년 실증로(800MWe) 도입, 2030년대 상용로(1,000~1,500MWe) 도입 계획

– 러시아: 현재 실증로 BN-800(880MWe) 건설 중으로 2014년 가동 계획

■ 미래 원전은 디지털 원전을 기치로 다양한 기술들이 유입될 것으로 예측

○ 발전된 정보통신기술(ICT)이 원전에 지속적으로 도입될 전망임

　- 사물 인터넷(IoT), 빅데이터(big data) 등 새로운 ICT 기술이 원전에도 도입될 전망

　- 무선통신, 무선전력 등도 원전에 일부 도입되고 있는데, 향후 지속적으로 확대될 전망

　- 발전소 운영, 기술, 보수 등과 관련하여 혁신적인 기술이 요구되고 있음

　　: 기존 원자력 발전 사업자들은 거부감 극복이 주요 과제임

〈그림 1〉 디지털 원전 분야

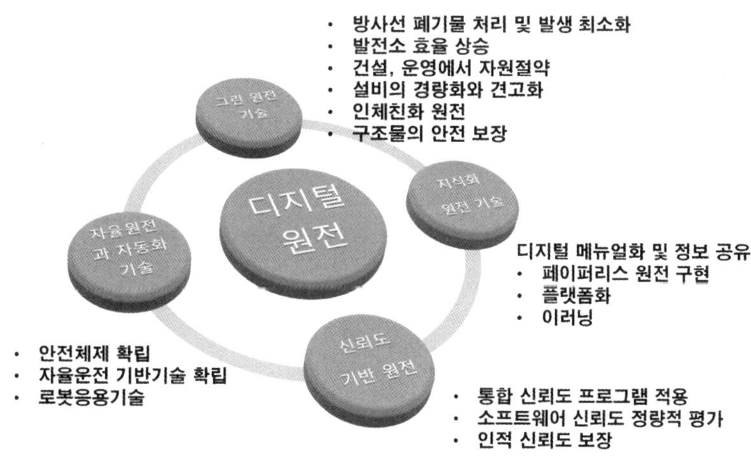

○ 미래 원전은 해양원전, 해수 담수화 원전, 연료전지 수소 생산 원전을 포함할 것으로 예측

　- 한국은 원자력산업뿐만 아니라 조선해양산업 분야에서 세계 최고 수준을 자랑하기에 이 두 산업의 융복합산업인 해양원자력시스템 개발은 최근 불황으로 어려운 조선업계의 돌파구가 될 수 있음

　- 해수담수화 원전은 인류의 물 공급문제를 해결할 수 있음.

　- 연료전지 수소생산 원전은 수송시스템의 화석연료 소비를 획기적으로 줄이는 데 기여할 것임.

1-4. 우리나라 원자력 산업과 기술 SWOT 분석

강점(Strength)	약점(Weakness)
– 가격경쟁력, 짧은 공기(UAE 48개월) – 기술실현성과 검증된 건설력 – 집약적 원전관리 경험과 이용률 우수 – 원전개발자립 경험 이전 역량 보유 – 해외건설부문 참여 경험과 엔지니어링 기업들의 우수한 기술력과 인력 – 연료주기를 제외한 원전건설 공급사슬 전 분야에 걸친 핵심역량 보유 – 정부의 일관된 원자력연구개발 추진	– 2012년까지 원천기술 확보 5% 미달 – 중소민간기업의 개별 진출 취약 – 전문엔지니어링 기업 미비 – 선행(채광–변환–농축–성형가공), 후행(재처리–사후관리) 핵주기 관리에 있어서, 성형가공 분야 외는 취약 (프랑스 Areva사의 높은 핵주기사업 영업이익률과 대조) – 원자력 연구인력 고령화로 전문인력부족 – 안전 문화 비확산 문화 확립 미진 – 연구계와 산업계 간의 연계 미흡
기회(Opportunity)	위협(Threat)
– 최근 프랑스 Areva사의 해외건설 지연 – 이산화탄소 배출 저감을 위한 실질적 대안으로 원전이용을 확대하려는 추세 – 동남아시아, 중동, 아프리카 지역의 한국형 원전에 대한 높은 관심 – 한국의 산업고도화로 인해 경제협력 파트너로서 수요 증가 가능성 – 유가 하락으로 인한 러시아 국부 감소에 따라 원전 수출패키지 경쟁력 약화 – 일본의 원전 재가동으로 원전시장 활성화 가능성 – 조선해양업계의 불황을 원자력계와의 협력으로 타개할 수 있는 기회 추구	– 후쿠시마 사고 이후 원전 안전에 대한 신뢰성 및 사회적 수용성 감소 – 고준위폐기물 및 원전 노후화 문제 대두 – 해외 원전기업의 기술혁신으로 인한 우리 경쟁력 저하 (예: 모듈공법 공기 단축) – 가격 경쟁 가능성: Areva, GE, WEC의 가격인하와 경비절감 전략 가능성 – 해외 원전기업과 정부의 로비 과열 – Westinghouse의 수출제약 여지 – 중국, 인도 등 신흥국가의 자체개발 원자로의 세계시장 진입

2. 방사선 및 플라즈마 산업과 기술 동향

2-1. 우리나라 방사선 산업/기술 현황

■ 해외 방사선 분야 산업 현황

○ 세계 방사선 시장규모는 2011년 172조 원에서 2020년 약 464조 원으로 급증할 것으로 예상(출처: 박태진(2014). 창조경제 계획과 KARA의 중장기 발전방향)

- 방사선 산업 중 방사선 소재 및 기기분야의 비중이 가장 크며, 성장폭도 가장 클 것으로 전망

- 특히 연구용 원자로 시장은 광범위한 응용가능성 및 동위원소 생산 등의 장점을 토대로 꾸준히 성장하고 있는 추세임

○ 전 세계적으로 방사선 이용 증대 및 다국 간의 공동연구를 위한 지원이 활발해지는 추세임

- 예) IAEA의 의학, 농생물학, 물리학 분야 방사선 기술개발 증진 프로그램

○ 선진국의 경우 과거 정부 주도 육성에서 기업 중심의 투자로 변화되고 있음

■ **국내 방사선 의료기기 산업 현황**

○ 의료기기 산업은 타 산업에 비해 높은 부가가치를 창출하나, 일반 산업에 비하여 규제가 까다로움

- 사용자는 대부분 의료 서비스에 종사하는 특수 계층으로 제품의 가격 경쟁력보다 안전성, 신뢰성을 중시하는 보수적인 성향을 가지고 있으며, 후발업체의 시장 진입 장벽이 높은 기술 분야이고 '다품종 소량생산' 방식의 업종임

- 다양한 학문과 기술이 복합적으로 적용되어 해당 기술 변화에 민감하게 반응함

- 생명과 보건에 직간접적으로 관계되어 있으므로 신뢰성 관련한 허가, 인증 규제 및 표준화가 타 분야에 비하여 엄격하게 적용되며, 국가 간 상이한 인증, 허가 제도는 보이지 않는 비관세 장벽으로 작용하고 있음

○ 급속한 고령화와 고품질 의료 혜택의 증가로 방사선 기기 매출 급속히 증가 중

- 주요 방사선 의료기기의 세계시장은 2014년도 171억 달러 규모이며 매년 5%의 성장률을 보이고 있으며, 국내는 1.37억 달러 규모로 파악됨

○ 우리나라는 방사선 의료기기 관련 산업의 무역 역조가 심각

- 현재 국내 의료기기 수출입은 꾸준히 증가하고 있으나 의료기기 수입이 수출보다 5배 이상 높은 구조로 인해 만성적인 무역수지 적자를 보임

■ 방사선 의료기기 기술/산업 SWOT 분석

강점(Strength)	약점(Weakness)
– 국가적 전문 방사선기기 연구 시설 구축 중 – 국내의 우수한 전자, 통신, 로봇 등 관련 기술 성숙 – 진단방사선 및 핵의학 영상 등 방사선기기 활용기술이 성숙함 – 국가적 지원 및 기업의 신수종 사업으로 헬스케어 산업을 추진 중 – 창조경제 실천계획의 일환으로 원자력발전 분야 외의 투자 확대에 대한 정부의 의지	– 국내 중소기업의 자본력 약함 – 국내 기술력 기업 및 전문성 부족 – 전문 인력의 양성 체계 미비 – 시장 돌파력이 약함 – 방사선의 안전에 대한 규제 강화
기회(Opportunity)	위협(Threat)
– 고령화, 난치성 질환의 증가에 따른 방사선 진단기술의 적용 확대 – 세계시장의 확대에 따른 기회 증가 – 방사선기술의 안정성 확보로 의료, 산업 등 적용 범위 확대	– 의료분야의 진입장벽으로 시장 진입의 어려움 – 다국적 기업 수준의 자본력과 기술력 – 다국적 기업의 부품 공급 수준의 세계적인 네트워크

■ 방사성 동위원소 생산 시스템의 현황

○ 핵의학 진단을 위한 방사성 의약품 및 방사성 동위원소(RI)의 수요 증가

  – 전 세계 방사성 의약품/동위원소 시장은 2008년부터 매년 평균 8.1%의 증가율을 보이고 있으며 2015년에는 47.3억 달러의 규모로 성장할 것으로 예상됨(출처: Global Nuclear Medicine Market in PET/SPECT Imaging & Therapy, Markets and Markets)

○ 방사성 동위원소 공급 부족에 따라 대안 마련 필요

  – 국내에 의료용 RI를 생산할 수 있는 시설은 연구용 원자로인 하나로와 서울 소재 및 권역별 대형병원에 설치되어 있는 사이클로트론이 있으나, 국내 수요를 충족하기에는 부족함

■ 방사선 동위원소 기술/산업 SWOT 분석

강점(Strength)	약점(Weakness)
– 세계 수준의 방사성 동위원소 이용 기술 역량 – 분자영상 인프라 구축 증가	– 방사선 동위원소 이용 기술 및 분자 영상 기술에 대한 낮은 인지도 – 연구비 및 시설 장비 인프라 부족
기회(Opportunity)	위협(Threat)
– 치료용 방사선 의약품 시장 진입 단계 – 분자표적 치료제 시장의 급성장	– 글로벌 회사와의 경쟁

■ 산업 분야에서의 방사선 비파괴 검사 기술의 현재

○ 국내 산업과 경제의 지속적인 고도화와 더불어 공공의 안전성과 신뢰성 향상을 위해 필수적인 비파괴 검사 기술의 중요성이 부각되고 있음

○ 선진국에서는 안전진단분야의 시장규모와 산업적 활용의 증대에 따라, 첨단 비파괴 검사 기술 개발에 주력하고 있으나, 우리나라는 아직도 기술과 장비의 해외 의존도가 높은 편이고 관련 산업은 매우 취약한 실정

　– 미국, 일본, 유럽 등에서는 산업계와 학계를 중심으로 IT, BT 등 첨단 융합형 원천/응용 기술 및 검사기법 개발과 산업적 활용이 매우 활발함

　　: 미국기계학회(ASME), 미국비파괴검사학회(ASNT), 일본비파괴검사협회(JSNDI)· 일본 비파괴검사공업회(JANDT) 및 유럽 ECNDT, ICNDT 등

○ 방사선투과검사는 우리나라에서 가장 많이 이용하는 비파괴 검사 방법으로, 사용하는 방사선의 종류에 따라 X-ray 투과검사, 감마선 투과검사, 중성자 투과검사로 세분됨

○ 최근의 방사선투과검사 기술은 크게 디지털화, 실시간화, 고해상도 기술로 집약됨

　– 앞으로 산업의 전문화와 고도화 추세에 따라 특수 분야인 중성자 투과검사, 전자선 투과검사, 산업용 CT, 소초점 이용기술, 지에니지 X-ray 두과검사, 가속기를 이용한 고에너지 X-ray 투과검사기술 등의 활용이 확대될 것으로 기대됨

■ 방사선 비파괴 기술/산업 SWOT 분석

강점(Strength)	약점(Weakness)
– 국내 수요와 공급에서 가장 큰 비중 – 다른 기술에 비해 검사와 판독이 용이하고 비용이 저렴하며 검사결과의 신뢰성이 높아 수요가 많음	– 선원 및 시스템 기술 미흡, 첨단 방사선 핵심기술 취약함 – 국내 비파괴 업체의 규모가 영세하여 기술 투자 여건이 미흡
기회(Opportunity)	위협(Threat)
– 디지털기술 개발로 실시간 검사 및 정밀진단기술의 발전이 신 수요를 창출 – 이미지 정보 처리 및 의료 등 타 분야로의 활용기회가 증대 – 국제적 테러와 보안문제 부각으로 수요가 확대됨	– 중국이나 인도 등 신흥 개발국의 기술력이 급성장하고 있음

■ 플라즈마 기술/산업 현황

  ○ 세계적으로 반도체 및 디스플레이 제조, 항공우주산업, 나노 분말제조, 단백질 구조 분석 장비, 공해 저감, 폐기물 처리, 의료용 살균 및 상처 치료, 레이저 발생 기술, 핵융합에너지 등 현대 산업 전반에 걸쳐서 플라즈마가 이용되고 있음

  ○ 우리나라는 1950~60년도에 핵융합을 통한 전기 생산 목적의 플라즈마 연구에서 1970년도 이후부터 산업에 직접 적용되는 여러 플라즈마 응용 기술 연구가 진행됨

■ 플라즈마 기술/산업 SWOT 분석

강점(Strength)	약점(Weakness)
– 국내 기업들의 플라즈마 R&D 관심 확대 – 플라즈마 산업 연구개발 인프라가 구축된 상태이고 현재 산업화를 위한 기술 이전 및 기업 유치 중 – 철원플라즈마산업기술연구원, 국가핵융합연구소, 플라즈마기술연구센터(군산) 등에서 플라즈마 기술 개발 중	– 플라즈마 기술 국산화에 성공했음에도 불구하고 국내 기업들이 외면하고 있는 상황 – 전문 인력 양성 체계 미비 – 단일 분야의 깊이 있는 연구 부족 – 플라즈마 산업의 선도 기업 부재
기회(Opportunity)	위협(Threat)
– 플라즈마 산업의 시장규모 증가 – 플라즈마 산업이 고부가가치 산업으로 떠오르고 있음 – 플라즈마 응용 분야가 점차 늘어나고 있는 추세 – 플라즈마 발생장치 모듈화로 인해 진입 장벽이 낮아짐	– 선진국의 기술 독점화 및 기술이전 규제의 심화로 국가전략산업 육성에 차질 – 주변국(중국, 일본 등)의 플라즈마 응용 연구 집중 투자로 인한 기술 격차 심화 – 국산화된 플라즈마 나노분말 제조 장비의 경우, 품질과 생산성 면에서 캐나다의 Tekna사 장비보다 우수하나 지금까지 국내 장비는 Tekna사가 독점하고 있는 상황

■ 방사선 기술 관련 가트너 기술 분석

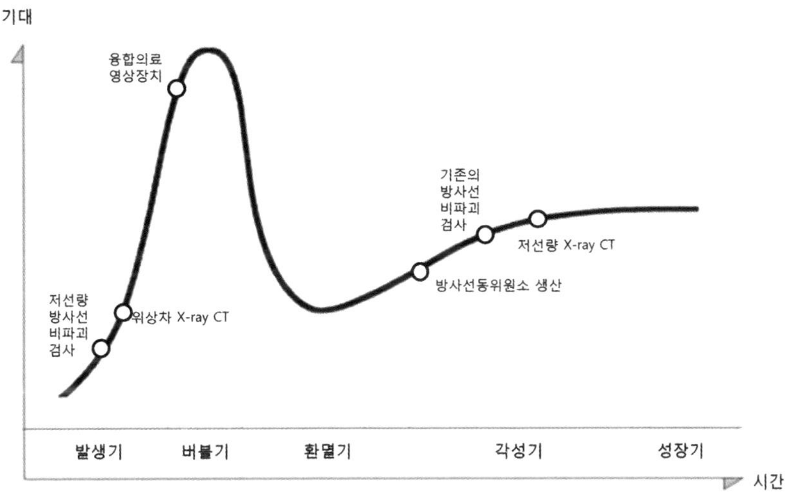

■ 플라즈마 기술 관련 가트너 기술 분석

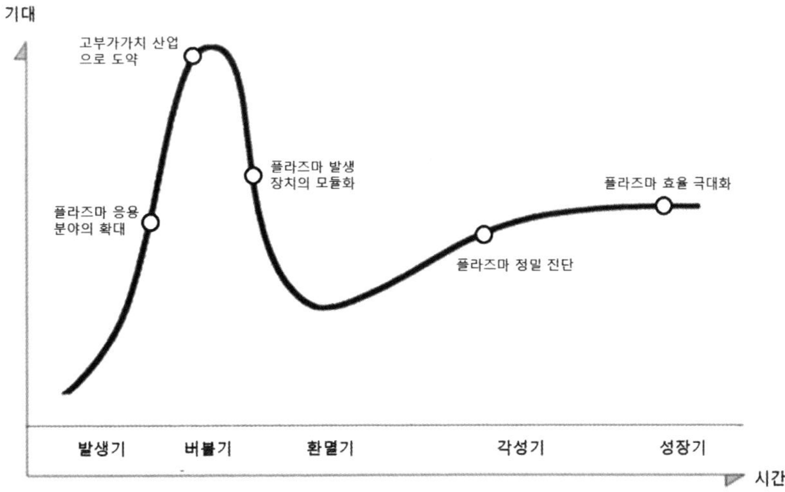

2-2. 산업동향 미래예측

■ **방사선 의료 영상 기기 산업**

ㅇ 경제 성장에 따른 의료 시장의 확대와 세계화 가속화에 따른 경쟁이 심화되며, 저선량 융합 방사선 의료 영상 기기 산업이 발전될 것임

　－ 핵의학영상장비 세계시장은 PET, SPECT가 대표적이며, 해상도가 우수한 MRI가 결합된 MRI/PET, MRI/SPECT 등 융합장비로 대체됨

　－ 수동형 의료기기에서 진료상황을 인지하고 의료진과 상호 소통하는 지능형 의료기기 및 Radiomics 분야가 확장됨

　－ 빅데이터 산업과 기술의 발전으로 영상 기기 분야에서 빅데이터를 이용한 질병 진단 산업이 확대될 것임

■ **동위원소 관련 산업**

ㅇ 세계 방사성의약품 시장규모는 점진적으로 높은 성장률이 예측됨

　－ 초소형 사이클로트론의 보급을 통해 중·소형 병원에서도 진단 및 치료가 가능해져 국민들 의료서비스 기회가 확대될 것임

　－ 핵의학 진단을 통한 암, 알츠하이머병 등 질환의 조기 발견 및 치료에 기여함으로써 국민 건강 증진에 기여할 수 있게 될 것임

■ **플라즈마 응용 산업**

ㅇ 이미 기술은 개발되었으나 아직 상업화되지 않은 플라즈마 산업들이 본격적으로 시장에 진출할 것으로 전망됨

2-3. 기술동향 미래예측

■ 방사선 영상 기술

○ 방사선 선량에 관심이 커지면서, 저선량/고화질 기술이 계속적으로 발전될 전망

 - X-ray 영상기기는 의료영상진단기기 시장에서 가장 높은 비중을 차지하는 분야로서 진단 및 치료분야에서 가장 널리 사용되고 있으나, 방사선 피폭에 대한 문제와 더불어 규제가 강화되고 있음

 - 최소의 선량으로 최고의 품질을 얻게 하기 위한 기술과 효율적인 냉각 기술로 안정적인 광원을 확보하는 기술이 개발될 것임

○ 촬영하고자 하는 환자 혹은 물체가 움직이는 동안에도 촬영할 수 있는 동영상(in-motion) 기술 발전

○ 영상 기술의 상호보완적 융합화로, 각 영상 기술(PET/CT, PET/MRI, DBT/초음파, CT-LINAC 등)의 장단점을 보완할 수 있는 기술 발전 전망

■ 방사선 동위원소 기술

○ SIEMENS, GE, IBA, 스미토모 등과 같은 다국적 의료기기 메이저 회사를 중심으로 소형 사이클로트론에 대한 연구가 진행되고 있으며, 계속적으로 발전할 전망

■ 방사선 비파괴 검사 기술

○ 컴퓨터 성능 확대로 복잡한 신호처리가 가능하게 되었고 이는 비파괴 검사가 단순히 결함검출이라는 특징을 넘어서 인공지능과 같은 기능이 통합된 장비 및 시스템의 구축을 가능하게 하고 있음

○ 장비 및 시스템의 자동화를 선도하고 있는 이러한 기술적인 진보는 시험절차를 아주 재현성 있게 만들고 있어 결과해석을 보다 확실하게 할 전망

■ 대기압 플라즈마 기술

　○ TFT-LCD 공정에서 TV의 크기가 점차 증가함에 따라 제조공정에서 사용되는 진공 플라즈마 장비 가격이 기하급수적으로 늘고 있으며, 기존의 진공 플라즈마 기술을 대기압 플라즈마 기술로 대체하게 될 것임(투자비용을 약 1/3 수준으로 절감할 수 있음)

■ 핵융합을 이용한 에너지 생산 가능성의 실증

　○ ITER(국제핵융합실험로)를 통해 핵융합을 이용한 에너지 생산의 가능성이 입증되면 DEMO(핵융합실증로)를 건설하여 핵융합 발전소 건설을 위한 기술적 토대가 될 전망임

3

산업/기술 육성 미래전략

1. 원자력 발전

1-1. 산업육성 미래전략

■ 원전 수출을 위한 국제 협력 강화

○ 수출을 위해 한미, 한중, 또는 한중일, 한미일 협력 추진

- 수출 경쟁력 확보를 위해 가격, 금융, 핵연료 공급 등을 포함하는 종합적 패키지 제공 필요

- 재처리 및 우라늄 농축과 금융을 미국과 협력할 경우 경쟁우위를 확보할 가능성 존재

- 구매국인 중국과 합작을 통해 마켓 파워를 확보

  : AREVA와 중국의 합작 관련 움직임이 존재하고 러시아와 독일이 활발하게 협력하는 상황에서 대응체계 구축

○ 중국의 급속한 원전 확대 사업과 관련하여 향후 동북아 지역의 원전사고가 발생할 경우를 대비한 국제 갈등 및 보상 문제 해결에 대한 전략 수립

- 이를 위해 CSC(Convention on Supplementary Compensation for Nuclear Damage) 체제에 한중일이 함께 가입하는 것을 준비할 필요가 있는데, 일본은 이미 CSC에 가입한 바 있음

○ 핵비확산 관련 국제논의에 주체적으로 참여할 수 있는 국가 역량 배양

■ 지속적 원전 운영을 위한 다각적 노력 강화

○ 우리나라는 자력으로 우라늄 공급과 농축을 할 수 없기 때문에 핵연료의 장기적 안정적 공급을 위한 전략 마련

- 현재 2035년 이후에 대한 핵연료 공급계획은 수립되어 있지 않으므로, 최근 타결된 한미 원자력 협정 개정에 따라 향후 이루어질 고위급 상설회담을 통한 이 분야의 새로운 계기 마련

○ 통일 후 북한지역 에너지 공급을 위한 원전 공급전략 구축

- 이를 위해 과거 KEDO프로젝트의 사업진행 내용을 검토하여, 적정 부지 선정을 포함한 신규원전 도입 기본계획 수립

■ 원전 수출 전략지역에 대한 중·장기적 투자

○ 미국

- 최근 20년간 신규 원전을 건설하지 않은 미국은 기존 노후 원전들을 점차적으로 폐쇄할 예정

- 미국 정부는 여전히 원자력 쪽에 관심이 있으며, 자생적인 국내 원자력 기업이 없어 우리 나라의 진입 가능성이 높으므로 미국시장 진출 추진

○ 중소 규모 국가

- 마이크로그리드(Microgrid)에 적합한 원전을 개발하고 중소형 규모 원전 실증로 경험을 통한 시장 경쟁력 강화 이후 선진국 시장 진입 도모

- 경제력이 선진국보다 떨어지는 개발도상국의 수요 특성에 맞는 상품을 제시하는 것이 관건

- 카자흐스탄, 말레이시아, 필리핀, 리투아니아, 몽골, 칠레, 리비아와 같은 인구 분산형 개발도상국들은 300~500MWe 중소형 원자로를 요구

- APR+1000 노형 등 개발도상국의 중형급 원전시장 수요에 맞춘 경제성 및 안전성이 대폭 향상된 해외 원전시장에서 경쟁력 있는 수출형 중형원전 개발 추진

: 현재 원전도입 계획을 갖고 있는 개발도상국들의 현황에 근거해 볼 때 연간 10기의 중형 원전 시장이 형성될 것으로 가정(1기당 건설비는 약 5조 원 규모)

■ 원전 운영기간 연장 시장 진출

○ 시장 전망

- 미국은 가동 중 원전 104기의 85%인 88기에 대한 수명 연장을 예상하고 있으며, 이에 최소한 5년 후부터 다수의 원전이 계측제어 업그레이드를 실시할 것으로 예상
- 수명 연장 원전에 대한 계측제어 업그레이드 비용을 호기당 평균 500억 원(0.5MW)으로 가정하면 2020년까지의 수명 연장 원전 계측제어 시장은 최대 21.2조 원 및 연평균 최대 1조 원 정도의 규모가 될 것으로 예상
  : 프로젝트 관리 및 엔지니어링 컨설팅 조직 강화 추진

○ 중국, 인도 등의 잠재 국가들에의 원전 수명 연장 분야 및 건설, 기자재 분야에의 적극 진출을 통하여 사전 협력관계 구축

■ 신재생에너지와 원자력 발전의 조화

○ 온실가스 감축을 위해서는 신재생에너지와 원자력 발전이 근본적인 대안임

- 신재생에너지 사용시 백업(back up) 에너지로 현재 주로 가스발전이 사용되고 있으나 온실가스 감축을 위해 원자력으로 대체하는 것이 요구됨

○ 신재생 분야의 투자를 활성화하기 위해서 원자력 투자와 신재생 투자의 결합이 필요함

- 원자력에서 얻어지는 수익을 신재생에 투자하여 신재생의 신기술개발을 지원하고 결과적으로 가격경쟁력을 강화할 수 있음
- 또한 신재생의 비중이 늘어나는 것에 따른 백업의 비중을 원자력이 부하추종을 통해 담당하게 함으로써 상호 공생에 의한 전력생산을 이룰 수 있음
- 원자력은 이러한 공생을 통하여 국민 수용성 개선의 이점을 얻을 수 있으며, 스마트그리드와 함께 무탄소 전력그리드를 실현할 수 있고 해외 에너지 수입의 의존도를 최소화할 수 있음

○ 원자력 안전에서 중요한 비상전원을 신재생–에너지저장시스템과 결합함으로써 원자력의 안전성 증진과 신재생 인프라 구축을 병행 추진

 – 기존의 비상디젤발전기에서 에너지저장시스템으로 비상전원 인프라 변경

 – 이를 위해서는 인적오류를 최소화한 안전성 혁신 소형 또는 초소형 원자력를 개발하고 활용

■ 중앙집중 그리드와 분산형 그리드의 최적화 및 세계화

○ 농어산촌, 산업지역, 주거 및 상업 지역 등으로 특화된 국내의 지역특성을 살리면서 온실가스를 감축하고, 발전 및 소비의 효율을 극대화하는 방향으로 전력생산과 소비 인프라를 구축

○ 초소형 분산형 그리드(농어산촌 및 일부 주거지역), 중형 스마트그리드(산업 및 상업지역), 국가차원의 대형 스마트그리드 등 다양한 형태의 그리드 운영이 가능한 최적 그리드 인프라 구축

 : 그리드 최적화 기술은 경제적(후진, 개발도상, 선진) 지역적으로 다양한 국가에 수출될 수 있음

■ 전기자동차 인프라에 원자력 기여 확대

○ 향후 환경친화적 전기자동차의 개발 및 보급 촉진됨에 따라 무선충전 및 관련 교통시스템 인프라 구축이 필요한데, 이에 필요한 전력공급을 원자력이 수행하도록 준비

○ 나아가 전력/열/수송용 에너지의 거래 시장을 통합하는 비즈니스 전략 추진

■ 원자력의 사회적 비용 감소 추진

○ 원자력의 사용에 관한 논의가 정치화되면서 합리적인 의사 결정보다는 대중 수용성에 의해 크게 영향을 받고 관련 주체자 간의 정치적 합의와 타협이 중요

 – 이러한 상황에서 원자력은 확실한 안전성을 담보로 국민수용성을 개선해야 하며, 이를

위해 원전 안전성 및 신뢰성 성과 기반 운영평가를 포함한 토탈 안전성강화 솔루션제도가 도입되어야 함

○ 지금 일어나고 있는 여러 갈등의 문제는 한수원의 대국민 및 대지역주민 신뢰상실과 관련 있음

- 원전을 운영하는 사업주체의 투명성과 신뢰성을 개선하려는 진정성 있는 노력이 필요하며, 갈등상황이 벌어지기 전에 피해 당사자들이 체감할 수 있는 적절한 보상제도 시행을 추진

○ 원자력 사용과 관련된 사회적 갈등 해소를 위해 미국의 Nuclear Regulatory Commission에서 사용하고 있는 ASLB (Atomic Safety Licensing Board) 도입 추진

- ASLB는 원전 건설 및 운영과 관련된 사회적 갈등을 해결하기 위한 제도적 장치

■ 원전해체 산업 해외 시장 진출

○ 해체 산업 중 제염 및 로봇기술 응용과 관련된 분야의 핵심기술을 세계 수준으로 육성하여 시장진출

○ 우리나라는 국민 수용성으로 인해 해체를 통해 발생한 구조물들을 재사용하기가 어려운 실정이므로 해체 구조물을 부품별(Steam generator, Pump 등)로 나누어 해외에 수출하는 방법을 통해 경제적인 측면에서 이익을 얻을 수 있고 국제 해체 산업에서 기술력을 인정받을 수 있게 함

■ 원전 수출을 위한 인적자원 양성

○ 대학과 출연연 간 연계를 통한 전략적 연구인력 기반 확보

- 학부생부터 전문연구인력까지 장기적 원자력 인력양성체계 구축

○ 우리나라의 경우 원전해체 분야의 인력이 부족한 상황(2015년 한수원 기준 10명 확보)

- 원자력선진기술센터 지정 등을 통해 핵심인력을 양성하려는 노력이 진행 중임

- 산학연이 공동으로 활용할 수 있는 집적화된 원자력 해체 기술 연구센터를 구축하는 등

관련 인프라를 확충하려는 노력이 진행 중임

- 원전해체는 여러 전공이 포함된 종합적인 분야이므로 기계, 화학 분야 등 여러 분야의
전문가와 협력 추진

○ 글로벌 원전 전문인력 양성 확대

- 언어능력, 국제 수준의 사업능력을 포함한 글로벌 원전 전문인력 양성

1-2. 기술육성 미래전략

■ 신형 원전 및 맞춤형 원전, 중소형 원전 등 개발로 수출 포트폴리오 다양화

○ 현재 APR-1400 모델은 이미 개발 후 30년이 넘어가는 노형이기에 투자자에게 신뢰를
주기 위해 안전성을 더욱 개선한 새로운 노형 개발이 필요함

○ 수출 전략의 일환으로 완전히 새로운 노형을 개발하는 것보다 이미 개발된 노형에 실제
운영 경력을 갖는 것이 경쟁력 높으므로, APR-1400을 개선하여 운전 경험을 갖추는 것
이 필요함

○ 소형 원전 시장을 위해 피동 안전성 및 핵확산 저항성이 극도로 강화된 장주기 소형모듈
형 원자로 기술개발

- 이러한 원전은 해수담수화 원전으로도 개발될 수 있음

○ 현재의 발전시스템에 초임계 이산화탄소기술을 접목하는 것도 중요한 전략임

- 초임계 이산화탄소기술은 소형화와 공랭식으로 효율 경쟁력을 갖추고 있음

- 대형 수자원이 필요하고 규모가 커서 부지 선정에 제약을 가진 습식 열침원 시스템의 문
제점에 대한 대체방안으로 고효율 발전을 가능케 함

- 대형 발전소 부지가 없거나 대규모 수원이 없는 지역(예: 중동지역 등 내륙지역)에 발전소
를 공급하는 것이 가능하게 함

○ 해양원자력시스템 개발로 국가 신성장동력 확보

- 컨테이너선의 대형화, 고속화에 따른 디젤엔진의 한계는 원자력 추진선의 필요성을 부각
시키고 있음

- 최근 국내 조선해양업계의 불황타개 전략이 시급

- 원자력계와 조선해양업계가 협력하여 상업원자력추진선을 개발하는 것은, 북극항로 개
발 및 수출 물류이동 주도 등 국가 미래 전략상 중요

- 이를 위해 소형원자로 개발 인력 및 기술을 활용하고 원자력 추진 선박 분야의 기술 선
진국과 협력하면서 관련 설계 기술 및 인허가 기술을 개발해야 함

- 이를 위해 원자력 및 조선해양 관련기관의 유기적인 연구및 기술 개발 추진체계를 구축
해야 함

■ 4세대 원전에 대한 지속적 투자

○ 제한된 연구자원의 효과적 활용을 위한 전략

- 4세대 원자력 시스템 개발은 GIF에서 선정한 6개의 개념과 이와 유사한 IAEA의
INPRO 및 한미 원자력 공동연구사업(INERI)이 포함된 매우 다양하고 광범위한 영역을
가지고 있음

- 높은 핵확산 저항성을 전제로 한 개발이 필요

- 핵연료를 파이로공정을 거쳐 재활용할 수 있는 소듐 냉각고속로 설계 기술 확보

- 수소 대량생산이 가능한 초고온가스로 핵심기술 개발

○ 최종 완성을 위해서는 자체적인 연구 사업을 병행

■ 사물인터넷 등 통신/수송분야 신기술 도입

○ 부품 고장/사고 발생확률 등을 빅테이터를 활용해 예측

- 미리 부품 고장 확률을 계산하여 교체함으로써 큰 사고 예방

- 발전소 사고 시 대피를 기존 수동 전화에서 스마트폰 알람 형식으로 전환

○ 3D 프린팅 기술로 원전 건설, 운영, 보수에 필요한 부품들을 만들어 단가를 낮추고 부
품 공급의 안전성을 제고하며 운전보수기간을 단축

■ **제어계측분야 신기술 도입**

○ 현재의 3세대 경수로 원전은 기술적으로 높은 수준이나 인간 오류(human error)가 다수 발생하는 것에 주목하여 원전 자동화 운전을 극대화하는 기술개발

○ 정보의 폐쇄성을 극복하고 원자력 발전소 간 정보 공유를 원활히 할 수 있도록 DB 체계화 지원

■ **방사성 폐기물 처리 기술 개발**

○ 효율적인 장수명 방사성 핵종 핵변환 기술개발로 원자력발전의 큰 현안 중 하나인 방사성 폐기물 대한 근원적 해결책을 제시

○ 사용후 핵연료를 포함한 방사성 폐기물의 안전하고 효과적인 처리 및 처분을 위한 종합적인 기술개발

  – 이를 위해 전해 환원과 고속로 핵변환을 연계한 새로운 핵주기 기술개발

■ **방사능 누출 감시 기술 개발**

○ 향후 방사능 누출 제로(zero release)에 대한 수요가 높아지고 대중의 알권리에 대한 관심이 높아지므로 방사능 누출감지를 위한 혁신 기술 개발 추진

■ **원전해체 분야 기술 개발**

○ 획기적 제염해체 기술개발을 통한 바다, 강, 토양 정화기술 확보

○ 원전해체로봇개발

2. 방사선 및 플라즈마 기술

2-1. 산업육성 미래전략

■ 미래형 방사선영상 융복합기기

○ 극저선량 CT, 고시간분해능 영상 장치, PET/MR 등의 융복합 의료기기 산업 전략적 육성

○ 빅데이터를 이용한 의료 조기 진단 산업 육성

■ 가속기 기반 방사선 동위원소 자체적인 생산 시스템

○ 소형 사이클로트론 기반 동위원소 생산 시스템 확보

○ 전자 가속기 기반 동위원소 생산 시스템 확보

■ 차세대 방사선 비파괴 검사 시스템

○ 범용 및 첨단 NDT 장비의 국산화, 검사기술의 향상을 위한 전용 장비개발

○ 비파괴 검사 기술의 전주기적인 적용이 이루어질 수 있도록 관련 법률 및 기술기준을 합리적으로 개선

   − 관련제도(법령) 정비, 국제표준 기술기준 도입, 제3자 검사제도 도입 등

○ 해외 전문인력 양성체계 구축

   − 향후 동남아 등 후발주자와의 경쟁에서 이기기 위해서 최신 검사기술, 현지제도, 언어소통 등 모든 면에 충분한 경험과 지식을 보유한 전문인력을 양성하기 위한 지원시스템 구축

2-2. 기술육성 미래전략

■ 미래형 방사선영상 융복합기기

○ 첨단 핵의학기기 개발을 통한 난치병의 조기검진

○ 산업 육성을 위해 필수적인 원천기술 개발과 중장기적 지원

■ 가속기 기반 방사선 동위원소 자체적인 생산 시스템

○ 초기 연구 단계에서는 초소형 초전도 사이클로트론과 대용량 전자가속기 기반 감마선 조사시설 개발에 집중하고, 2단계에는 성능최적화 및 제품화를 중심으로 연구를 진행

■ 차세대 방사선 비파괴 검사 시스템

○ 미래 산업 및 구조물의 안전과 품질향상에 대한 요구에 부응하는 비파괴 검사 원천기술 및 기반 기술 확보로 선진국형 기술 자립 기반을 확보

    – 비접촉·고기능의 새로운 센서 개발, 스마트 센서를 이용한 구조건전성 상시감시 기술 개발, 대체 방사선원 기술 개발 등

■ 플라즈마 관련 원천 기술 확보 및 중점 육성 산업 기술 선정

○ 플라즈마 산업 선진국의 연구소나 대학, 기업 등과 협력 관계 구축

○ 고부가가치 산업을 이끌 수 있는 플라즈마 산업 기술 분야를 선정하고 집중투자

4

결론 및 제언

1. 결론 및 요약

1-1. 원자력 발전

○ 후쿠시마 원전사고에도 불구하고 원자력 시장은 전반적으로 증가할 것으로 예상되며, 우리나라의 경우 전반적으로 가격경쟁력이나 안정성에 수출상 강점이 있으나 원천기술 부족, 인력 부족, 신흥 원전 선진국 대두 등의 위협요소가 제기됨

○ 원자력 발전의 진흥을 위해서는 신규 시장 개척이 필수적이고 기존 전략적 목표였던 미국뿐 아니라 중소규모 국가에도 지속적인 관심 요망
  - 이를 위해 원천기술 확보, 기존 3세대 노형 개량은 물론 중소형 원자로 개발 필요
  - 국가 신성장 동력 확보를 위해 세계 최고 수준인 조선해양산업과 원자력산업이 융합하여 해양원자력시스템 개발 추진 필요

○ 미래 원자력계의 선도 국가가 되기 위한 4세대 원전에 대한 지속적인 투자 필요

○ 사회적 수용성 향상과 효율성 향상을 위해 신재생에너지와 계측제어를 위시한 혁신이 필요함

○ 에너지의 생산은 물론 분배가 중요해지는 추세에 따라 온실가스 감축을 위한 최적 발전

인프라 및 최적 그리드 구축과 중앙집중 그리드와 분산형 그리드의 최적화 및 글로벌화
가 필요

1-2. 방사선 및 플라즈마 기술

○ 의료기기와 방사선 동위원소 생산 산업을 향후 경제성장을 이끌 고부가가치 산업, 기술·
지식집약형 첨단산업으로 육성

　－ 방사선 기기의 첨단성과 경쟁력을 확보할 수 있는 차세대형 방사선 융복합기기 개발

　－ 초전도 기술을 소형 사이클로트론 기술과 융합하여 초소형 사이클로트론을 개발

○ 방사선 비파괴 검사 기술의 개발

　－ 미래 산업 및 구조물의 안전과 품질향상에 대한 요구에 부응하는 비파괴 검사 원천기술
및 기반 기술 확보로 선진국형 기술 자립 기반을 확보

○ 플라즈마 기술의 국산화 및 산업화를 장려하여, 플라즈마 산업이 향후 대한민국의 경제
성장을 이끌 수 있도록 플라즈마 산업을 육성

2. 정책 관련 제언

2-1. 원자력 발전

○ 기반 기술에 대한 지속적인 투자 및 신기술 도입 적극적 추진

- 원자력 R&D는 대규모 금액의 장기간 투자가 필요한 원자력 R&D의 특성상 국가 투자는 필수적임

- 원자력과 신재생의 상생에 근거한 산업 및 기술개발 전략을 추진하여 무탄소 그리드를 실현하고 화석에너지 의존도를 최소화

- ICT 분야 신기술 도입을 통한 효율성, 안전성, 국민수용성 제고

- 원전해체 관련 핵심 기술 확보지원

○ 국제협력을 기반으로 국제 경쟁력 행상을 통한 원전 수출 도모

- 국제협력을 기반으로 전략 지역에 대한 중장기적 투자를 통해 원전 수출 도모

- 한미원자력협정 상설위원회의 전략적 활용

- 핵안보 비확산의 국가 역량을 제고하고 국제체제 주도적 참여

- 연구계–산업계간 연계 강화 및 금융산업규모 확대를 통한 수출 경쟁력 향상

- 원전해체 구조물 해외수출, 수명 연장시장 진출, 방사선 폐기물 산업 등 수출 다변화 추진

○ 원전 사용 관련 사회적 갈등 해결 제도장치 구축

2-2. 방사선 및 플라즈마 기술

○ 단발성 R&D 과제 지원에 치중하기보다는 기술 특성에 따라 단기/중·장기로 차별화된 지원을 하고, 사전 기획을 철저히하여 효과적 성과창출이 가능한 R&D를 중점 지원

- 방사광가속기, 양성자가속기, 중입자가속기 등 대형연구시설 신설 예정 및 운영 개시 관련 연구 기획 필요

- 방사선 R&D 사업은 장치 및 시설 등의 인프라 구축이 수반되는 경우가 많으므로 사전 수요조사와 적절한 연구수행주체에 대한 충분한 검토를 거쳐 필요시 예비타당성 조사를 거치는 것이 바람직

○ 지역과의 연계, 산·학·연 상생체계 구축 등 선순환 할 수 있는 산업생태계 구축 필요

- 방사선기기 시스템 통합기업 등 대학·출연연에서 개발한 기술을 적재적소에 활용하고 신산업으로 창출할 수 있는 연계 시스템 마련 필요

- 방사성 동위원소 운송·공급, 폐기물 처리 등에 대한 적절한 규제와 가이드라인을 확립하여 공유

○ 국내 플라즈마 산업의 세계적인 경쟁력 확보

- 산·학·연 협력 체계를 구축하고 R&D 투자를 확대하여 세계적인 수준의 플라즈마 기술력을 확보

- 국내 플라즈마 기업이 세계적인 기업이 될 수 있도록 지원

참고 문헌

[1] 홍정석, 이영준, 이영철. (2012). 후쿠시마 사고 이후 원자력 정책과 R&D 동향 및 주요 이슈. 과학기술 연구사업 동향브리프.

[2] 유봉. *[테마기획: 미래형 원전기기 설계 및 평가 기술] 미래형 원자로시스템 기술.* 기계저널.

[3] 미래창조과학부. (2014). 2014 원자력백서.

[4] 원자력선진화포럼. (2012). 대규모 원전 시장으로의 틈새시장 진출 전략 수립.

[5] 해외경제연구소 산업투자조사실. (2010). 원자력 산업 동향 보고서.

[6] 교육과학기술부. (2012). 제4차 원자력연구개발 5개년 계획.

[7] 해외경제연구소 산업투자조사실. (2012). 스마트 그리드시장 현황 및 전망.

[8] 한국에너지기술평가원. (2014). 2014 에너지기술 이노베이션 로드맵.

[9] 노태협. (2008). 차세대 산업 기술과 플라즈마. 물리학과 첨단기술. pp. 38-41.

[10] 김종민, 김인중, 김석중. (2013). 철원 플라즈마의 미래: 창성 나노소재. 정책메모, 304.

[11] 전북대학교. (2009). 고온플라즈마 응용연구센터 구축사업 연구개발계획서.

[12] 강원테크노파크 정책기획단. (2011). 강원도 첨단산업 육성 Double ENGINE 전략 (안).

[13] 이경미. (2014). 원자력 창조경제 구현을 위한 방사선 RD의 현주소와 추진방향. 한국과학기술기획평가원.

[14] 허영, 도정희, 전성채. (2014). 최신 의료기기 기술 및 산업동향. The Magazine of the IEIE.

[15] (사)한국비파괴검사협회. (2012). 제2차 비파괴검사기술 진흥계획 수립을 위한 연구.

Safety

분야책임자 정재승

KAIST 바이오및뇌공학과 교수
미국 콜롬비아대학교 의과대학 정신과 조교수
KAIST 물리학과 석·박사
KAIST 물리학과 학사

김광조 KAIST 전산학부 교수

한국정보보호학회 명예회장
국가보안기술연구소 부호1실장/책임연구원
일본 요코하마국립대 전자정보공학 박사
연세대 전자공학과 학·석사

MESIA 미래전략
(안전산업 : 정보보안 분야)

세부분야

국가재난안전통신망의 장기간 보안성 보장 산업 발전 전략

1

연구 개요

■ **연구 목적**

○ 추격자 전략이 필요한 분야에서 미래 新 성장 동력 창출전략

– 정보보안 영역은 미래 지속 가능한 성장을 위해 추격자(fast follower)전략을 구사해야 하는 분야로 다른 영역과 융합을 통해 발전 가능. 우선 선진국의 관련 사례를 분석하여 글로벌 트렌드를 인식한 후 최근 우리 사회에서 이슈가 되는 분야에 대해 진단이 필요. 이를 토대로 미래 30년을 예측하여 여타 기술 발전 추이에 부합하면서도 장기간 활용할 수 있는 정보보안 新 산업 성장 동력을 창출할 수 있을 것으로 판단됨

○ 보안이 바탕이 된 방재 및 안전 구현 방안 제시

– 그동안 방재 및 안전 분야는 실생활에 가장 밀접하지만 평소에는 중요성을 느끼지 못해 해외에서도 보안과 별도로 발전해 오며 효율성만 추구하는 경향이 있었음. 국내에서도 2014년 한국수력원자력 해킹 사건으로 원자력발전소 도면이 유출되어 국민적인 불안감을 초래하는 등 물리적으로 분리되어 안전하리라 믿고 있었던 원자력 발전 시설에서 보안 문제가 발생하여 크게 이슈가 됨

○ 국가재난안전통신망(이하 재난망) 구축 추진 관련 장기간 보안성을 유지하고 지속 발전 가능한 산업 분야 발굴 및 시너지 효과 극대화 도모

– 우리나라에서는 2003년 대구 지하철 화재 참사 후 재난망 구축 필요성이 제기되었으나

정상적으로 추진되지 못한 채 시간을 허비하였고, 2014년 세월호 침몰 시 단일화된 통신망 부재로 적절히 대응하지 못한 사건을 계기로 11년 만에 재난망 구축이 다시 추진되고 있음. 그런데 향후 수십 년 이상 사용할 재난통신망에 최신 보안기술이 적용되지 않으면 고유의 목적을 달성할 수 없으며, 관련된 새로운 산업 영역 개척 또한 불가함

■ **연구 필요성**

○ '안전'과 '보안'은 국민의 삶에 직접적으로 영향을 미치는 반면, 관심은 소홀

  – '안전'은 세월호 사건처럼 국민의 생명과 직결되어 있고 돈으로 환산 불가한 가치를 지니지만 평소에는 느낄 수 없고, 사고가 발생했을 때만 실감할 수 있다는 특성이 있음. 단, 사고가 한 번 발생하면 대부분 대형사고로 직결되며, 복구에 천문학적 예산이 소요되는 등의 문제점을 보유하고 있음

  – 정보보안 역시 국민 안전과 직결되는 경우가 상당하나 평소에는 중요성을 인식하지 못하고, 정보유출 사고 발생 시 후속조치 수준에서 답보하는 실정이며, 언론 등에서 문제를 제기하는 해당 취약점에 대해서만 땜질식 처방으로 조치하는 등 근본적인 문제점을 해결하지 못해 관련 산업 발전에도 한계가 있음

○ 안전과 보안이 융합될 경우, 새로운 성장 동력 개척 가능성 제고

  – 안전 분야는 보안을 바탕으로 해야 지속 성장 가능한 영역으로 인식될 수 있으며, 장기적으로는 시스템 구축비용도 절감할 수 있음. 보안은 국민 안전 및 국가 안보와 융합될 수 있을 때 그 본연의 가치를 인정받고 시너지 효과를 발휘할 가능성이 높아짐

  – 안전 산업과 보안 산업이 상생할 수 있는 영역을 찾도록 노력해야 하며, 이는 미래 우리나라의 新 성장 동력으로 자리매김 할 것으로 판단됨

○ 조만간 상용화가 예측되는 양자컴퓨터를 암호 해독에 사용 시, 이를 대비한 장기간 보안성을 보장하는 새로운 암호 체계 구축이 필요

  – RSA (Rivest, Shamir, Adleman) 암호시스템 등 정수론적 난제 기반의 공개키 암호 알고리즘은 현대 컴퓨터의 연산능력 한계를 이용하여 구상된 이후 암호 관련 산업의 비약적 발전을 주도함. 반면 최근 양자컴퓨터 등장으로 정수론적 난제 기반의 공개키 암호 시스템은 Shor 알고리즘에 의한 공격으로 무용지물이 될 우려가 대단히 높은 실정임. 향후

30년간 지속 가능한 암호 솔루션은 기존과는 완전히 다른 개념에서 접근해야 하며, 장기적으로는 국가경쟁력 향상에도 긍정적 효과를 기대할 수 있음

– 전술한 바와 같은 암호학적 대변동에 선제적으로 대비하기 위해 미국을 중심으로 CATACRYPT 등 관련 국제학회도 활발히 운영 중인 반면, 우리나라에서는 포스트 양자 암호 분야가 아직은 주목받지 못한 채 관련 연구도 활발히 진행되지 않는 실정임. 이에 정보보안 분야에서 포스트 양자 암호 등 미개척 분야를 중점적으로 발전시켜 안정적인 알고리즘을 개발한 후 안전 분야 통신 시스템에 적용한다면 진일보한 솔루션 구축이 가능할 것임

○ 재난망 구축 시 안전한 보안 솔루션 도입 절실

– 미래부·국민안전처 공동으로 2014년 7월 재난망을 PS–LTE (Public Safety–Long Term Evolution) 방식으로 개발하기로 결정, 정보화전략계획(ISP) 수립 연구 중[1]인데 LTE 방식을 재난망에 적용 시 보안취약점에 대해 연구된 자료가 매우 부족할 뿐 아니라 해결해야 할 보안 문제가 산적해 있음

– 핵심 보안요구기능인 '유·무선 구간 암호화'의 경우, 전술한 포스트 양자 암호 기술을 개발·적용한다면 최고의 보안성을 확보할 수 있고 수십 년간 활용할 수 있는 재난통신망을 구축할 수 있음

○ 다양한 영역으로 적용 확대 등 新 산업 소요 창출

– 미래부 추산 약 2조~5조 원이 소요되는 재난통신망이 성공적으로 구축될 경우, 관련된 안전 및 보안 산업 발전에 촉매 역할을 수행할 것으로 기대되며, 재난통신망 관련 기관에서 요구하는 보안 수준을 충족한다면 해당 기관에서 추진하는 새로운 통신망 보안 산업 수요도 창출할 수 있음

– 상기 기술은 보안을 가장 기본적으로 구비해야 하는 국방 분야 통신 등에 활용되어 민·군 공용 기술이 될 가능성도 대단히 높고, 기밀 통신 패러다임을 획기적으로 변경함으로 인해 산업계 측면에서는 관련 산업의 비약적인 성장을 견인할 수 있을 것으로 예상됨. 또한, 정보보안 산업이 한 가지 영역에만 국한되지 않고 수요자 요구사항에 부합하게 특성을 조정하여 범용으로 활용할 수 있어야 산업 발전을 선도할 수 있음

■ **연구 범위**

○ 재난통신망(PS-LTE) 보안 취약점 분석 및 대응 방안 연구

- 선진국의 재난망 구축 사례 조사

- 보안 취약점 해결 방안 연구

○ 장기간 보안성을 보장하는 방안 제안

- 30년 이상의 보안성을 보장할 수 있는 신규 암호 체계 연구

- 신규 암호 체계를 이용한 인증 및 개인 식별 방안 연구

○ 단대단 암호가 요구되는 국방용 재난망 적용 시 파생 전략 산업 발굴

- 기존 보안 패러다임에 국한되지 않으면서도 지속 성장 가능한 전략 산업 제시

○ 참여 연구자는 연구책임자 외 7명

〈참여 연구진 소개〉

구 분	소속/직위/성명	담당 역할
연구 책임	카이스트/교수/김광조	- 연구과제 기획, 조정, 관리
연구 참여	카이스트/박사과정/최락용	- 양자보안 산업 연구
	카이스트/석사과정/정제성	- 국가재난망 구축, 사물인터넷 보안 산업 연구
	카이스트/석사과정/김학주	- 생체모방 보안 및 신경망 암호 산업 연구
	카이스트/석사과정/김경민	- 드론/로봇 보안 산업 연구
	카이스트/석사과정/박준정	- 국내 정보보호 산업 동향 조사
	카이스트/석사과정/안수현	- 국가재난망 추진 현황과 문제점 조사
	카이스트/석사과정/홍진아	- 드론/로봇 보안 산업 연구

2

국가재난망의 추진 현황과 문제점

서해 훼리호 침몰(1993년), 삼풍백화점 붕괴(1995년), 대구지하철 방화사고(2003년), 세월호 침몰(2014년)과 같은 대형 공공안전재난 사건은 재난을 막기 위한 통신망의 필요성을 인식시 켰고, 이러한 필요성에 대응하여 경찰, 소방, 해경, 지자체, 공군이 통신망을 운영하고 있음. 아래에 경찰, 소방, 해경, 지자체, 공군에서 어떤 통신망을 사용하고 어떠한 용도로 사용하는 지 나타내었음

■ **경찰**

　○ TETRA (TErrestrial Trunked RAdio), VHF/UHF

　　– 재난 시는 통합지휘망으로 활용하고 평상시에는 치안 용도로 사용

■ **소방**

　○ TETRA (TErrestrial Trunked RAdio), VHF/UHF

　　– 소방행정지휘 및 소방작전에 사용

■ **해경**

　○ iDEN, VHF/UHF

　　– 해상안전관리 및 업무연락으로 사용

- **지방자치단체**

  ○ VHF/UHF

    – 산불예방용 무선통신망은 시·군 단위로 운영

- **공군**

  ○ Wibro

    – 정비업무(정비데이터 기록·입력)에 사용

이와 같이 통신망을 운영함으로써 대형 공공안전재난에 대비하였지만, 이에 대한 문제점 또한 발생하고 있음. 대표적으로 위에서 볼 수 있듯이 모두 같은 통신망을 사용하는 것이 아닌 소방·경찰·지자체 등이 다른 기술방식의 통신망을 별도로 운영하고 있어 재난 발생 시 기관 간 협업에 어려움이 있음. 뿐만 아니라 위 통신망에서 가장 많이 사용되는 TETRA, VHF/UHF 또한 자체적으로 문제점을 가지고 있음.

VHF/UHF의 경우 멀티미디어 서비스가 불가능하고, 할당 주파수폭이 작아 충분한 채널 확보가 곤란하여 통신이 되지 않는 음영지역이 많으며, TETRA의 경우 서울·경기 통합지휘무선통신망과 6대 광역시 고속도로 주변에 경찰망이 운영 중이나, 일부 지하구간 불통 및 데이터 통신이 곤란한 상황이며, 유럽전기통신표준협회(ETSI)가 정한 표준이므로 이에 대한 비용을 지불해야 하는 문제 또한 존재하는 상황임. 이러한 문제점을 해결하기 위해, 소방·경찰·지자체 등이 공용으로 사용할 수 있는 국가재난망이 필요하게 되었고, 이는 PS-LTE라는 기술을 사용하는 국가재난망의 탄생으로 나타나게 되었음.

PS-LTE를 사용하는 국가재난망은 서비스 지역을 확대시키며, 기존의 통신망에서 제한되었던 음성·영상 등 다양한 멀티미디어를 전송가능하게 함. 또한 통합으로 운용되므로 기존의 서로 단절되었던 통신망이 하나로 연결되어 양방향으로 협력적인 의사소통이 가능하게 되어 대형 공공안전재난 사건에 아주 유용하게 사용될 것으로 기대됨. 하지만 이러한 편의성에도 불구하고 PS-LTE망에서 보안 문제가 제기되고 있음.

PS-LTE는 기존의 네트워크에서 발생하던 여러 가지 공격들이 가능한데, 대표적으로 단말 대 단말 통신에서 비정상 트래픽이 유입되는 공격, 무선 자원 고갈 공격, IP 스푸핑을 악용한 비정상 트래픽 유입 공격, 모바일 악성코드 공격, SIP 메시지 위/변조 공격 등 다양한 보안 위협들이 존재하는 상황임. 〈그림 1〉은 위에 제시한 공격들이 어느 부분에서 나타날 수 있는지 나타내고 있음. 제시된 보안 위협 중 하나라도 성공한다면 실제 대형 공공안전재난 사건 발생 시 통신 불능을 만들거나 실제 대형 공공안전재난 사건이 발생하지 않는 상황에서도 통신을 불가능하게 만들어 더 큰 피해를 야기시킬 수 있음.

〈그림 1〉 PS-LTE 보안 위협

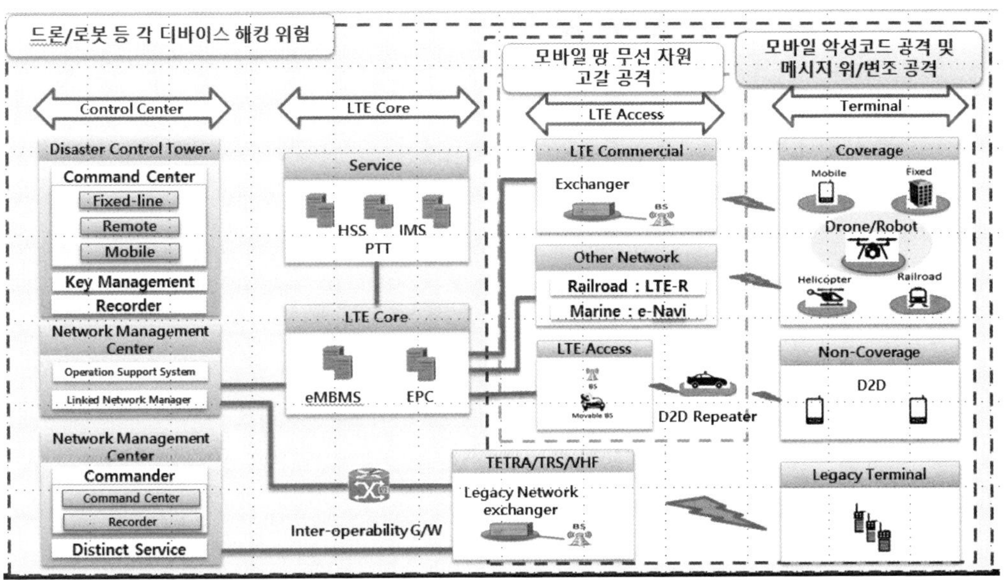

3

국가재난망 구축[2]

■ **목표**

○ 국가재난안전통신망은 통화폭주 등 극한 상황 및 재난 시 신속한 초기 대응을 위하여 〈표 1〉의 형태로 음성, 데이터, 영상 정보를 원활하게 송수신하는 통신망 구축을 목표로 함

〈표 1〉 국가재난안전통신망 발전 전망

As-is		To-BE
협대역/서비스 지역제한	⇒ 재난 환경변화	광대역/서비스 지역 확대
음성 중심		음성·영상 등 다양한 멀티미디어
재난발생 시 활용	대형화	재난발생 및 평시(예방) 활용
기관별 구축운용	복잡화	통합 구축·운용
단방향/단일기관 의사소통	다양화	양방향/협력적 의사 소통

■ 구축방식 검토 결과

O 〈그림 2〉와 같이 국가재난안전통신망 코어부문은 자가망으로 구축하되, 상용망을 활용하여 커버리지를 확보하며, 음영지역은 이동기지국을 통해 해소하는 방식이 적절할 것으로 보임. 또한 커버리지 확보 우선순위는 인구밀집지역, 대도시, 상용망 커버리지 미확보 지역과 철도, 해상 등 통합망 구축으로 주파수 이용 효율의 극대화가 가능한 점을 고려, 재난망 이용 소요 제기 부처를 수용하여 운영하기를 권장함

〈그림 2〉 재난망 목표 시스템 구성도

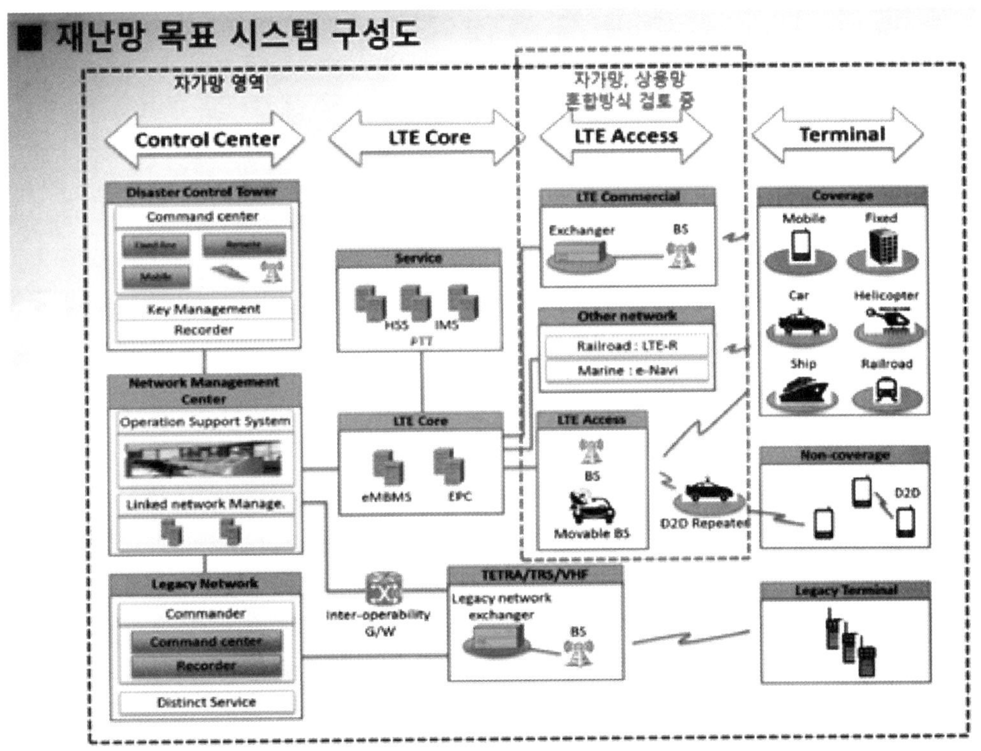

〈출처: 조학수, 2015 재난안전통신망 보안이슈 및 해결방안〉

4

국내 정보보호 산업 동향

▪ 정보보호 산업의 정의

○ 초연결사회가 도래함에 따라 사물인터넷(IoT)이 미래의 새로운 경제성장 동력으로 부상하고 있는 가운데 향후 우리나라의 미래를 좌우할 최첨단 기술집약적 산업

○ 암호·인증·인식·감시 등의 보안기술이 적용된 제품을 제조 또는 판매하거나, 보안기술 및 보안제품을 활용하여 재난·재해·범죄 등에 대응하거나 관련 장비·시설을 안전하게 운영하기 위한 모든 서비스 제공과 관련되는 산업

▪ 정보보호 산업의 특성 및 문제점

○ 정보보호 산업은 성장발전 가능성이 높은 신성장 산업이며, 국가의 안보와 관련된 방위산업으로 정보보호 산업의 범위는 〈그림 3〉과 같음. 또한, 차세대 고부가가치를 보유한 미래지향적인 산업임

○ 그러나 현재까지는 각종 정보통신 공격으로부터 통일적·체계적으로 대응을 하고 있지 못하며 산업 역시 선진국에 비해 낙후된 상황임

〈그림 3〉 정보보호 산업 범위

〈출처: KISIA, 2014 국내 정보보호산업 실태조사〉

■ **국내 정보보호 산업 매출 전망**

○ 〈그림 4〉와 같이 국내 정보보호 산업은 매년 발전[3]하고 있지만, 그 성장세가 둔화되고 있음을 통계자료를 통해 확인할 수 있음. 정부에서는 2012년을 기준으로 향후 연간 연평균 성장률을 12.48%로 예상하였으나, 2014년에는 향후 5년간 연평균 성장률이 9.6%로 줄어들 것으로 분석하였음

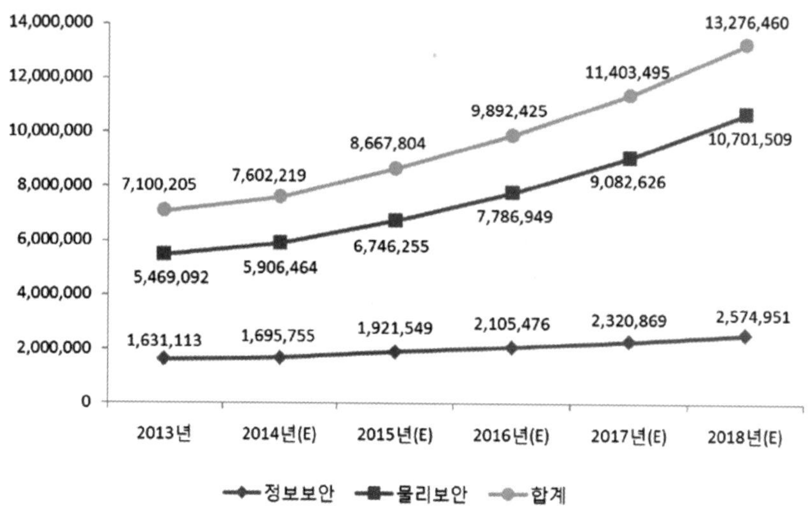

〈출처: KISIA, 2014 국내 정보보호산업 실태조사〉

ㅇ 미래창조과학부는 2019년까지 시장 규모를 100% 확대하고 수출액을 3배 증대시키는 한편, 전문인력을 적극 양성한다는 청사진을 제시[4]하였지만, 장기간 보안성을 보장하면서도 미래 성장 동력이 되는 산업을 발굴하는 것은 다소 미흡한 실정임

■ 보안 위협과 기술 변화

○ 미국 카네기멜론대학교 소프트웨어 엔지니어링 연구소에서는 〈그림 5〉와 같이 시대별 공
격 고도화 수준과 지식 변화 추세를 분석하여 과거에 비해 현재, 그리고 미래 해커의 지
식은 점차 낮아지지만, 공격 고도화 수준은 계속 높아질 것으로 예측하고 있음

〈그림 5〉 시대별 공격 고도화 수준과 공격자의 지식 변화 추세

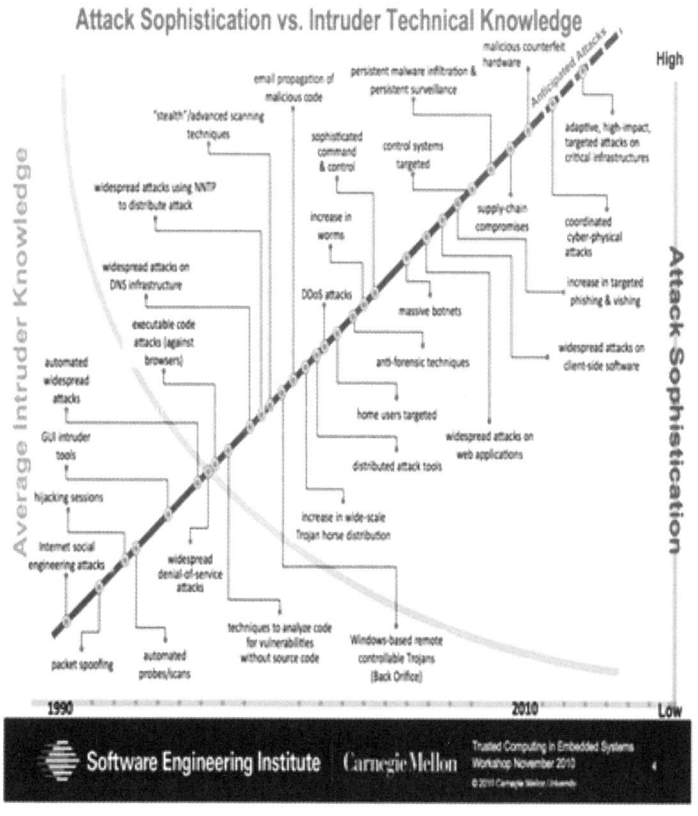

○ 우리 정부에서도 보안 환경 변화에 따라 보안 위협은 지속적으로 증가하고 있으며, 그 증가 속도를 보안기술/제품이 따라가지 못하는 것으로 분석하고 있음. 따라서 보안 위협과 보안 기술 사이의 갭은 시간이 지날수록 커지고 있는 추세임

〈그림 6〉 보안위협과 보안기술의 관계[4]

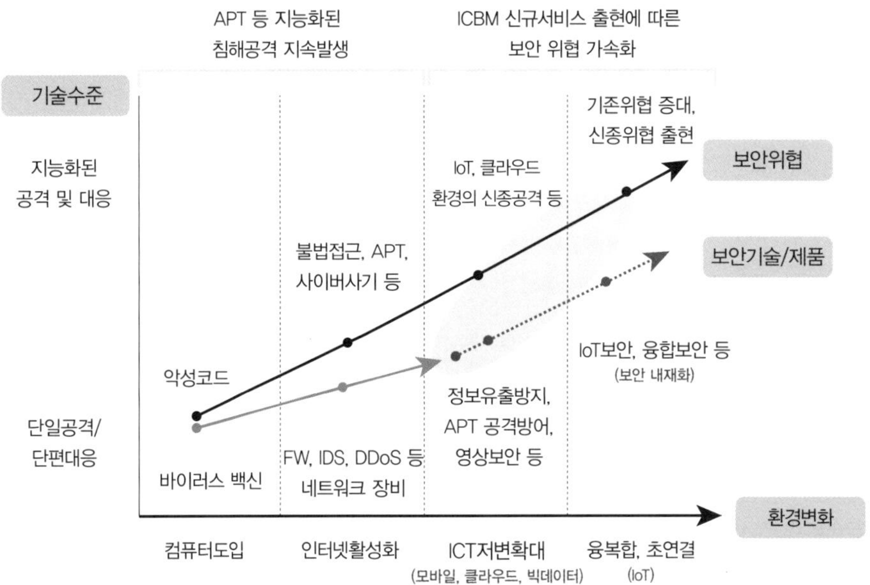

■ **국내외 정보보호 기술 수준 현황**

○ 〈그림 7〉에 각 보안 분야별 선진국에 대비한 우리나라의 기술 수준을 나타냄. 정보보호 분야에서 미국이 최고 수준의 원천기술을 보유하고 있으며, 우리나라는 미국 대비 79.9% 기술 수준으로 1.6년의 기술 격차가 있음[5]. 물론 시장이 협소한 일부 제품에서는 세계 수준에 근접해 있기도 하지만, 보안 주요 분야 원천기술은 부족한 실정임. 이 차이가 더 커질 경우 선진국 기술에 완전 종속될 우려가 있기 때문에 미래 신성장 동력을 개척하여 선진국을 빠르게 추격해야 정보보호 분야에서 '추격자(fast follower)'가 될 수 있음

〈그림 7〉 보안 분야별 선진국 대비 우리나라 기술[5]

정보보안	·DRM등 콘텐츠 보안 선진국 〈 국내 국내 주요업체 : 파수닷컴, 마크애니	·IPS등 네트워크 보안 및 보안관리서비스 선진국 〉 국내 해외 주요업체 : 시스코, 맥아피	– 국내외 기술격차: 1.39년 – 상대수준: 87.45%
물리보안	·CCTV 감지센서 등 핵심 원천기술 선진국 〉 국내 해외 주요입체 : Tyco Fire & Security	·CCTV, 바이오 인식제품 경쟁력 선진국 〈 국내 국내 주요업체 : 에스원, IDIS	– 국내외 기술격차: 1.58년 – 상대수준: 83.75%
융합보안	·스마트키, 차량 블랙박스 분야 선진국 〈 국내 국내 주요업체 : PLK 테크, 신창전기	·산업용 보안 기기 선진국 〉 국내 국내 주요업체 : GE시큐리티, IBM	– 국내외 기술격차: 1.50년 – 상대수준: 85.82%

5

중장기 전략 사업 후보

1) 중기(10~15년) 산업군

■ 사물인터넷(IoT) 보안 산업

○ 정의

- 사물인터넷은 생활 속 사물을 유무선 네트워크로 연결해 정보를 공유하는 것으로 이와 관련된 보안 산업을 말함. 이는 디바이스, 네트워크, 플랫폼/서비스로 구분됨

○ 국내외 동향

- 〈그림 8〉은 IoT 보안 산업의 시장 전망을 나타낸 그림으로 국내는 '13년 2.3조 원→ '20년 17.1조 원, 연평균 32.8% 성장 전망되며, 국외는 '13년 2천억 달러 → '20년 1조 달러, 연평균 26.21% 성장 전망됨. 또한 전 세계 사물인터넷 응용SW와 서비스의 시장성장률(~ '20년)은 각각 89%와 122%로, 사물인터넷 기기(11.2%)에 비해 응용SW, 서비스 중심으로 성장할 것으로 예상됨

〈그림 8〉 2020년까지의 시장 전망[6]

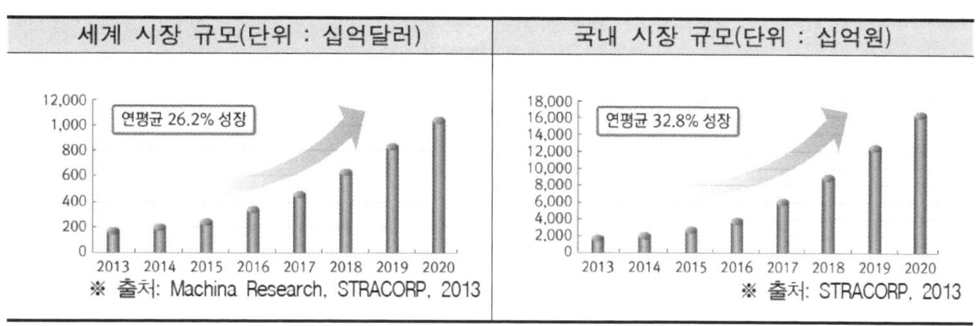

○ 문제점

- 각종 해킹을 통하여 개인정보 유출, 산업 시스템 피해 등이 발생할 수 있음

○ 사물 인터넷 안전 요구사항

- IoT 제품·서비스를 안전하게 보호하기 위해서는 〈그림 9〉와 같이 3계층(디바이스, 네트워크, 서비스/플랫폼) 9대 핵심 원천기술 개발이 필요할 것으로 보임

〈그림 9〉 9대 IoT 보안 핵심기술 개발(시큐어 Dome)[6]

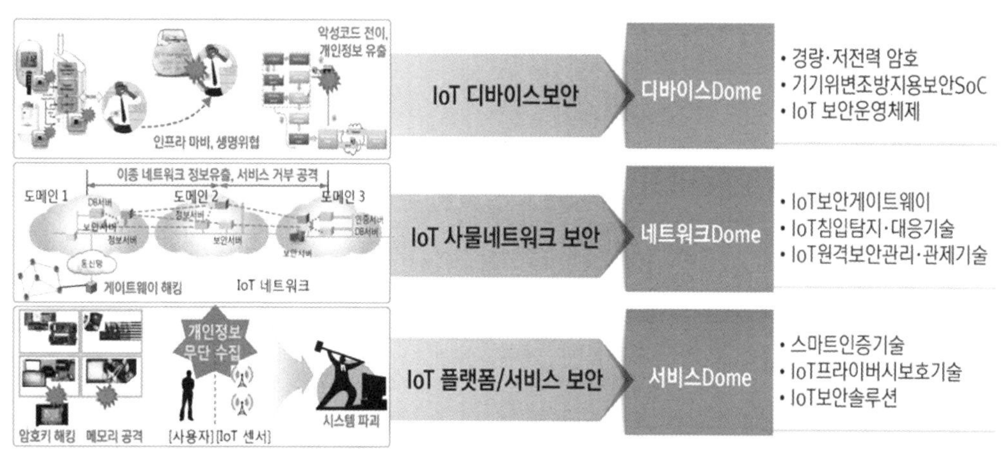

○ 응용분야

– 향후 10년에는 〈그림 10〉과 같이 스마트홈 보안을 위해 스마트홈/가전 기기 출시 전 보안 취약점 점검 및 지속적 보안패치 적용을 할 수 있으며 헬스케어 시스템에서 개인정보, 질병정보를 저장·처리하는 의료장비 및 이와 연동되는 데이터 처리장치 프라이버시 보호를 위한 인증 및 암호화 기능이 적용될 것으로 보임. 또한 자동차 보안 분야에서는 ABS (Automatic Break System), TPMS (Tire Pressure Monitoring System) 등 자동차 주행 및 구동장치의 중단/오작동을 방지하기 위한 보안기능(데이터 암호화·복구, 비인가 접근통제 등)이 적용될 것임

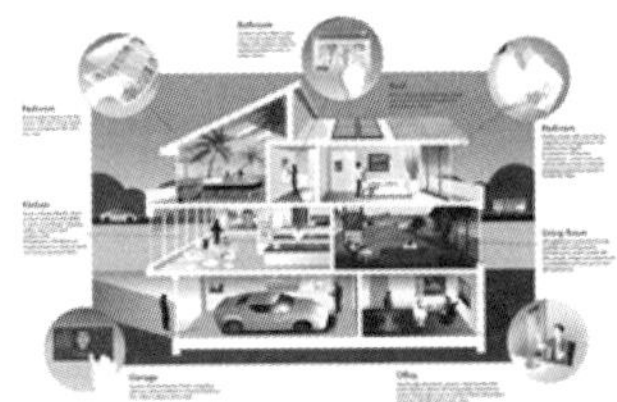

〈그림 10〉 IoT 보안 산업의 응용분야

○ 산업전망

– 사물인터넷 산업은 위치추적 시스템을 통한 사물 및 사람 추적, 주문관리, 물류 추적 산업 등과 차량제어, 자동비상콜, 차량도난방지, 고속버스 차량관제사업 등과 관련된 교통관련 산업이 발전할 것으로 보이며 또한 혈압, 당뇨 등 개인건강 체크솔루션 등의 헬스케어 분야도 크게 발전할 것으로 예상됨

○ 국가 차원의 미래 전략

– 사물인터넷 국가전략을 수립하여 공공기관 및 민간기업에 적절한 가이드를 제시함으로써, 스마트시티, 스마트 인프라 등 지속적인 혁신기술 개발 및 세계 주도적 역할을 추구해야 함. 또한 경제성장뿐만 아니라 농업, 교육, 에너지, 헬스케어, 공공안전, 보안 및 교통 등 일상생활에서의 소비자 권한 강화를 강조하고, 기업의 물류관리 간소화 및 공급망 비용 절감 등에 따른 이익을 소비자에게도 분배할 수 있도록 해야 함. 또한 관련 법률 및

정책을 지속적으로 개발하여 사물인터넷이 현실에 사용되는 데 제한이 없도록 해야 함

■ 드론/로봇 보안 산업

○ 정의

- 로봇이란 컴퓨터 프로그램에 의해 입력된 행동을 하는 기계 혹은 소프트웨어를 통칭하는 것을 말하며 〈그림 11〉과 같이 산업용 로봇, 지능형 로봇, 안드로이드 등으로 구분됨. 드론은 로봇의 일종으로, 무인 항공기(Unmanned Aerial Vehicle, 이하 UAV)를 지칭함. UAV는 조종사가 탑승하지 않고 지정된 임무를 수행할 수 있게 제작된 비행체를 말함

- 드론/로봇 보안 산업이란 점차 대중화되고 있는 드론/로봇의 기밀성·무결성·가용성 등 보안 요구 사항을 보장하기 위한 제품을 생산하거나, 관련 보안 기술을 활용해 드론/로봇을 이용한 범죄 등을 방지하는 산업을 말함

〈그림 11〉 로봇의 예

○ 문제점

- 실제 드론의 자이로센서를 해킹하여 비행하고 있는 드론을 추락시키는 등 각종 해킹을 통한 기능 이상, 사생활 침해, 강제 탈취 및 변조의 위험성 문제 등이 발생할 수 있음

○ 드론/로봇 안전 요구 사항

〈그림 12〉 드론/로봇의 안전 요구 사항

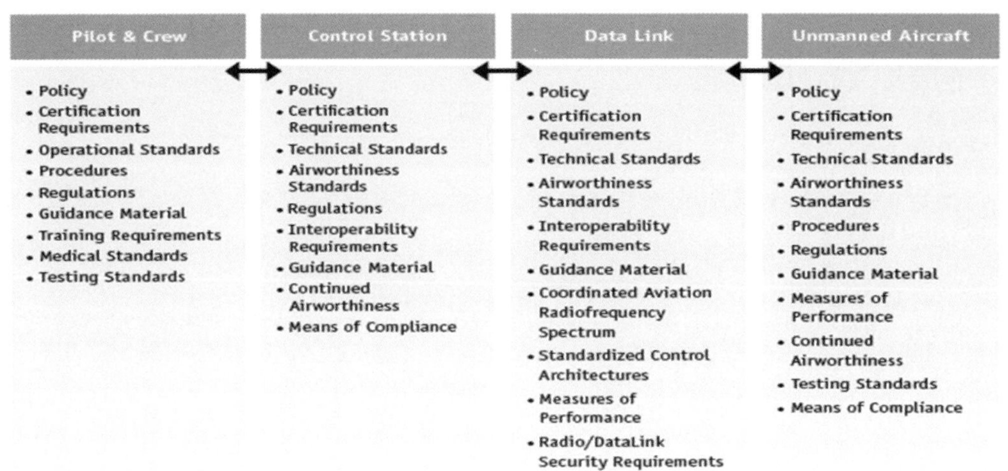

〈출처: 미국연방항공청[Federal Aviation Administration; FAA], 2013 Integration of Civil Unmanned Aircraft Systems in the National Airspace System Roadmap, 2013〉

- 〈그림 12〉와 같이 드론/로봇의 보안을 위해서는 드론/로봇을 조종하는 파일럿, 컨트롤센터, 드론/로봇 사이에서의 데이터 링크, 드론/로봇 기기 자체에서의 안전 등 다양한 측면의 요구 사항이 존재함

○ 국내외 동향

- 〈표 2〉는 로봇 시장의 규모를 예측한 것으로 국내에서의 드론 시장은 2013년 9천만 달러에서 2022년 5억 2500만 달러로 연평균 22% 성장이 기대되고, 로봇 시장은 2008년 3천억 원에서 2020년 100조 원으로 연평균 62.2%의 성장이 기대됨

- 〈그림 13〉은 드론 시장의 규모를 예측한 것으로 해외의 경우 드론 시장은 2013년 60억 달러 규모에서 2023년 114억 달러로 연평균 6.6% 성장이 기대되고, 로봇 시장은 2008년 200억 달러 규모에서 2020년 5천억 달러 규모로 연평균 30.7% 성장이 기대됨[7]

- 국내와 해외 모두 드론/로봇 시장이 폭발적으로 성장할 것으로 예측되는 가운데, 드론/로봇 보안에 관한 연구는 현재 로드맵 등이 논의되는 단계로, 상대적으로 실제 연구개발 결과가 미흡함

〈표 2〉 세계 및 국내 로봇 시장 규모[7]

구 분		현재시장규모	예상 시장규모	
			2010년	2020년
세계 시장규모(억 불)		200	1.500	5.000
한국시장 규모 (억 원)	산업용 로봇	2.700	40.000	400.000
	비제조용 서비스 로봇	300	60.000	600.000
	계	3.000	100.000	1.000.000

〈그림 13〉 세계 및 국내 드론 시장규모

〈출처:이투데이, 수직 이착륙 고속비행 가능 '틸트로터 드론' 내년 실용화 목표로 힘차게 날아오른다〉

○ 응용분야

– 향후 10년간 그동안 연구된 실제 드론/로봇 해킹 사례를 바탕으로 하여 〈그림 13〉과 같이 드론/로봇의 취약점 보완, 드론/로봇의 안전성/신뢰성 보장을 위한 키관리/키분배 프레임워크 개발, 드론/로봇 강제 탈취 및 변조 방지를 위한 인증 및 암호화 기능 적용, 드론/로봇 간 네트워크 통신 보안 등의 산업이 발전할 것으로 기대됨

〈그림 14〉 드론/로봇 보안 산업 응용 분야

○ 산업 전망

- 전 세계적으로 로봇 시장은 2008년에서 2023년까지 연평균 30.7%의 성장률로 총 5천억 달러의 시장을 형성할 것으로 기대됨. 이 데이터를 바탕으로 2025년에는 최소 8천 5백억 달러의 시장을 형성할 것으로 추측됨

- 드론/로봇 보안은 현재 로드맵 논의 단계에 있기 때문에 정확한 시장 예측은 존재하지 않음. 세계 IT 시장 규모(2014년 4552조 원) 대비 세계 정보보호 시장 규모(2014년 209조 원)를 드론/로봇 보안 시장 규모 측정에 적용[8]한다면, 2025년경 드론/로봇 보안 산업은 약 390억 달러의 시장을 형성할 것으로 추측됨

○ 국가 차원의 미래 전략

- 로봇 보안 프레임워크에 관한 연구는 ETRI 등에 의해 수행된 바가 있음[8]. 또한 지식경제부의 2010년 IT R&D 발전 전략에서 융합 보안의 하위 분야로 로봇 보안이 포함되어 있음[7]

- 하지만 드론/로봇의 여러 가지 안전 요구 조건에 비해 로봇 보안의 목표로 설정된 기술은 네트워크 로봇 보안, 로봇 간 통신 보안 등에[7] 한정되어 있음. 따라서 안전한 드론/로봇을 보장하기 위해 드론/로봇 보안에 대한 전방위적 연구가 이루어져야 함

- 드론/로봇의 부분을 이루고 있는 기술/부품 등의 해킹, 네트워크 공격, 탈취 및 변조, Zero-day 공격 등에 대해 보안 산업 개발을 진행, 최종적으로는 국제적으로 경쟁력을 갖춘 드론/로봇 보안 기업 양성을 목표로 함

2) 장기(30년~) 산업군

■ 양자보안 산업

○ 정의

- 양자보안이란 해킹 등 보안위협을 해결할 수 있는 가장 강력한 대안으로 양자현상에 기초한 양자키분배(Quantum Key Distribution, 이하 QKD) 네트워크를 설계하거나 양자컴퓨터를 이용한 공격에 내성을 가지는 포스트양자암호(Post Quantum Cryptography, 이하 PQC) 등의 보안기술이 있음

- 양자보안 산업이란 QKD 네트워크, PQC 등의 양자보안 기술이 적용된 제품을 생산하거나 관련 보안기술을 활용하여 재난, 재해, 범죄 등을 방지하는 서비스를 제공하는 기술을 말함

○ 국내외 동향[9]

- 국내에서는 SKT, ETRI 등에 의해 QKD 네트워크에 대한 연구가 진행되었으며 2014년 SKT에 의해 〈그림 15〉과 같은 국내 첫 QKD 네트워크 기기가 출시됨

- 해외의 경우 미국, 유럽, 일본, 중국 등 주요 국가에서 QKD 네트워크 테스트 베드가 구축되었으며 ETSI(European Telecommunications Standards Institute) 주관 하에 QKD 표준화 작업이 진행되고 있음

- 〈그림 16〉과 같이 캐나다 D-wave사에 의해 세계 최초 양자컴퓨터가 개발되었으며, ETSI 주관 하에 Quantum-safe cryptography의 표준화가 초기단계에 있음

- 학계에서는 QKD 네트워크 및 양자암호 관련 학술대회인 QCrypt가 매년 개최되고 있으며, 약 20년 전부터 양자컴퓨터에 안전한 암호 설계 방법을 연구하여 관련 학술대회인 PQCrypto가 정기적으로 개최되고 있음 〈그림 17〉

〈그림 15〉 QKD 네트워크 기기 / 〈그림 16〉 세계 최초 양자컴퓨터 / 〈그림 17〉 양자보안 관련 학술대회

○ 현재 문제점

– 양자보안 산업의 가장 큰 문제는 양자현상에 기초한 QKD 네트워크와 양자컴퓨터 등 플랫폼이 아직 상용화되어 있지 않아 알려지지 않은 보안 위협이 있을 수 있다는 것임

○ 응용 분야

– 향후 10년간은 〈그림 18〉과 같이 그동안 진행된 QKD 네트워크에 대한 연구를 기반으로 QKD 네트워크 구축 및 상용화 산업, QKD 네트워크를 이용한 SCADA 시스템 구축 산업, QKD 네트워크를 이용한 국가재난안전통신망 구축 산업 등을 할 수 있을 것으로 기대됨

〈그림 18〉 QKD 네트워크의 활용 예

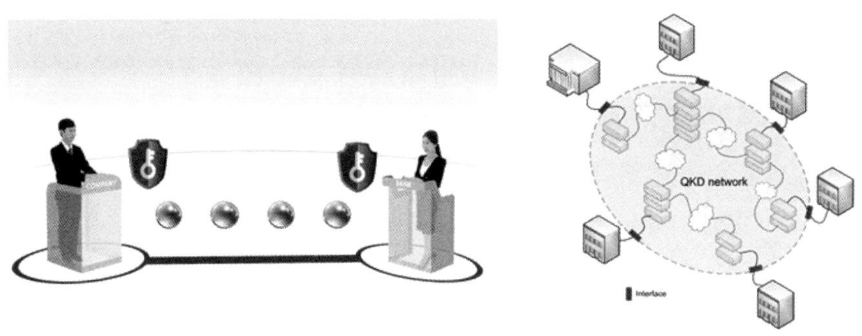

– 향후 30년의 경우 〈그림 19〉에서처럼 QKD 네트워크를 이용한 응용 어플리케이션으로 회사 자료 보안 백업 서비스 산업 등이 가능하며, PQC를 이용하여 end-to-end 보안을 위한 PQC 기반 암호화 및 인증 소프트웨어 개발 산업을 할 수 있을 것으로 예상됨. 이를 응용하여 헬스케어 기기 및 클라우드 컴퓨팅 보안 산업, 인터넷뱅킹 및 모바일뱅킹 보안 산업, 자동차 스마트 키의 PQC 기반 페어링을 통한 자동차보안 산업 등을 진행할 수 있을 것으로 기대됨

<그림 19> 양자보안 산업의 응용 분야

○ 산업 전망

- 시장조사업체 MRM에 의하면 QKD 네트워크 산업이 2015년에서 2020년까지 연간 10.4%의 성장률로 총 30조 원의 시장을 형성할 것으로 전망하였으며, 이 데이터를 바탕으로 2040년경에는 PQC 산업이 추가되어 최소 80조 원 이상의 시장을 형성할 것으로 추측하고 있음

○ 국가 차원의 미래 전략

- QKD 분야는 이미 미래부에 의해 추진전략이 세워져 활발한 투자가 이루어졌으며 ETRI, SKT 등에 의해 연구가 진행되고 상용화를 위한 연구 또한 활발하게 진행 중에 있음

- 반면 PQC 분야의 경우 미국, 유럽 등에 비교하여 우리나라는 PQC 분야의 초기 연구 단계에 있으며 이 분야에서 '추격자(fast follower)'가 되기 위해 미래부 차원에서 빠르게 전략적 투자가 진행되어야 함

- PQC 기술 등 양자보안 기술을 이용하여 양자컴퓨터 공격, Zero-day 공격 등에 대해 절대적 안전성을 제공하는 보안 산업 개발을 진행, 최종적으로는 국제적 보안 기업인 RSA Corporation과 유사한 양자보안 기반 기업 양성을 목표로 함

■ 생체모방 보안 산업

○ 정의

- 생체모방 보안(Bio-inspired Security) 산업은 생체를 모방한 알고리즘을 다양한 정보보호 분야에 접목하여 System Scalability 유지, Unknown Attack 탐지 등 기존 보안 문

제들을 해결할 수 있는 산업으로 정의됨. 특히 수동적이고 공격에 반응하는 형태를 가진 기존 보안 제품들에 비해 능동적이고 proactive한 방어제로 적용 가능하다는 장점을 가지고 있음. 생체를 모방한 알고리즘은 각종 생물체의 행태, 군집 형태, 세포 기전 등을 접목하여 머신 러닝 등의 분야에서 연구되고 있는 알고리즘을 의미함. 생체모방 알고리즘에는 인공신경망(Artificial Neural Network) 알고리즘, 군집지능(Swarm Intelligence) 알고리즘, Genetic 알고리즘 등이 있음

○ 국내외 동향

 – 국내에서는 생체모방 알고리즘을 사용하여 무선메시망(Wireless Mesh Network) 라우팅 성능 향상 등의 분야에서 집중적인 연구가 이루어지고 있음. 보안에 관련해서는 생체모방 알고리즘을 활용한 네트워크 침입 탐지 시스템의 초기 연구가 진행 중이나 정보보안 분야 전반에 걸쳐 다양하고 집중적인 연구가 부족한 상황임

 – 국외에서는 인공면역체계(Artificial Immune System) 알고리즘을 활용한 안티바이러스 초기 연구 및 다양한 생체모방 알고리즘을 활용한 네트워크 침입탐지 시스템에 대한 초기 연구가 이루어지고 있음. 국내에 비해 다양하고 집중적인 연구 시도가 진행 중임

○ 현재 문제점

 – 전반적으로 생체모방 보안 분야는 현재 연구 초기 단계로서 기존 보안 문제들의 해결 가능성이 확인된 상태임. 생체모방 보안 분야는 지구상에 존재하는 생체의 종류와 적용 가능한 응용 보안 분야가 방대하여 다양하고 지속적인 연구가 필요함. 융합 보안 특성상 생명공학과 정보보안 학계 간 지속적인 공동 연구가 필수적이나 아직 활발히 이루어지고 있지 않음. 현재 System Scalability의 보장 연구에 큰 진전이 있었으나 알고리즘 Training 시간의 최적화 연구가 추가로 필요함. 또한 현재까지 연구된 Unknown Attack의 탐지율과 오탐률이 산업에 적용되기에는 부족하다는 단점을 가지고 있음

○ 응용 분야

 – 〈그림 20〉에서 보듯 향후 10년에는 현재 집중적인 연구가 이루어지고 있는 안티바이러스와 네트워크 침입탐지 시스템에 생체모방 보안이 적용될 것으로 보임. 기존에 널리 쓰이고 있는 Signature 기반 제품들을 완전히 대체하기보다는 proactive한 생체모방 알고리즘의 장점을 기존 방식과 융합시키는 방향으로 진행될 것으로 판단됨

– 향후 30년에는 생체모방 알고리즘을 주도적으로 사용하는 안티바이러스 및 네트워크 침입탐지 시스템이 개발될 것으로 예측됨. 또한 암호시스템 설계 및 해독, 사용자 및 기기 인증, CCTV 관제 시스템을 포함한 물리적 보안 산업에도 생체모방 알고리즘이 접목 및 활용될 것으로 판단됨

〈그림 20〉 생체모방 보안 산업의 응용 분야

○ 산업 전망

– 현재로서는 생체모방 알고리즘과 기존 정보보호 산업의 융합이 아직 불완전하여 체계적인 산업 전망이 어려움. 관련 연구가 지속적으로 이루어지면서, 기존 정보보호 산업에 대한 보완재의 역할을 수행할 것으로 전망됨. 새로운 미래 산업 창출의 여부는 생체모방 알고리즘의 연구 성과에 달린 실정임

○ 국가 차원의 미래전략

– 생체모방 보안 산업은 현재 초기 연구 상태이지만 미래에 기존 정보보안 산업의 보완재 및 대체재가 될 가능성을 충분히 보여주고 있음. 분야의 방대함에 비해 국내에서는 제한된 초기 연구만이 이루어지고 있는 상황이므로, 국가 차원에서 지속적인 연구 지원을 통해 연구 및 시장 형성의 주도적 역할을 선점하는 것이 바람직함. 그러므로 생명공학과 정보보안 학계의 다양한 공동연구 프로젝트를 꾸준히 지원하는 것이 중요함

■ **신경망 암호 산업**

○ 정의

– 신경망 암호 산업은 새로운 암호학인 신경망 암호학(Neural Cryptology)을 통해 정보보

안의 가장 기초에 해당되는 암호시스템의 설계 및 해독을 하는 산업임. 신경망 암호학에서 대표적으로 사용되는 인공신경망(Artificial Neural Network) 알고리즘은 인간의 뇌 신경망의 상호작용을 모방하여 일반적인 프로그래밍을 통해 풀기 힘든 문제의 해답을 찾는 알고리즘의 한 예임. 신경망 암호학은 인공신경망을 암복호화에 활용하는 암호시스템 설계 분야, 암호와 같은 Stochastic한 알고리즘 분석 및 해독 분야, 그리고 보안통신이 필요한 양자 간의 동기화에 사용되는 암호키 교환 프로토콜 분야로 나뉨

○ 국내외 동향

- 국내의 관련 초기 연구는 거의 전무한 실정

- 국외에서는 인공신경망을 암복호화에 활용하는 초기 연구, 기존 암호를 신경망으로 모델링하여 해독하는 초기 연구, 신경망의 상호동기화 특성을 활용한 암호키 교환 알고리즘 연구가 이루어지고 있음. 인공신경망을 활용한 암호시스템 설계 연구의 예로는 Boolean Algebra와 Backpropagation Neural Network를 활용한 공개키 암호시스템 등이 있음. 인공신경망을 활용한 암호시스템 해독은 1995년에 처음 시작되었으며, 현재 암호해독 분야의 새로운 갈래로 다양한 시도가 이루어짐. 인공신경망의 특성을 활용한 암호키 교환 알고리즘은 학계의 많은 관심을 얻어, Tree Parity Machine와 Permutation Parity Machine 등과 같은 알고리즘이 이미 연구 중임

○ 현재 문제점

- 현재 연구 초기 단계로 인공신경망을 활용한 새로운 암호시스템 설계 및 해독 방법의 가능성만 확인된 상태임. 신경망 암호 분야는 체계적이고 집중적인 연구가 지속적으로 필요함

○ 응용 분야

- 인공신경망 연구와 암호시스템 연구의 융합으로 새로운 방식의 암호시스템 설계, 해독, 암호키 교환 메커니즘 등 암호 분야 전반에 걸쳐 응용이 가능함

○ 산업 전망

- 인공신경망을 활용한 암호시스템을 개발하여 그 효용성이 입증되면, 현재 널리 사용되고 있는 공개키 암호인 RSA를 개발하고 RSA를 탑재한 암호시스템의 안전성을 인증해주는 등 분기당 2억 달러 이상의 매출을 올리는 RSA Security Inc.와 같은 기업이 가능함. 또

한 인공신경망을 활용한 새로운 공격방법이 개발되면, 근래 새로 알려진 부채널 공격에 대한 보안성을 인증해주는 회사인 Cryptography Research Inc.와 같은 기업의 설립도 가능함 〈그림 21〉

〈그림 21〉 신경망 암호 산업의 산업 전망

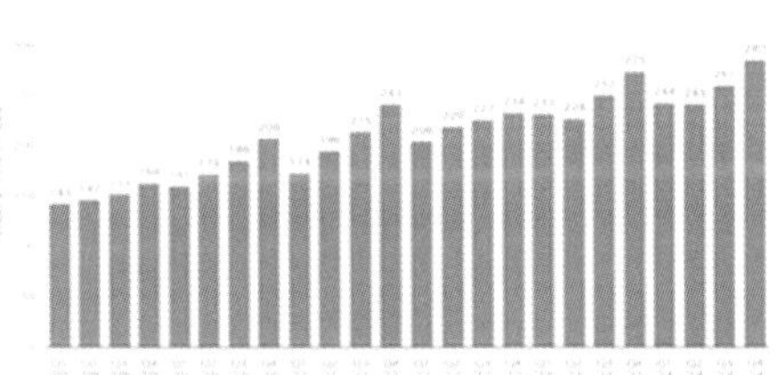

○ 국가 차원의 미래 전략

- 신경망 암호 산업은 세계적으로 연구 초기 단계로 새로운 암호시스템에 대한 가능성만 확인된 상태임. 국내에서는 선행연구조차 매우 부족한 실정으로 국가 차원에서 장기적 관점에서 꾸준한 지원이 필요함

6

장기간 안전성을 보장하는 국가재난망 구축

장기간 안정성을 보장하기 위한 국가재난망 보완 적용 방안을 〈그림 22〉에 제시함

〈그림 22〉 국가재난망 보완 적용 방안

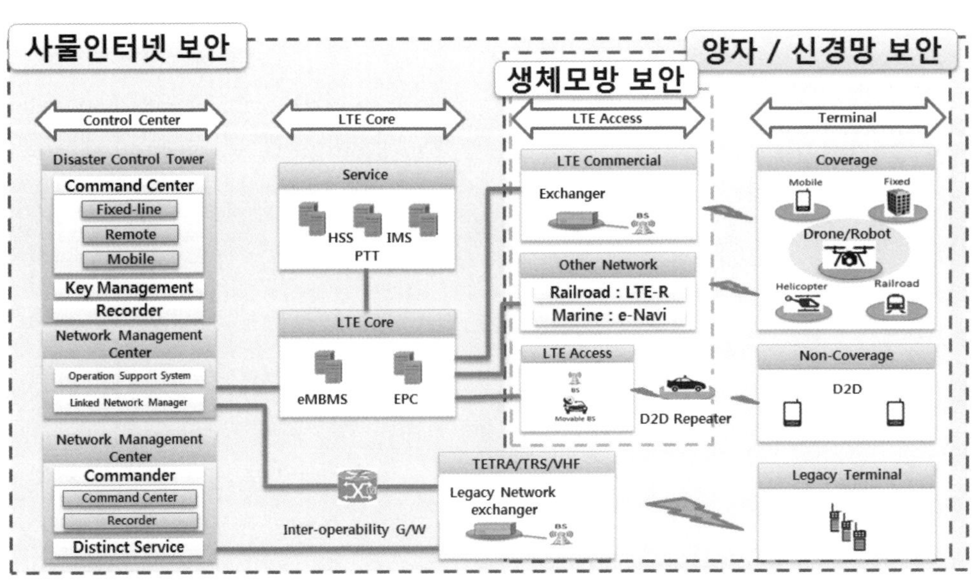

7

국가재난망 구축 SWOT 분석

■ **강점**(Strength)

　○ 강력한 정부 주도형 안전한 재난망 구축

　○ KISIA를 통한 정보보호 산업군이 다양한 정보보안 국내외 사업화 경험 풍부

　○ 일부 정보보안 제품 국외시장(미국, 일본 등) 진출

■ **약점**(Weakness)

　○ 보안-안전 이질 문화 간 win-win 전략 부재

　○ 인공지능 기초 이론 및 양자컴퓨터 이론 전문가 부재로 독창적인 이론 정립이 어려움

　○ Firewall, UTM, AV 제품을 제외하고 embedded 보안 제품

■ **기회**(Opportunity)

　○ 새로운 융합 보안 산업 기회

　○ 융합 보안 고급 인력 양성

　○ 정보보안 선진국 도약의 기회

■ **위협**(Threat)

　○ 미래 예측이 어려워 장기간 연구 계획 추진 위험

　○ 신규 서비스 및 시스템의 실용화 이전에 보안 및 안전 기술 개발이 어려움

8

전략 산업의 상용화 시점

보안 영역의 중요성 및 실제 적용 시기에 따른 전략 산업의 상용화 시점은 〈그림 23〉과 같이 이루어질 것으로 예측

〈그림 23〉 전략 산업의 상용화 시점

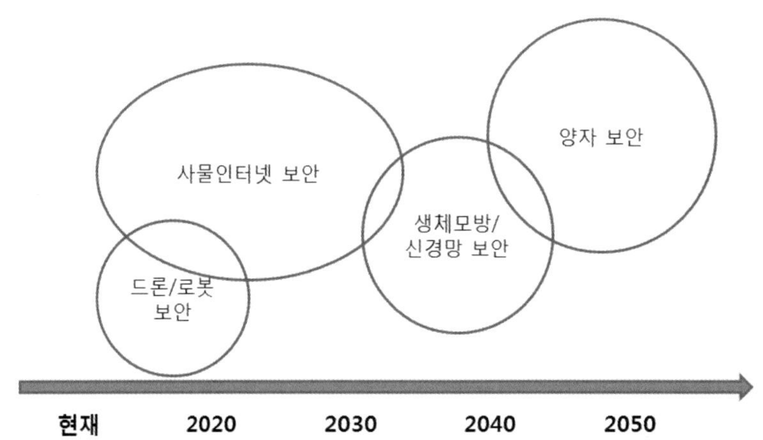

9

결론 및 정책 제언

■ 결론

○ 사물인터넷 보안을 포함한 융합 보안 산업 분야는 현재 정부(연 5조 원 투자)와 민간이 주도하여 공격적인 연구 및 투자 진행 중

○ 재난통신망에 설계초기 단계에서부터 장기간 보안성을 확보하도록 연구

○ 보안 기술의 특성상 시스템(또는 서비스)에 embedded되므로 미래 보안 시장 규모 (10~20%)

■ 정책 관련 제언

○ 국내에서 Best Practice임을 실증 후 신흥국에 시장 개척 전략

○ 중기적으로 ICT 보안 분야 세계 최고의 기술력을 바탕으로 세계 시장 개척

○ 장기적으로 서로 문화가 다른 안전+보안 분야를 win-win 전략을 통해 미개척 분야를 선점할 수 있는 독보적 기술력 보유

   – 선순환 구조를 가질 수 있도록 R&D 투자 전략 요구

참고 문헌

[1] 한국정보화진흥원. (2015). 국가 재난통신망 기술현황 및 사업추진 방향.

[2] 허정희. (2015). 국가 재난통신망 기술현황 및 사업추진 방향. 한국정보화진흥원.

[3] 한국산업마케팅연구소. (2013). 2014 정보·물리 보안산업 분야별 시장동향과 유망 기업·기술 현황.

[4] 미래창조과학부. (2015). K-ICT 시큐리티 발전 전략.

[5] 한국산업기술평가관리원. (2012). 우리나라 산업 기술의 현 주소.

[6] 미래창조과학부. (2014). 사물인터넷. (IoT) 정보보호 로드맵.

[7] 한국정보통신기술협회. (2008). ICT Standardization Roadmap.

[8] ETRI. (2009). 로봇 보안 프레임워크 솔루션.

[9] 이준구. (2014). 양자암호 네트워킹 연구개발 동향 및 미래. D3-1, KRNET 2014.

윤완철 KAIST 산업및시스템공학과/지식서비스공학과 교수

한국서비스사이언스학회 회장 역임
대한인간공학회 부회장 역임
IFAC HMS4.5 (인간기계부문)위원장 역임
NASA Ames 연구소
미국 조지아텍 신업및시스템공학과 공학박사(인지공학)

S

MESIA 미래전략
(안전산업 : 사회안전 분야)

세부분야

사고/재난 대응 통합 안전체계의 패러다임과 미래전략

1

연구 개요

■ **연구 목적**

○ 가까운 장래(향후 30년) 우리나라 사회 안전 향상을 위한 방책과 안전산업의 육성 방안 제시

○ 이를 위해 한국의 사회적 사고를 분석하여 근본적인 공통 취약점을 발견하고 한국의 위치에서의 미래 대응방향 모색

○ 인적사고방지-지역재난대응-정보보안-제도정책을 잇는 유기적 사회안전의 레질리언스 개념을 정립하고 융합적 모형에 기반한 사회안전 시스템 기술 제시

○ 이를 종합하여 한국의 안전사회화로의 이행을 위한 전략과 안전산업을 육성할 전략 제시

■ **연구 필요성**

○ 우리나라는 이제 산업 생산성 위주의 발전에서 안전을 기반으로 한 지속성장기반을 닦아야 할 위치에 도달함

  - 한국은 생산성과 품질을 앞세워 2만 달러의 문턱을 넘었으나 안전에 있어서는 중진국 수준을 벗어나지 못하고 있음. 막연히 안전문화를 논하고 있으나, 안전을 제도와 대응 체제 등 실질적 사회 장치로 지지하는 연구와 능력이 부족한 현실임

○ 우리나라는 아직 기술 영역에 융합적 기술을 종속시키는 관성 때문에 사회 안전의 큰
틀을 세우지 못하고 있음

- 안전의 주제에서도 항공, 해양, 교통, 철도, 원전, 의료 등 각 분야 인적사고와 각종 자연
재해 등에 대한 연구와 대응이 분산되어 모두 따로 연구되고 있어, 정작 사회안전의 큰
틀에서는 비전문성이 두드러지고 있음. 따라서 정부와 민간의 노력에도 불구하고 정작
안전 증진효과는 국부적 산발적인 상태로 제자리 걸음을 하고 있음

○ 통합적 사회안전 개념이 수립되지 않아 전 부문에 걸친 비전문성과 비효율성이 노정되고
있음

- 종적인 통합성의 문제로 같은 시스템에 작용하는 각 부문, 즉 제도 정책, 훈련, 시설과
기기, 사고 시 대응체제 등이 연결되지 못하고, 횡적으로는 안전측면의 체계가 공통적인
여러 시스템(예: 선박과 철도) 등이 각각의 전공자에 의해 개발되며 이를 통합적으로 발전
시킬 주체가 없었음

○ 통합적 사회안전을 위하여서는 근간적 프레임워크가 존재하고 준용되어야 함

- 횡적으로는 여러 안전관련분야(항공, 해양, 교통, 철도, 사이버, 원전, 플랜트, 의료, 소
방, 자연재난 등), 종적으로는 안전관련부문(제도/정책, 경영/조직, 인적자원, 휴먼에러,
교육, 현장시설, 기기 및 기술환경, 사고 시 대응체제) 등이 망라될 수 있는 근간적 프레
임이 필요함. 해외에서는 10여 년 전부터 레질리언스 공학이라는 이름으로 통합 안전체계
화 연구가 시작되었고 여러 구체적 방법론이 개발되고 있음

■ **연구 범위**

○ 연구 범위의 정의: 사회 안전

- 본 연구는 사고/재난 통합 안전체계에 대한 것으로 정의상 '사회 안전'에 대응함. 즉 자연
재난에 대한 대응은 많은 부분 관련성이 있으나 연구 이후의 적용의 범위에 포함하여도
무리가 없음. 단 연구 목적상 사고와 재난을 넘나들며, 방지와 대응을 통합하는 것이므
로 사회 재난 또는 사회 안전으로 연구 범위를 정함

○ 한국사회 안전 현황과 특성의 고찰

- 한국사회의 제 분야 안전의 현상을 고찰하며 국제적인 위치를 탐색하고 이를 통해 안전사회로의 발전의 필요를 확인하고 발전 가능성과 그 폭을 예측함

- 한국사회의 최근 중요사고의 경위와 사회적 인식을 통해 한국의 불안전 요인과 안전 문화의 특성을 살피고 이로써 사회 안전화의 장애를 확인하는 동시에 가장 가능성 있는 경로를 모색함

- 한국사회의 안전 의식을 사고에 대한 반응과 논의의 전개과정을 통해 살펴보고, 그 변화를 추적함. 이것은 사회안전화와 안전산업의 육성을 사회적으로 뒷받침할 여건 중에서도 가장 중요한 것이므로 안전에 대한 미래 가능성을 어느 정도 가늠할 수 있음

○ 현대적 안전 개념의 진화와 미래

- 안전 이해의 패러다임 변화를 살펴보고 특히 계층적 영향요인의 모형(스위스치즈)으로부터 제4세대로 불리는 레질리언스 공학과 Safety II의 개념으로의 이행에 대해 고찰함

- 인적사고방지, 재난대응, 정보보안, 제도정책을 종횡으로 연결하여 사회 레질리언스라는 하나의 틀 안에서 조망할 수 있는 가능성을 타진하고, 시스템 기능요구의 파악과 안전능력평가, 안전체계 수립 등에 대한 시스템적 접근법을 모색함

- 특히 서로 다른 영역이 복합되는 개방시스템형 재난에 대하여 민간기업, 공공기관, 지역공동체의 모든 행위자가 관련되어 유기적으로 대응할 수 있는 통합 체계를 설계할 수 있는 프레임을 모색함

  : 개방시스템형 재난의 예는 두 가지 이상의 시스템이 재난/사고 상황에서 융합되는 경우, 산업 시스템의 사고로 인하여 자연재해에 준하는 재난이 일어나는 경우와 지진, 산불 등 자연재해가 산업시설피해사고로 이어지는 경우 등을 포함함. 즉 재난과 사고의 영향과 대응이 당해 시스템 내에 국한되지 않는 경우로서 사회적 복합재난의 전형이라 할 수 있음

- 위를 종합하여 미래적인 안전 패러다임의 적용으로 한국사회의 안전을 앞당길 수 있는 가능성을 모색하며 그 방안을 제시함

○ 한국의 사회안전 미래전략과 안전산업발전 전략

- 사회와 산업 안전에 대한 체계적 투자가 가져오는 경제적 효과를 살펴보고 한국의 현 위치에서 안전투자가 가지는 의미를 살펴 봄

- 어떤 투자, 노력, 과정을 통해서 한국사회가 가장 효과적으로 안전사회로 이행할 수 있는지 주요 요점을 고찰하여 제시함

- 현재 낙후되고 영세한 우리나라의 안전산업의 육성을 위해서 필요한 조건과 작업이 무엇인지, 요구되는 전문적 역량과 사회적 환경조건이 무엇인지 SWOT 분석을 포함하여 연구하고 제시함

○ 참여 연구자는 연구책임자 외 연구원 5명으로 일부 분석작업에 교수 2명이 참여

〈참여 연구진 소개〉

구 분	소속/직위/성명	담당 역할
연구 책임	카이스트/교수/윤완철	- 연구과제 전반 수행 - 현황분석, 사고 분석 통합, 신규 모형 개발, 전략 도출
연구 참여	카이스트/ 교수/박희경	한국의 최근 사고 분석에 참여
	카이스트/ 교수/전치형	

2

한국사회와 안전

1) 한국사회의 안전 현황

■ 사회안전의 범위

○ '재난'은 가장 포괄적인 정의로서 통상 사고라고 불리는 것과 자연재난을 통칭함. 그중 사람이 그 발생에는 전혀 관여할 수 없는 자연재난을 제외하면 나머지는 인적-사회적 재난과 안전사고로 분류됨. 〈표 1〉은 2013년 국가과학기술위원회에서 정리한 재난 분류 표임. 자연재난을 제외하면 안전사고와 인적-사회적 재난으로 나뉘며, 예를 들어 태풍은 자연재난이지만 산불은 인적재난으로 분류됨. 안전사고와 인적재난은 실제 발생 경우에 있어서는 경계가 불분명하거나 경계를 넘어 문제가 확대되는 경우가 많으므로 이를 본 연구에서는 사회안전에 포함되는 '사고/재난'이라는 복합적 개념으로 다루기로 함. 이렇게 정의된 사회안전의 범위는 인간 또는 조직의 과실과 밀접하게 연결되어 있다는 것을 알 수 있고, 이것은 본 연구의 방법론에 중요한 기반이 됨

〈표 1〉 재난의 유형 구분

대분류	유형	대분류	유형	대분류	유형
자연재난 (20개)	태풍	안적·사회적 재난 (17개)	감염병 유행	안전사고 (11개)	안전의식·문화
	홍수		가축전염병 유행		교통안전
	호우		폭발사고		가정안전
	강풍		가스사고		화재안전
	풍랑		화생방사고		놀이여가안전
	폭풍해일		교토사고		공공장소안전
	지진해일		건축물 붕괴		재난안전
	조수		에너지기반시설파괴		작업안전
	대설		정보통신기반시설파괴		폭력예방
	낙뢰		교통수송기반시설파괴		응급처치
	가뭄		보건의료시설파괴		어린이안전
	지진		폐기물처리시설파괴		
	황사		용수기반시설파괴		
	적조		화재		
	우박		산불		
	폭염		환경오염사고		
	한파		사이버테러		
	산사태/급경사지 붕괴				
	화산폭발				
	우주재해				

〈출처: 국가위, 제2차 재난 및 안전관리기술개발 종합계획, 2013
국가위, 제4회 재난재해과학기술지원실무위원회, 2013〉

■ 한국의 사회 안전 상황

○ 한국의 각 분야 위험 수준과 국제적 위치

- 한국의 도로교통사고율은 2012년 기준으로 차량 1만 대당 99건으로 OECD 국가 중 2위이며 OCED 평균보다도 1.9배 높은 수준임. 인구 10만 명당 교통사고 사망자 수는 10.8명으로 OECD 1위이며 연 사망자는 5,000~6,000명에 달함. 도로교통사고로 인한 손실은 공식집계된 것만으로도 2013년도에 23조 원으로 당해년 국가 예산의 10.2%에 해당되어 심각한 경제 저해요인으로 간주됨

- 산업재해는 도로교통사고 다음으로 경제적 손실이 큰 부문으로 대략 연 1,900명 사망에 8만 명 부상, 그리고 7,000명 정도가 질환을 가지게 됨. 산재 사망률은 2011년 1만 명당 0.96명으로 OECD 34개국 중 3위이며 멕시코나 코스타리카, 미얀마 등보다도 훨씬 높아 국가 발전 위상에 전혀 맞지 않는 수준을 보이고 있음. 이는 미국의 3배, 일본과 독일에 비교하면 5배에 해당되는 것임. 산업재해로 인한 경제 손실은 2013년에 연 19조 원, 2014년에 19.6조 원 정도였으며 아직도 대체로 증가세에 있음. 이러한 손실액은 같은 연도 자

연재해(1,721억 원)의 100배가 넘는 것이며 그로 인한 근로손실일수도 최근 몇 년간 꾸준히 연 5천만 일 정도로서 노동쟁의로 인한 근로손실보다 80배가 많은 실정임 〈표 2〉

– 해양사고는 2014년 4월 세월호 사건으로 우리 국민에 큰 충격을 주었으며 한국의 안전 시스템 및 거버넌스의 약점을 국제적으로 적나라하게 노출시킴. 동중국해 북부–한국–일본 해역은 해양사고에서 세계 3위 해역으로 전 세계 해양사고의 12.4% (2012년, Allianz 자료)를 차지함. 하지만 이 해역에서 일본과 한국의 사고 선박 수와 인명피해의 추이를 비교한 〈표 3〉을 보면 심각한 경향을 발견할 수 있음

〈표 2〉 연도별 산업재해 손실

구분	재해자수 (명)	사망자수 (명)	근로손실일수 (1000일)	경제적손실액 (100만원)
2010년	96,645	1,931	56,708	17,618,675
2011년	93,292	1,860	54,777	18,126,985
2012년	92,256	1,864	54,521	19,256,435
2013년	91,824	1,929	52,757	18,977,170
2014년	90,909	1,850	48,398	19,632,795

〈출처: 이투데이, 작년 하루 평균 '산재' 244명… 경제손실액 19.6조 사상 최대, 2016.3.26〉

〈표 3〉 한국과 일본의 사고 선박 수 및 인명피해

	2005	2006	2007	2008	2009	2010	2011	2012
일본 (선박 수)	5,631	5,081	5,158	2,915	1,936	1,866	1,523	1,386
한국 (선박 수)	658	657	566	948	1,815	1,627	1,809	1,573
일본 (인명피해)	551	667	544	382	288	297	313	302
한국 (인명피해)	299	223	214	227	365	272	324	285

〈출처: 한국 해양수산부, 일본통계청〉

- 위 표에서 2005년에서 2012년까지 일본의 선박피해는 1/4로 감소하고 인명피해는 1/2로 감소하는 동안 한국의 선박피해는 오히려 3배 증가하고 인명피해도 줄지 않고 있음을 알 수 있음. 이 수치는 2014년 세월호 사고를 포함하며 사망자 수 710명으로 오히려 대폭 증가함. 또한 2007년을 기점으로 선박피해와 인명피해에서 뚜렷한 증가세를 보이고 있음

- 우리나라에 등록된 선박의 대다수는 어선이며 어선 1척의 연간 사고 발생 가능성은 1%를 하회함. 그런데 정작 일반시민의 안전과 사회적 재난에 더 영향이 큰 여객선과 화물선은 2009~2013년 기간에 각각 평균 대략 9%와 12%의 사고율을 보이고 있음

○ 한국 사회 안전도의 변화 추세

- 한국의 보다 포괄적인 인적재난, 즉 '화재, 붕괴, 폭발, 교통사고, 환경오염사고 그 밖의 이와 유사한 사고'의 통계는 〈그림 1〉와 같음. 이 그래프에서 2007년부터 발생건수와 인명피해가 꾸준히 증가하는 것을 볼 수 있으며 2013년 인적재난의 사건 수는 29만 5천건, 인명피해 36만 6천명, 그중 사망은 7147명임. 이 그래프엔 나오지 않지만 2005년과 2006년의 25만건 중반의 사고건수는 사실 2001년의 30만 건에서 시작하여 그 후 27만, 28만, 26만으로 몇 년간 줄어든 결과임. 위 〈표 3〉의 해양사고에서도 2008~2009년부터 큰 폭으로 사고가 증가하는 유사한 패턴이 발견됨

- 이러한 변화의 원인은 더 심층적인 조사가 있어야 알 수 있겠지만, 수년간에 걸쳐 이전의 경향과 반대 방향의 추세를 보이는 것은 반드시 거시적 원인이 있는 것이며 단순 기술문제나 사고의 우연성에 의한 것은 아니라는 뜻임. 규제나 제도의 설치 및 해제 또는 그 운용 등의 정책적인 요인일 수도 있고 또는 기업 경영의 분위기 변천 같은 안전 문화와 관련된 것일 수도 있으나, 적어도 어떤 전반적 영향력을 가진 사회—문화적인 변화가 여러 부문에 걸쳐서 한국의 안전 수준을 악화시키고 있다는 것은 충분히 시사됨

- 항공의 경우에도 많은 사고가 있었던 1990년대를 거치면서 안전 향상에 힘쓴 결과 2000년부터 2010년까지 인명사고가 전무하여 항공안전국의 지위를 차지했으나 2011년부터 사고가 증가하기 시작하여 2013년 7월 17일 아시아나 항공기의 샌프란시스코 항공사고를 비롯하여 활주로 이탈사건, 엔진 이상에도 불구하고 운항을 강행한 사건, '땅콩회항'사건 등이 이어져 차차 경영 부분의 해이함과 안전의 틈이 보이는 것이라는 시각이 가능하고, 최근 군소 저가 항공사의 활동이 많아지면서 잠재적 위험에 대한 우려도 높아지고 있음

〈그림 1〉 한국의 인적재난 발생현황

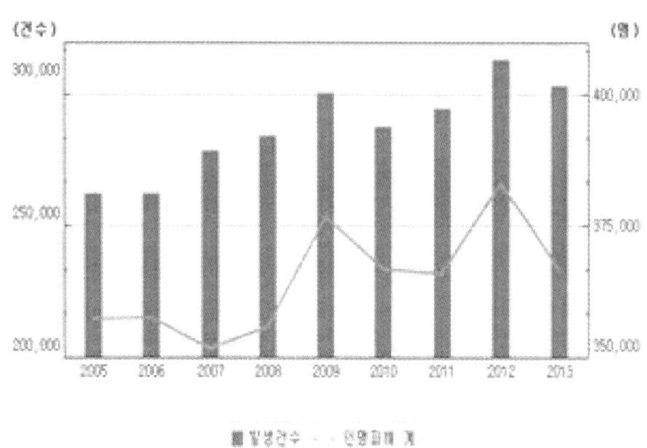

〈출처: 국민안전처 재난연감〉

2) 한국형 사고의 특징 분석

■ 세월호 이후 대표적 사회안전사고 사례의 선정

○ 본 팀은 JTBC의 기록 지원을 얻어 세월호 이후 한국에서 일어난 대표적인 10개의 인적 재난을 선정하고 이에 대하여 경위와 원인 요소를 분석했음(박희경, 전치형 교수 참여)

  – 그 결과 다음의 사고들이 분석 대상으로 선정됨

  (1) 2014.5.26. 고양종합버스터미널 화재(사망 8명, 부상 110명)

  (2) 2014.5.28. 장성요양병원 화재(사망 21명, 부상 8명)

  (3) 2014.7.17. 세월호 지원 소방헬기 광주 도심 추락(사망 5명)

  (4) 2014.8.4. 청도 오토캠핑장 사고(사망 7명)

  (5) 2014.10.17. 판교 환기구 추락 사고(사망 16명, 부상 11명)

  (6) 2014.11.15. 담양 펜션 화재(사망 4명, 부상 11명)

  (7) 2014.12.10. 대구 도금공장 화학물질 유출 사고(46명 부상)

  (8) 2015.1.10. 의정부 대봉 그린아파트 화재(사망 5명, 부상 125명)

⑼ 2015.2.11. 영종대교 106중 추돌 사고(사망 2명, 부상자 65명)

⑽ 2015.3.25. 용인 도로공사 현장 붕괴(사망 1명, 부상 8명)

- 이 사고들은 소위 폐쇄 시스템에서의 사고들이 아니라는 점에서 전형적인 사회적 재난에 속함. 외국에서도 안전 연구가 집중되고 있는 원자력 발전소 운영 직무, 항공기 조종 등의 직무 영역은 직무 내용의 자세한 절차와 안전 규제, 안전 시스템의 운영 주체가 갖추어져 있고, 그 체계 안에서 인적 과실에 대한 분석과 대응의 체계가 갖추어져 있으며, 이는 우리나라도 예외가 아님. 따라서 한국의 특질적 사회 위험도를 진단하려는 목적에 대해서 위의 사회적 재난들의 집합은 적절하다고 할 수 있음. 그럼에도 불구하고 위의 모든 사고가 모두 (조직을 포함한) 사람의 과실로 비롯되거나 확산되었다는 점에서 인재에 속하며, 단지 사후 대응책이 아니라 방지책이 강구되어야 할 사안이라는 점 역시 매우 중요함

■ 사고 경위 및 영향요인 분석

○ 분석 방법

- 사건의 분석은 NTSB에서 고안하여 여러 분야의 사고 분석 도구로 사용되는 E&CF (Event and Causal Factors) 차트를 변화시켜 개방시스템 사고에 적합화한 변형 E&CF 차트를 사용함. 그 한 예는 〈그림 2〉과 같음

〈그림 2〉 E&CF 분석 예: 장성요양병원 화재(2014.5.28.)

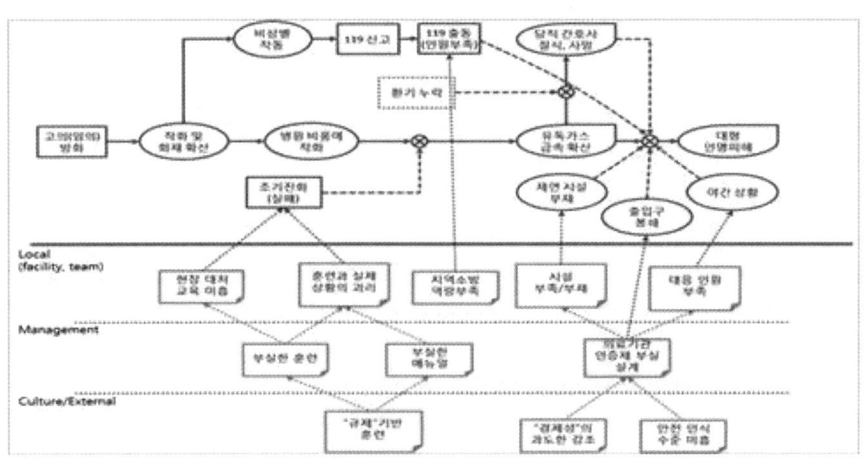

- 이 차트는 상부에 사건의 경위와 방지벽의 실패, 피해 등을 인과관계에 따라 기술하고 하부에 각 실패점에 대하여 원인요소 또는 영향요인을 ⑴ 현장에서의 시설 인원 문제, ⑵ 경영적 문제, ⑶ 문화 또는 외부적 요인의 계층으로 추적하여 표현할 수 있게 되어 있음. 본 팀은 각 사고에 대한 경찰조사기록과 언론 취재 기록을 JTBC로부터 제공받아 사건 경위와 원인요소를 추적하여 E&CF 차트를 작성함. 나타난 각 영향요인에 대하여서는 그 요인이 얼마나 사고에 있어서 결정력있는 작용을 했는지(직결성), 또 각 사고의 경우에 그 요소를 개선하는 것이 얼마나 빨리 가능한지(반응성)에 따라 4분면 도표를 작성하였음. 〈그림 3〉에 한 예를 제시함. 이러한 분류를 통하여 한국의 사고에 관련되는 영향요인들의 작용과 개선 방안 등을 가늠해 볼 수 있음

○ 분석 결과
- 명확한 조사결과가 나오지 않은 3번 사고를 제외하고 나머지 9개 사건의 영향요인을 4분면에 나누어 본 결과 〈표 4〉와 같은 그루핑과 빈도를 얻음. 각 숫자는 9건 중에 관련요인 항목이 발현된 숫자이며 괄호 안은 그 항목의 총 지적경우의 수임(즉 한 사고에서 한 요인항목이 서로 다른 모습으로 여러 번 나타날 수 있음)
: 9건의 사회적 안전사고 중 7건에서 경영가치의 문제가 지적되었고 그 대부분이 제1분면, 즉 매우 결정적임에도 불구하고 쉽게 개선할 수 없는 경우로 분류되었음. 이것은 가장 빈도가 높았을 뿐 아니라 가장 제1분면에 치우친 요인그룹이었음. 다음 제도과 교육의 미비, 안전행위의 불이행, 위반과 관행적 묵인 등이 빈도 높은 항목으로 나타났음. 제도/교육의 미비는 한 사고 내에서 여러번 나타나는 경향이 있어 요인의 빈도로는 가장 높았음. 한편 사고에 결정적인 요인으로 작용하면서 빠른 개선의 가능성이 높게 거론된 요인, 즉 제2분면에 집중된 항목은 안전행위의 불이행이었음. 이는 감독과 검사, 규제와 벌칙의 충실한 운영이 요구되는 부분임

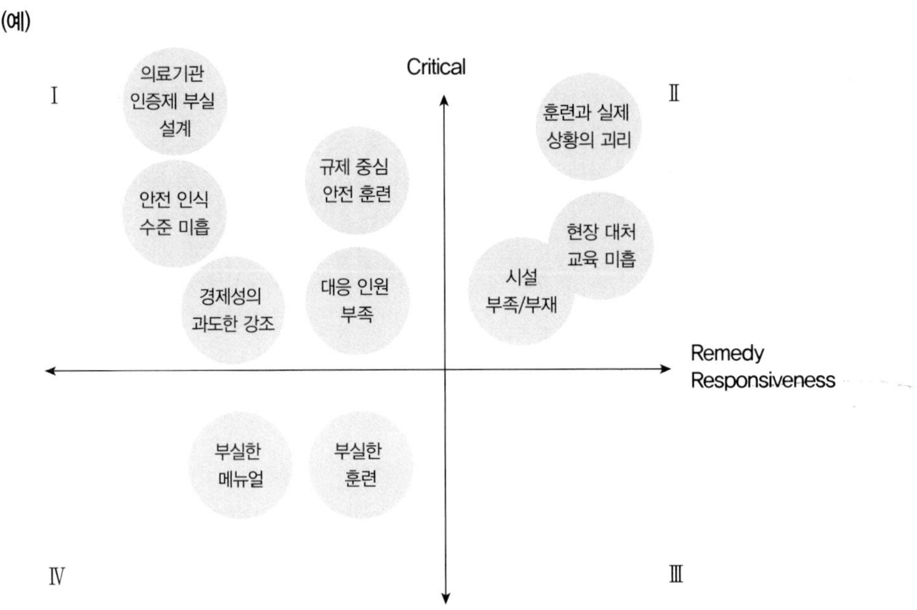

〈표 4〉 사고영향요인의 그루핑과 9건 사고 중 빈도 (괄호 안은 개별 지적 수)

구분	항목	분 면				합계
		I	II	III	IV	
그룹 1	① 위반 및 관행적 묵인 (*2건 외엔 묵인 포함)	5(6)*	4(5)	0(0)	3(3)	5(14)
	② 겉도는 제도와 실행	3(3)	3(3)	1(1)	1(2)	3(9)
	③ 안전 행위 불이행(미흡, 나태)	2(2)	6(8)	0(0)	1(1)	6(11)
그룹 2	④ 제도/교육 미비	6(8)	5(6)	4(4)	1(1)	6(19)
	⑤ 시설 미비	1(1)	4(7)	0(0)	1(2)	4(10)
	⑥ 인원 미비/부족	2(3)	1(1)	0(0)	0(0)	2(4)
그룹 3	⑦ 경영가치(조직 안전문화)	7(8)	2(2)	0(0)	0(0)	7(10)
	⑧ 안전불감증(습관적)	3(4)	1(1)	0(0)	1(2)	3(7)
	⑨ 안전불평등	2(2)	1(2)	0(0)	1(2)	2(6)

- 우리나라는 안전문제의 취약점이 나타날 때마다 시설의 확충, 관련 직무인원의 증원 등을 거론하거나 그 제약에 의하여 개선이 어렵다고 하는 경향이 있음. 그러나 이 분석이 시사하는 바는 제도의 현실적 정비와 운용, 규정의 충실한 이행 등이 더 중요하다는 것임. 즉, 위의 도표는 한국 사회의 시스템적 후진성을 지적하고 있음. 현실적으로 조율된 시스템과 그 시스템이 실제로 작동하고 실제적 효과를 유지하게 하는 데 충분한 연구와 투자, 노력, 경영적 주의력이 작용되지 않고 있는 것임

3) 한국사회의 안전의식과 미래

■ 사고 뉴스기사의 주제 분포를 통해 본 한국의 사고 인식

○ 연구 방법

- 여기에서 확인하려는 것은 안전 사고에 대한 사회의 반응과 대응 패턴을 아는 것으로서 이것은 향후 사회적 재난의 위험을 우리 사회가 얼마나 빨리 줄여나갈 수 있는가를 가늠할 수 있게 함. 이 분석을 위해 본 팀은 조선일보 24년치(1990-2013) 120만 5,239건의 기사를 수집한 후 사고에 관련된 기사를 추출하였음. 첫번째 분석은 사망자 기준 상위 12개 사고를 대상으로 선정하고 관련 기사의 내용을 키워드로 분석하여 사고사실(Fact)기사, 사고원인(Cause)기사, 사고대책(Remedy)기사로 분류하고 각각의 유형의 기사가 언제 집중적으로 나타나는지를 분석하였음. 이는 언론에 반영되는 사회의 주의력 집중 부분과 그 기간을 확인하는 것임. 각 키워드의 집중기간은 Jon Kleinberg의 Burst 분석 방법을 사용하였음

○ 발견된 현상

- 이 분석에서 몇 가지 경향이 발견되고 다음과 같은 시사점이 도출됨

- 우리 사회의 주의력은 원인이나 대책보다 사실항목에 대하여 지속되는 경향이 있음

- 원인에 대한 논의가 보통 사건 당일이나 다음날 등 매우 일찍 시작하여 사실항목에 대한 추가적 보도보다도 일찍 끝나는 경우가 많음. 이는 뉴스를 생산할 만한 사고분석활동의 부재를 시사함(원인조차도 표피적 관련요인을 사실 보도처럼 다룸)

- 대응에 대한 논의는 산발적이며 역시 사실 항목보다 일찍 끝나는 경향. 이후 관련 문제가 나올 때마다 간헐적으로 등장

■ 사고 뉴스기사의 계층 분포를 통해 본 한국의 안전 의식

○ 연구 방법

- 우리는 같은 조선일보 기사에서 다시 전체 사고 관련 기사를 두고 등장한 관련 키워드의 계층 분석을 하였음. 이 계층이란 사고의 스위스치즈 모델 등 영향모형을 따라 Sharp End에 속하는 개인적 원인 키워드(예: 과실, 망각, 실수, 오류, 착각, 착각, 혼동)와 조직행동적인 키워드(예: 과적, 무리, 무시, 불감증, 안전문화, 안전불감증, 위반, 의사소통, 커뮤니케이션) 그리고 가장 Blunt End에 속하는 조직-경영적인 키워드(예: 뇌물, 떡값, 로비, 부실, 부패, 비리, 수뢰, 유착)를 구분해 내어 그 상대빈도를 연도별로 측정하였음

○ 연구 결과

- 그 분석결과는 〈그림 4〉와 같이 정리됨. 즉 사고영역에 특정되지 않는 사회문화적 배경의 단어가 계속하여 나오고 있으며, 그 계층별 빈도는 24년의 조사기간 동안 분명한 변화를 보이고 있음. 즉, 개인적인 인간 과실에 대하여 집중되었던 사회 주의력이 20여년에 걸쳐 반 이상 줄어드는 대신에 조직행동적인 키워드나 조직경영적인 키워드가 2배 가량 점증한 사실이 뚜렷하게 나타남. 이는 고무적인 현상으로 사회적 재난을 바라보는 대중의 관점이 눈에 보이지는 않지만 보다 더 근원적인 요인을 지적하게 되었다는 것임. 이는 보다 과학적인 사고분석체계가 작동되고 이해될 수 있는 사회기반이 갖추어지고 있음을 시사함

〈그림 4〉 연도별 사고 원인 계층별 키워드 상대 빈도

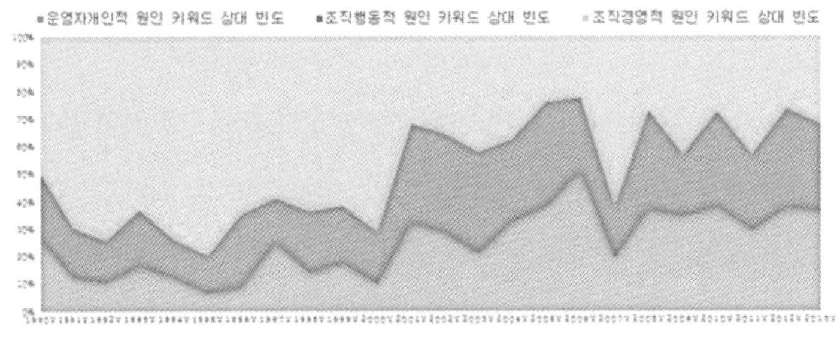

3

현대 안전의 진화와 미래

1) 인적 과실(Human Error)의 이해

■ 인적 과실의 정의와 중대성

○ 인적 과실은 시스템 내의 개인이나 조직이 안전 상태를 저해하는 실수, 판단 착오, 의사 결정 오류, 고의적이나 무의식적 위반, 행동이나 운영 상의 미흡함 등을 범하는 것을 총 칭함. 즉 개인 종사자, 협업하는 팀과 조직, 시스템 운영과 관리에 대한 경영을 수행하는 경영진 등 시스템 내의 인적 요소가 포함된 각 수준에 대하여 모두 적용되는 개념임

○ 인적 과실은 항공, 철도, 교통, 원전, 해양, 건설 등 현대 사회의 중요한 산업에서 발생하 는 사고에서 가장 큰 비중을 차지하는 사고 원인이며, 그 비율이 줄지 않고 있음. 최근에 는 조직 수준에서의 인적 요인의 중요성이 증가하는 추세임

■ 인적 과실에 대한 비합리적 관점

○ 인적 과실의 문제는 시스템 내/외부에 존재하는 다양한 요인들이 복합적으로 작용하여 형성된 위험압력이 취약한 인적요인을 통해 발현하는 시스템적 현상임. 따라서 대부분의 사고에 인적요인이 원인 또는 중간 매개의 역할을 한다고 해서 '사고는 인간 때문에 일어 난다'고 생각하는 것은 심각한 오류임. 인적 과실은 오히려 결과를 말하고 있음을 인식 할 필요가 있음

○ 인적 과실은 무엇인가 잘못했다는 뜻으로 생각하기 쉬우며 다시 하면 제대로 할 수 있을 것이라는 착각을 하게 만듦. 그러나 단지 결과가 좋지 못했을 뿐이며 주어진 상황에서는 최선의 결정을 한 경우가 많으므로 이를 '잘못'이라고 하는 것은 결과주의적인 Hindsight에 해당함. 따라서 그 판단/행위 상황을 취약하게 한 시스템, 직무, 교육, 정보의 문제를 파악하여 대응개선하지 않고 개인의 마지막 결정 또는 행위 자체에 집착해서는 사고의 재발을 막거나 안전 향상을 도모할 수 없음

2) 안전–사고의 패러다임 변천

■ 제1세대와 제2세대

○ 기계적인 단순 선형적 인과관계를 바탕으로 한 안전사고의 이해로는 현대 산업의 복잡한 시스템에서 발생하는 사고를 설명할 수 없으며 이로 인해 몇 단계의 사고 모형의 발전이 이루어졌음 〈그림 5〉

○ 제1세대에서 제2세대로 진화

– 최초의 기술적 안전 단계에서 1960년대에는 대부분 사고가 인적 과실이 결부되었음을 인지하고 작업자의 실수를 중심으로 사고를 이해하게 되었음. 그러나 아직 의사결정의 오류나 시스템의 관점보다는 단순실수와 훈련의 필요를 중심으로 인간공학적인 안전화가 논의되었음

〈그림 5〉 안전사고 이해와 모형의 변천

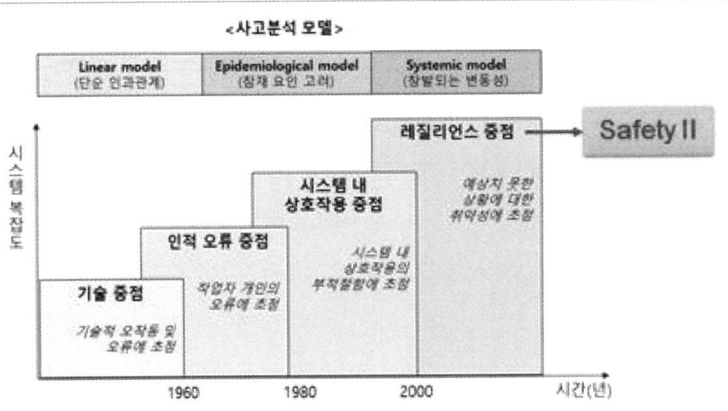

■ 제3세대와 시스템적 관점

○ TMI 사고와 사회기술학적 접근

 - 시스템 내 기술적 요소와 인적 요소의 복잡성 증가에 따라 안전사고의 최초 원인을 인적 과실로 진단하고 이를 제거하는 방법은 사고재발방지를 위한 해결책이 못되게 되었음. 특히 1979년의 미국 TMI 원전사고를 겪으면서 사고를 개인 실수의 문제에서 시스템의 문제로 인식하는 발전이 이루어졌으며 사회기술학적인 접근이 정립되었음

○ 정상사고의 개념

 - 정상사고(Normal Accident)는 Perrow가 1984년에 제시한 개념으로서, 현대 사회에서 발생하는 사고들은 사회적 요소의 복잡도와 시스템 내부 요소 간의 밀착된 결합으로 인해 이미 시스템에 잠재되어 있으며 사고의 발생은 예외적인 경우가 아니라 언제든지 일어날 수 있다는 관점을 반영함. 정상사고의 개념은 첫째로 사람들은 항상 실수를 저지르며, 둘째로 큰 사고는 거의 대부분 작은 부분에서 시작되며, 셋째로 조직이 만들어내는 기능 결함이 기술적 요소보다 많다는 세 가지 원칙에 기반을 둠

○ Reason의 스위스치즈 모형

 - 널리 알려진 Reason의 스위스치즈 모형은 안전사고의 발생은 시스템에 영향을 주는 다양한 요소들과 방어벽의 잠재적 결함들이 중첩되어 사고 발생을 막지 못할 때 일어난다고 보며, 이에 따라 현장, 조직, 시스템설계, 교육, 경영 등의 각층에 산재한 영향요인을 규명하는 노력이 경주되게 되었음. 대표적으로 항공분야에서 개발된 계층적 영향요인(HFACS)은 인적 요소에 영향을 끼치는 4가지 수준과 각 수준에 속하는 문제들을 분류하고 이를 통해 사건 발생 과정에 영향을 준 다양한 수준의 약점요인들을 규명함

■ 제4세대: Safety I에서 Safety II로

○ 고도안전 유지의 문제

 - 시스템이 어느 정도 안전도를 유지하게 되면 더 이상 비안전을 분석하거나 예견할 수 있는 기반 데이터가 매우 희소해지며 따라서 현재 얼마나 안전한지, 위험이 얼마나 가까이 다가왔는지 알기 어렵게 된다는 역설이 발생함. 즉 안전한 상태가 어느 정도 계속된 후에는 도리어 안전을 보장할 방도가 없는 맹목 상태가 될 수 있는 것임

○ 성공/실패 이분법의 극복 필요

– 기존의 안전개념은 사고를 실패로 보고, 실패는 불량한 요소로부터 비롯된다고 가정하고 있음. 그러나 복잡한 시스템에서 실패가 일어났을 때 그 실패에 관여한 것으로 지목되는 각 기능요소들은 평소와 그다지 다를 바 없는 상태에 있는 경우가 많음. 실제적으로 대부분의 현대 시스템에서 각 기능의 효율과 안전성은 상반관계에 놓이며 이 둘이 절충된 어떤 수준에서 동작하게 되므로, 정상/비정상으로 각 기능의 상태를 구분한다는 것은 사실상 의미없는 경우가 많은데 이를 ETTO(Efficiency–Thoroughness Trafde–Off) 원칙이라고 함

○ Safety II의 관점

– 따라서 Safety II의 관점에서는 사고는 불량한 요소에서 나온다는 이분법을 버리고 각 기능요소들이 평소에 큰 문제없이 기능하는 때에도 발생하는 변동성을 중시함. 이 변동성이 서로 상호작용하여 정상범위의 결과를 낼 때에는 문제가 없으나 어떤 경우 그 변동성이 마치 음파가 공명현상을 나타내듯 중첩되어 시스템의 결과를 일정 범위 밖으로 산출하였을 때 사고가 일어난다는 것이 Safety II의 관점임. 그렇다면 사고의 원인 분석을 할 때에도 현재처럼 잘못된 결과에서 잘못된 원인을 거슬러 올라가는 것만으로는 똑같은 경로의 극히 일부의 사고는 방지할지 몰라도 다른 창발적(emerging) 사고의 가능성은 그대로 방치된다는 결론이 되며, 따라서 오히려 그 실패(사고)를 산출한 시스템의 각 요소가 그 특정사고에 기여했든 하지 않았든 간에 '평소에' 어떻게 상호작용하여 시스템이 실패하지 않게 되었는지를 분석할 필요가 생김 〈그림 6〉

〈그림 6〉 Safety I과 Safety II의 사고 분석 관점 차이

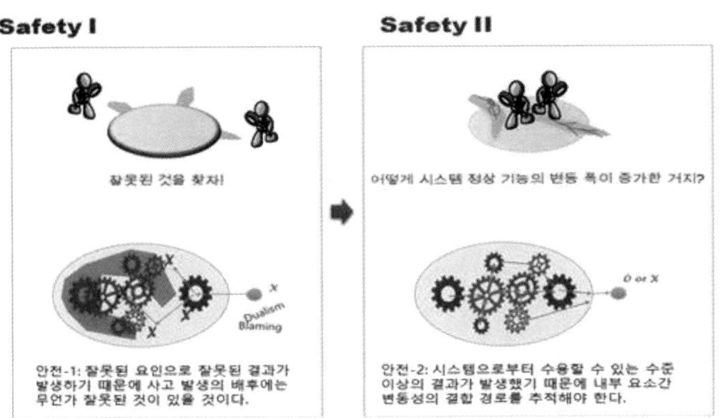

3) 레질리언스 공학

■ 레질리언스의 개념

○ 레질리언스(Resilience): 시스템의 정상 기능을 뒷받침하는 사람과 조직의 기능 유지력 및 적응성

- Safety II의 관점에서 볼 때 한 시스템의 안전성은 여러 기능들이 상호작용하면서 적절한 선에서 변동성의 파급이나 지나친 증폭이 억제되는 시스템 행동에 의해 유지됨. 따라서 각 기능의 상시적인 변동성에도 불구하고 안전한 결과를 산출하는 시스템 변동 면역성 및 기능 유지의 항상성을 중시하게 되며 그러한 성격을 레질리언스라고 함. (이를 탄력성, 견고성, 복원성 등으로 번역하는 데엔 각기 난점이 있음) 또한 그 기능 간의 상호관계를 분석하여 변동성을 관리하고 레질리언스를 향상시키는 것이 시스템 안전의 궁극적 방법으로 제시됨. 이로써 레질리언스 공학이라는 패러다임이 성립되었고 그 안에서 많은 새로운 사고분석론과 안전방법론이 제기되고 있음

- 안전은 사고 혹은 위험으로부터 벗어난 상태라는 결과라고 정의하기보다는 주어진 목표를 달성하는 과정에서 일어나는 다양한 변화 요소들을 통제하고 다룰 수 있는 능력이라 할 때 보다 의미있는 대응을 할 수 있음

- 이러한 시스템의 적응능력에는 변화하는 업무 환경과 조건에 대한 인적 요소의 유연한 대응/대처 능력이 가장 중요하며, 각 인적 요소가 효율성과 철저함 사이에서 건전한 균형을 유지할 수 있도록 하는 안전 문화와 제도 및 경영 방침 등 시스템적 능력이 뒷받침되어야 함

■ 안전 레질리언스의 기능과 요건

○ Hollnagel은 예측, 감시, 대응, 학습의 4가지 요소를 시스템의 레질리언스를 위한 능력요소로서 제안하였다. 감시는 단기적 관점에서 정상 기능 중인 시스템 주위의 환경과 시스템 내부 상황에 대한 변화를 감지하고 평가하는 능력, 예측은 보다 장기적으로 시스템의 발전과 운영에 영향을 끼치는 주위 환경적 요소들의 미래 변화를 감지하는 능력, 대응은 시스템의 장기적 전략에 맞추어 대응책 및 준비방안을 도출하고 변화하는 상황에 대해 실질적으로 대응하는 능력, 학습은 발생한 사고 혹은 시스템에 대한 여러 정보들로

부터 필요한 개선 사항을 인식하는 능력을 말함. 각 요소들은 서로에게 영향을 끼치며 장기적 관점에서 시스템을 진화시킴 〈그림 7〉

〈그림 7〉 레질리언스의 4능력 요소와 상호작용

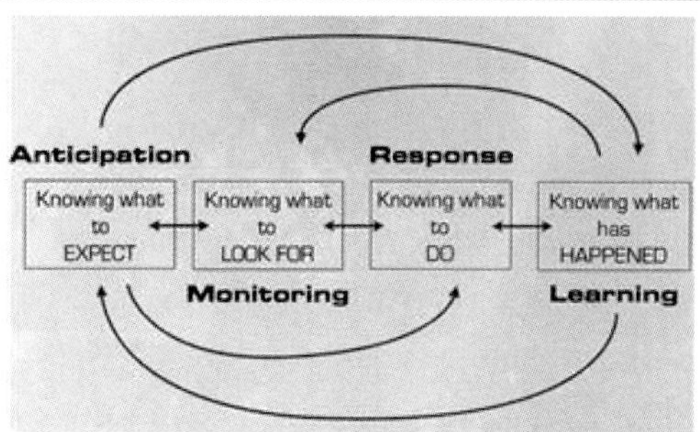

○ D. Woods는 레질리언스 시스템의 적응적 능력을 중점적으로 강조하며 현실대응적인 적극적 학습(proactive learning), 정상 기능 유지 능력(sustained adaptability), 예측하지 못한 상황에 대한 확장된 적응력(graceful extensibility) 3가지를 강조함

○ Wreathall은 조직이 레질리언스를 가지는 데 필요한 7가지 기반 요소를 〈그림 8〉와 같이 정의함. 이 중에서 특히 정의 문화(Just Culture)는 조직 내에서 하위직급자가 상위자에게 상황 전달 및 정보 교류를 원활히 할 수 있는 문화를 뜻하며 유교권 문화인 한-중-일에 대하여 이 부분의 약점이 흔히 지적됨

〈그림 8〉 레질리언스의 7대 기반 요소

4) 레질리언스적 관점과 한국의 사회 안전

■ **기능공진분석방법**(Functional Resonance Analysis Method) **- Safety II 분석 도구**

○ 기능공진분석방법(FRAM)은 Safety II 개념을 바탕으로 사회기술적 시스템의 복합 안전 사고 분석과 시스템 평가를 위해 개발되었으며 내부 기능요소 간의 상호의존성과 복잡도를 논리적 연결을 통해 표현하여 성능 변동성의 전파경로 추적 및 분석에 이용함. 본 팀은 한국의 사고를 Safety II의 개념에 비추어 특성을 살펴보고 또한 FRAM과 레질리언스의 개념이 한국의 안전향상에 유용한 도구가 될 것인지를 평가하기 위하여 상기한 바 세월호 이후 10건의 사회안전사고, 대구역 철도사고, 아시아나 SF 착륙사고, 세월호 사고, 그리고 MERS 사태에 대해 FRAM 분석을 수행하였음

○ 본 연구에서는 한국사회의 안전 분석과 평가를 위해 FRAM을 사용할 뿐 아니라, 그러한 사회적 사고 분석에 보다 적합하도록 FRAM 모형 자체의 개선을 수행하였음. 그러나 본 보고서의 목적인 한국의 미래전략 도출에 통찰을 준 부분만을 다루고, 모형론의 개선 작업에 대하여는 생략함

○ 〈그림 9〉은 사회적 사고에 맞게 개선된 FRAM을 사용한 고양터미널 화재 사건의 분석임. 이 분석에서 사회적 재난은 성격이 다른 복수의 시스템이 조우하면서 창발적으로 상호작용하며 발생한다는 것을 확인하고, 기존의 FRAM 적용 예와 달리 시스템을 열린 계(open system)로 조망하고 각 시스템의 관할 하에서 상황인지를 확보하는 것이 가장 중요하다는 결론을 얻을 수 있었음. 또한 이는 인적 요소, 기술적 요소, 제도적 요소를 분리하지 않고 통합 설계하는 접근법이 불가결함을 증명함. 이는 한국의 안전사회화 전략에 반영됨

○ Safety II의 관점은 시스템의 안전 유지상태와 변동성에 대한 투명한 상황인지를 유지할 것을 요구하며 그 요구부분들을 지적하는 바, 이는 한국의 사회적 사고/재난 방지에 극히 중요한 대안을 제시함을 한국 사고군의 FRAM 분석을 통하여 발견하였음. 다른 말로 한국형 사회적 사고는 각 기능의 변동성이 제어되지 못하고 방치상태에 있을 때 일어나는 특징이 있으며, 이는 앞서 기술한 23년간의 사고 기사 분석에서의 발견점을 뒷받침함

〈그림 9〉 고양터미널 화재 사건의 개선 FRAM 분석 예

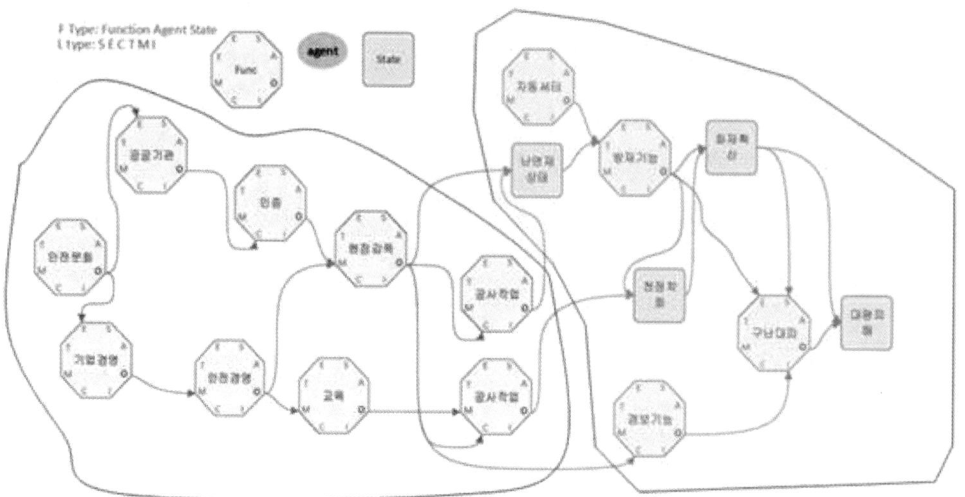

4

한국의 안전 미래전략

1) 한국사회 안전화의 전략

■ 한국 사회 안전의 근본 취약점

○ 본 팀은 앞에서 사회적 안전사고 10건에 대한 E&CF 분석에서 영향요인의 인과관계를 경우별로 정리하고 〈표 4〉와 같은 그루핑을 수행하였음. 이 9가지의 요인그룹은 Mindset, System, Practice라고 특성지을 수 있음. 그 인과관계 형성의 전형적 방향을 따라 연결하여 〈그림 10〉과 같은 영향관계도가 도출됨

〈그림 10〉 한국사고의 영향 요인 그룹 간 관계도

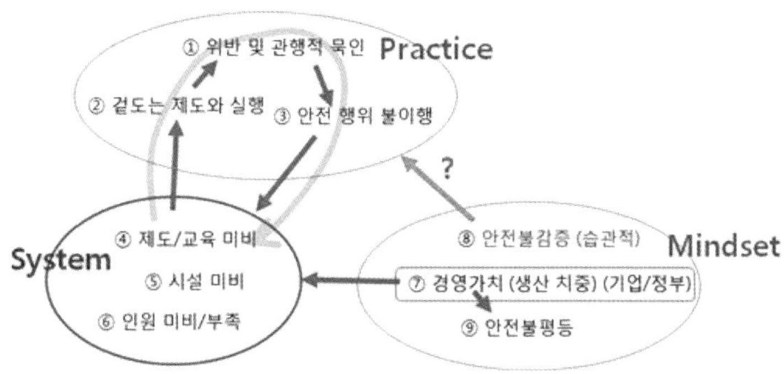

○ 경영가치와 시스템적 후진성

먼저 System에서 Practice로 이어지는 영향관계는 제도/교육, 시설, 인원 등의 미비와 부족이 자주 등장하고 그 결과 ⑵ 제도가 있어도 실행은 그와 다르거나 형식적이며, 다시 이 때문에 ⑴ 규정의 위반과 이에 대한 관행적 묵인이 만연하며 ⑶ 그 결과 안전 행위의 이행이 전반적으로 극히 해이하다는 영향의 방향을 설정할 수 있음. 표면상 나타나는 것은 늘 무언가 규정대로 하지 않았다는 것이지만 그 이면을 보면 지킬 수 없는 제도, 이루어지지 않은 교육, 미흡한 시설, 부족한 인원이라는 근본적 원인이 있다는 것임. 그리고 이것은 모두 우리 사회의 안전 시스템이 갖추어지지 않았다는 것이며, 그러한 방치는 경영가치의 문제로부터 왔다는 불가피한 결론을 얻게 됨. 또한 소외 계층에 대한 안전 불평등은 그 시스템의 방치가 특히 심한 부분이 있다는 것을 가리킴. 흥미로운 것은 안전불감증은 우리나라의 거의 모든 사고에서 등장하는 거의 '유일 원인'인 것 같은 키워드인데 사고 분석에서는 거의 모든 다른 그룹요인에 대해 설명하는 위치에 있다는 것임. 이는 안전불감증은 다른 8가지 요인그룹에 대한 원인이나 결과가 아니고 하나의 통칭이 되어 있음을 말함. 이는 실제적 시스템에 대응하여 굳어진 사회적 태도, 또는 세계관적 특성을 가리키는 것임

○ 시스템적 문제

우리 사회의 시스템적 안전 문제는 다음과 같은 사례들로 나타남

- 사회적 약속의 제정, 관리, 유지에 대한 노력보다 시설, 하드웨어, 소프트웨어 등 수단에의 '투자'에 의존하는 경향

- 안전관리 시스템의 부재(정부수준, 기업수준)

- 안전 관련 매뉴얼의 수입 사용 행태(이해 및 실용화 미흡)

- 심층 분석시스템 없고 처벌 위주의 인적 과실 처리

- 사고 관련 정보 공개, 공유, 사회경험의 지식화에서 미, 일, 유럽에 비해 절대적 미비

- 안전 관련 R&D 아젠다에도 하드웨어 등의 '개발'과 첨단, 수출의 단어 장식, 시스템적 부분은 거의 없음(인문학적 연구로 치부)

- 안전 연구와 실행의 개별 영역화(안전이라는 영역 실종)

- 안전산업 구성에도 안전서비스보다 안전장비에 치중(외국은 안전서비스가 2~3배)

- 안전 규제도 가시적 결과에 대한 규정만 있고 과정적인 요건 규정이 없음

- 사회적 규약의 공유화, 실용화가 잘 되지 않고 암묵적으로 실행(예: 정지표시판, 주차선)

- 대형 사건 시 컨트롤타워, 거버넌스 등의 문제가 매번 거론됨

■ 안전 시스템의 후진성에 대한 극복 전략

○ 대안으로는 우선 경영가치를 재확립할 것이 요구되지만, 가시적인 시스템의 개선에 대한 요구와 대응 등 실제적 작업이 동시에 일어나지 않으면 안 됨. 비현실적인 규정은 지킬 수 없을 뿐 아니라 규정과 실행, 감독의 사이클을 파괴하므로, 시급히 고쳐야 함. 또한 준수 여부가 불확실한 애매한 규정 역시 같은 이유로 우선 정비되어야 함. 규정이 현실화된 후에는 규정을 지키는 것과 안 지키는 것이 상시적으로 관찰되도록 시스템을 운영하여야 함. 시스템 전체의 다이나믹스를 성립시키는 톱니의 역할을 하기 때문에 여기에 인원과 장비가 필요하다면 아마 가장 우선적인 투자가 요구되는 곳이며 또 가장 투자효과가 큰 부분일 것으로 믿어짐. 다음은 적절한 크기의 보상 또는 벌칙이 빠짐없이 준행되게 하는 것임. 규정을 어겨서 얻을 수 있는 이익보다 어길 경우 적발될 확률과 벌칙의 곱이 반드시 커야 하고 특히 확률적 불확실성을 기회 삼지 못할 정도로 커야 함. 결국 시스템이 정비되어야 함

○ 과정적 규정의 도입

- 정부가 각 기업 활동에 대하여 안전 규정을 설치하고 감독/교체 활동을 하는 것만으로는 안전이 이루어질 수 없음. 이는 결과론적인 규제가 되므로 피규제자는 외면상 눈가림하는 일이 발생하고 차차 관행으로 누적되며, 또 매우 작은 확률로 일어나는 사고의 특성 때문에 규제자도 반드시 느슨해질 수밖에 없음. 따라서 각 기업이나 기관의 내부적 안전 시스템 활동에 대한 규정과 명시화가 있어야 함. 이는 SMS(Safety Managemenet System), 즉 안전관리시스템의 도입을 권장 또는 의무화하고 그 내용을 규정하며 그 실행을 감독하는 것임

○ 안전관리시스템(SMS)

- 안전관리시스템은 "A systematic approach to managing safety, including the necessary organizational structures, accountabilities, policies and procedures"(ICAO Doc 9859)로 정의됨. 기존의 안전시스템이 기술적 부분에 집중한 데 반해 SMS는 조직

적 요소를 강조함. 따라서 SMS의 도입은 위에 확인된 한국적 시스템 약점을 보완하는데 가장 명료하고 효과있는 방법일 것으로 판단됨. 안전관리시스템은 인적자원, 도구, 절차, 물류, 장비, 소프트웨어 등 시스템의 전부문을 망라하며, 아래의 4가지 요소로 구성됨.

: Policy and Structure

: Safety Risk Management

: Safety Assurance

: Safety Promotion(Culture)

세계적으로는 항공분야에서 가장 널리 쓰이며 해양 철도 원자력 분야에서도 수립되어 사용하고 있음

■ **사회 안전 부문에 대한 투자**

○ 안전투자의 가치

– 안전투자의 가치는 인명과 생활의 보호, 사고손실의 감소, 안전부문 고용효과, 지속성장의 기반, 사회시스템 성숙효과, 안전의 사회심리학적 효과 등 일반이 생각하는 것보다 직간접으로 훨씬 큼. 안전문제는 시스템문제로 국민들이 선진국의 시스템 마인드셋으로 발전하는 효과와 국가 브랜드 향상이라는 거대잠재이익을 수반함. 또한 사회안전이 약하면서 OECD에서 상위국이 되거나 개인소득 3만 달러 고지를 넘은 나라는 없음

– 사회안전을 향상시키기 위한 투자는 효과있는 수단을 선정한다면 ROI로 계산할 때에도 쉽게 몇천 %에 이를 수 있음. 〈그림 11〉에서 안전비용이 증가하면 위험비용이 감소하는데 현재 한국의 위치는 최적투자점에 많이 못미쳐 있는 상태로서 어떤 다른 투자보다도 사회안전에 투자하는 것이 가장 경제적 이득이 큰 상황이라 할 수 있음. 이는 개도국이나 안전선진국과 매우 다른 포지션에 해당하며, 사회안전투자는 대대적으로 시행하여 한국의 신성장동력으로 삼기에도 부족하지 않다고 판단됨

〈그림 11〉 안전투자 효과와 한국의 위치

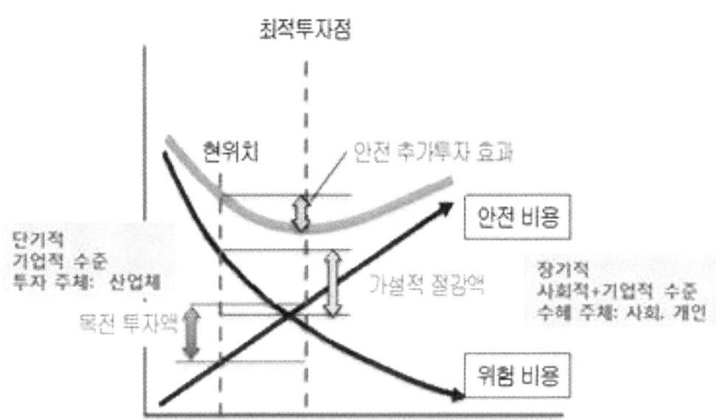

○ 기업 안전투자의 유도

– 〈그림 11〉에서 안전투자는 목전의 현금투자이며 기업에 의해서 실행되고, 그 투자로 인한 안전효과는 기업에도 도움이 되지만 피고용인 개인들이나 사회적인 비용의 절감으로 돌아오는 수가 많음. 이 경우 아무리 절감액이 몇 배 크다 하여도 수혜자가 분명치 않은 그런 잠재적 이익보다 목전의 확실한 지출을 피하려는 기업의 태도가 문제가 됨. 이는 위험에 대한 사회적 비용을 기업이 확실히 부담하도록 제도를 정비하고 안전투자에 대한 인센티브를 설정하며, 안전투자수준을 규정함으로써 해결할 수 있음

○ 공공 부문의 안전투자

– 한 연구에 의하면(도로교통공단 교통과학연구원, 교통안전투자효과분석, 2010) 안전시설 투자나 교육 홍보 투자가 모두 뚜렷한 효과가 없는 반면, 단속 규제만이 상당한 효과를 갖는 것으로 나타남. 한국의 교통사고 피해액수는 교통경찰 예산의 23배에 해당하므로 경찰의 활동을 늘리는 데 투자함으로써 상당한 피해 감소효과가 있을 것으로 믿을 수 있음. 도로교통 이외에도 선박의 과적 적발, 안전의무사항 준수, 승선객 파악 등 시스템적 규정을 정비하고 운영을 실질화하는 데에도 인적자원의 투자가 들어가지만 그 효과는 막대할 것으로 생각됨

2) 안전산업육성의 미래전략

■ 한국 안전산업의 현황

○ 우리나라는 안전 인프라에 대하여 유지관리 부문 지출이 만성적으로 부족하고, 민간 수요는 정체 상태이며, 투자 부족으로 인해 전문 인력도 부족하고 기술 수준도 낮은 상황임. (국가안전 대진단과 안전산업 활성화방안) 안전시장의 규모로 보았을 때 인구대비 한국은 미국이나 일본의 절반 정도의 규모에 머물고 있음

○ 우리나라 안전의 민간 수요부문을 살펴보면 국내 산업의 영세성과 낙후성 때문에 최저기준 제품에 만족할 수 없어 해외제품을 구매하게 되는 경향이 있고, 공급 측을 보면 규모가 영세하여 규제하한선에 맞춘 안전기술 수준에 겨우 머물러 있으며 기술인력 양성에 대한 투자도 정체되어 있음. 따라서 전형적인 내수형 과소생산시장이 형성되어 있음 (출처: KIET 산업경제. 안전산업의 주요국 육성사례와 우리의 발전 방안. 2014.11)

○ 주요국가와의 기술격차를 보면 미국에 대하여 6년, 일본과 유럽에 대하여 4년 가량의 기술격차가 있다고 진단됨(출처: 2012년도 기술수준평가보고서. KISTEP. 2013)

■ 한국의 안전산업 육성정책

○ 정부의 방재산업 분류표를 보면 하드웨어와 소프트웨어 등 가시적 사물에 집중되어 있는 것을 볼 수 있음. 이는 우리나라 기술부문 전반에 걸쳐 부정적인 현상으로 하드웨어에 대한 강조가 치우쳐 있고 지식웨어나 시스템(전산시스템이 아닌 조직적 시스템) 부문에 대하여는 인식이 잘 안 되어 있는 것을 반영함. 또는 그런 부문에서 활동하는 기업이나 기술자가 그만큼 적다는 증좌일 수 있음

○ 2015년 5월 발표된 정부 안전산업 활성화 방안을 보면, 안전 신산업 창출과 해외진출이라는 부분이 있으나 '5대 핵심기술'을 앞세운 장비산업을 중심으로 하고 있음. 한국의 최대 약점이 시스템화에 대한 내용은 미비하고 불명확하며 위험 및 사고분석, 안전관리시스템 등의 내용은 개별사업자에게 맡겨진 인상임. 함께 나온 안전산업 활성화 세부이행 과제를 보면 불균형이 명확히 나타남

■ 글로벌 안전전문기업의 사례

○ 미국의 Kroll사는 위험관리 컨설팅 기업으로 위험진단, 관리, 보안 컨설팅과 마스터플랜 수립 등의 안전시스템서비스를 하고 있으며, 영국의 Risk Advisory도 유사한 업태를 가지고 있음. 한편 프랑스의 Bureau Veritas는 국제건축물 안전 및 환경인증, 자산관리, 인증, 선급, 검사, 안전관리 컨설팅 등을 제공하며 한국 기업에도 서비스하고 있음. 독일의 TÜV Rheinland사는 세계 선도 인증기관으로서 규정준수 시험, 경영시스템 감사, 현장평가 설비, Functional Safety Program 등을 제공함. 요컨대 이런 기업들은 우리가 가장 취약한 부분인 시스템적 능력과 정의 문화를 수출하고 있는 것임. 우리나라도 국내에 이러한 기업을 키워나가야 안전문화적인 반전이 가능할 것으로 생각됨

3) 사회안전 및 안전산업의 미래 전략

■ SWOT 분석

강점(Strength)	약점(Weakness)
−국민교육수준과 역량 −집중적인 국토 활용 −항공 원자력 등 안전선도부문 존재 −IT 위시한 기술력 −모바일보급과 통신네트워크	−시스템관점과 능력 미흡 −안전문화 취약 −경제성장으로 인한 효율중시 관성 −융합적 연구능력 취약 −정보 공개에의 거부감 −권위주의 조직행태 −관련기업 영세성과 비전문성
기회(Opportunity)	위협(Threat)
−대형사고 반복으로 사회적 관심 증대 −삶의 질에 대한 투자 분위기 −중국 동남아 중동 등 글로벌 시장 성장 −첨단 IT 기기의 등장과 가격 하락	−주요경쟁국의 성장과 기술향상 −사회적 경험 망각 주기 −생산−안전의 불균형으로 안전섹터 수입의존성 증가 −일반 규제와의 혼동으로 제도 도입 어려움 −정책 닻효과(하드웨어 등 사물 중심 사고)

○ 강점(Strength)

- 한국은 원자력 발전과 항공산업의 강국이며 이 두 부문은 세계적으로 안전에 가장 많은 연구와 투자가 행하여졌고 높은 국제수준의 규정과 정교한 안전체계들을 가지고 있음. 이러한 경험은 타 분야로 전파될 수 있음

- 한국의 인구집중도는 안전투자 역시 집중적으로 할 수 있는 기회가 됨. 안전시설의 효용이 그만큼 높아 투자가 쉬움

○ 약점(Weakness)

- 약점 중 가장 중요한 것은 시스템 관점이 정착되지 못하는 것과 권위주의적인 경영방침, 성장의 관성 등임. 따라서 정부가 민간을 주도하여 안전의 수준을 구체적으로 규정하고 실행하는 것이 필요함

○ 기회(Opportunity)

- 최근 대형사고의 반복으로 국민의 관심이 증대되었으며 사회적 결의가 확인되었음. 또한 삶의 질에 대한 욕구가 투자로 이어지고 있는 시기임

- 도구면에서 첨단기기가 속속 출현하고 저렴하게 사용가능하며, 시장면에서 중국 등의 급성장으로 우리가 개발한 안전기술과 산업의 판로가 있음

○ 위협(Threat)

- 가장 중요한 위협은 내부에 있음. 과거 20여년간 반복되었듯이 안전에 대한 교훈을 망각하고 낙관적으로 접근하는 태도가 민-관-기업에 재현될 수 있다는 점이 위협으로 작용함. 특히 안전을 우리 강점인 하드웨어와 소프트웨어, 기술 투자 등 기술로만 해결하려 하는 생각이 앞서 문제의 본질은 잊게 될 위험이 있음(정책 개발이 닻효과로 인해 그런 방향으로 굳어져 있음)

■ 한국의 사회안전 향상의 기회와 우선 순위

○ 〈그림 12〉는 좌측에 사회안전 향상을 위해 노력을 경주할 부문, 우측에 적용할 영역을 보이고 있음. 화살표가 가리키는 것은 그중에서도 우선적인 노력이 필요하고 또 유효성이 높을 것으로 생각되는 것임. 이것은 기본적으로 사회안전의 향상을 위한 도표이며 안

전산업을 발전시키자면 우선순위나 투자내용이 조금 달라질 수 있겠지만, 기본적인 원칙은 우리 사회의 안전을 향상시키며 그 과정에서 개발된 기술, 장비, 시스템 등이 산업화되는 것이 정상적이고 성공할 수 있는 유일한 길이라는 것임. 이 점은 안전에 관한 한 우리 사회가 자주 혼동하고 본말을 바꾸어 노력의 낭비를 겪는 부분으로 생각됨

〈그림 12〉 사회 안전 향상의 기회와 우선 순위

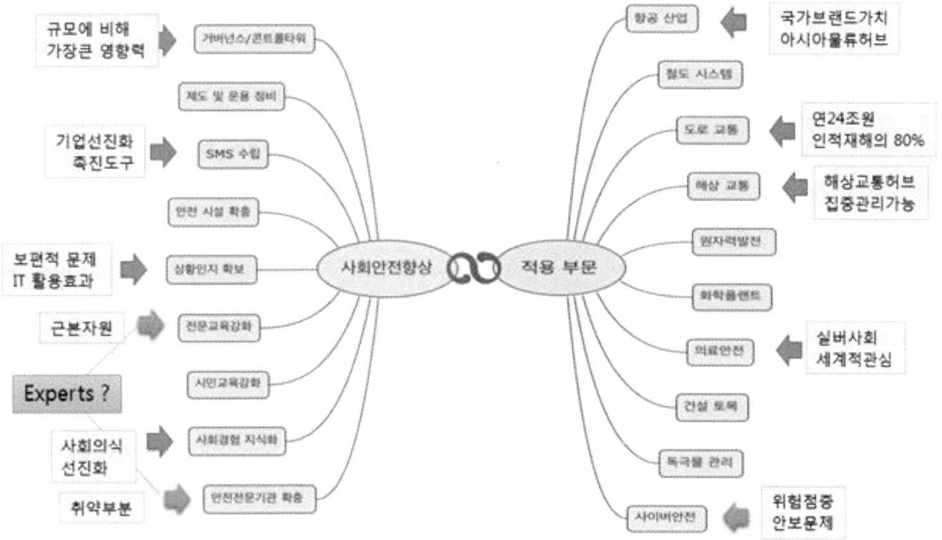

○ 좌측(노력부문)의 우선 순위

– 거버넌스와 컨트롤타워 문제는 비교적 적은 수의 사람과 결정사항으로 전체 사고/재난에 대한 대비에 큰 영향을 미치는 부분이므로 반드시 우선적으로 해결해야 할 사안임. SMS 수립은 위에 설명한 바 있으며 사회적으로 안전개념을 바꾸고 현실화할 수 있는 원동력이 될 수 있음

– 상황인지 확보는 여러 계층에서 이루어져야 함. 현장에서 모든 정보가 지각되게 하는 것은 기술적 문제가 될 수 있음. 그러나 조직이나 사회 각 부분의 안전 상태가 늘 정확히 인지되게 하는 것은 규정, 감독, 조사 등 조직 및 제도에 대한 시스템적 기술을 요함. 이는 레질리언스 능력의 투명성에 해당하며 현재 우리나라에 가장 부족한 부분임. 사회경

험 지식화는 상황인지의 사회화라고 할 수 있으며 모든 사고 재난 기록이 투명하게 공개되고 연구되어야 한다는 것임. 이것은 사회의 안전의식의 선진화를 가져오는 길임

- 안전에 있어 전문성은 필수적인 부분이며 따라서 안전전문기관을 확충하고 내실화하여야 하며 전문인을 양성하여야 함. 그러나 이것은 시간이 걸리며 이에 종사할 전문가의 부족으로 늦어질 가능성이 높음. 그렇기 때문에 일찍 착수해야 할 일임

○ 우측(적용 영역)의 우선 순위

- 투자효과가 높고 뚜렷하여 다른 부분의 안전도 선도할 수 있다는 점 때문에 도로교통, 항공산업, 해상교통, 의료안전, 사이버안전이 우선적으로 노력을 집중해야 할 부문임. 각각의 이유는 〈그림 12〉에 표현되어 있음

- 특히 도로교통은 도로라는 제한된 영역에서 일어나는 것으로 일정한 규정과 시설이 제정된 시스템이라는 점에서 다양성이 높은 산업재해의 위험과 다름. 또한 가장 많은 손실액이 발생할 뿐 아니라 거의 전 국민이 관련되어 있어 사회 안전의식 선진화의 효과도 막대함

4

결론 및 제언

■ 결론 및 요약

○ 한국 안전사고의 특징

- 한국의 사회적 사고는 대개 인적재난이나 심층적으로는 성장위주의 경제 환경의 관성에서 비롯된 문화 문제와 시스템 문제의 결착에 원인이 있음

- 이를 풀기 위해서는 경영가치 문제와 시스템 후진성의 극복을 과제로 삼아야 하며 그 일환으로 재난 시의 거버넌스 문제 등을 해결해야 함

○ 안전을 위한 융합 방법론

- 세계적인 안전 패러다임의 진화에 발맞추어 우리의 안전시스템을 개선할 필요가 있는 시점에 왔으며 Safety II의 개념과 레질리언스 공학은 우리의 안전의식의 관성을 깨고 실제적 도약을 이룰 수 있는 틀을 제공할 것으로 기대됨

- 사고의 공통적 심층원인을 착실히 제거해 나가고 사회적 경험을 축적하기 위해서 사고 분석체계가 각 영역에 수립되어야 하며 나아가 위험 평가, 예측 체계가 개발될 필요가 있음. 그러한 조사분석결과는 선진국처럼 투명하게 일반과 연구진에 공개되어야 함

○ 한국 사회의 안전화

- 사회 안전에 대한 체계적 투자는 방어적인 측면뿐 아니라, 각 기업과 공공기관, 지자체의 조직을 개선하는 작업을 수반하며 그 자체로 기존산업에서도 안전투자로 인한 손실방지,

대규모 신규 고용 창출, 사회 생산성 안정화 등 적극적 경제 증진 효과가 있음

- 안전투자의 투자효과는 실제적으로 매우 높지만, 의사결정주체와 투자주체, 그리고 수혜자가 상이하다는 문제가 있으므로 면밀한 제도의 설계와 정부의 주도가 필요한 부분임

- 각 영역에 대하여 시스템적 관점에서 개선 체계를 세우고 관리체계 도입(SMS)이 필요함

- 전문성의 확보가 중요하나 오래 걸리는 일이므로 전문가와 전문기업 양성에 시급히 착수해야 함

○ 안전산업의 육성

- 우리나라의 안전산업은 극히 영세하여 자생적으로는 본격적 발전이 어려운 상황임. 그러나 수요가 많은 시점에 도달해 있어 안전을 시스템적으로 체계화할 수 있는 전문적 역량과 정보의 주도가 뒷받침될 수 있다면 세계 수준의 안전산업을 육성하게 될 가능성이 있음. 현재 우리나라의 많은 위험요인과 사고 경험이 원동력과 경험지식으로 사용될 수 있을 것임

- 안전산업은 다른 산업의 경우처럼 첨단기술-개발-수출의 틀로 접근해서는 안 되며 우리 사회 자체의 안전화(내수시장에 해당)를 경주하면서 그 과정에서 얻어진 기술과 장비, 조직적 시스템 등의 결과를 가지고 산업 육성을 하는 순서가 필요함

- 민간부분의 안전투자는 경영철학의 진화와 맞물려 있으므로 수요창출의 관점에서도 사회 안전화와 맞물리는 정책적 유도가 필요함

■ **정책 관련 제언**

○ 안전산업의 육성을 앞세우지 말고 우리 사회의 안전문제를 근원적으로 풀어가는 과정을 밟으면서 산업화를 도모할 필요가 있음

○ 재난사고의 심층원인을 규명해 내는 사고분석체계와 그 결과 경험지식의 공개가 필요함

○ 각 기업이나 산업현장의 안전을 결과형으로 규정하는 것만으로 충분치 않음을 인지하고 과정을 관장하는 안전관리체계(SMS)를 개발하고 정착시키며 영역에 따라서는 제도화시키는 것이 유효할 것임

참고 문헌

[1] Hollnagel, E. (2012). *FRAM: The Functional Resonance Analysis Method: Modelling Complex Socio-technical Systems*, Ashgate, U.K.

[2] 국민안전처. (2015). 재난연감.

[3] 국민안전처. (2015). 2015년도 재난 및 안전관리기술개발 시행계획(안).

[4] 조은정, 박광순, 황원식. (2014). 안전산업의 주요국 육성사례와 우리의 발전 방안. KIET 산업경제. pp. 18-24.

[5] 한국과학기술기획평가원. (2013). 기술수준평가보고서.

[6] 한국산업기술진흥원. (2011). 안전/방재 고도화를 위한 산업기술의 역할. 2011.8.

[7] World Health Organization. (2013). Global status report on road safety.

[8] 통계청. e-나라지표. http://www.index.go.kr/

[9] Zou, P X W, Sun, A C S, Long B and Marix-Evans, P. (2010) Return on investment of Safety Risk Management System in Construction, *CIB World Congress 2010*, 11-13 May Salford Manchester, UK.

전치형 KAIST 과학기술정책대학원 조교수

미국 M.I.T. Science, Technology & Society 박사
막스플랑크 과학사 연구소, 박사후연구원

S

MESIA 미래전략
(안전산업 : 소방방재 분야)

세부분야

재난·안전 정책과 제도의 전환을 위한 미래전략

1

연구 개요

■ **연구 목적**

○ 재난·안전 분야의 정책, 제도, R&D, 산업의 현재 패러다임 진단

○ 새로운 패러다임으로의 전환을 위한 장기적, 거시적 관점 제안

■ **연구 필요성**

○ 세월호, 메르스 등 다양한 형태의 재난에 대비하고 대응하는 국가 시스템이 반복해서 실패해 왔음

○ 이는 일시적인 현상이 아니라 수십 년간 되풀이되고 누적된 근본적이고 구조적인 문제로 파악할 수 있음

○ 따라서 현 시스템의 문제를 파악하고 이를 개선하는 일에도 장기적인 안목과 근본적인 인식전환이 요구됨

○ 재난에 대비하고 국민 안전에 실질적으로 기여하는 미래전략의 바탕이 될 핵심가치와 관점을 다시 정립하고 이를 재난 관련 과학기술 R&D와 정책수립에 응용하기 위한 노력이 필요

■ 연구내용

　○ 현대 사회의 재난의 특성 검토

　○ 재난·안전 정책, 제도, 산업 현황 검토

　○ 현재의 재난·안전 패러다임에 대한 진단

　○ 새로운 패러다임의 방향 제시

〈참여 연구진 소개〉

구 분	소속/직위/성명	담당 역할
연구 책임	카이스트/조교수/전치형	– 연구과제 기획, 조정, 관리 – 회의, 세미나, 인터뷰 진행 – 보고서 작성
연구 자문	서울과학기술대/조교수/최형섭	– 과학기술과 재난 자문 – 재난 조사보고서 및 사회적 학습 자문
	Drexel University/부교수/ Scott Knowles	– 미국 재난·안전 연구와 정책 현황 자문
	도쿄전기대/조교수/ Juraku Kohta	– 일본 재난·안전 연구와 정책 현황 자문
연구 조교	KAIST 과학기술정책대학원 박사과정/정한별	
	KAIST 과학기술정책대학원 석사과정/윤기준	

2

현대사회의 사고와 재난

○ 한국을 비롯하여 세계 각국은 지속적으로 사회적 상식과 과학적 예측을 뛰어넘는 대형 사고와 재난을 경험

○ 한 사회가 지닌 일상적인 기술적, 행정적, 정치적, 경제적, 심리적 역량으로 즉각적이고 효과적인 대응이 불가능한 재난이 세계 곳곳에서 발생

○ 재난대응과 위험관리는 한 국가의 역량을 시험하는 중요한 잣대가 되는 동시에 국가에 대한 국민의 신뢰도에 영향을 미치는 중요한 변수로 부상

○ 그러므로 재난 예방, 대응, 복구에 대한 정책은 응급상황을 해결하기 위한 한시적인 조치에 머무르지 않고, 근본적이고 장기적인 국가전략의 일부로 고려되어야 함

3

미래의 재난

■ **위험사회**(Beck, 1992)

ㅇ 독일의 사회학자 울리히 벡이 지적했듯이 오늘날의 위험 사회(risk society)에서는 확실성
보다 불확실성이, 재화의 생산과 분배보다 위험의 생산과 분배가 더 심각하고 핵심적인
의제로 등장

■ **미래전략**

ㅇ 재난과 안전 문제에 관한 미래전략은 불확실성과 위험의 완벽한 제거를 목표로 하기보
다는 다양한 종류의 위험에 대비하고 대응하는 기술적, 사회적 역량을 키워줄 수 있어
야 함

■ **새로운 재난의 가능성**

ㅇ 20세기의 여러 재난들이 그러했듯이 앞으로 닥칠 재난도 현재 우리가 가진 경험과 인식
의 틀을 뛰어넘는 새로운 원인에서 촉발되고 예상치 못한 결과를 낳을 가능성이 높음

〈그림 1〉 후쿠시마 원전사고

○ 복합 재난: 여러 종류의 재난이 동시에 발생하거나 연쇄적으로 발생하여, 각각의 재난에서 예상되는 것과는 다른 종류와 범위의 피해를 유발하는 경우(예: 지진+쓰나미+원전)

○ 느린 재난: 짧은 시간 동안 강렬하게 발생하는 사건이 아니라 수십 년, 수백 년의 시간을 통해 점진적으로 파국적인 결과를 낳는 경우(예: 기후변화로 인한 해안지역 침수, 오랜 시간 누적된 도시−사회 정책 실패로 허리케인 카트리나와 같은 위험에 취약해진 미국 뉴올리언스)

〈그림 2〉 기후변화로 인한 느린 재난

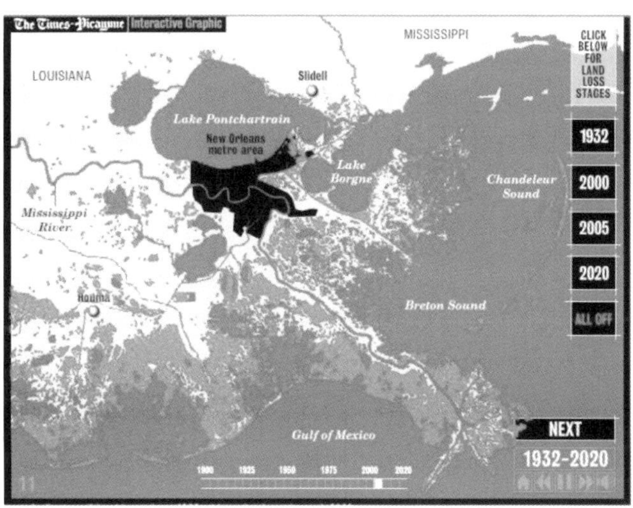

〈출처: The Times-Picayune〉

■ **새로운 도전**

○ 복합 재난과 느린 재난을 비롯하여 미래에 발생할 새로운 재난들은 현재 한국이나 국제 사회가 실시하고 있는 근대적 위험관리 체계에 근본적인 도전과 위협이 될 것으로 전망

○ 이에 대비하고 대응하기 위해서는 장기적, 거시적, 복합적인 분석력과 상상력을 결합한 재난정책 패러다임이 필요

○ 개별적인 기술시스템, 지역생태계, 행정조직 각각에 대한 이해를 넘어, 각 요소들 사이의 연결과 상호작용에 주목해야 함

○ 단기적, 미시적 요인에 대한 분석과 대응을 보완할 수 있는 장기적, 구조적인 변화에 대한 상상력 요구

강점(Strength)	약점(Weakness)
· 과학기술 R&D 역량 · 참고할 수 있는 여러 재난 사례들 · 빠른 실행력	· 사회 각 분야에서 공공성 약화 · 사회적 기억과 학습 부족 · 빈부격차 증가와 사회적 안전망 약화
기회(Opportunity)	위협(Threat)
· 세월호, 메르스 이후 재난에 대한 사회적 관심 증가 · 전담부처 신설	· 기후변화 등 전지구적 재난의 가능성 · 기술시스템과 사회적 환경의 복잡성 증가

4

한국의 재난·안전 연구와 정책 현황

■ **재난의 정의**

○ 재난 및 안전관리 기본법 제 3조에 따르면, 재난이란 자연재난(태풍, 홍수, 강풍, 해일 등)
+ 사회재난(화재, 붕괴, 교통사고, 에너지, 전염병 등)을 의미

〈그림 3〉 자연재난 발생현황

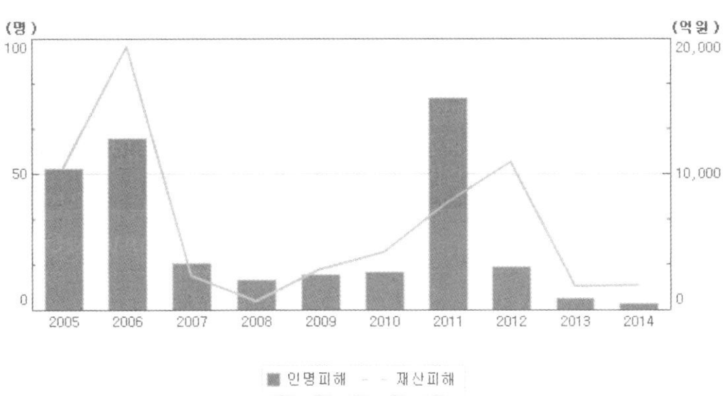

〈출처: www.index.go.kr〉

〈그림 4〉 인적재난 발생현황

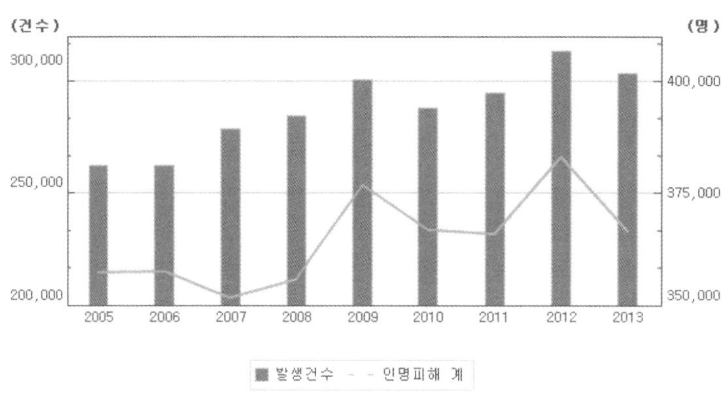

〈출처: www.index.go.kr〉

■ **한국의 재난 및 안전 연구와 관리시스템의 변화**(이재은, 2006 참고)

○ 한국의 재난 및 안전 연구와 관리 시스템은 재난-재해에 대한 정의의 변화에 발맞추어 변화

○ 초기에는 재난, 안전과 관련하여 200여 개가 넘는 법들이 난립하고 있었으며, 이는 국가 차원의 방재시스템 구성에 혼란을 야기

○ 70년대의 민방위기본법 제정을 시작으로 80-90년대를 거치며 농어업, 소방, 철도 등 유형별 법률이 단계별로 정비

○ 90년대 들어 처음으로 통합이 시도되었고, 이 과정에서 자연재난을 담당하는 자연재해대책법, 인위재난을 담당하는 재난관리법 발의

○ 이후 재난 및 안전관리 기본법의 제정(2004년 3월)과 함께 세분화되어 인적재난과 자연재난이라는 분류가 탄생하고, 이후에는 국가기반재난이라는 분류가 추가

○ 이 과정에서 중앙대책본부에 집중되어 있던 관리 및 의사결정 권한을 각 지자체 및 위원회에 부여

○ 재난 및 안전관리 기본법의 개정(2013년 8월)을 거치며 인적재난과 국가기반재난을 '사회재난'으로 통합 관리

■ **국가안전관리체계**(한국지방행정연구원, 2008; 국민안전처, 2014 참고)

○ [예방-대비-대응-복구]의 4가지 단계로 구분. 이를 통틀어 '국가안전관리체계'라 칭하고 있으며, 그 구조가 크게 바뀌는 일은 흔하지 않음

〈그림 5〉 국가재난관리체계 개혁 전(좌)과 후(우)

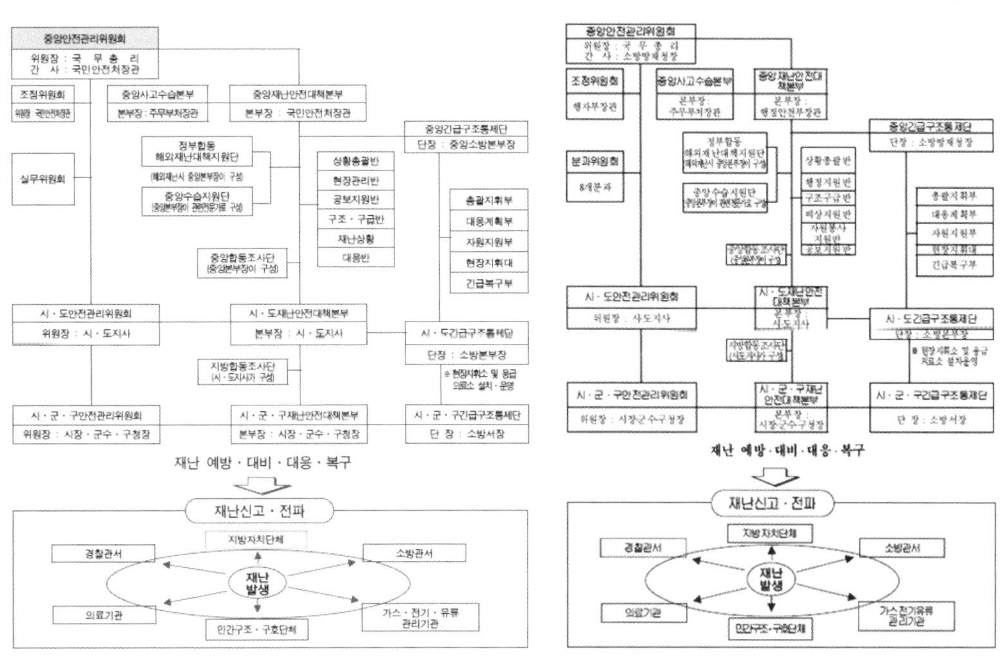

〈출처: 한국지방행정연구원, 지방자치단체 재난관리체계의 개선방안〉

○ 국무총리가 종합 컨트롤타워의 수장을 맡고 각 지자체의 장이 경찰관서, 소방관서, 그리고 민간영역과의 '협조'를 통해 사태를 수습해야 하는 시스템

    – 대표적으로 보험사업의 경우, 국민안전처와 지자체가 피해자들에게 피해액을 선보상하고 예산을 충당하는 시스템이 아닌, 피해자들의 보험료를 지원하고 보험사업자들의 원활한

보험금 지급 사업을 지원하는 형태

- '협조'를 통해 사태를 수습하는 과정에서 피해보상이 미비한 경우 그 책임 주체가 명확하지 않고, 피해보상 과정이 지연되는 피해 발생

〈그림 6〉 풍수해 보험사업 운영체계

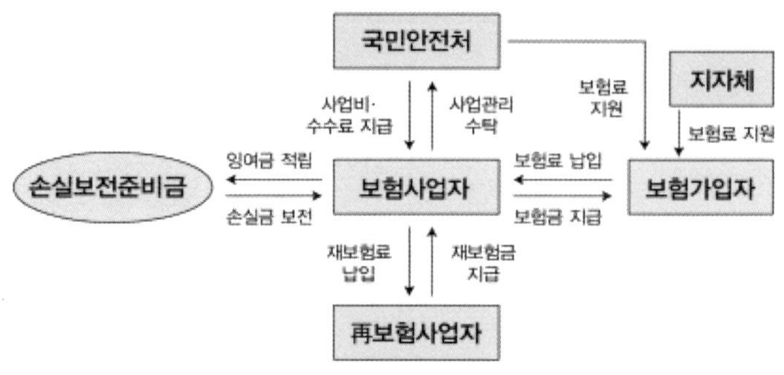

〈출처: 국민안전처, 2014 재해연보〉

- [예방–대비–대응–복구] 전 과정이 이와 같이 '협조'에 따라 운영되고 있으며, 이 과정에서 책임과 속도의 문제가 지속적으로 발생

○ 최근 약 10여년 간 있었던 법 개정과 그에 따른 재난 개념의 변화에 비해서 최소한의 구조적 변화를 겪음. 정부의 조직 개편에 따라 각 단계의 책임 및 결정권한을 가진 소관부처의 변화가 반영

○ 이에 따라 [예방–대비–대응–복구]라는 프로토콜 또한 초기의 재난 관리 시스템에서 큰 변화가 없는 상태

■ **현상 기반의 유형별 관리 시스템**

○ 한국의 국가안전관리체계는 현상 기반의 유형별 관리 시스템이며, 중앙정부가 조율하고 지자체 및 소방, 의료기관 등이 실질적인 대응을 담당

○ 재난을 유형별로 구분하고 해당 유형에 따라 담당 부처를 지정, 유사시에는 중앙재난안
  전대책본부의 지시를 따르도록 함

■ **세월호 사고 이후 행정체제 및 법령 개편**

○ 재난관리체계에서 안전행정부가 담당하던 부분이 국민안전처로 이관되었으며 소방방재
  청은 안전처 산하의 소방방재본부로 개편

   – 2014년 11월부의 재난 및 안전관리 기본법 개정안은 소방방재청/안전행정부라는 법적 주
     체를 '국민안전처'로 전체 변경

   – 법령의 내용적인 면의 변화는 없음

○ 유형 구분 기반의 재난관리체계 전체에는 큰 변화가 없는 상태

   – 재난 및 안전관리 기본법의 제정을 두고 '통합적 관리의 시작'이라는 행정적 평가가 존재
     하나 동시에 여전히 자연재해법, 소방기본법, 민방위기본법 등이 별개로 작동

   – 결과적으로, 안전행정부–소방방재청 체제 시절의 시스템에 대한 장점–단점, 기회–전략
     분석이 여전히 큰 변화 없이 유효

■ **재난·안전 R&D와 산업 정책 현황**(소방방재청, 2009, 정경진, 2014 참고)

○ 우리나라의 방재 R&D는 투자액과 투자비중 모두 꾸준히 증가세

○ 2014년 현재 4,165억 원으로 전체 국가 R&D 예산의 2.8% 수준

○ 2013년(2,174억 원) 대비 크게 증가하였으나 일본의 2.4조 원, 미국의 5.8조 원 규모에 비
  해 17.3%, 7.2% 수준으로 현저히 부족

○ 전체 국가 R&D 비용 대비 투자 비중의 경우 일본(7.0%)의 1/3, 미국(4.1%)의 1/2 수준으
  로 방재 분야에 대한 R&D 투자 비중이 낮음

〈그림 7〉 주요국의 재난·안전 R&D 투자규모 및 투자비중

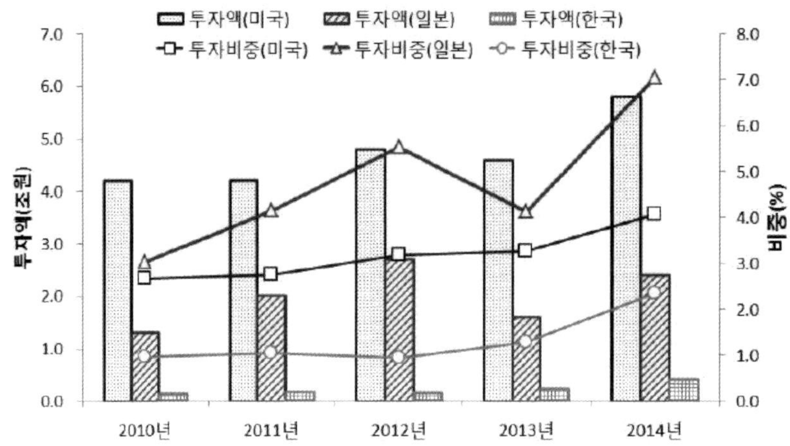

〈출처: 국가과학기술심의회 운영위원회, 2015년도 재난 및 안전관리기술개발 시행계획(안)〉

○ 국토부, 미래부, 안전처 등 여러 부처에 예산이 분배

○ 사회재난(56.0%), 자연재난(25.3%), 기타(9.1%), 안전사고(5.9%), 복합(3.7%) 순으로 분배

  – 이에 대응하여 실제 재난 발생 현황의 경우, 인적재난 발생 추이는 꾸준히 증가하는 한편, 자연재난은 그 발생 빈도와 규모에서 편차가 커 예측이 어려움

○ 산업계의 부재상태

  – 행정적, 실질적 현황 파악 부재

  – 제도적으로는 방재/안전 산업의 범주가 구체적으로 정해지지 않은 상태

  – 정부 또한 현 상황(산업계의 범주 부재)을 과거부터 인지하고 있음

  – 제도적 지원의 공백으로 인한 시장형성, 수출 어려움 문제 등

○ 국내 재산·안전 산업은 방재산업, 소방산업, 안전산업으로 구분하고 있으나, 아직 체계적인 재난·안전 관리 산업 육성이 부재하고 관련 조사통계조차 미흡

  – 재난 안전 산업은 다른 산업분야에서 부수적으로 파생하고 정부의 지원도 미약. 이로 인해 관련 기업이 대부분 영세하고, 총체적인 실태파악이 어려워 기존산업과 구분이 없음

〈표 1〉 국내 재산 안전관리 산업 현황

(단위: 개)

구분	업종 유형 및 업체수	업체수
방재산업	풍수해(222), 지진(22), 설해(32), 가뭄(31), 황사(35), 예·경보(81)	423
소방산업	소방시설공사(4.487), 소방시설설계(748)	7,781
안전산업	산업안전제품(199), 보호구 제조판매(315), 건설안전제품구조물 컨설팅(301)	815

〈출처: 소방방재청,『재난·안전관리 산업 실태조사 및 육성방안 연구』, 2009〉

5

해외의 재난·안전 연구와 정책 현황
(미국과 일본 사례)

■ **미국의 재난·안전 연구와 정책 현황**(Knowles, 2011 및 인터뷰)

○ 주정부 차원, 연방정부 차원의 대응을 구분

 - 기본적으로 미국의 방재 정책은 주정부에 의해서 이루어지나, 주정부 차원에서 대응할 수 없는 재난에 대해서는 연방재난관리청(Federal Emergency Management Agency, FEMA)에서 대응과 복구를 총괄

 - 2011-2012 회계연도 기준 재난복구 관련 예산 490억 달러(추산)

 - 재난 관련 예산이 여러 항목별, 주별로 흩어져 있어 관련 통계가 명확하게 집계되지 않음

○ 종합 재난 대응 패러다임(All-Hazard Paradigm)

 - 미국의 방재 정책은 1960년대까지 핵공격에 대비함으로써 다른 재난에도 대비할 수 있다는 '민간 방위'(civil defense) 패러다임 채택

 - 도시의 교외화와 대도시화로 인해 재난의 규모가 증가하여 6-70년대에 홍수, 스리마일 아일랜드(Three Mile Island) 사고, 태풍 등 여러 재난에 대해 '민간 방위' 패러다임이 제대로 작동하지 않음을 경험

 - 이에 따라 60년대 이후로 환경주의 운동이 펼쳐지며 핵 위험에 대한 우려보다는 자연과 인간 사이의 상호작용에서 발생하는 재난에 대해 주목

 - 이 과정에서 '자연' 재난의 개념보다는 1950년대부터 진행된 재난에 대한 사회과학적 연

구를 토대로 다학제적, 전체론적 접근법 채택

- 한편, 주정부 차원에서 대응할 수 없는 재난에 대해 범부처적인 대응 조직의 필요성 대두되어 1978년 FEMA 설립

- 국토안보정책(Homeland Security Enterprise)의 일환으로 국토안보부(DHS) 연구개발본부(Science and Technology Directorate)의 장이 국가과학기술위원회(NSTC)의 국토안보 위원회 의장을 겸직

- 통합관측, 위험경감, 위험평가, 정보전달 4가지 관점으로 접근

○ 9·11 테러를 기점으로 재난 대응 패러다임 변화

- 9·11 테러 이후 FEMA가 국토안보부 소속으로 이동

- 재난 대응 예산과 관련 연구 방향이 테러 대응에 강하게 집중

■ **일본의 재난·안전 연구와 정책 현황**(김범성, 2012; 이강원, 2012 참고)

○ 일본의 재해 대책

- 일본의 중앙정부 역시 한국과 마찬가지로 유형별 구분에 따른 방재시스템을 구축하고 있음

  • 한국의 [재난 및 안전관리 기본법]에 해당하는 [재해 대책 기본법]에 따라 재난의 범주를 정의하고 국가 방재시스템을 구축

  • 단, 유형 구분의 방법에 있어서는 한국과 차이를 보임

○ 주로 지진 및 해일과 같은 대규모의 재난을 상정하고 방재정책 및 시스템을 구축

- 자연재해-인적재해의 구분이 아닌, 피해 규모와 범위에 따른 구분

- 물리적으로 사고가 발생한 특정 지역뿐만 아니라 주변 지역을 포함하여 넓은 범위의 직·간접적 피해를 상정

- 특히 지진대책에 초점이 맞추어져 있음

  • 지진의 경우, 근본적인 원인 분석을 통한 정확한 예측이 힘듦

  • 이를 극복하기 위해 '정확히는 모르지만 언젠가 반드시 일어난다'는 국민적 공감대가 존재

  • 실제 주요 지진 피해 데이터 또한 이를 뒷받침

〈그림 8〉 20세기 일본의 주요 지진 피해

발생연도	지 진 명	규모(M)	주 요 피 해
1923	關東大地震	7.9	사망142,000명, 가옥파괴254,000건, 화재447,000건, 일본최대의 지진
1925	北但馬地震	6.8	사망428명, 가옥전손1,295건, 화재2,180건
1927	北丹後地震	7.3	사망2,925명, 가옥전파12,584건
1930	北伊豆地震	7.3	사망272명, 가옥전파2,165건
1933	三陸지진해일	8.1	사망3,064명 가옥유실4,034건 파괴1,817건
1943	鳥取地震	7.2	사망1,083명, 가옥전파7,485건 반파6,158건
1944	東南海地震	7.9	사망1,223명, 가옥전파17,599건, 반파36,520, 유실3,129
1945	三河地震	6.8	사망2,306명, 가옥전파7,221건, 반파16,555건
1946	南海道地震	8.0	사망1,330명, 가옥전파11,591건, 반파23,487건, 유실1,451건
1948	福井地震	7.1	사망3,769명, 가옥파괴36,184건, 반파11,816건, 유실3,851건
1960	치리지진해일	8.5	사망142명, 가옥전파1,500건, 반파2,000건
1983	中部地震	7.7	사망104명, 건물전파934, 반파2,115
1993	北海島地震	7.8	사망230명

주) 사망자 100명이상에 해당하는 지진만 정리
자료 : 日本損害保險料率算定會 홈페이지 www.sonsan.or.jp

〈출처: KIDI, 일본의 지진보험제도〉

○ 과학기술연구, 재해예방, 국토보전, 재해복구 4개 항목의 사업 편성

- 2010년 기준 총 예산 1조 2383억 엔

- 과학기술연구 0.6%, 재해예방 17.5%, 국토보전 62.4%, 재해복구 19.5%

- 가장 큰 규모인 '국토보전'은 큰 틀에서 재해예방의 범주에 들어가는 영역으로, 하천, 해안, 산림 등을 관리하여 재해를 예방하는 다양한 사업을 포괄함

- 결과적으로 '예방'에 중점을 둔 사업 및 예산 편성

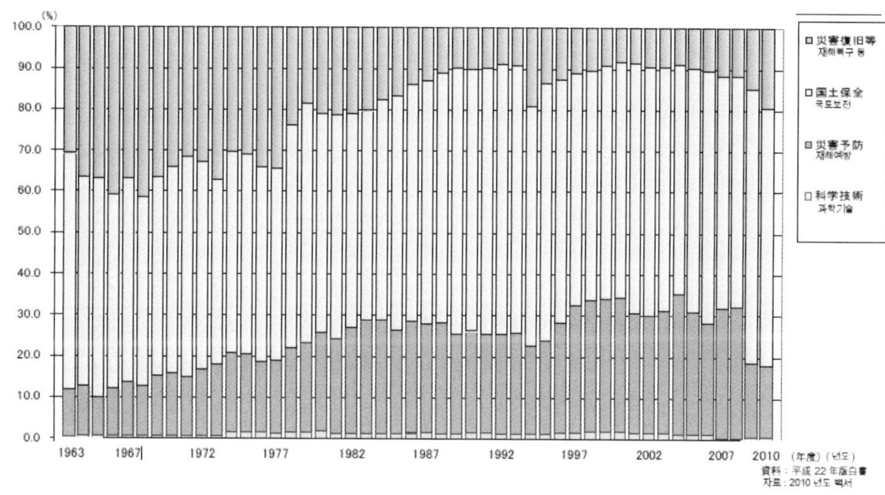

〈출처: 內閣府,日本の災害対策〉

- '안전안심 과학기술 시책' 편성을 통해 지속적 관리에 투자

- 사회를 위한 실용화, 지식기술 공유 프로그램 등에 대한 투자

- 지역사회와의 협업을 위한 프로그램 진행

〈그림 10〉 안전·안심 과학기술의 이미지

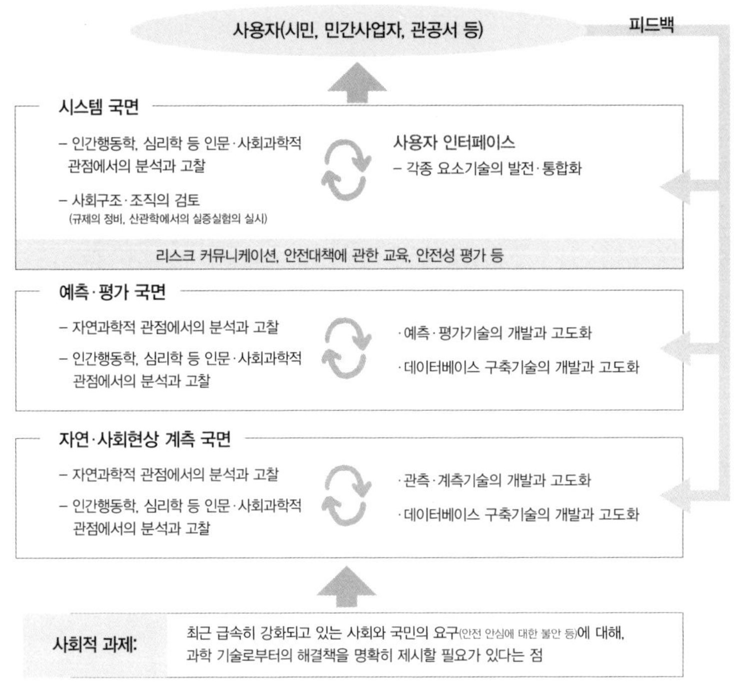

〈출처: 이강원, 공공의 지구: 일본 방재과학기술과 지진 재해의 집합적 실험〉

○ 1995년 고베 대지진을 계기로 연구방향 및 정책 기조 변화

– 지진학의 역할과 한계에 대한 인식: 지구에 대한 이해 vs. 재난 예방

• 초기 일본 지진학은 1923년 관동 대지진을 어느 정도 예측하며 주목을 받았으나 이를 계기로 그 사회적 위치에 대한 논쟁에 불이 붙음

• 지진이 학문적 호기심의 대상이 될 수 있는 자연현상임과 동시에 일반 시민들에게는 생존에의 실질적 위협이라는 이중적 특성에 기인

• 이 과정에서 학문의 유용성과 국가와의 관계, 그 공공성에 대해 긴 시간에 걸쳐 국민적 논의를 할 기회를 얻음

– 과학기술 중심의 접근을 통한 '예측'과 '불확실성' 제거 vs. 무지에 대한 인정과 부수적 피해 예방 및 최소화

- '지진 예측'의 과학적 가능성에 대한 비판과 빗나갈 경우의 사후 처리에 대한 대안 등 다양한 사회적 비판이 제시
- 양적 팽창을 통한 지진 예측 패러다임이 고베 대지진에서 실패함에 따라 방재 패러다임 전환을 맞이

○ 탈중심화(통제보다 연결), 방재의 과학화(관찰과 경험 기반 지식의 승계), 다양화(전문가의 역할 변화) 등의 전략을 통해 재난 및 안전 연구를 진행(출처: Juraku 교수 인터뷰)

- 컨트롤타워의 유무, 권한의 책임 등의 문제보다는 시스템의 '연결성'에 중점을 두고 있음
- 중앙을 향한 정보의 흐름(보고)보다는 각 개인과 기관들이 주변부와 잘 연결되어 있는지를 중요시
- 각 개인과 단체들이 각자의 판단을 바탕으로 통제에 의지하지 않고 일상적인 시스템으로 돌아갈 수 있도록 하는 연구 및 제도적 장치를 고안
  - 이를 위해 전문가와 대중의 대립적 계몽구도를 개편하고자 노력
  - 중앙의 통제방식과 더불어 각 단체, 지역 수준에서 생활방재를 실천할 수 있는 다양한 활동, 연구, 제도적 장치 등을 지원

— **6** —

재난·안전 분야 현재 패러다임 분석

○ 현재 한국사회가 재난을 인식하고, 이에 대비하고 대응하는 방식을 분석하여 몇 가지 특성을 추출하고자 함. 재난정책 관련 정부문서와 보고서, 언론보도, 학술서적, 연구자 면담 등을 통해 한국에서 재난문제가 논의되는 프레임을 파악할 수 있었음. 재난에 대한 사고방식, 지식, 기술, 가치가 결합하여 일종의 패러다임을 이루고 있다고 볼 수 있음. 현재의 패러다임을 구성하는 요소들의 장단점을 검토함으로써 새로운 패러다임으로의 전환이 필요한지, 만약 그렇다면 어떤 방향이어야 하는지에 대한 논의를 시작할 수 있음

■ **경직된 재난 인식—자연 재난과 인적 사회적 재난 구분 등**(정경진, 2014 참고)

○ 국내의 방재 관련 산업, R&D, 정책은 재난유형 분류체계를 따라 설계와 평가 과정을 거침. 이를 위해서는 기본적으로 각 대분류(자연재난, 인적·사회적 재난, 안전사고) 항목 내의 다양한 유형 중 해당하는 항목이 존재해야 함. 이는 재난에 대한 인식론적 대립구도를 형성하며 그에 따라 각종 제도 또한 해당 분류체계에 종속될 수 있음

○ 현재의 재난유형 분류체계는 일차적 원인 또는 가시적 현상 기반의 재난 인식체계

○ 자연재난과 인적재난 사이의 구분이 모든 정책과 제도에서 중요

○ 태풍, 홍수, 낙뢰, 감염병, 가스, 건축물 붕괴 등 최초 발생 현상에 따른 구분

○ 이와 같은 구분은 재난 발생 시 그 대응에 참여할 정부 부처를 결정하기에 편리한 체계이며, 또 재난대비 활동에서도 일종의 체크리스트 역할을 하기에 적합한 형태

〈표 2〉 재난의 유형 구분

대분류	유형	대분류	유형	대분류	유형
자연재난 (20개)	태풍	인적·사회적 재난 (17개)	감염병 유행	안전사고 (11개)	안전의식·문화
	홍수		가축전염병 유행		교통안전
	호우		폭발사고		가정안전
	강풍		가스사고		화재안전
	풍랑		화생방사고		놀이여가안전
	폭풍해일		교통사고		공공장소안전
	지진해일		건축물 붕괴		재난안전
	조수		에너지기반시설파괴		작업안전
	대설		정보통신기반시설파괴		폭력예방
	낙뢰		교통수송기반시설파괴		응급처치
	가뭄		보건의료시설파괴		어린이안전
	지진		폐기물처리시설파괴		
	황사		용수기반시설피괴		
	적조		화재		
	우박		산불		
	폭염		환경오염사고		
	한파		사이버테러		
	산사태/급경사지 붕괴				
	화산폭발				
	우주재해				

〈출처: 정경진, 국민안전처 신설에 따른 재난안전 R&D 추진체계 개선방향〉

○ 반면 일차적 원인이나 현상이 심각한 수준의 재난으로 발전할 때에는 항상 자연-인간-사회의 복합적인 연결이 있음을 고려하여 이에 걸맞는 복합적인 대응을 하기에 적합하지 않음. 재난 상황의 총체성에 대한 이해를 어렵게 하여 방재 시스템 구축이나 실제 재난 대처에 있어 유연하고 폭넓은 의사결정을 가로막을 수 있음

○ 또한 재난을 유형별로 분류하는 체계는 때로 관련 부처 사이에 불필요한 경쟁을 유발하거나 책임소재에 대한 갈등을 낳을 수 있음

○ 특히 재난 관련 연구가 재난 유형별 분류체계에 지나치게 종속되면 복합 재난, 느린 재난 등 특정 유형으로 규정짓기 어려운 재난에 대한 연구가 어려워짐

세월호와 메르스: 다른 재난, 같은 실패?
- 가시적 현상의 차이점: 해상재난 vs 감염병 유행
- 동일한 문제점: 컨트롤타워 부재, 초동대응 실패, 인프라의 부재, 책임자의 부재 등
- 둘은 정말로 다른 재난인가? 두 재난 사이에 무엇이 같고 무엇이 다른가?
- 체계적, 구조적 분석을 바탕으로 한 통합적 인식 부족

■ 산업, 수출 등 경제적 가치 강조

○ 앞서 언급했듯이 재난·안전 관련 산업계가 충분한 관심와 지원을 받지 못하고 있는 상황임에도 불구하고, 재난과 안전 분야 정부 예산 투입 관련 논의는 산업 육성과 수출 증대 등 경제적 효과 창출의 프레임에 의존하는 경향

○ 재난·안전 산업을 '첨단산업육성', '신성장동력'의 틀에서 고려함으로써 재난·안전 문제를 경제성장 이슈로 환원시키는 담론도 발견됨

○ 이는 재난·안전 분야에 대한 국가적 관심과 투자의 우선순위를 정하는 과정에서 불리하게 작용할 수 있음

○ 경제적 효과와 타당성을 고려하고 필요할 경우 강조하되, 그것을 재난·안전 관련 정책의 주요 가치로 삼는 것은 장기적으로 바람직하지 않음

■ 신기술 개발 중심

○ 〈표 3〉에서 보이는 것과 같이 재난 관련 기술개발 대전략 5가지 중 3가지가 목적별 신기술 개발—맞춤형, 생활밀착형, 선제대응형—에 집중하고 있음. 대전략의 하위 추진계획

으로 기존 기술 활용 계획이나 복구 기술, 사회적 약자를 위한 기술개발 등이 존재하나 예산 편차가 큼

〈표 3〉 재난 관련 기술개발 대전략

전략	추진계획	예산 (백만원)	비고
맞춤형 기술개발로 재난피해 저감	주요 재난 재해 위험분석 및 예측 반복적 재난 재해 저감기술 개발 지역정보 기반의 재난 재해 관리시스템 구축	15,966 98,742 139,344	
선제적 기술개발로 신종재난 대비	미래형 재난 재해 예측 및 대응기술 개발 복합형 재난 재해 예측 및 대응기술 개발 창조형 기술 개발을 위한 학제간 융합기술 개발	92,106 42,305 1,378	– 복구 기술개발 투자 계획 없음
생활 밀착형 기술개발로 국민 안전 확보	국민 공감 기반의 재난 안전사고 대응력 제고 생활 중심형 재난안전관리 기술 개발 사회적 약자를 위한 안전관리기술 개발	4,840 130,597 0	– 전략은 있으나 투자 계획 없음
기술개발 역량강화로 재난관리 효율화	재난안전관리 인프라 구축 인적 역량강화로 재난안전 관리 수준의 고도화 범 국가적 재난대응을 위한 국제사회 협력 강화	24,140 1,840 500	– 산학연 협력 기반마련 투자 계획 없음 – 인력확보 투자계획 없음 – 기술이전 협력 계획 없음
재난안전기술 활용기반 구축	재난안전 기술 활용을 위한 지식 DB화 기술개발성과의 현장적용을 위한 기반 구축 재난 안전 산업육성 및 지원체계 구축	1,320 300 799	– 현장적용 계획 투자 없음 – 재난안전 표준 분류 투자계획 없음

*비고 항목은 본 연구진이 추가 언급
〈출처: 국가과학기술심의회 운영위원회, 「2015년도 재난 및 안전관리기술개발 시행계획(안)」 재편집〉

○ 안전–방재 분야에 적합한 별도의 R&D 평가기준이 없고 논문, 특허, 기술료 징수액 등 여타 R&D 분야와 유사한 지표 중심의 평가항목들을 사용

○ 결과적으로 재난 관련 기술 중에서도 '최신' 기술 또는 '첨단' 기술의 개발과 연구에 예산이 주로 투입되는 현상이 발견

○ 재난·안전에 특화된 연구를 발굴하고 장려하기보다 기존 분야의 주목받는 최신 기술들을 응용하려는 경향

○ 이로 인해 재난·안전 분야에 실질적인 기여를 하기 어려운 '연구를 위한 연구'가 이루어 진다는 비판이 존재

■ 국가과학기술심의회 운영위원회에 보고된 「2015년도 재난 및 안전관리기술개발 시행계획(안)」의 기존 성과보고는 주요 성과를 다음과 같이 서술하고 있음

○ 과학적 성과인 논문은 1,381편(SCI(E) 474편)으로 전년 대비 43.7%(420편) 증가하였으며, 최근 5년 (2010-2014)간 연평균 19.9% 증가

○ 기술적 성과인 국내외 특허 출원 등록 건수는 625건으로 전년 대비 75.6%(269건) 증가하였으며, 최근 5년간 연평균 25.1% 증가

○ 경제적 성과인 기술료 징수액은 4억 7천5백만 원으로 전년 대비 204%(3억 1천9백만 원) 증가하였으며, 최근 5년간 연평균 33.2% 증가

○ 사회적 성과로 인력양성 281명, 정책활용 66건, 법제도 제개정 29건의 실적 달성

〈출처:「2015년도 재난 및 안전관리기술개발 시행계획(안)」〉

■ 재난 사례로부터 지식 습득 부족

○ 재난에 대한 사회적 학습이 이루어지지 않으며, 재난 지식의 축적과 전달의 부족으로 유사한 실패가 반복됨

  - 발생한 재난의 구조적, 사회적, 조직적 원인에 대한 국가와 민간 차원의 학습 노력 부족

  - 재난에 대한 명시적(기술분석, 매뉴얼작성, 행정절차 등), 암묵적(조직 문화, 현장대응 애로사항 등) 지식과 경험이 제대로 축적되지 않고 있음(최형섭 교수 인터뷰)

○ 부족하나마 존재하는 재난 자료와 지식도 제대로 전달, 활용되지 않고 있음

  - 분야별-연도별-부처별-지자체별 난립하는 매뉴얼에도 불구하고 재난 상황에서 비슷한 문제가 반복

  - 매번 컨트롤타워가 새로 지정되지만, 실제 상황에서는 항상 컨트롤타워 부재

■ **재난 현장 대응력 취약**

○ 현장 대응인력과 현장 조율능력이 부족하고 이를 조정할 컨트롤타워도 제대로 작동하지 않음

○ '현장'에 대한 전략적 개념은 존재하나 실제 연구나 정책이 활발히 수행되지 않음

○ 인력수급, 기술적용을 위한 계획은 존재하나 세부 투자 계획은 부재

○ 실제 재난 현장에서 발생하는 문제와 대응경험으로부터 좋은 피드백이 반영되기 어려운 구조

— **7** —

새로운 재난·안전 패러다임을 향하여

■ **재난 인식 패러다임 전환: 총체적 재난 이해 추구**

○ 자연적–사회적 구분과 유형별 구분을 보완하여 범주를 가로지르는 재난의 총체적 속성에 대한 인식과 이해 지향

○ 일차적 원인이나 가시적 현상을 통한 재난대응의 한계를 극복할 수 있는 입체적, 연속적 재난이해 필요

○ 재난 대비는 '체크리스트' 형식이지만 실제 재난은 '내러티브'(이야기/서사)로 발생

○ 완전히 똑같은 재난도 없고, 완전히 새로운 재난도 없음

○ 이를 통해 부처 간 혼란이나 연구개발 활동의 장벽을 극복하려는 시도 가능

○ 세월호와 메르스 등 큰 재난을 연달아 겪으며 시민과 언론이 스스로 재난을 이해하기 위한 프레임을 만들어 내고 있음에 주목해야 함

　– 재난 피해자나 관찰자에게 세월호와 메르스는 '서로 닮은 재난'으로 인식됨. 그 이유가 무엇인지 정부 입장에서 자세히 검토할 필요가 있음

　– 현상적으로 달라 보이는 재난 사이의 공통점과 연결점을 인지할 수 있는 프레임과 제도가 정부 내에 존재한다면 재난 문제에 대한 시민적 요구에 더 잘 응답할 수 있을 것임

■ **재난 R&D 패러다임 전환: 도전적 기술**(technically challenging) **중심의 R&D에서 사회적 견고함**(socially robust) **중심의 R&D로**

○ 재난 관련 기술 개발 방향에 대한 재검토 및 국가 주도적 시장 형성 필요

- 방재 분야는 시장 원리에 따라 자연스럽게 발전하기 어려운 분야

- 시장 원리에 맡길 경우 '안전'이라는 가치와 멀어지며 '첨단'만을 추구하게 될 수 있음

- 연관 산업계(건설, 운송 등)에서 방재는 곧 규제로 인식되는 경향이 있음

- 국가가 현장 수요에 적합한 규모의 시장을 창출해 소비하는 것이 필요

○ 사회적으로 견고한 기술(socially robust technology) 개발, 보급, 활용

- 첨단기술만이 아니라 재난 상황에서 효력을 발휘할 수 있는 견고한 기술이 중요

- 재난 분야 기술 평가는 선진국과의 기술격차 극복 여부보다 안전에 대한 기여도를 중요 기준으로 할 수 있어야 함

- 재난 분야에서는 기술 자체의 성능이 아니라 그 기술이 실제 조직이나 인력과 결합했을 때 어떻게 작동하는지가 중요함. 또 실험실 안에서 보이는 최고의 성능이 아니라 극한 환경에서 낼 수 있는 최소의 성능이 중요함

■ **재난 대응 패러다임 전환: 방재 중심에서 방재−감재 절충으로**

○ 현재 한국의 재난 대응 패러다임은 '방재'를 추구하고 있음. 하지만 실제 재난 사례에서 부족한 것으로 지적되는 것 중 상당 부분이 '감재' 단계에 해당

○ 방재 중심의 패러다임은 첨단 과학기술을 통해 자연과 사회의 불확실성을 제거하고 재난을 예측하거나 그에 충분히 대응할 수 있다는 생각에 바탕

○ 감재 패러다임은 각종 시스템의 근본적 불확실성과 재난의 가능성을 인정하고, 이에 필연적으로 따라오는 물리적, 심리적 피해를 최소화하는 데에 자원과 노력을 투입하는 태도

○ '방재'라는 궁극적인 목표를 포기하지 않으면서도, 결과적으로 실제 재난에 대응할 수 있는 '감재'에 대한 관심과 투자를 늘리는 방향으로 나아가야 함

○ 이를 위해서는 재난인식, 연구개발 등의 영역에서도 방재와 감재의 균형을 조정할 수 있어야 함

〈그림 11〉 방재의 한계성

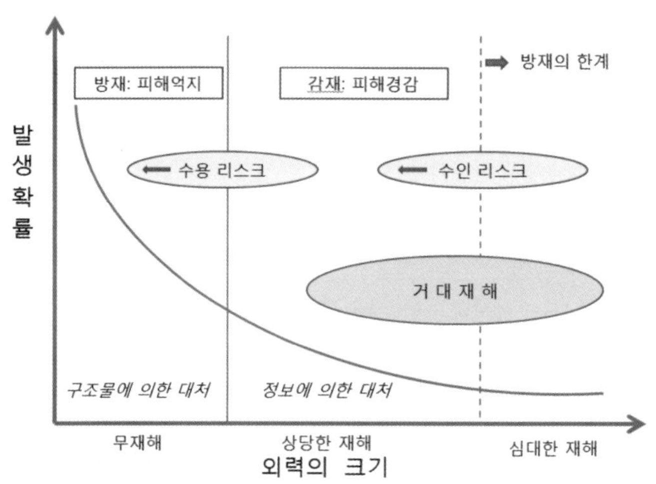

〈출처: 이강원, 「공공의 지구: 일본 방재과학기술과 지진 재해의 집합적 실험」,
서울대학교 대학원 인류학과 박사학위논문, 2012, p.212〉

■ **재난 학습 패러다임 전환: 희생양 찾기와 처벌 중심에서 심층 조사분석과 사회적 학습 중심으로**

○ 재난의 책임자를 찾아 징계하고 처벌하는 것 못지않게 중요한 것은 재난이 어떻게 일어났고, 그 과정에서 어떤 사람들이 어떤 결정을 내리고 어떤 행동을 했으며, 그 결과가 어떠했는지에 대한 상세한 조사, 분석, 학습

○ 재난에 대한 조사와 학습의 결과물은 사회적, 공적 기록으로 남을 수 있도록 널리 출판하고 홍보하여 많은 사람들이 그에 대해 토론할 수 있도록 만들어야 함

○ 이와 같은 사회적 학습의 결과는 장기적으로 재난 인식, 재난 R&D, 현장대응 능력 강화에 긍정적인 영향

〈그림 12〉 9·11 조사보고서 표지 / 〈그림 13〉 후쿠시마 원전사고 조사 보고서

〈그림 14〉 일본 고베 대지진 기념관

〈출처: http://trusti.tistory.com/1036〉

— 8 —

효과적 재난·안전 미래전략의 걸림돌

■ 갑작스런 정책과 예산 변화

○ 재난 분야 연구자들은 대형 재난이 발생할 때마다 해당 분야에 대한 관심과 지원이 일시적으로 급증했다가 사라지는 경향을 지적하고 있음

○ 이는 그동안 취약했던 부분을 보충할 수 있는 기회가 되기도 하지만, 재난·안전 분야에 필요한 일관성과 연속성 확보에 걸림돌이 되기도 함

 － 최근 메르스 사태 이후 감염병 예방 등 재난재해·안전 분야에 금년보다 11.2% 증가한 7,083억 원 투자 결정이 내려짐

 － 또한 광의의 안전예산 기준(안전 R&D, 안전시스템 지원 및 보완, 재해예방 SOC 관리, 예비비)으로 2014년 12조 원에서 2015년 14조 원 수준으로 대폭 확대가 예상

○ 미국의 재난 정책이 2001년 9/11 사건 이후 대테러 대응 중심으로 급격하게 전환한 사례에서 볼 수 있듯이, 재난 분야에서 갑작스런 정책과 예산 변화는 여러 국가에서 흔히 일어난다고 볼 수 있음. 급증하는 국민적 관심과 요구에 대한 대응으로도 생각할 수 있음

○ 그러나 갑작스런 정책과 예산의 변화는 재난·안전 분야에서 장기적이고 구조적인 전략 수립을 어렵게 하는 환경으로 작용

○ 국민적 관심과 요구를 반영하되, 평소 시장과 사회의 주목을 받지 못하는 광범위한 재

난·안전 분야에 대한 꾸준한 정책적 지원이 필요

■ **과도한 시장 의존**

○ 민간에 위탁할 수 있는 것과 그렇게 해서는 안 되는 것 사이의 구분 미흡

○ 재난·안전 분야에서 비용과 효율의 가치를 보완하면서 공공−민간 사이의 균형을 잡아 줄 정책기조 부재

○ 사회 전반의 공공성 강화와 맞물려 일어나야 할 변화임

■ **방재역량에 대한 지나친 확신**

○ '공동체의 대응능력을 넘어서는 수준의 충격과 피해'라는 재난의 사전적 의미를 생각하면 '완벽한 예방과 대응'이라는 레토릭은 오히려 부정적 효과를 낳을 수 있음

○ 재난과 안전은 정치인, 관료, 연구자 모두에게 '겸손'(humility)의 미덕이 필요한 분야

〈그림 15〉 방재역량에 대한 확신

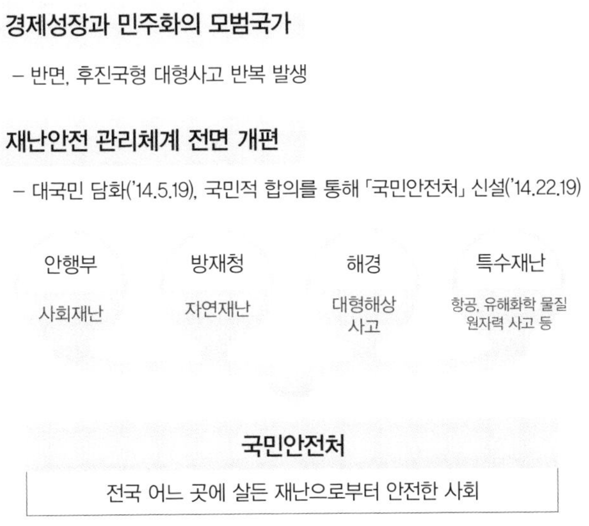

경제성장과 민주화의 모범국가

– 반면, 후진국형 대형사고 반복 발생

재난안전 관리체계 전면 개편

– 대국민 담화('14.5.19), 국민적 합의를 통해 「국민안전처」 신설('14.22.19)

안행부	방재청	해경	특수재난
사회재난	자연재난	대형해상 사고	항공, 유해화학 물질 원자력 사고 등

국민안전처

전국 어느 곳에 살든 재난으로부터 안전한 사회

〈출처: 국민안전처, 「2015 업무보고 발표자료」〉

○ 이는 자연과 사회 시스템에 대한 완벽한 이해와 통제를 추구했던 근대적 패러다임의 한계를 인정하고 위험과 불확실성 속에서 최선의 결정과 합의를 추구하는 새로운 패러다임을 지향하는 것으로 나타날 수 있음 (Jasanoff, 2003)

9

결론

■ **재난·안전 정책 핵심 미래가치**

○ 지금까지의 논의를 통해 재난·안전 정책 분야 미래전략의 중심에 두어야 할 핵심가치 3가지를 아래와 같이 추출

■ **재난·안전 정책은 국가 미래전략이자 공동체의 절박한 생존 문제**

■ **재난대응과 회복 역량은 국가와 사회에 대한 신뢰회복에 필수적인 요소**

■ **독립성, 지역성, 공공성을 고려하는 새로운 재난·안전 패러다임 설계가 필요**

〈그림 16〉 재난·안전 정책 핵심 미래가치

참고 문헌

[1] Scott Gabriel Knowles. (2011). *The Disaster Experts: Mastering Risk in Modern America*. University of Pennsylvania Press.

[2] Sheila Jasanoff. (2003). Technologies of Humility: Citizen Participation in Governing. *Science Minerva*, 41. pp. 223-244.

[3] Ulrich Beck. (1992). *Risk Society: Towards a New Modernity*. SAGE Publications.

[4] Scott Gabriel Knowles. (2014). Learning from Disaster?: The Hisotry of Technology and the Future of Disaster Research. *Technology and Culture*, 55-4, pp.773-784.

[5] Scott Gabriel Knowles. (2015). Learning from Disaster?: New Directions in Disaster Investigations, *Natural Hazards Observer*, XXXIX-5. pp. 16-20.

[7] Scott Gabriel Knowles. (2015). Can We Learn from Disaster?: New Trends in Disaster Research. *International Seminar on Risk and Disaster* 발표문, 2015, 8/11, Seoul.

[8] Kohta Juraku. (2015). Can We Learn from Disaster?: Difficulties Experienced in Post-Fukushima Japan" *International Seminar on Risk and Disaster* 발표문, 2015, 8/11, Seoul.

[9] 국민안전처. (2014). 2013 재난연감.

[10] 김범성. (2012). 지진 예보'의 꿈과 현실: 일본의 지진 예측 연구에 관한 역사적 고찰, 일본비평, 7, pp. 140-167.

[11] 소방방재청. (2009). *재난·안전관리 산업 실태조사 및 육성방안 연구*.

[12] 이강원. (2012). *공공의 지구: 일본 방재과학기술과 지진 재해의 집합적 실험*, 서울대학교 대학원 인류학과 박사학위논문.

[13] 이재은 외. (2006). *재난관리론*. 대영문화사.

[14] 정경진. (2014). 국민안전처 신설에 따른 재난안전 R&D 추진체계 개선방향. 한국과학기술기획평가원.

[15] 한국지방행정연구원. (2008). 지방자치단체 재난관리체계의 개선방안.

[16] 최형섭, 재난의 기록: 재난 보고서의 사회적 기능, *Future Horizon*, 21, pp. 24-27.

Intellectual service

분야책임자 김원준

KAIST 기술경영학과 부교수
미국 Yale School of Management, Research Fellow
서울대 경제학과 박사
서울대 무기재료공학 석사
연세대 재료공학 학사

김지희 KAIST 기술경영학과 조교수

미국 Stanford University, Management Science and Engineering 박사
미국 Stanford University, Economics 석사
KAIST 전산학과 학사

MESIA 미래전략

(지적서비스 산업 : 공공 분야)

세부분야

공공 서비스

1

연구 개요

■ **연구 목적**

○ 박근혜 정부의 정부 3.0을 비롯한 국내외 정부 혁신 분석

○ 정부 3.0 다음에 올 패러다임 예측

○ 이를 바탕으로 향후 30년간 우리나라 공공 분야 미래 혁신 전략 도출

■ **연구 필요성**

○ 공공 분야는 국가 전체의 사회적 자본과 긴밀하게 연관되어 있어 다른 모든 산업의 기반이 됨

○ 또한 공공 분야의 취약점이나 문제점은 다른 모든 산업의 위험 요인으로 작용함

○ 따라서 올바른 방향으로의 공공 분야 혁신은 다른 모든 산업의 미래 전략이 성공적으로 수행되기 위한 필요조건임

■ **연구 범위**

○ 본 연구에서 다루는 공공 분야는 정부 운영 전반에 관한 것

○ 구체적으로는 정부가 국민에게 제공하는 공공 서비스 혁신, 정부 내부 행정 운영 시스템·프로세스 혁신, 정부와 국민의 소통 혁신 등에 중점을 둠

○ 참여 연구자는 연구책임자 외 5명

○ 연구 주제 특성상, 익명으로 관련 분야 다수의 전문가로부터 자문을 받았음

〈참여 연구진 소개〉

구 분	소속/직위/성명	담당 역할
연구 책임	카이스트/조교수/김지희	– 연구과제 기획, 조정, 관리, 전략 수립
연구 참여	카이스트/박사과정/이성철	– 국내외 자료 수집·분석, 전략 수립
	서울대/석사과정/고은영	– 국내 현황 자료 수집·분석, 설문 조사
	카이스트/학사과정/한송이	– 국내 현황 자료 수집·분석, 설문 조사
	카이스트/학사과정/이창원	– 국내외 관련 기술 현황 수집·분석, 프로토타입 구현
	카이스트/학사과정/정종혁	– 국내외 관련 기술 현황 수집·분석, 프로토타입 구현
연구 자문	중앙·지방정부 관련 공무원 및 전문가 다수 익명 자문	

2

공공 분야 미래예측

1) 공공 분야 현황

■ 우리나라 공공 분야 패러다임 변화

○ 〈표 1〉에 우리나라의 정부 1.0에서 정부 3.0까지 정부 운영 전반에 관한 패러다임 변화
정리

 – 정부 1.0에서 정부 3.0으로 오면서 가장 크게 달라진 점은 공공 데이터 개방 확대와 온라
인 공공 서비스 확대임

 – 특히 공공 데이터 개방 확대는 해외 선진국과 그 큰 흐름을 같이 함

○ 박근혜 정부의 정부 3.0은 개방, 공유, 소통, 협력의 4대 원칙과 '소통하는 투명한 정부',
'일 잘하는 유능한 정부', '국민 중심의 서비스 정부'의 3대 전략 아래 10대 추진과제로 이
루어짐 〈그림 1〉

〈표 1〉 우리나라 공공 분야 패러다임 변화

	정부 1.0	정부 2.0	정부 3.0
운영 방향	정부 중심	국민 중심	국민 개개인 중심
핵심가치	효율성	민주성	확장된 민주성
참여	관 주도 동원방식	제한된 공개·참여	능동적 공개·참여, 개방·공유·소통·협력
행정서비스	일방향 제공	양방향 제공	양방향 맞춤형 제공
수단	직접 방문	인터넷	무선 인터넷 스마트 모바일

〈출처: gov30.go.kr〉

〈그림 1〉 정부 3.0 10대 추진과제 (출처: gov30.go.kr)

투명한 정부

– 공공정보 적극 공개로 국민의 알권리 충족
– 공공데이터의 민간 활용 활성화
– 민·관 협치 강화

유능한 정부

– 정부 내 칸막이 업소
– 협업·소통 지원을 위한 정부운영 시스템개선
– 빅데이터를 해소 활용한 과학적 행정 구현

서비스 정부

– 수요자 맞춤형 서비스 통합 제공
– 창업 및 기업활용 원스톱 지원 강화
– 정보 취약계층의 서비스 접근성 제고
– 새로운 정보기술을 활용한 맞춤형 서비스 창출

■ 해외 사례 분석

○ 영국의 GOV.UK 〈그림 2〉

– Government Digital Service (GDS)의 공공 서비스 혁신

• 슬로건: 플랫폼 정부(Government as Platform)

• 데이터 중시: 정부에 "Chief Data Officer" 마련, 정부 전반에 "Data as a Public Asset" 공감대 형성

- 목표 달성 중심제(Goal-driven): 목표 예시 - "25 service innovations in 400 days"
- 통일성 있는 서비스를 위해 표준화 중시: "Digital by Default Service Standard"를 슬로건으로 내세워 각 정부 부처의 모든 서비스를 표준화하여 gov.uk 홈페이지에서 한번에 서비스를 받을 수 있게 함

〈그림 2〉 영국 정부 홈페이지 GOV.UK

사용자의 편의성을 위해 모든 정부 부처 홈페이지를 통합한 깔끔하고 단순한 인터페이스

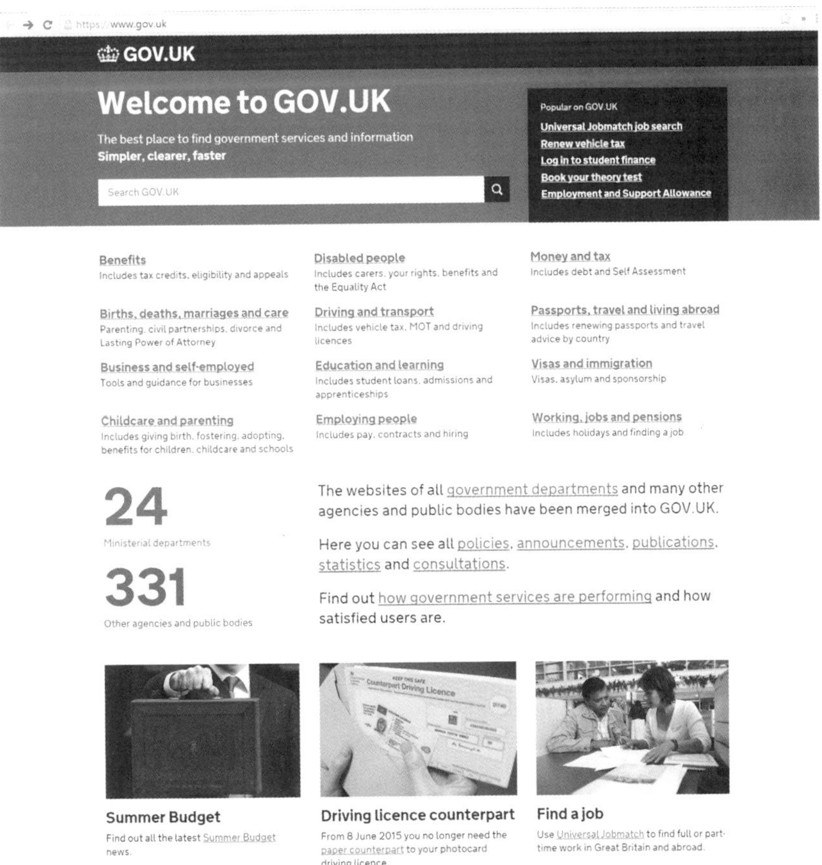

- 영국의 "Digital by Default Service Standard"에 나타난 핵심 가치
- Open Principle: 데이터뿐만 아니라 조직 내 소통〈그림 3〉, 국민과의 소통(GDS 블로그

gds.blog.gov.uk), 문제 접근 방식, 문제 해결 방식, 데이터 스탠다드, 온라인 서비스의 경우 소스 코드 오픈 등, 모든 면에서 "Open"

- User-Oriented: 정부의 니즈가 아니라 사용자의 니즈를 반영한 서비스 디자인 강조, 서비스 혁신 과정에서 사용자 니즈·사용자 선행 연구 등의 과정을 강조, 서비스 평가 과정에서 유용성·사용 용이성 강조

〈그림 3〉 열린 분위기의 영국 정부 디지털 서비스팀(Government Digital Service)

〈출처: GDS 블로그 gds.blog.gov.uk〉

ㅇ 미국의 오픈 데이터 정책과 시민 참여

- 오바마 집권 초기부터 열린 정부 계획(Open Government Initiative), 열린 정부 지침(Open Government Directive) 등을 통해 데이터 공개, 시민 참여 등을 적극 권장함

- 미국 정부의 오픈데이터 3원칙[1]

① 다운로드가 가능해야 함(downloadable)

② 개발자가 사용하기 편리해야 함(developer-friendly)

③ 컴퓨터 프로그램이 읽을 수 있는 형태여야 함(machine-readable)

- 〈그림 4〉에 오픈데이터 3원칙이 잘 지켜진 형태로 GitHub에 올라와 있는 2016년 미국 연방 정부 예산 자료가 나타나 있음

〈그림 4〉 GitHub에 올라와 있는 2016년 미국 연방 정부 예산 자료

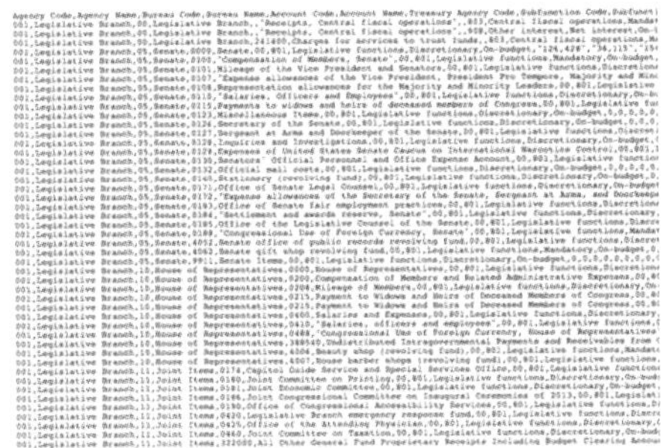

- 미국형 모델은 정부에서 데이터를 오픈데이터 3원칙이 잘 지켜진 형태로 공개하면 언론이나 기업체, NGO 등에서 쉽게 데이터를 처리하여 일반 시민들이 볼 수 있는 형태로 가공하는, 즉 민간에서 오픈데이터를 활발하게 활용하는 데이터 생태계 조성을 목표로 함

- 온라인 포럼 등을 통해 시민 참여를 적극적으로 확대하려는 노력

- 정부 여러 부처에서 크라우드소싱* 도입(다음 페이지 박스 참조)

  • 미국 특허청(USPTO)의 Peer to Patent

  • 미국 지질조사소(USGS)의 지진 리포팅 시스템 "Did you feel it?"

  • 미국 항공우주국(NASA)의 InnoCentive: 태양 플레어 예측 포뮬러 도출

- 연방 정부뿐만 아니라 주/시 정부 단위로 다양한 시도가 이루어지고 있음

  • 시민 의견을 적극 반영하기 위해 예산 편성에 시민 의견을 크라우드소싱 방법론을 도입하려는 움직임이 활발함

  • 시민이 예산 기획 단계부터 참여하는 지역 정부의 시민 참여 예산 제도도 활발 〈그림 5〉

〈그림 5〉 미국 매사추세츠 주 케임브리지 시에 걸려있는 시민 참여 예산 제도 홍보 현수막

***크라우드소싱(Crowdsourcing)이란?**

o 흔히 컴퓨터의 기능을 위해 무수히 많은 알고리즘과 칩들이 복잡한 연산을 수행

o 만약 어플리케이션의 버튼 뒤에 기계가 아닌 수백, 수천 명의 사람이 있다면 어떨까?

o 최근 활발한 연구분야 중 하나는 컴퓨터가 사람을 흉내내는 인공지능과 반대로, 사람이 컴퓨터 역할을 하며 문제를 푸는 휴먼 컴퓨테이션(Human Computation) 등 집단지성을 활용하는 크라우드소싱임

o 즉, 컴퓨터나 전문가들도 풀기 힘든 복잡한 문제를 다수의 일반인들이 집단지성의 힘으로 풀어내는 것

o 크라우드소싱에서 제기되는 문제

  – 어떻게 전문지식이나 빠른 계산 능력이 없는 사람들이 엄청난 규모의 작업을 간단하게 해결할 수 있을까?

  – 대중에게 어떻게 동기부여를 해야 참여를 촉진할 수 있을까?

  – 크라우드소싱은 어떤 가능성과 한계를 가지고 있을까?

  – 사람이 부품화되거나 비효율적인 작업에 동원되는 것은 아닐까?

  – 크라우드소싱 참여에 기존 노동법이 적용될 수 있을까?

  – 사람과 컴퓨터가 서로 최적의 협력을 보일 수 있는 포인트가 어디일까?

o 성공 사례 1 : 리캡차(reCAPTCHA)

  – 카네기멜론대학교(Carnegie Mellon University)의 컴퓨터 과학자 루이스 본 안(Luis von Ahn)이 이끄는 연구팀에서 개발한 시스템

  – 웹사이트를 가입하거나 티켓을 살 때 사람임을 증명하기 위해서 찌그러진 문자 입력

  – 원래 목적은 사람과 컴퓨터를 구분하는 것이지만, 동시에 고문서를 디지털화하는 데 기여

  – 따라서 웹사이트를 가입하면서 고문서를 디지털화하는 크라우드소싱에 참여하는 것임

  – 컴퓨터가 잘 못하는 찌그러진 문자 인식을 사람은 잘 할 수 있는 것을 이용

o 성공 사례 2 : 폴드잇(Foldit)

  – 워싱턴주립대학교(University of Washington)에서 개발한 단백질 접힘(protein folding) 온라인 퍼즐 게임

  – 2010년 Nature지에 폴드잇의 5만 7천 명의 게임 플레이어들이 컴퓨터 알고리즘과 동일하거나 더 나은 단백질 구조를 밝혀낸 결과가 출판됨

  – 2011년에 폴드잇 게임 플레이어들은 15년 동안 풀지 못하던 AIDS 유발 원숭이 바이러스인 M-PMV의 구조를 10일 만에 해독함

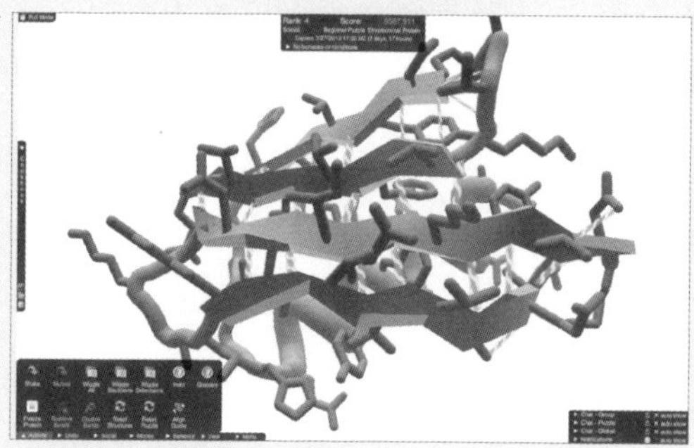

폴드잇 게임 스크린샷 (출처: fold.it)

o 크라우드소싱 방법론을 활용하여 집단의 힘을 모아 복잡한 시스템이나 소수의 전문가들이 풀지 못하던 새로운 문제를 풀어내고 있음

o 크라우드(crowd)는 막연히 다수의 사람이 모여있는 집단이 아니라 강력한 힘을 가진 존재이고, 우리는 그 힘을 보다 잘 이해하고 활용할 필요가 있음

***공공 분야에서의 크라우드소싱**

o 시티즌소싱(Citizensourcing)

– 크라우드소싱이 공공 정책 분야등 공공성을 가지는 경우에 시티즌소싱으로 구체화해서 부르기도 함

o 시티즌소싱 사례[2]

– 캘리포니아 주 산호세 예산안 조정

– 2011년 아이슬란드 헌법 개정

– 그 외 브라질 의회의 정책 개혁, 미국 연방 정부 정책 수립 등

– 시민 참여를 유도하고 더 투명하고 효율적인 의사결정을 위해 시민들의 의견을 모으는 크라우드소싱 방법이 사용되고 있음

***정부 활용 크라우드소싱 분류[3]**

형태(Type)	크라우드의 역활	문제 형태	예시
Type 1 지식 발견 및 관리	크라우드가 정보 수집 및 작성	정보 수집 및 관리, 문제 보고가 필요한 경우	·SeeClickFix ·USGS의 Did You Feel It ·USPTO의 Peer to Patent ·공원이나 산책길 상태 보고, 공공 조형물 카달로그화 작업 등
Type 2 분산 인간 지능 활용	크라우드가 방대한 양의 데이터 처리	인간 지능이 컴퓨터보다 더 효과적이고 효율적일 수 있는 빅데이터 분석	·수기로 작성된 옛날 센서스 데이터 디지털 문서화 ·정부 웹사이트를 다양한 언어로 번역
Type 3 브로드캐스트 검색	크라우드가 데이터 기반으로 문제 해결	데이터 기반으로 증명가능한 해법이 있는 과학적 문제들	·백악관의 SAVE award ·NASA의 InnoCentive
Type 4 시민 의견 수렴	크라우드가 창의적인 아이디어를 내고, 최종 선택	디자인이나 미적문제처럼 개개인의 선호도나 시장 메커니즘에 의해서 문제 해결책이 도출되어야 하는 경우	·Next Stop Design: 버스 정류장 디자인 경진 대회 ·ITS Congestion Challenge:교통 정체 해결법 찾기 ·공공 조형물 디자인, 도시 계획 ·정책 제안, 학군 재정비 등

○ 호주의 오픈 데이터 기반 정부 혁신[4]

- 2010년 열린 정부 선언

- 열린 정부와 투명한 정부를 구현하기 위한 3가지 원칙

  ① 공지(Informing): 시민의 정보 접근성을 높이고 정부 내 공공 정보 공개 문화 조성

  ② 시민 관여(Engaging): 정책 결정과 공공 서비스 전달 과정에서 시민과의 협력 중시

  ③ 시민 참여(Participating): 자문과 협의를 중시하는 정부

- 시상(award)을 통한 협업과 공공 데이터 활용 촉진

  • 민간을 대상으로 공공 데이터 활용 경진 대회 개최

  • 부처별 열린 정부 수준 평가 시상

- 부처 간 협업 사례: 토지 정보 공유 플랫폼 SLIP (Shared Land Information Platform)

  • SLIP은 토지 관련 정보를 공개하고 활용하는 온라인 포털로 토지청과 계획·화재·비상서비스부, 식품농업부가 협력하여 관련 데이터를 공개하고 있음

  • 민간에서 SLIP의 데이터를 사용해서 수익을 내는 상업적 성과도 거두고 있음

- 크라우드소싱 사례

  • Caring for our Country (2008~2013): 호주의 천연자원, 농업, 해안, 생태계 등의 지속 가능한 관리를 위해 온라인 포럼과 SNS 등을 통해 다양한 시민들로부터 의견을 수렴함

  • 공기업의 크라우드펀딩

■ 우리나라 공공 분야의 현재

○ 오픈데이터

- 정보 공개 포털 open.go.kr 〈그림 6 좌측〉

  • 각 부처가 공개하는 데이터 사이트로 연결

- 공공 데이터 포털 data.go.kr 〈그림 6 우측〉

  • 좀 더 가공하기 쉬운 형태로 되어 있는 데이터가 모여 있는 곳

  • 2015년 8월 17일 기준, 개방기관: 802, 파일데이터: 12,572, 오픈API: 1,771

〈그림 6〉 open.go.kr(좌), data.go.kr(우)

- 2015년 OECD 공공 데이터 개방지수 1위

  • 가용성(availability), 접근성(accessibility), 정부지원(government support) 등 3개 분야로 구성 및 평가

  • 프랑스 2위, 영국 3위, 호주 4위, 캐나다 5위, 미국 9위

- 하지만 OECD 순위에 의문

  • 우리나라는 가장 중요한 정부 예산안 문서가 스캔본으로 컴퓨터 처리가 불가능한 형식으로 되어 있음(정부에서 가공한 형태의 데이터는 컴퓨터 처리가 가능한 파일 형식으로 되어 있으나 대한민국 정부 예신인 원문은 사진스캔본으로 pdt 형식으로 되어 있고 본 연구팀에서 시도해 보았으나 OCR 등의 기술로도 컴퓨터 처리 불가)

  • 2014년 하반기에 본 연구팀에서 기획재정부에 open.go.kr에 정식 절차를 통하여 컴퓨터 처리가 가능한 형식의 대한민국정부 예산문서 전문 정보 공개 청구를 했으나 디지털브레인에서 컴퓨터 처리 가능한 형식으로 (hwp 파일 포함) 출력이 되지 않는다는 이유로 거절

  • 정부 내부에서 데이터를 일반에 공개하는 것의 공공성에 대한 인식이 부족하고 의무적으로 업무 처리를 한다는 인상을 받음

○ 공공서비스

- 공공 서비스 포털 korea.go.kr 〈그림 7〉

  • korea.go.kr에서 다양한 공공 서비스 안내를 해주지만 포털의 역할만 하므로 실제 서비스는 각 담당 부처 사이트에서 다른 인터페이스를 거쳐야 함

〈그림 7〉 온라인 공공 서비스 포털 korea.go.kr

- 정부 온라인 민원 사이트 minwon.go.kr

  • 각종 증명서 등의 민원 행정 서비스를 온라인에서 받을 수 있는 사이트

○ 정부 내부 행정 시스템

  - 우리나라는 전자정부 체계를 다른 나라보다 일찍 정착시켜서 내부 행정 시스템은 세계적
    으로도 우수성을 인정받고 있음

  - 중앙정부의 디지털브레인

  • 디지털 예산회계시스템

  • 2006년 12월 도입, 취득가액 353억

  • 2013년 5월 UN 공공행정상 수상

  • 러시아에 시스템 수출 협약

  - 지방정부의 e-호조

  • 지방재정관리시스템

  - 문제점

  • 정부 3.0의 다른 서비스와 연계되지 않는 닫힌 시스템

  • 중앙정부의 디지털브레인과 지방정부의 e-호조 시스템도 연계가 되지 않음

- 정부에서 사용하는 다른 행정 시스템과도 호환성 부족
- 정부 각 부처의 전문 지식을 공유할 수 있는 전문가 정보 시스템 공유 필요

■ 우리나라 공공 분야 성장 장애물

○ 보여주기식 정부 3.0

- 정부 2.0과 크게 다르지 않음

- 구체적인 오픈데이터 기본 원칙이나 데이터 표준화, 서비스 표준화가 미흡

- 참여를 강조하기는 하지만 시민 참여 채널 확대에 대한 구체적인 액션 플랜이 없음

- 제대로 된 시스템 구축보다 홍보에만 집중

○ 장기적인 미래를 내다본 체계적인 시스템 및 데이터 디자인 미흡

○ 정부 내부의 혁신 필요성 공감대 부족

- 정부 3.0으로의 전환 노력을 위한 공무원들의 인센티브 부재

○ 정부 내(부처 간, 중앙-지방정부 간) 정보 공유의 부족

- 중앙정부의 디지털브레인과 지방정부의 e-호주 시스템 미연계

- 정부 내 정보 공유 및 협력 체계 미흡

- 사례: 2015년 메르스 전염병 사태 시 보건복지부에서 일반 병원에서 환자 방문 시 사용할 수 있도록 새로운 메르스 대상자 조회 시스템을 며칠에 걸쳐 개발 함. 하지만 이미 병원에서 사용하고 있는 국민건강보험공단의 시스템을 사용하면 수 분이면 해결할 수 있는 문제였음

○ 구시대적 인터넷 보안과 공인인증서의 장벽

- 〈그림 8〉에 나타난 것처럼 minwon.go.kr에서 어떤 서비스를 받을 수 있는지 알 수 없는 상태에서 보안 프로그램부터 먼저 설치해야 함

〈그림 8〉 minwon.go.kr 처음 접속 시 나타나는 화면

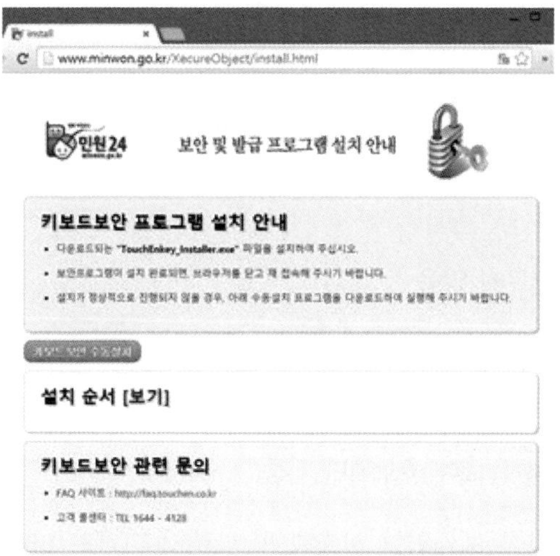

O 국민의 낮은 관심도와 시민의식

- 본 연구팀이 서울시민 330명을 대상으로 조사한 결과 67.6%가 서울시에서 자세한 예산 사용 내역 및 문서를 공개한다는 것을 모른다고 답함

- 서울시민 5명을 대상으로 인터뷰한 결과 대다수가 국가 정책 및 예산에 대해서 관심은 있지만, 정보를 어디서 얻어야 할지 잘 모르겠고 내 의견이 반영될 만한 통로가 없기 때문에 관심도가 떨어진다고 함

■ 우리나라 공공 분야 성장 가능성: 지방정부 사례 – 서울시

O 우리나라에서는 서울시가 데이터 공개 측면에서 가장 앞서나감

O 서울시 정보 소통 광장 opengov.seoul.go.kr

- 결재문서의 77.6% 공개

O 서울시 열린 데이터 광장 data.seoul.go.kr

- 서울시 오픈 데이터 포털

- 시민들이 공공 데이터를 보기 쉽게 나타낸 시각화 자료 정리

〈그림 9〉 서울시 열린데이터 광장 data.seoul.go.kr

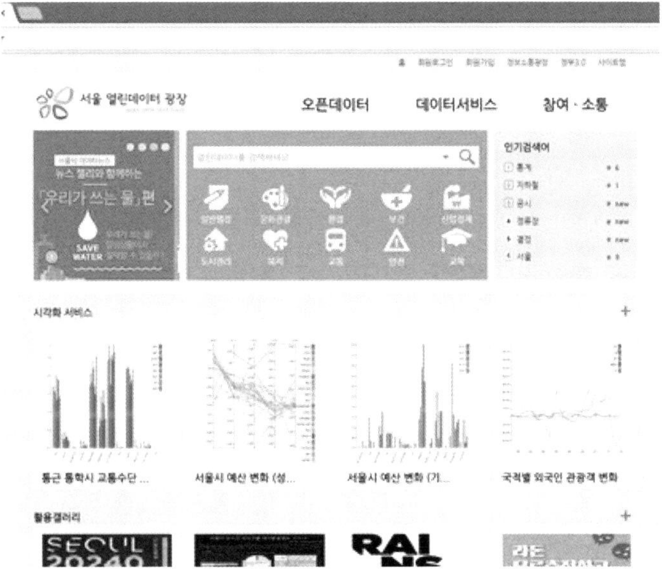

○ 서울시 데이터 개방팀 인터뷰

  – 시민의 알권리 보장과 시정 투명성이 제1원칙

  – 오픈데이터 원칙과 데이터 생태계 조성 측면에서 오픈데이터 정책은 미국 모델과 유사

  – 시민 참여 기회 더욱 늘릴 것

○ 시민이 예산 계획부터 참여하는 시민 참여 예산제 도입

■ **우리나라 공공 분야 성장 가능성: 민간에서의 노력**

○ 민간에서 공공성을 위한 오픈데이터 활용 노력 증가

  – 시민들이 더 쉽게 공공 데이터를 볼 수 있도록 도와주는 서비스

  • 적극적으로 국민의 알권리 보장

  • 국민의 사회 인식 제고에도 도움

  • 예: 팀 포퐁(team popong)의 '대한민국 정치의 모든 것' pokr.kr 〈그림 10〉 국회 회의록 및 국회의원 관련 공공 데이터를 누구나 쉽게 볼 수 있도록 한 사이트

〈그림 10〉 대한민국 정치의 모든 것(pokr.kr)

– 더 나은 공공 서비스 개발

• 시민 생활 편리 도모

• 예: 코드나무의 프로젝트 안심이

① 코드나무는 열린정부 실현을 위해 자발적으로 모인 시민들의 오픈 커뮤니티로 공공 데이터를 활용한 서비스를 만드는 해커톤 등의 행사를 운영하고 있음

② 안심이는 건강보험 심사평가원의 병원 정보, 항생제 처방률, 주사제 처방률, 동네 약국, 심장충격기의 위치 등의 객관적인 공공데이터를 활용해서 합리적인 선택을 도와주는 서비스 〈그림 11〉

〈그림 11〉 코드나무의 안심이 프로젝트(ansim.me)

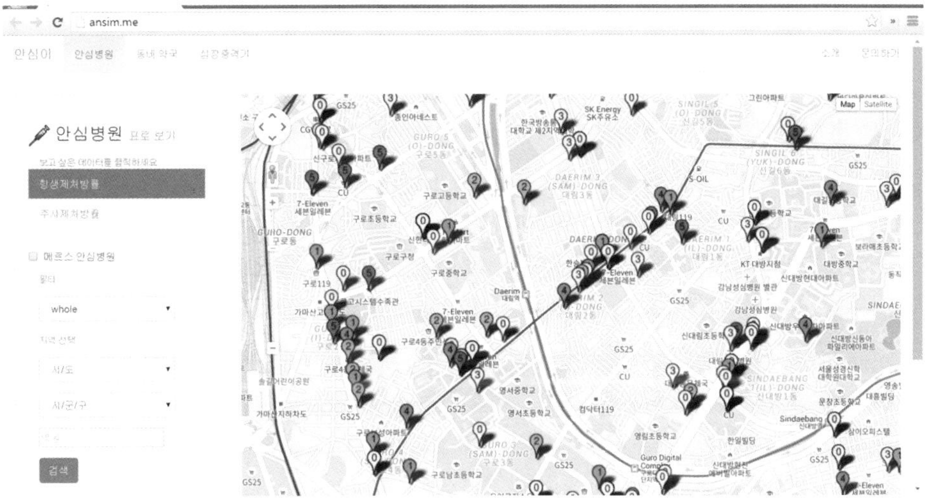

2) 공공 분야 미래예측

■ 정부 3.0 다음의 패러다임

○ 정부 3.0의 정착은 시민들의 정책 참여 요구로 이어질 것

- 전자 정부(e-government)와 열린 정부(open government)는 행정의 투명성과 국민의 알 권리를 확대함

- 정부 운영에 대해서 더 잘 알게 된 시민들로부터 정책 계획, 집행, 평가 등 정책 전반에 참여 요구가 늘 것임

- 따라서 시민 참여를 확대할 수 있는 방향으로 열린 정부 및 전자 정부가 변화해야 할 것

○ 시민 참여를 염두에 두고 행정 프로세스 전반이 개편될 것이며, 이를 통한 공공 가치 실현이 궁극적 행정 목표가 될 것

○ 기술적 측면에서는 정부↔시민 참여 데이터 생태계와 자동 데이터 분석 모듈을 바탕으

로 한 데이터 플랫폼 구축으로 실시간 개인 맞춤형, 실시간 능동적 정책 대응 등이 가능해질 것

- 이러한 기술적 변화를 위해서는 정책 디자인 패러다임도 바뀌어야 함

○ 따라서 본 연구에서 도출한 미래 공공 패러다임의 키워드는 다음과 같음

① 시민 주도,

② 공공 가치 실현,

③ 능동적 데이터 생태계 및 플랫폼

■ **시민 주도를 반영하기 위해 열린 정부·전자 정부 개편**

○ 시민 주도의 장점

- 시민 참여로 시민 니즈를 쉽게 반영할 수 있음

- 시민들의 지역적·전문가적 지식 활용할 수 있음

- 정책 투명성이 더욱 확대됨

- 시민들의 참정권을 확대하고 직접 민주주의, 참여 민주주의를 실현할 수 있음

○ 현재의 시민 참여 방법과 새로운 패러다임에서의 시민 주도 정부는 시민에 대한 인식과 시민 참여의 범위에서 크게 다름 〈표 2〉

○ 시민 주도 정부를 위해서는 정책과 제도적 변화가 함께 따라와야 함

- 시민 참여를 반영하기 위한 전반적인 행정 프로세스 개편이 필요함

○ 개편 시 고려해야 할 점

- 다수의 참여는 정책 결정 및 집행의 비효율성을 가져올 수 있으므로 시민 참여 과정 디자인에 있어서 효율성을 염두에 두어야 함

- 시민 참여 시 생길 수 있는 시민 간, 시민–정부 간의 의견 마찰을 줄이기 위한 협의 장치 필요

- 시민의 전문성 부족을 극복하기 위한 교육 과정 필요

- 시민 참여를 적극적으로 이끌어 내기 위한 정부 내부와 시민 모두에게 정책적 동기 부여

나 인센티브 시스템 디자인도 필요

- 정부 내부의 인식 개선: 시민들을 공공 서비스의 수동적인 소비자가 아니라 정부의 권한의 주인으로, 정부 운영의 협력자로 인식

- 정부의 공개 데이터에 시민들이 제공한 데이터를 통합시키는 데이터 플랫폼 구축도 필요

〈표 2〉 현재의 시민 참여와 시민 주도 정부 비교

	현재	시민 주도로 변화
참여 소통 협력	• 정책 제안 등의 제한적 참여 채널 • 서비스 수요자로서의 시민 중심	• 행정 전반에 적극적 시민 참여를 고려한 행정 프로세스 개편 • 시민들의 지역적·전문가적 지식을 최대한 활용 • 행정에 적극적으로 참여할 수 있도록 시민들의 의식 및 역량 강화도 중요 • 시민 참여를 이끌어내기 위한 인센티브 디자인 필요 • 시민을 단순한 서비스 소비자가 아니라 협력자로 인식
공개 개방 공유	• 투명성 확보를 위한 공개를 위한 공개	• 시민의 적극적 행정 참여를 돕기 위한 데이터 공개 • 시민들이 제공한 지역적 데이터나 피드백, 시민 의견등의 데이터를 정부 오픈 데이터와 통합하는 데이터 생태계 구축도 필요

■ **공공 가치 실현: 진정한 참여 민주주의의 가치 실현을 위한 변화로, 공공 가치 모형이 구현되고 국가 혁신·사회 의식 개선과 연결**

○ 공공가치모형(Public Value Management) [5]: 행정학에서 이야기하는 행정 거버넌스 모형. 이전의 관료제 모형, 시장 경쟁 모형 다음의 모형으로 행정 전반의 목표가 공공 가치를 창조하고 지향하는 것

○ 정부 3.0에서 지향하는 '국민 행복'이 공공가치의 한 예가 될 수 있으나, '국민 행복'을 위한 더 구체적인 가치를 생각해 볼 수 있음. 새로운 패러다임에서는 좀 더 구체적인 민주주의의 기본 원칙들이 공공가치로 추구될 것

■ **능동적 데이터 생태계 및 플랫폼: 기술적 측면에서의 변화**

- 능동적 데이터 플랫폼 구축

  - 데이터 측면

    - 정부 데이터와 시민이 제공하는 융합 데이터베이스 고려

    - 데이터 표준화

  - 데이터 분석 측면

    - 시민의 데이터 참여와 누적되는 데이터베이스를 고려한 데이터 생태계가 디자인될 것

    - 시시각각 쌓이는 데이터의 시계열 처리가 중요해질 것

    - 시시각각 변하는 데이터의 흐름을 바로 정책에 반영할 수 있는 적극적·능동적 데이터 분석이 중요해질 것

- 시스템 전반

  - 부처 간, 데이터 간 장벽을 없애고 통합

- 공공 서비스 디자인 측면: 즉각성과 개인화 강조

  - 행정 서비스의 즉각성과 개인화를 위한 데이터 기반 분석이 강화될 것

  - Google Now 서비스와 같은 모델로 실시간 맞춤형 공공 서비스 진화 가능성이 있음

- 기술 변화에 따른 정책 및 제도의 변화

  - 정책 디자인 시에 데이터의 변화에 따라 정책이 융통적으로 바뀔 수 있도록 데이터 기반의 가상 시나리오별 정책 대안이 구체적으로 나와야 함

  - 정책 디자인 변화를 반영할 수 있도록 제도적 혁신도 필요함

■ **사례: 프로젝트 버짓와이저**(Project BudgetWiser)

- 본 연구팀에서 다가올 공공 패러다임 변화를 염두에 두고 진행 중인 연구 프로젝트로 공공 데이터와 크라우드소싱을 활용하여 정부 예산에 대한 시민 의식 제고와 시민 참여 채널 확대를 목표로 함

- 미래의 패러다임을 반영한 사례가 될 수 있는 프로토타입 시스템 개발

– 다음의 3가지 측면에서 미래 예상 패러다임 반영

① 시민 참여 채널 확대를 통한 시민 주도

② 시민 의식 제고를 통한 공공 가치 실현

③ 공공 데이터에 더해서 시민이 제공한 데이터 통합

〈그림 12〉 팩트풀(Factful) 시스템 오버뷰

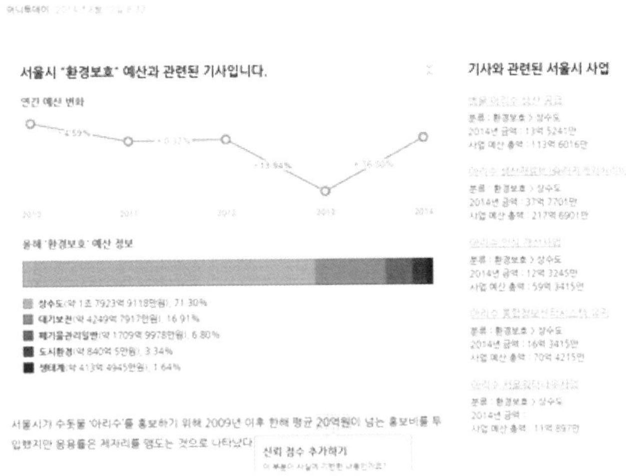

○ 예시 시스템 1: 팩트풀(Factful) [6] 〈그림 12〉

– 예산 기사를 바탕으로 정부 예산 관련 토론 플랫폼 구축

– 서울시 예산 관련 기사에 자동으로 관련 서울시 예산 데이터를 입힘

– 예산 기사의 팩트체킹을 크라우드소싱

– 예산 데이터의 접근성을 높임으로써 시민들의 정책 관심도 증가

– 정책 교육 플랫폼으로서의 가능성도 확인

○ 예시 시스템 2: 예산지도(BudgetMap) [7] 〈그림 13, 14, 15〉

– 예산 데이터 인터렉티브 시각화

– 사회 이슈 기반 예산 분류법 제시

- 기존 정부에서 사용하는 예산 분류법에 추가적으로 시민들의 관심을 반영하기 위하여 '안전', '미세먼지', '메르스' 등 시시각각 변하는 사회 이슈를 기반으로 한 예산 분류법 제안
- 이슈마다 모든 정부의 사업들을 새로 분류해야 하는 번거로움이 있으므로 행정적 비용 부담이 있음
- 이슈별 예산 분류 작업을 시민들에게 크라우드소싱하여 행정적 비용 부담 제거

– 세부 사업별로 예산을 분류하는 간단한 크라우드소싱에 참여하는 것만으로도 통계적으로 유의한 시민들의 정책에 대한 인식, 관심도 변화와 교육 효과를 실험으로 입증함

– 지역 예산의 경우 시민들의 지역 정보, 지역 전문성이 공무원들의 행정을 도와줄 수 있음을 보임

– 같은 플랫폼에서 시민들의 예산 감사, 예산에 관한 의견 수집도 가능하며 팩트풀 시스템과의 연계로 시민 간 합의 단계도 구현 가능

– 크라우드소싱 방법론을 적극 활용하여 공공 오픈 데이터 활용, 시민의식 개선, 참여 채널 구축 등을 함께 다룰 수 있음을 보여주는 사례

〈그림 13〉 사회 이슈별 예산 분류를 시민들에게 부탁하는 페이지

화면에 나타난 사회 이슈는 공공 안전, 미세먼지 등의 대기 오염, 청년 실업

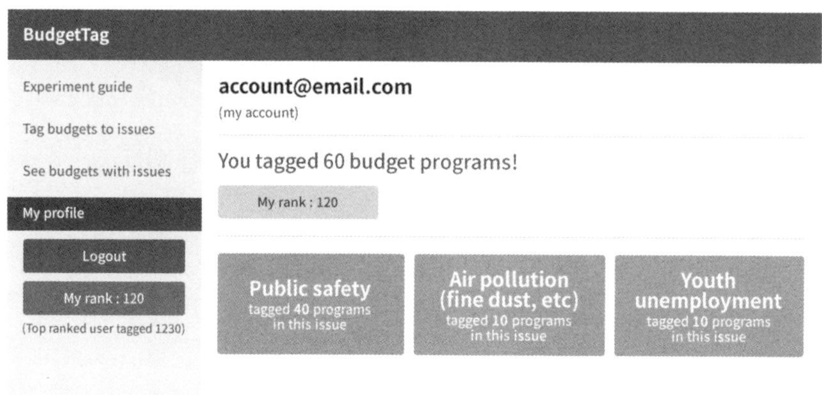

〈그림 14〉 시민들이 직접 특정 정부 사업이 공공 안전 관련 사업인지 분류하는 페이지

화면에 서울시 예산 사업 목록이 나타나 있음

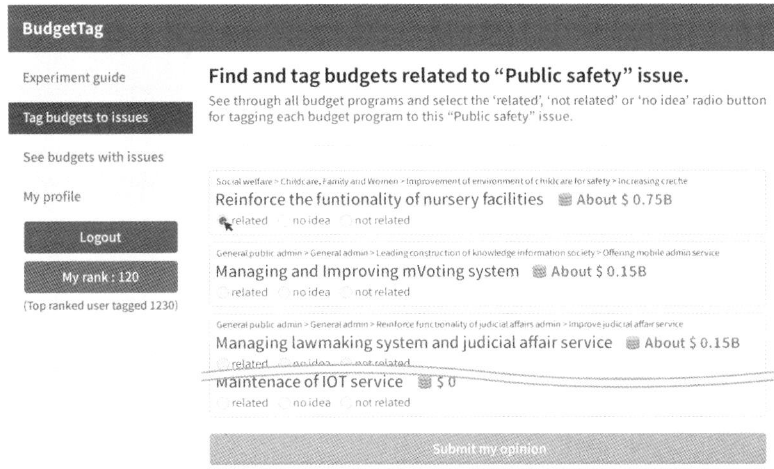

〈그림 15〉 예산지도를 인터렉티브하게 살펴볼 수 있는 페이지

시민들이 사회 이슈별로 예산 사업을 분류한 결과를 살펴볼 수 있음

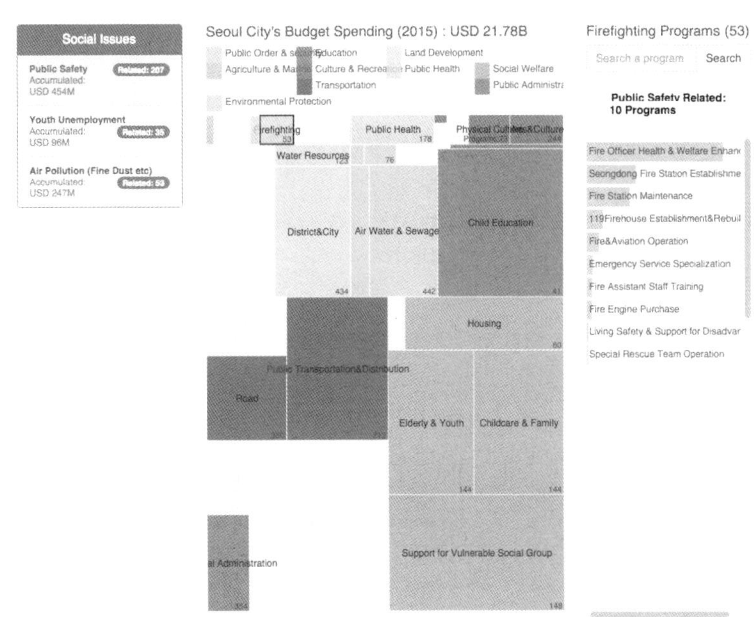

3

공공 분야 미래 성장 전략

1) 공공 분야 미래 성장 전략

■ 외국 공공서비스 혁신 사례에서 배울 점

○ 영국의 표준화, 플랫폼화 작업

○ 미국의 오픈데이터 원칙, 호주의 열린 정부 원칙과 같은 구체적이고 실용적인 혁신 원칙

○ 정부·시민 모두 혁신 필요성 공감대 형성

○ 시민 참여 방법 증대

■ 일방향 개방이 아닌 표준화된 양방향+분석적 데이터 생태계 구축

■ 우리나라의 특수성을 고려한 한국형 발전 방안 수립

○ 영국이나 미국은 공공 분야가 민주주의와 함께 오랜 기간에 걸쳐 함께 성숙해 왔음

○ 하지만 우리나라는 압축된 경제 성장 기간은 공통된 시민 의식 발전이나 공공 가치 실현, 사회 구성원 간의 가치 우선순위에 대한 합의 등이 이루어지기에는 짧은 시간

○ 따라서 공공 가치 압축된 경제 성장뿐만 아니라 사회 성숙도의 발전도 압축 성장을 할

수 있도록 다음의 패러다임을 준비할 때 민주주의 기본 원칙이나 성숙한 시민의식 제고, 사회 구성원 간의 공공 가치 체계에 대한 합의 부족을 염두에 두어야 함

○ 예를 들어 프로젝트 버짓와이저에서처럼 시민 참여 과정에서 시민 의식 제고나 관련 정책 교육이 될 수 있도록 하고, 참여 시민 간에 철저한 의견 합의 과정도 고려해야 함

■ 정부 혁신이 국가 혁신과 사회 혁신으로 이어지므로 사회 전체 인프라로서의 공공서비스와 사회적 자본 구축 측면의 중요성을 인지해야 함

■ 공공분야 국제 경쟁력 확보 방안

○ 우리나라가 전자정부로 국제적 우위를 선점한 것처럼 다가올 패러다임 변화에서도 국제 경쟁력을 확보하려면 기술적 측면뿐만 아니라 다음과 같은 서비스 디자인 및 사회 시스템 전반적인 변화를 고려해야 함

- 고령화 사회 등의 사회 변화를 미리 예측하고 그에 맞춘 서비스 디자인 프로세스 개발

- 크라우드소싱, 시티즌소싱 등을 활용하여 대중의 대단위 참여를 이끌어 낼 수 있는 시스템 디자인

- 공공 서비스가 온라인화, 모바일화되면서 정책적으로도 소외될 수 있는 기술소외계층을 위한 대책도 필요

4

결론 및 제언

1) 결론 및 요약

■ 국내외에서 오픈데이터를 바탕으로 한 열린 정부 혁신이 활발

■ 열린 정부가 정착되어 알권리를 확보한 시민들은 참여의 확대를 요구할 것임

■ 따라서 정부 3.0 다음에 예상되는 패러다임은 다음의 3가지 성격을 띨 것임

○ 시민 주도의 정부

– 공공 서비스 수요자로서의 시민 참여가 아니라 정부의 권한의 주인으로, 정부 운영의 협력자로 정책 프로세스 전반에 시민 참여가 확대될 것임

○ 공공 가치 실현을 위한 정부 행정

– 시민 주도로 직접 민주주의, 참여 민주주의가 확대 실현되는 과정에서 행정 전반에 공공 가치 실현이 목표 및 평가 기준이 될 것임

○ 능동적 데이터 생태계 및 플랫폼

– 시민 참여를 통해 얻는 새로운 데이터와 기존의 공공 데이터 사이에 피드백을 반영한 데이터베이스와 실시간으로 쌓이는 데이터베이스와 분석 모듈을 활용한 능동적·반응적인 정책 디자인이 필요하게 될 것임

2) 공공 분야 정책 제언

■ **단기 : 정부 2.0부터 제대로**

  ○ 표준화 작업 필요

    – 공개 데이터 스탠다드

    – 공공 서비스 스탠다드

    – 부처 간, 중앙·지방정부 간 시스템 통합 스탠다드 및 제도적 기반 갖추기

  ○ 이러한 표준화를 바탕으로 한 통일성 있는 공공 서비스 플랫폼 디자인이 필요

  ○ 정부 3.0이 변화를 위한 변화가 아니라 이유와 가치가 있는 변화라는 정부 내부의 공감대 형성이 필요

■ **정부 3.0은 맞는 방향이나 약속의 체계적 이행과 평가가 필요**

  ○ 정부 3.0은 본 연구에서 예상하고 있는 미래 공공 분야 패러다임과 일맥상통하는 면이 많음

  ○ 하지만 정부 3.0에서 약속하고 있는 것들이 상기적으로 달성 가능하고 추상적인 것이 많아 단기적으로 어떠한 변화를 가져올 수 있을지 구체적인 모습을 그리기 어려움

  ○ 따라서 단기적, 중·장기적 계획을 구체화하고 시범 서비스를 제시할 필요가 있음

  ○ 또한 정부 3.0에서 제시하는 정책들을 어떻게 평가할 것인지 구체적인 평가 지표 제시 필요

■ **개별적 노력이 아니라 공공 행정 프로세스 및 제도의 전반적인 혁신과 통합 필요**

  ○ 중앙정부 각 부처, 지방정부, 민간 등등에서 개별적으로 이루어지고 있는 노력들이 시너지 효과를 낼 수 있도록 공공 행정 프로세스 및 제도의 전반적인 혁신과 통합 절차가 필요

■ **중장기 : 새로운 패러다임 준비**

  ○ 공공 가치(민주주의 기본 가치 및 시민들의 기본권 보장을 대변하는 자유, 평등, 정의, 행복

추구 등의 가치) 실현 정도가 정부 혁신의 평가 기준이 되어야 함

○ 정부 운영 전반에 대한 시민 의식을 개선하고 관심도를 높여 사회적 자본을 형성하는 것
   이 시급

○ 시민들의 적극적 참여 채널 구축·확장하여야 함

○ 시민들의 참여 인센티브 디자인 필요

○ 크라우드소싱 방법론을 적극 활용하면 오픈 데이터 활용, 시민의식 개선, 참여 채널 구
   축, 참여 인센티브 디자인 등을 함께 다룰 수 있음

○ 기술적으로 공개 데이터, 시민 참여 채널, 정부 행정 시스템, 즉각적 데이터 분석 모듈,
   융통적인 실시간 반응형 정책 등을 아우르는 능동적 데이터 생태계 및 플랫폼 구축으로
   국제 경쟁력도 확보 가능

참고 문헌

[1] McKinsey & Company Global Institute. (2012). Government Designed for New Times.

[2] Aitamurto, Tanja. (2012). Crowdsourcing for Democracy: New Era in Policy Making, Committee for the Future, Parliament of Finland.

[3] IBM Center for Business Government . (2013). Using Crowdsourcing in Government.

[4] 한국행정학회 연구보고서. (2013). 정부 3.0의 이론적 배경 및 변화 관리에 관한 연구.

[5] 권기헌. (2014). *대한민국 비정상의 정상화*. 도서출판 행복에너지.

[6] Kim, Juho, Eun-Young Ko, Jonghyuk Jung, Chang Won Lee, Nam Wook Kim, and Jihee Kim. (2015). Factful: Engaging taxpayers in the public discussion of a government budget, *In Proc. CHI ACM Conference on Human Factors in Computing Systems*.

[7] Kim, Nam Wook, Jonghyuk Jung, Eun-Young Ko, Blair Han, Chang Won Lee, Juho Kim, and Jihee Kim. (2016). BudgetMap: Engaging taxpayers in issue-driven classification of a government budget, *in Proc. CSCW ACM conference on Computer-Supported Cooperative Systems*.

[8] OECD 정부혁신아시아센터 편저. (2006). *정부혁신 패러다임, 어떻게 변하고 있는가? Modernizing Government*. 삶과 꿈.

박선영 KAIST 산업및시스템공학과 조교수

기획재정부 부총리 겸 기획재정부장관 표창
미국 예일대 The Schoen Fellowship
미국 예일대 경제학과 박사
서울대 경제학부 학사, 수석졸업

I

MESIA 미래전략
(지적서비스 산업 : 금융/투자 분야)

세부분야

기술금융과 핀테크

1

연구 개요

■ **연구 목적**

○ 본 연구에서는 〈그림 1〉과 같이 기술금융 육성 방안과 핀테크 산업 성장을 지원하는 금융생태계 조성 방안을 제시하여 한국경제의 향후 30년 성장동력의 발판을 마련하고자 함

- 기술금융을 통한 금융의 간접적인 부가가치 창출: 금융기관들의 지속가능한 기술 금융 참여를 유도하기 위한 방안을 분석하고, MESIA 산업에 효율적인 자금지원에 적합한 전략을 모색

- 핀테크 산업을 통한 금융의 직접적인 부가가치 창출: 선진국들의 핀테크 사례 및 규제에 대해 조사하고, 유망 핀테크 산업에 대해 분석함으로써 국내 핀테크 산업을 세계적으로 경쟁력 있는 산업으로 육성시키기 위한 전략을 연구

- 현재 정부에서 추진하고 있는 금융산업육성방안의 보완적 정책과 전략으로서의 성격을 가지고 있음

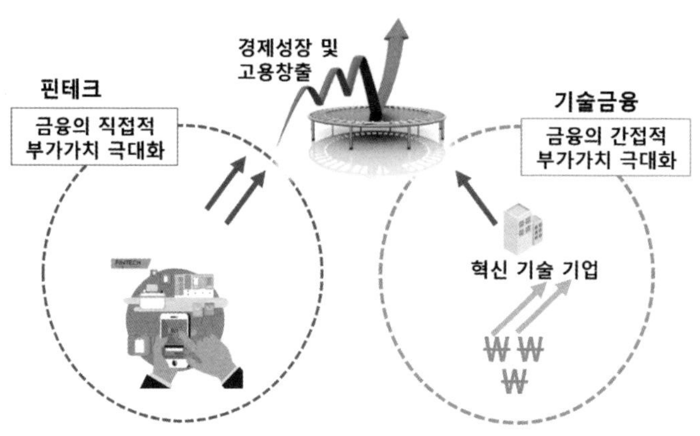

■ 연구 필요성

○ 저출산 및 고령화로 인해 저성장 국면을 맞이하고 대기업 중심 성장 전략이 종점에 다다른 오늘날에 지속적인 경제성장과 고용창출을 위해서는 우수한 기술을 가진 글로벌 강소기업의 육성이 필수적임

    – 향후 생산인구인 15세 이하 인구 비중은 2014년 14.27%로 감소하고, 65세 이상 인구비중은 2014년 12.66%로 점진적으로 증가하는 추세로 한국 경제의 잠재성장률은 계속적으로 낮아지고 있음

    – 또한 지금까지의 우리나라 주력 산업이었던 자동차, 조선, 핸드폰, 전자제품, 반도체, 석유화학, 철강 산업에서 중국, 인도, 동남아시아 국가들에게 빠르게 따라 잡히고 있는 실정임

    – 글로벌 강소기업을 육성하기 위해서는 벤처기업이 충분한 자금과 우수한 인력을 공급받을 수 있는 환경이 조성되어야 할 필요성이 있음

○ 향후 30년간 연간 100조 원대의 매출을 일으킬 수 있는 혁신적인 산업들에 대해 기술력을 평가하여 자금을 윤활하게 지원해 주는 마중물로서의 역할을 가지는 기술금융은 성

장의 한계에 이른 한국에 지속적인 경제성장과 고용창출 효과를 일으킬 수 있음

- 특히 추격자 전략으로서 한국의 성장 가능성이 큰 5대 전략 MESIA 사업(의료·바이오, 에너지·환경, 안전, 지식서비스, 항공우주 분야)에 대한 원활하고 효율적인 자금지원방안으로서 중요성이 큼

- 또한 우리나라는 벤처캐피탈만으로는 벤처기업에 대하여 충분하게 자금을 공급하기 어려운 상황임. OECD에 따르면 2011년 한국 중소기업들의 자금조달 비중 중 약 0.9%만이 벤처 투자를 통해 이루어짐[1]. WEF(World Economic Forum)에 따르면, 한국은 2015년 상반기 기준 벤처캐피탈 수월성(Venture Capital Availability) 점수는 7점 만점 중 2.2점으로 144개국 중 107등을 받음으로 벤처캐피탈 능력이 낮음[2]

- 선진국과는 달리 벤처기업의 역사가 짧고, 자본이 부족한 우리나라에서는 민간에서의 벤처캐피탈이 벤처기업에 충분한 자금을 공급할 수 있을 만큼 성장하기에는 한계가 있음

○ 국제경쟁력도 낮고, 수익구조가 악화된 전통적인 금융산업의 위기를 극복하기 위해서, 금융산업의 신성장 동력이 될 수 있는 핀테크 산업을 적극적으로 활성화해야 함

- 한국의 금융산업은 은행대출중심의 자금중개로 금융의 역동성과 혁신성이 부족함. 또한 담보, 보증이라는 보수적인 금융중개행위에만 초점을 맞추고 있음

- 금융산업의 고용비중은 1994년 3.5%, 2006년 3.4%, 2014년 3.4%로 20년간 정체되어 있음

- 반면, 핀테크 투자 규모는 2008년 9.2억 달러에서 2013년에는 29.7억 달러에 달할 만큼 세계적으로 빠르게 성장하고 있으며[3], 그 중심에는 미국과 유럽이 있음. 핀테크는 물리적 인프라를 통하지 않기 때문에 국내 규제만으로는 해외 기업들의 국내 시장 진출을 제한하는 데 한계가 있음

- 세계금융시장이 핀테크를 중심으로 재편되는 가운데 한국금융산업이 그 기회를 포착해야 함

■ **연구 범위**

○ 본 연구에서 다루고자 하는 분야는 금융/투자 분야이며, 기술금융(Technology Financing)과 핀테크(FinTech)에 대해서 집중적으로 연구함

○ 금융산업은 기능에 따라 결제, 보험, 예금과 대출, 자본조달, 투자관리, 시장조성으로

나눌 수 있으나 ICT (Information and Communication Technologies) 기술의 발전으로 업권 간의 경계가 모호해지고 있으며 본 보고서에서 미래 금융산업의 예측에 기반하여 미래전략을 수립하고자 함

○ 기술금융이란 기술력 및 아이디어가 우수하나 낮은 신용등급과 불안한 자본 구조 등으로 인해 자금융통이 어려운 창업·중소기업에 대해 기술력 및 아이디어에 대한 평가만으로 담보나 보증 없이 자금을 지원하는 제도적 방안임

  – 기존의 자금융통 체제는 창업·중소기업이 금융기관에 자금을 요청하면 금융기관에서 신용등급 및 자본구조를 기반으로 한 평가를 통해 자금을 제공하며, 창업·중소기업에게 주로 높은 이자율과 담보를 요구함

  – 기술금융을 통한 자금융통은 〈그림 2〉와 같이 금융기관이 직접 기업을 평가 하지 않고 기술신용평가기관(Technology Credit Bureau, TCB)에 기술 평가를 의뢰해 기술력 및 아이디어에 대한 평가를 받으며 이를 바탕으로 기업지원이 이루어짐

〈그림 2〉 기술금융 절차 도표

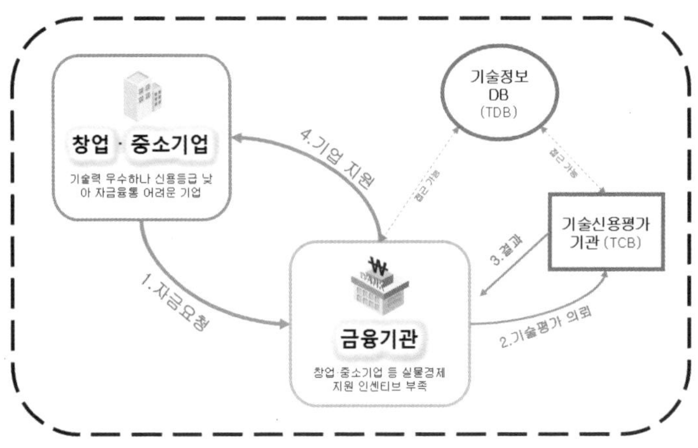

〈출처: 금융위원회〉

○ 핀테크는 금융과 기술의 합성어로서, 모바일, SNS, 빅데이터 등의 첨단 ICT 기술과 금융서비스가 결합하여 기존 금융거래방식과는 차별화된 새로운 형태의 금융산업을 의미함

- 인터넷뱅킹, 홈트레이딩시스템 등 IT를 이용하여 기존 금융서비스의 효율을 높이는 전자 금융과는 구분되며, ICT 기술력을 중심으로 하는 창업·중소기업들을 주체로 진행되고 있음
- 기존 금융업의 물리적 자산 및 인력에 대한 막대한 투자의 부담을 줄여 더 낮은 비용으로 더 많은 사람들에게 쉽고 간편하게 금융서비스를 제공하고자 함. 예를 들어 Transferwise란 송금관련 핀테크 기업이 이용자들의 해외 송금 수수료를 전폭 낮춤으로써 기존의 이용자들에 더해서 새로운 이용자들로 하여금 송금의 접근성을 보다 높였으며 경제활동에 변화를 유도하고 더 나아가 금융업의 부가가치를 올림. 〈그림 3〉과 같이 세계적으로 많은 핀테크 기업이 이미 등장

〈그림 3〉 핀테크의 세부영역과 주요업체

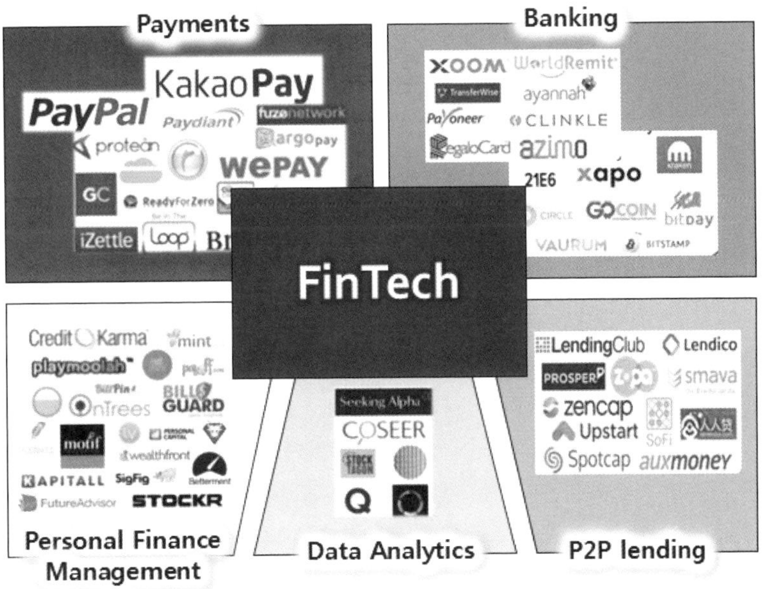

○ 참여 연구자는 연구책임자 외 3명이며, 1명의 자문을 받았음

〈참여 연구진 소개〉

구 분	소속/직위/성명	담당 역할
연구 책임	카이스트/조교수/박선영	– 연구과제 기획, 조정, 관리, 서술
연구 참여	카이스트/박사과정/최서준	– 기술금융 현황조사 및 전략 연구
	카이스트/박사과정/황인빈	– 기술금융 및 핀테크 전략 연구
	산업경영연구소/연구원/최제옥	– 핀테크 현황조사 및 전략 연구
연구 자문	카이스트/부교수/김우창	– 핀테크 현황 자문

2

산업/기술 동향 미래예측

1) 산업/기술 현황

■ SWOT 분석

○ 대내어건 측면의 강점과 약점 요인

- 강점(Strength): 은행권들의 건전성과 유동성이 안정적인 수준이며, 한국은 경상수지 흑자로 인해 경제적 펀더멘털이 견고하고, ICT 기술의 발전으로 인해 충분한 인프라를 지니고 있음

- 우리나라는 스마트폰 사용이 보편화된 IT 강국이며, 고등 교육을 받은 인력이 많아 금융과 IT의 융합인 핀테크 산업이 발전하기 좋은 환경임

- 국내 금융환경은 2013년 기준으로 인구대비 인터넷뱅킹 실사용자 비중이 약 94%, 인구대비 스마트폰 뱅킹 실사용자 비중은 약 50%에 달할 만큼 금융의 IT 활용이 활발함

- 약점(Weakness): 고령화 및 잠재 생산인구의 감소로 인해 미래 경제성장률의 저하되고, 금융권의 수익성이 지속적으로 악화되고 있음. 또한 기업의 자금조달 비중 중 벤처 투자 비중이 현저히 낮음. 전반적으로 전통적인 금융산업의 국제경제력이 매우 낮음

- 2007년 세계 금융위기 이후 저금리 기조로 인해 국내은행들의 수익성이 감소하였고, 아직까지 회복하지 못 하였음. 이는 시중은행의 ROE가 2006년 15.52%였으나 2014년에는 5.08%까지 떨어졌고, 지방은행의 ROE가 2006년 17.17%이었으나 2014년에는 6.20%까지 떨어진 데에서 확인할 수 있음

- 2008년부터 2014년까지의 기간 중 대부분 국내은행은 외은지점보다 수익성과 여신건전성이 낮음을 확인할 수 있음. 예를 들어 2014년 국내은행의 ROA는 0.31%, 고정이하여신비율은 1.55%인데, 외은지점의 ROA는 0.42%, 고정이하여신비율은 0.25%임

- 국내은행의 유동성이 향상되고 자기자본비율도 올라갔으나, 같은 기간 동안 수익성이 감소한 것을 보았을 때, 국내은행이 이용 가능한 자본을 효율적으로 운용하지 못하였다고 볼 수 있음

■ **대외여건 측면의 기회와 위협 요인**

- 기회(Opportunity): 미국경기의 회복, 전통적인 금융산업보다 진입장벽이 낮은 핀테크 산업으로의 금융산업 재편성으로 금융부분의 부가가치 창출 증대를 기대
- 위협(Threat): 미국의 금리인상에 따른 해외자본유출 가능성, 해외의 핀테크 생태계 선점, 금융기관에 대한 비효율적 규제체계를 위협요인으로 뽑을 수 있음

■ **기술금융 현황**

○ 시중은행들의 창업·중소기업에 대한 대출을 증가시키기 위해 정부는 2014년 6월 은행권의 기술신용대출을 개시했으며, 10월 기술금융 평가가 포함된 은행권 혁신성 평가방안을 도입함으로 시중 은행들의 기술금융 참여를 유도하고 있음[4]

- 현재 기술신용평가기관은 총 4개 기관이 존재(기술신용보증기금, 한국기업데이터, 나이스평가정보, 이크레더블)하며, 기술평가 건당 수수료는 표준형 기술평가서는 100만 원이고 약식형 기술평가서는 50만 원임. 향후 표준형의 경우 75만 원으로 낮출 전망임. 기술신용평가기관에서 T6 등급 이상 받은 기업에 대해 기술금융을 통한 지원으로 인정됨

- 2015년 4월까지 누적 기술평가 건수는 총 3만 7천 건으로, 한국기업데이터 1만 4,717건, 나이스 1만 4,080건, 기술신용보증기금이 7,695건임

- 또한 금융기관들의 자체적 기술평가능력과 기술신용평가기관의 기술평가능력의 차이로 인해 발생하는 정보의 비대칭성 문제를 상호 접근 가능한 기술정보데이터베이스를 도입함으로 최소화함

- 정부는 대출형 기술금융과 더불어 투자형 기술신용평가모형을 개발함으로 엔젤투자자 및 벤처캐피탈의 투자형 기술금융 참여를 유도하고, 기업의 기술을 평가하여 투자하는 정부 주도의 투자펀드를 2,000억 원 규모로 조성하고 운영할 계획임[5]

- 하지만 투자형 기술금융과 비슷한 역할을 가진 정부 주도의 펀드들은 미래부의 청년창업펀드, 성장사다리펀드의 여러 자(子)펀드들, 그리고 중소기업청–다음 청년창업펀드 등이 이미 존재하며 민간의 벤처캐피탈 및 엔젤투자자도 역할이 비슷함

○ 선진국 성공사례 1: 이스라엘의 요즈마(Yozma)펀드는 민간의 벤처캐피탈 참여를 유도한 다양한 인센티브 제공과 정부 주도의 글로벌 네트워크 조성으로 큰 성공을 거둠[6]

- 요즈마펀드는 1993년에 출범하여 1998년에 종료된 이스라엘의 벤처투자펀드로, 산업통상노동부 산하의 수석과학관실이 1억 달러를 재원으로 출범시켰음
- 요즈마펀드는 창업 초기 단계에 있는 벤처기업으로 투자대상을 제한하거나 정부 출자지분을 5~7%의 낮은 이자만 더하면 매입할 수 있는 콜옵션인 업사이드 인센티브(upside incentive)를 제공하는 방식으로 민간의 기대수익을 높였음
- 또한 이스라엘 정부는 일찍부터 지식과 경험이 축적된 해외 벤처생태계를 고려하여 해외 벤처펀드와 연계해 왔으며, 해외 투자자금으로 민간 투자의 절반을 유치하겠다는 원칙을 세움
- 요즈마펀드의 성공으로 이스라엘의 벤처캐피탈 펀드는 1993년 19개에서 2000년에는 100개로 증가하였으며, 이 기간 동안 회수율은 48%에 달하였음

○ 선진국 성공사례 2: 미국에서는 기존의 인큐베이터(incubator)뿐만 아니라 2000년대 중반에 등장한 엑셀러레이터(accelerator)의 활성화로 창업 초기의 벤처회사들이 자금, 교육, 네트워크 등에서 지원받을 수 있는 생태계가 조성되어 있음

- 엑셀러레이터는 창업 초기의 기업을 선발하여 3~6개월이란 단기간 동안 집중적으로 지원하는 기관이나 프로그램을 말하며, 경쟁적 선발과정과 일부 지분 투자를 특징으로 함
- 클라우드 기반의 온라인 파일 동기화 서비스인 Dropbox는 2013년 기준으로 사용자 2억 명, 기업가치 45억 달러에 달할 만큼 크게 성장하였는데, 이런 Dropbox의 성공에는 Y-Combinator라는 엑셀러레이터의 초기 투자가 결정적인 역할을 하였음

■ 핀테크 산업의 현황

○ 글로벌 핀테크 시장은 미국, 영국 그리고 중국을 중심으로 빠르게 성장하고 있음. 2015년 6월 기준, 52개국에 걸쳐 1,152개의 핀테크 벤처기업이 대출, 개인금융, 기업금융, 결제, 해외송금, 자산운용 등 금융업 전 영역에서 활동하고 있고 총 약 200억 달러 규모의 자금을 조달하였음. 〈표 1〉은 핀테크 산업의 대표적 금융기능별 진출 분야 분류를 보여주고 있으나, 핀테크 산업의 혁신적인 특성상 이와 같은 분야에 귀속되지 않는 창의적인 형태의 서비스가 꾸준히 나타날 것으로 예상됨

〈표 1〉 핀테크 산업의 분류 및 투자규모

대분류	소분류	기업 현황	Global Investment (2013, $ mill)
Bank Service (은행 서비스)	Payment	삼성pay, 카카오pay, Paypal	831.6
	Remittance	TransferWise	
	Digital currency	Coinbase(bitcoin)	
Asset Management (자산 관리)	Robo-advisor, Trading	WealthFront, Motif, OANDA	415.8
	PFM	Personal Capital	
Capital Market, Corporate Finance, Crowding funding (자본 시장)	Equity financing	KickStarter	1,158.3
	Consmer credit	Lendup	
	P2P	8percent, LendingClub	
Data (데이터)	Data analytics	Seeking Alpha, 2iQ research	564.3

- 간편 결제(Payment)는 소비자가 제품 및 서비스를 구매할 때 결제에 필요한 정보를 미리 등록해두고 간편하게 결제할 수 있도록 한 전자 결제 서비스를 의미함

- 송금(Remittance)은 소비자가 송금할 때 금융기관을 통하지 않고 소비자 간의 온라인 네트워크를 통하여 실제 돈의 교환 없이 낮은 수수료로 송금할 수 있는 서비스를 의미함

- 전자 화폐(Digital currency)는 온라인으로 거래 가능한 가상의 화폐를 의미함

- 로보-어드바이저(Robo-advisor)는 인공지능이 현재 시장과 고객의 포트폴리오를 분석하여 온라인을 통해 자산을 관리해주는 시스템을 의미함

- 개인 재무관리(Personal Finance Management)는 물리적 인프라가 필요 없고 인터넷 등을 사용해서 쉽게 접근 가능한 크라우드(crowd) 기반 소프트웨어를 사용하여 자산관리 분야에서 비용을 절감하고 저렴한 수수료로 투자전략에 대해 자문해주는 서비스를 의미함

- 자본조달(Equity financing)은 불특정 다수로부터 펀딩을 받는 크라우드펀딩(crowd funding) 등을 통한 새로운 자금 조달의 채널을 마련하는 분야를 의미함

- 소비자 신용(Consumer credit)은 핀테크 회사가 개별 소비자에게 맞춘 신용평가에 따라 필요한 자금을 대부해주는 서비스를 의미함

- P2P 대출은 온라인에서의 개인과 개인 간의 직접적인 금융거래를 의미함

- 데이터 분석(Data analytics)은 고객과 관련된 다양하고 방대한 데이터를 수집하고 분석하여 새로운 부가가치를 창출하는 분야를 의미함

○ 한국의 경우, 2014년이 되서야 핀테크에 본격적으로 관심을 가지고 투자하기 시작하였기 때문에 선도 국가에 비해 시장 규모는 물론 업종 종류도 제한적임

- 전 세계 주요 핀테크 기업 수는 2013년 기준 미국 374개, 영국 57개, 싱가폴 15개, 중국 10개, 홍콩 7개, 일본 4개로, 미국의 핀테크 기업 수가 타 국가에 비해 압도적임[7]. 중국의 경우, 높은 스마트폰 보급률과 거대한 시장을 바탕으로 알리페이, 유니온페이, 텐센트를 필두로 한 모바일 결제 시장의 규모가 2014년 기준 약 1,411조 원에 육박함

- 금융위원회를 필두로 하여 정부가 대대적인 핀테크 육성 정책을 펴고 있지만 정부의 지원 정책은 주로 금융기관에 집중되어 있고, 업종 면에서는 간편결제 시장에 지나치게 집중되어 있는 상황임[8]. 그에 비해 최근의 글로벌 투자 경향은 금융 소프트웨어, 데이터 분석, 자산분석 등의 업체로 투자가 옮겨가고 있는 실정임

○ 국내 간편결제 시장의 경우 ICT 기업들은 물론 금융사, Payment Gateway사, 유통사, 온라인커머스 등이 자체 간편결제서비스로 시장에 진출함으로써 경쟁이 심화되었고, 이미 세계적 수준의 기술력을 바탕으로 해외 진출을 진행하고 있음

- 삼성전자의 삼성페이, 다음카카오의 카카오페이, 신세계의 SSG페이, LG유플러스의 페이나우 등 다수의 업체가 소비자의 결제과정을 간편화해주는 서비스를 제공하고 있음

- 삼성페이의 경우 마그네틱보안기술(MST)을 지원하여 마그네틱 신용카드 결제기를 통한 결제가 가능하며 NFC, 바코드 결제방식 역시 지원하여 현존하는 간편 결제 서비스 중 최고의 범용성을 자랑함

- 네이버페이의 경우 기존 간편결제서비스인 네이버 체크아웃, 네이버 마일리지, 네이버 캐시 등을 하나로 묶어서 하나의 로그인으로 신용카드 간편 결제와 계좌 간편 결제, 송금, 포인트 적립과 충전 등을 통합 제공하는 편리한 서비스를 제공함. 네이버페이의 경우 전신인 라인페이를 통해 국내보다 해외에서 먼저 서비스되었으며, 삼성페이의 경우 미국과 유럽 진출을 코앞에 두고 있음

○ 소비자 신용 및 P2P 대출 시장의 경우 최근 다양한 종류의 소비자층을 상대하는 P2P

대출 업계들이 국내에 생겨나고 있으며 새로운 데이터를 이용하여 기존 신용평가를 보완하려는 노력들도 보이고 있음

- 전 세계 P2P 대출 시장의 규모가 88억 달러인 반면 국내시장은 약 2,000억 원 수준으로 제한적이지만 소상공인 대출을 전문으로 하는 펀다, 전환대출 전문 피플펀드, 건축자금 전문 테라펀딩 등 차별화된 서비스를 제공하는 P2P 대출 사이트들이 생겨나고 있음

- 해외 대표적 소비자 신용 서비스인 Lendup의 경우 신용도가 낮지만 대출을 희망하는 고객에게 소액의 단기 대출 단계적으로 제공하고 그에 따른 상환능력을 바탕으로 신용평가를 하는 반면 국내 업체들의 대체적 신용평가모델은 주로 외부 데이터를 사용함. 예를 들어, 소상공인을 상대로 하는 펀다의 경우 상점의 POS 단말기에 입력된 매출 데이터를 신용평가 지표로 사용함

○ 개인 재무관리 시장의 경우 특허화된 비즈니스 모델로 운영되는 국내 업체가 서비스를 제공 중임

- 미국 개인 재무관리 핀테크 업체인 Personal Capital의 경우 온라인 서비스를 통해 고객의 자산에 대한 정보를 입력 받아서 포트폴리오의 가치 및 건정성을 평가해주며 미래 투자 전략에 대한 조언을 제공해 줌

- 국내 핀테크 기업인 에셋다이어리(assetdiary)는 가계부 방식에 기반을 둔 개인 자산관리 서비스로서 가계부 작성하듯 재산, 수입 및 지출 현황을 기입하면 재산 변화 및 재무 상태에 대해 진단을 내려주는 서비스를 시행. 에셋다이어리는 온라인 자산관리 서비스를 이용하는 방법, 개인 재산의 재무건전성을 평가하는 방법, 그리고 온라인 자신관리 비즈니스 모델에 대하여 3건의 특허를 등록 완료하였고 PCT 국제출원을 통해 해외 특허 등록 대기 중임

○ 반면 송금, 가상화폐, 로보어드바이저, 자본조달 및 데이터 분석 시장의 경우 상용화된 국내 핀테크 기업이 존재하지 않음

- 국내에서는 외국환거래법상 외환 송금 업무는 은행에서만 가능하기 때문에 Transferwise와 같은 서비스를 제공할 수 없음

- 가상화폐를 통한 거래를 합법적으로 인정한 미국, 영국, 독일 및 호주 등과 달리 마땅한 규제안을 내놓지 않은 환경에 의해 가상화폐 관련 핀테크 기업이 생겨나지 못하고 있음

- 자본조달 시장의 경우 크라우드펀딩법이 시행되는 2016년 1월까지 지분투자형 크라우드 펀딩이 서비스될 수 없음

- 한국형 로보어드바이저 기업인 AIM과 Data&Analytics가 아직 상용서비스를 제공하지 못하고 있음

- 국내 금융빅데이터 기술 기반의 이상금융거래탐지시스템(fraud detection system)인 NeuralStream-FDS 역시 상용화가 이루어지지 않고 있음

○ 선도 국가에 비해 금융혁신에 친화적이지 못한 규제 환경에 의해 핀테크 서비스의 시장 진출이 제한을 받고 있음. 특히, 화이트리스트 방식의 사전적 금융 규제로 인해 새로운 금융서비스가 불법으로 규정되는 환경에서 국내성장 속도가 저해받고 있음

- 실제로 2015년 2월 국내의 대표적인 크라우드펀딩 회사인 8%는 대부업 등의 등록 및 금융이용자 보호에 관한 법률(대부업법), 유사수신행위의 규제에 관한 법률(유사수신행위법)을 지키지 않았다고 하여 사이트를 차단당했다가, ㈜개미대부주식회사라는 이름으로 대부업 및 대부중개업 등록을 한 후에야 영업을 재개할 수 있었음

- 정부에서도 이를 고려하여 보안프로그램 의무설치(2월), 공인인증서 의무사용(3월), 전자금융업 등록절차 및 심사항목 간소화(5월), 금융회사의 핀테크 기업에 대한 출자 활성화(5월), 보안성심의(6월), 크라우드펀딩법 통과(6월) 등 각종 규제를 폐지 또는 간소화하고 있는 상황임

- 하지만 아직까지 대부업법, 유사수신행위법, 개인정보보호법, 전자금융거래법 등으로 인한 높은 진입장벽으로 인해 국내 핀테크 업계에서는 창업·중소기업의 시장 진입 및 성장이 어렵다는 말이 나오고 있음

〈그림 5〉 정부의 금융규제 철폐 추이

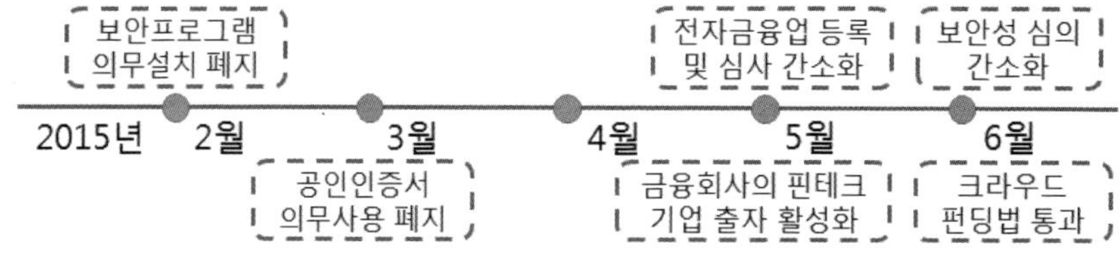

○ 핀테크 기업의 윤활하고 빠른 성장을 위해 아이디어의 시장성 판단부터 법규, 행정, 특허, 자금조달까지 컨설팅을 받을 수 있는 민관합동 협의체를 출범함으로써, 기존 금융기관을 통한 핀테크 기업의 육성을 장려함

- 금융위원회, 미래창조과학부, 중소기업청, 금융감독원, 금융업권별 협회, 벤처캐피탈협회 등 핀테크 산업을 구성하는 다양한 이해관계자 기관들이 모여 구성됨

- 지난 3월 30일 개소 이후 100건 이상의 핀테크 기업이 상담 받음

- 핀테크 지원센터를 통해 상담한 핀테크 업체 혹은 예비창업자들과 핀테크 부서를 보유한 금융기관의 연결을 도모하는 "Demo-day"를 통해 (예비) 핀테크 업체들과 기존 금융기관들을 1:1로 연계시키며 사업모델에 대한 멘토링을 제공하고 더욱 경쟁력 있는 서비스 출범의 기회를 제공

○ 금융위원회의 핀테크 산업 활성화 방안 역시 기존 금융권을 통한 핀테크 산업 자금 지원을 골자로 하고 있음

- 5월 6일 발표된 금융위원회 발표자료에 따르면 핀테크 산업의 창업 및 성장 촉진 방안으로 규제완화를 제외하면 금융회사의 핀테크 기업 출자 활성화 및 정책금융기관을 통한 자금조달 지원을 제시하였음

- 기존에는 금산분리법에 의거하여 금지되었던 금융회사의 핀테크 기업에 대한 투자 및 자회사 유치를 허용토록 함. 산업은행, 기업은행이 2015년 중 2,000억 원 규모의 대출과 직접투자 실행 계획.

2) 산업동향 미래예측

- **선진국형 저성장 체제로의 구조변동 및 글로벌 금융위기 이후의 신뢰상실로 인하여 기존 금융 기업들의 수익성은 계속해서 하락세를 보일 것으로 전망**

  ○ 저성장 체제 하에서 대기업 위주의 기업 생태계에서 기업관련 금융수요가 줄어들고, 저 금리 지속에 따른 자산운용 수익부진 등으로 인해 금융사 실적이 악화되고 있음

    - 특히, 차별성이 없는 동질적인 성격의 금융회사가 여럿 존재하는 준완전경쟁상태의 국내 금융투자업 시장에서 과당경쟁이 심화되면서 수수료율 하락 등으로 인해 수익성 위기에 직면해 있음

    - 수익성이 낮아진 금융기관들이 단기적 수익성 재고를 목표로 일회적 성격의 상품을 반복 적으로 출시하면서 금융소비자의 신뢰를 상실하고, 그로 인해 수익성이 더더욱 악화되는 악순환이 지속되고 있음

    - 저성장 저금리 기조가 심화되고 있고 상실된 신뢰성 회복에 오랜 시간이 소요되기 때문 에 기존 금융 기업들의 수익구조가 향후 계속적으로 악화될 것으로 예상

- **선진국에 비해 낮은 우리나라 금융산업의 부가가치 역시 점점 더 하락하게 될 것으로 예 상됨**

  ○ 국내 금융산업의 부가가치는 미국, 영국 등 선진국들에 비해서 낮은 수준임. OECD 에 따르면 우리나라의 금융중개업, 부동산, 임대업 등에서 나오는 부가가치는 2005년 21.16%에서 2013년 20.78%로 오히려 감소했으나, 같은 기간 미국의 경우 29.89%에서 30.41%로, 영국의 경우 27.91%에서 31.92%로 증가함

〈표 2〉 WEF의 금융서비스의 미래분석 요약표

금융서비스의 핵심기능	미래 금융혁신기술	미래혁신의 트렌드
결제 (payments)	현금없는 결제 새로운 결제수단의 등장	1.플랫폼 기반(platform based), 데이터중심(data intensive), 적은 자본(capital light)
보험 (insurance)	연결된 보험서비스 보험 가치사슬의 해체	
예금과 대출 (deposit and lending)	대체 대출 소비자 선호의 변화	2.금융소비자들은 더 낮은 비용으로 서비스를 제공받고, 기존에 제공받지 못했던 대안적 서비스와 고급정보의 등장으로 폭넓은 선택권을 보장받음
자본조달 (capital raising)	크라우드펀딩	
투자관리 (investment management)	투자자들의 권한확대 프로세스의 외주화	3.금융회사들은 경쟁이 심화되고 더 전문적이고 세부적인 서비스를 제공하여야 함
시장조성 (market provisioning)	새로운 시장플랫폼의 등장 더 똑똑하고 빨라진 분석틀	

○ 변화하는 세계금융시스템에 적합한 새로운 미래전략을 채택하여 차별화를 달성하지 못하면 우리나라의 금융산업과 선진국 금융산업 간의 격차가 더욱 커질 것이고, 자본시장의 발전은 물론 금융산업의 존립 기반마저 위협할 것이라고 판단됨

3) 기술동향 미래예측

- WEF (World Economic Forum)에 따르면 금융업권의 핵심기능을 1) 결제(payments), 2) 보험(insurance), 3) 예금과 대출(deposit and lending), 4) 자본조달(capital raising), 5) 투자관리(investment management), 6)시장조성(market provisioning)으로 구분하고, 전통적인 금융산업에 위협이 될 만한 11가지 혁신기술에 대해서 다음과 같이 제시하고 있고, 이는 〈표 2〉와 〈그림 6〉과 같이 요약할 수 있음 [9]

  - 현금없는 결제(Cashless payment), 새로운 결제수단(Emerging payment rails), 연결된 보험서비스(Connected insurance), 보험 가치사슬의 해체(Insurance Disaggregation), 대체대출(Alternative lending), 소비자 선호의 변화(Shifting Customer Preferences), 크라우드펀딩(Crowdfunding), 투자자들의 권한확대(Empowered Investors), 프로세스의 외재화(Process Externalisation), 새로운 시장플랫폼(New Market Platform), 더 똑똑하고 빨라진 분석툴(Smarter, Faster Machines)이 미래 금융산업의 혁신기술이 될 것이라고 예측함

  - 미래 금융산업의 비지니스모델을 아우르는 키워드는 플랫폼 기반(platform based), 데이터중심(data intensive), 적은 자본(capital light)임

  - 혁신기술의 빠른 도입으로 은행업이 가장 빨리 영향을 받을 것이나, 장기적으로 가장 큰 영향을 받을 것으로 예상되는 분야는 보험업임

  - 전통적인 금융산업의 플레이어와 새로운 진입기업, 그리고 규제당국의 협업이 복잡해진 금융시스템의 위험관리를 위해 더욱더 중요해지는 시대가 될 것임

- 또한 WEF에서는 미래의 금융서비스 혁신은 〈그림 6〉과 같은 6가지 흐름을 가질 것으로 예측됨

  - 신흥 플랫폼들과 유통 기술들을 통해 정보를 수집 및 분석하고 연결성을 개선하며 정보 접근 및 금융활동에 대한 한계비용을 줄이는 새로운 방법을 제시함

  - 새로운 혁신들은 고도의 알고리즘과 데이터 처리능력을 활용하여 여태까지 수동으로 행하여졌던 데이터분석을 자동화함으로써 금융소비자들에게 더욱더 저렴하고 신속하며 확장가능한 대안적 금융상품 및 서비스를 제공할 수 있을 것으로 기대됨

〈그림 6〉 WEF에 따른 미래 금융산업의 모습

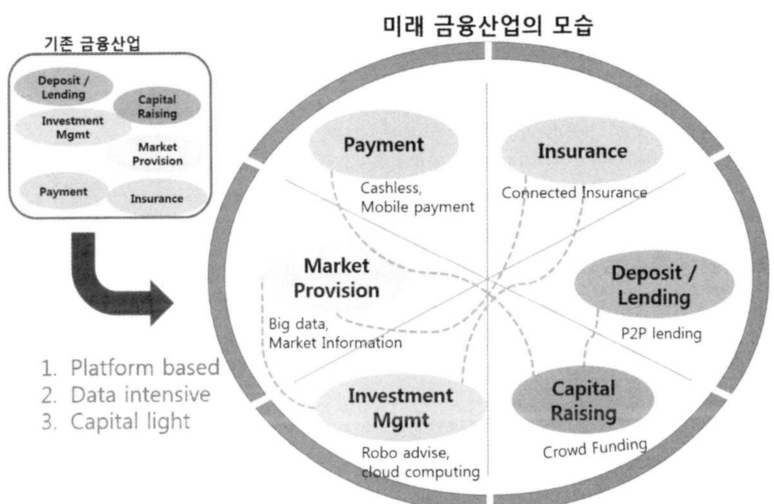

○ 새로운 금융서비스 혁신들은 전통적인 금융기관들의 중개인으로서의 역할을 간소화하거나 제거함으로써 소비자들에게 낮은 가격 그리고 투자자에게는 높은 수익률을 제공할 것으로 선망

○ 금융회사들은 SNS 데이터(social data) 등 새로운 종류의 데이터를 이용하여 사용자와 시장에 대해 철저한 분석을 할 수 있을 것으로 예상됨

○ 새로운 금융서비스들은 특화되고 전문화된 금융상품 혹은 서비스를 제공함으로써 해당 분야에의 경쟁을 심화시키고, 기존의 금융서비스들의 전문화, 세분화를 유도할 것으로 전망

○ 새로운 혁신들은 금융 서비스 사용자들에게 과거에는 제한되었던 자산과 서비스, 정보에 대한 접근을 가능하게 함으로써 폭넓은 선택권을 제공할 것으로 기대됨

■ **결제**(payment)

: 전자지갑, 간편결제솔루션 등 모바일 결제 시장의 계속되는 혁신들로 인해 현금 사용 비중이
낮아지고(cashless), 금융기관과 판매자는 축적된 고객들의 거래데이터에 기반해(data-driven)
고객의 니즈를 더 적극적으로 비즈니스에 반영하게 될 것임

○ 혁신키워드: 모바일 결제(Mobile Payment), 주문과 결제의 통합(Integrated Billing), 차세
대 보안(Next Generation Secutriy)

- 지난 5년간 모바일 기술 및 인프라를 기반으로 소비자와 판매자의 결제 과정을 개선하는
서비스들이 등장했음. 대부분은 기존의 결제 인프라를 활용하면서 편리한 사용을 위한
인터페이스를 개발하는 방식으로 진행되었음

- Uber나 OrderAhead의 경우 앱 내 결제를 통해 기존에는 오프라인에서 이루어지던 운행
및 음식배달 서비스의 주문과 결제를 모바일에서의 선택 한 번으로 가능하게 만들어 결
제방법을 선택해야 하는 과정을 없앰

○ 미래예측: 결제과정의 단순화를 통해 소비자들이 적극적으로 결제 방법을 선택할 기회
가 줄게 되면서 주사용 카드의 비중이 높아지며 대형카드사에게 유리한 시장이 형성될
가능성이 있음

- 반면 여러 종류의 카드 정보를 올려놓고 그 중에서 골라서 결제할 수 있게 해주는 애플
페이(Apple Pay)와 구글월렛(Google Wallet) 등의 전자지갑 서비스 혹은 가장 높은 리워
드를 받을 수 있는 신용카드를 선택해주는 앱인 Wallaby 등 틈새시장을 공략한 소형 카
드사의 성장 역시 기대해 볼 수 있음

- 소비자들의 거래 패턴에 대한 데이터 확보가 가능한 전자 결제의 비중이 커지면서, 빅데
이터 분석을 통한 데이터 주도적 마케팅이 더욱더 유의미해질 것으로 기대

○ 기회(Opportunity): 단순화된 결제과정을 통해 구매전환율이 높아지면 더 높은 수익이
기대되며, 데이터분석을 통한 맞춤화 리워드 프로그램 제공 가능

○ 위험요소(Risks): 소비자들이 적은 숫자의 카드를 사용함으로 인해 점점 카드회사에 대
한 선택권이 줄어들어 카드업계의 경쟁 및 혁신이 감소할 수 있음

■ **보험**(insurance)

: 온라인 비교사이트를 통한 판매 경로 확대, 무인자동차의 등장, Tech 기업들의 보험업의 진출, 공유경제(sharing economy)로 인한 소유권의 개념변화, 증권화(securitization)를 통한 위험 분산투자, 헤지펀드를 통한 자금 조달 등 다방면으로 보험업의 가치사슬이 외부업체들로 인해 해체되어 상품화됨. 또한 사물인터넷과 센서들의 발달로 주택이나 자동차에 내재되어있는 위험요소를 줄일 수 있고, 웨어러블디바이스(wearable device)의 도입으로 개인의 건강위험요인에 대한 데이터 누적으로 개인의 위험요소에 대한 예측정확도가 향상될 것으로 예상

○ 혁신키워드: 유통의 분해(disaggregation of distribution), 위험의 상품화(commoditization of risks), 자금의 탈동조화(decoupling of capital)

　－ 온라인을 통하여 소비자들이 보험 상품들을 적극적으로 비교하고 선택하며 적극적인 시장 참여가 가능해짐. 또한 저금리 시대의 투자대안으로 헤지펀드들이 보험업의 자금 조달에 참여하게 되었음

○ 미래예측: 온라인 비교사이트로 인한 가격 경쟁 심화 및 외부자금조달로 인해 보험상품의 수익성이 줄어 규모의 경제를 얻기 위해 초대형 보험사(mega insurer)가 등장할 가능성이 있음

　－ 또는, 소비사의 석극석인 시상 참여와 온라인 비교사이트를 통한 폭넓은 유통망에 힘입어 특정한 소비자층의 니즈를 효율적으로 충족시켜줄 수 있는 전문화된 보험사(mono-line and niche insurer)의 등장도 기대해 볼 수 있음

　－ 예를 들어 영국의 보험업 스타트업인 Bought by Many의 경우 연령, 질병, 거주지역, 직업 등 정형화되지 않은 위험요소를 가지고 있는 소비자들을 모아 전문화된 보험서비스를 제공할 수 있는 보험사와 연결시켜 주는 서비스를 제공하고 있음

　－ 소비자가 자동차, 주택, 건강, 재해에 대한 보험상품(product-based insurance)을 따로 가입하기 보다는 하나의 보험 상품이 개인 라이프스타일에 맞춘 하나의 통합보험서비스(customer-based insurance)를 제공할 가능성이 생김

　－ Apple CarPlay 또는 Open Automotive Alliance 등과 같은 차량센서와 홈센서, 웨어러블디바이스 등의 등장으로 개인의 행동에 대한 데이터가 축적됨으로써 보험소비자의 위험에 대해 실시간으로 분석이 가능해지며, 정확한 보험료를 산정할 수 있게 됨에 따라 개인화된 보험(personalized insurance) 서비스가 제공됨

○ 기회(Opportunity): 초대형보험사의 등장은 규모의 경제를 달성하여 보험수요자들의 서비스가격을 낮추는 효과가 있으며, 전문화된 보험사들은 보험 상품에 대한 특화된 know-how 축적으로 양질의 보험서비스를 제공할 것임. 또한 개인의 위험요소에 따라 정확한 보험료가 산정됨

○ 위험요소(Risks): 소수의 초대형 보험사들에게 시스템위험(systemic risk)이 집중되게 함으로써 규제당국으로서는 관리감독의 의무가 강화될 것임. 위험요소를 많이 보유하고 있는 소비자가 특정 보험을 과도하게 소비할 우려가 존재함. 보험회사에 축적되는 개인정보에 대한 보안이 매우 중요해짐

■ **예금과 대출**(deposit and lending)

: 대출자에 투자자를 직접 연결해주는 P2P 형식의 대체대출 서비스들이 기존 금융기관으로 하여금 예대금리차를 줄이고 여러 종류의 대출 및 투자 상품들을 제공하도록 유도할 것으로 예상됨

○ 혁신키워드: 개인대개인(P2P), 대체적 신용평가(alternative adjudication), 프로세스의 단순화 및 자동화(lean, automated processes)

○ 대출에 대한 위험을 부담하는 대신에 예대금리차 형식의 높은 비용을 수취하는 기존 대출 기관들과 달리, 마켓플레이스(market place) 형식으로 시장참여자 스스로가 위험을 부담하게 하면서 낮은 거래비용으로 효율적인 대출거래를 성사시켜주는 P2P 방식의 대출 서비스들이 등장함

 - 다양한 위험성향을 가진 투자자들과 다양한 위험정도 보유한 대출자들 모두에게 거래 상대방을 효율적으로 연결해주는 투명한 서비스를 제공함으로써 사회적 효용이 증가함

 - Lenddo와 Kabbage 같은 업체는 대출거래에 따른 위험을 투자자가 부담해야 하기 때문에 이러한 서비스들은 기존의 신용 점수 이외에도 소셜 데이터를 이용한 평가 등 다양한 보완적 신용평가를 이용함

 - 세계 최초의 P2P 대출 서비스인 Zopa의 경우 자체 신용평가를 통하여 우수 신용 고객에게만 서비스를 제공하는데 부도위험이 0.38%로 기존 대출기관들보다 훨씬 낮음

■ **미래예측**

: 투자자들이 대체적 대출 서비스를 단/중기 투자처로 사용하면서 기존 대출기관들에 대한 예금 및 투자상품에 대한 수요가 줄어들 것으로 전망

○ 전통적인 대출기관들은 심화된 경쟁에서 살아남기 위해 예대금리차를 줄이거나 고객들의 다양한 니즈를 충족시켜줄 수 있는 여러 대출 및 투자상품을 개발함으로써 경쟁력을 제고하고자 할것으로 예상됨. 또한 기존 대출기관과 대체 대출서비스 제공업체의 전략적 제휴도 기대됨

○ 기회(Opportunity): 기존 기관들이 대출자의 위험에 대한 더욱더 정밀한 분석을 수행함으로써 대출상품들의 전반적인 질적 향상이 기대됨. 또한 기존 금융시스템에서 서비스를 받을 수 없었던 소비자들도 금융생태계에 포함시킬 수 있게 됨(more inclusive financial ecosystem)

○ 위험요소(Risks): 대체대출기관들이 신용평가기관과 대출중개자의 역할을 동시에 수행하면서 이해상충의 여지가 있음. 또한 고위험대출자에게 자금을 대출해주는 금융기관에게는 높은 위험관리능력이 요구됨

○ 자본조달(capital raising): 기관 및 고자산 투자자에게만 접근이 가능했던 자본조달시장에 개인투자자들도 참여할 수 있도록 도와주는 대중참여형식의 자본조달플랫폼들이 생겨나면서 자본투자 시장의 경쟁이 심화되고 신생 기업들의 자금조달이 빨라질 것으로 기대됨

○ 혁신키워드: 대중참여형식(crowd based), 개인권한확대(empowering individuals), 맞춤형 서비스(customisation)

　– 종전에는 특화된 대형기관들에서만 행해지던 자본조달이 온라인 플랫폼을 통해 개인투자자들의 참여를 통해서도 이루어지고 있음. 자본조달플랫폼들은 대상 기업들에 대한 표준화된 정보 및 지분 혹은 채권에 대한 구조화를 개인투자자들에게 제공함

　– 투자기회에 대한 평가는 투자자들의 집단지성(crowd's approval)을 활용하여 최소투자금액이 모이지 않으면 투자가 이루어지지 않는 것과 같은 형식을 띰. 예를 들어 영국의 온라인 개인형 자본조달플랫폼을 제공하는 Seedrs는 시드 단계의 유럽기업들을 대상으로

투자자들에게 대상 회사에 대한 지분을 제공하고 타깃 조달 금액을 달성한 투자에 대해서만 실거래가 이루어지게 함. Seedrs의 캐치프레이즈는 "Invest Online in Startups Via Equity Crowdfunding"임

- 기존 자본조달 기관들의 투자 대상에 비해서 높은 위험을 가진 시드 단계의 기업들에 대한 투자에 집중함

○ 미래예측: 신생 자본조달 플랫폼들과 기존 자금조달 기관들, 특히 시드 단계 기업들에 대한 투자를 행하는 앤젤 투자자들과의 경쟁이 심화될 것으로 전망됨

- 자본조달을 시행해주는 서비스들이 늘어나면서 뛰어난 아이디어를 가진 신생기업은 자금조달이 빨라지며, 개인 투자자들에게는 높은 수익률을 낳을 수 있는 투자상품에 대한 접근이 용이해질 것임

○ 기회(Opportunity): 시드단계의 자금조달이 수월해지면서 후기 성장단계의 기업에 대한 투자를 행하는 벤처캐피탈은 더 많은 투자 기회를 얻을 수 있음

○ 위험요소(Risks): 개인투자자들의 시드 단계 기업(seed-stage company)들이 가지고 있는 위험에 대한 이해 부족으로 위험 및 부도가능성이 증가할 수 있음

■ **투자관리**(investment management) 1

: 자동자산관리 서비스와 소셜투자플랫폼 등 투자관리 분야의 혁신들이 많은 사용자들의 시장 참여를 가능케 하고 중산층과 대중적 부유층을 대상으로 한 자산관리산업의 경쟁이 심화될 것으로 기대

○ 혁신키워드: 자동 관리 및 자문(automated management and advice), 소셜 트레이딩(social trading), 상용 알고리즘 트레이딩(retail algorithmic trading)

- 알고리즘을 이용하여 개인화된 투자 포트폴리오를 관리해주는 자동자산관리 서비스 및 개인투자자들이 함께 투자전략을 공유하고 포트폴리오를 형성하는 소셜투자플랫폼 등 투자관리 시장의 진입장벽을 낮추고 사용자의 적극적인 참여를 유도하는 혁신들이 태동하고 있음

- 2011월 12월 미국에서 설립된 Wealthfront의 경우 고액순자산을 보유한 고객들에게만

높은 수수료를 받고 제공되었던 기존의 자산관리서비스를 혁신적으로 자동화하여 훨씬 저렴한 수수료에 서비스를 제공하고, 최소자본제한도 낮지만 손실수확효과를 반영한 높은 수준의 서비스를 제공하면서 3년 만에 15억 달러의 운용자산을 기록하며 시장을 넓혀가고 있음

- Estimize의 경우 전문투자자 및 개인투자자들의 주가성과에 대한 의견을 모아 기존금융기관의 분석에만 의존하지 않고 시장반응을 고려한 예상 가격을 산출할 수 있는 플랫폼을 제공하고 있음. Estimize의 캐치프레이즈는 "Crowdsourced earnings and economic estimates"임

○ 미래예측: 자동화된 서비스의 도입으로 기존 자산관리 시장에서 소외받았던 소액자산투자자들은 물론 대중적 부유층(mass afluent)을 자산관리 시장의 소비자로 흡수할 것임. 이와 같은 시장의 흐름에 대응하기 위해 기존 자산관리사들은 더 높은 자산을 소유한 투자자(high net worth individual)들에게 더욱 맞춤화된 서비스를 제공하는 방향으로 나아갈 것으로 예상됨

○ 기회(Opportunity): 더 많은 투자자들이 투자관리서비스를 사용할 수 있게 되면서 시장이 커질 것으로 예상됨. 자산관리시장의 경쟁이 심화됨에 따라 기존회사들의 이해상충 문제가 해결됨

○ 위험요소(Risks): 자동자산관리서비스에 의해 수동적 투자(passive investment)를 하는 투자자들이 늘어나게 되므로 시장 변동성과 극단적 사태 시의 개인투자자의 손실이 증가할 수 있음

■ **투자관리**(investment management) 2

: 분석(analysis), 투자전략개발(trading strategy development), 운용(execution) 및 리스크관리(risk management) 등 금융투자서비스 내부의 상당수의 프로세스들이 외주화(externalisation)됨으로써 새로운 혹은 작은 투자 회사들도 부담되는 인력 및 물리적 인프라에 대한 투자 없이 손쉽게 시장에 진출할 수 있을 것으로 기대됨

○ 혁신키워드: 고급 분석(advanced analytics), 클라우드 컴퓨팅(cloud computing), 자연어 처리(natural language process)

- 지난 몇 년간 투자기관들은 인사, 회계 등 비핵심적 프로세스들의 외주화를 통해 운영방안의 개선 및 효율화를 꾀하고 있었음

- 혁신적이고 효율적인 신금융서비스의 등장으로 시장에서 도태되지 않기 위해서 기존 금융기관들이 핵심적 프로세스들마저 기술력을 가진 업체들을 통해 외주화하고 있음

- 빅데이터를 통한 고급분석, 클라우드 컴퓨팅을 통한 데이터공유, 실시간 데이터 처리 등의 첨단 기술을 가진 회사를 통해 운용, 위험관리 등의 핵심적 프로세스의 자동화로 인해 기존 금융회사들의 효율성 극대화를 추구할 것임

○ Kensho의 경우 과거 대형 금융기관의 퀀트애널리스트들에 의해서 이루어지던 시장 예측을 초병렬 통계 연산을 통해 사용자 편의성을 갖춘 플랫폼에서 제공하여 소형 투자기관들도 다수의 퀀트 애널리스트들을 고용할 필요 없이 고급분석을 이용할 수 있게 함

○ 미래예측: 선도 투자회사들의 경쟁우위로 고려되던 핵심적 프로세스들에서의 역량이 기술력을 가진 서비스 제공자에게로 낮은 가격에 외주화되면서 기존 회사들은 차별화 전략을 재정립해야 함

- 반면, 새로운 혹은 작은 투자 회사들 역시 부담되는 인력 및 물리적 인프라에 대한 투자 없이 외주 서비스를 이용함으로써 손쉽게 시장에 진출할 수 있기 때문에 투자시장의 경쟁이 심화될 것으로 예상됨. 기존기업과 신규기업 모두에게 심화된 전문성(deeper specialization)이 요구됨

○ 기회(Opportunity): 혁신적인 전략을 가진 소규모 투자회사들의 시장 진출로 시장 내의 전략의 다양화가 전망되고, 심화된 경쟁으로 인해 거래 비용의 감소를 기대해 볼 수 있음. 규제당국이 외주업체를 통해서 감독기관의 정보를 효율적으로 파악할 수 있음

○ 위험요소(Risks): 외주업체에서 프로세스 장애가 발생할 경우 여러 금융기관 서비스의 오류가 생길 수도 있으며, 책임소재에 대해서의 혼선이 발생할 수 있음

■ **시장조성**(market provisioning) 1
: 다양해진 정보와 빅데이터 기술의 발전을 바탕으로 알고리즘 트레이딩의 근간이 시장 정보를 이용한 차익 거래에서 각종 이벤트 포착을 통한 가격 변동 유추로 옮겨갈 것으로 전망됨

○ 혁신키워드: 분석가능 데이터(machine accessible data), 빅데이터(big data), 인공지능/기계학습(artificial intelligence/machine learning)

- 1970년대부터 연산능력의 증진과 더불어 알고리즘을 이용하여 차익 거래 기회를 찾아 매매를 성사시키는 알고리즘 트레이딩(algorithm trading)과 극초단타매매(high frequency trading)가 발전하였고, 이를 통한 거래가 2009-2010년에는 미국내 주식거래의 60% 이상을 차지하며 성행했으나 근래 낮아진 변동성, 개선된 유동성 및 규제적 제약으로 인해 수익성 및 비중이 낮아지고 있음

- 최근 알고리즘 트레이딩 업체들은 수익성 증대를 위해 시장 정보를 이용한 차익 거래 전략뿐만 아니라 실시간 뉴스 및 소셜데이터 및 감정 분석을 이용한 Event-driven 전략을 구현하고자 함

- SNTMNT와 Dataminr의 경우 뉴스 속보, M&A 추측, 트위터 피드를 포함한 소셜데이터 분석을 통해 시장 변동을 초래할 수 있는 사건을 실시간으로 분석하여 트레이더들에게 제공함

○ 미래예측: 데이터 분석 기술의 발전으로 인해 더욱더 많은 투자전략들이 자동화되면서 이벤트 데이터를 수집 및 분석하고 거래를 성사시키는 등의 기존의 인적자원에 대한 수요가 줄어들 것으로 예상됨

■ **시장조성**(market provisioning) 2
: 시장의 중간자로서 참여자들에 대한 정보를 수집 및 분석하여 공유하면서 효율적인 거래 상대방 선택을 유도하는 시장 플랫폼들의 등장으로 인해 금융기관 간의 경쟁이 심화되고 개인투자자의 참여가능 시장을 넓힐 것으로 전망됨

○ 혁신키워드: 소셜네트워크(social network), 데이터 표준화(data standardization), 자동화(automation)

- 사모펀드, 벤처캐피털 지분, 헤지펀드 등 과거에 금융기관 간의 관계에 의존해서 탐색 및 거래가 이루어지던 시장에서의 탐색비용(search friction)을 줄이기 위해 ALGOMI(fixed income), BISON(private equity), ClauseMAtch(commodities and derivatives) 등 각 시장에 특화된 시장 플랫폼이 등장하고 있음

- Novus는 다양한 펀드의 성과에 대한 데이터를 수집 및 분석하여 재간접 펀드 운용사에게 제공함으로써 소규모의 재간접 펀드 운용사도 작은 네트워크에 의한 제약없이 수익성이 좋은 투자 기회들을 찾을 수 있도록 도와줌

- 또한, 정보의 제약으로 불가능했던 일부 시장에서의 개인투자자들의 활동을 플랫폼을 통해 가능케 함. 예를 들어 LIQUITY의 경우 지분을 팔고자하는 비공개기업의 주주와 투자자를 연결해주는 서비스로서 개인투자자들이 손쉽게 지분에 투자할 수 있도록 소개부터 매매까지의 모든 과정을 플랫폼 내에서 가능케 함

○ 미래예측: 기존에는 금융기관에 따라 참여할 수 있는 시장이 제한되었지만, 시장 플랫폼에 의해 전체 시장으로부터의 거래 상대방 선택이 가능해질 것으로 예상됨. 따라서, 협력관계의 차이에 의해 나타나던 대형사들과 소형사들 간의 격차가 줄어들고 자문 능력을 제외한 차이가 미미해지므로 인해 경쟁이 심화될 것으로 전망. 또한, 시장 플랫폼을 통해 개인 투자자들이 금융기관을 거치지 않고 직접 투자를 할수 있게 되면서 브로커들의 시장 점유율이 낮아질 것으로 예상

○ 기회(Opportunity): 금융시장 참여자들에게 더 많은 정보를 제공하여 효율적인 거래를 유도함으로써 시장의 유동성을 늘림. 참여자들의 관계가 분산됨으로써 금융시스템의 회복탄력성이 증가함

○ 위험요소(Risks): 금융기관 간의 관계 없이 바로 거래상대방이 연결될 수 있기 때문에 거래상대방 위험(counterparty risk)이 증가함. 거래상대방에 대한 투명한 정보제공이 필수적임

3

산업/기술 육성 미래전략

1) 기술금융육성 미래전략

- 기술금융육성 전략은 〈그림 7〉과 같이 요약할 수 있음. 먼저 대출형 기술금융과 투자형 기술금융이 합쳐진 융합 기술금융 시스템이 필요하며 〈그림 8〉와 같이 도식화할 수 있음

〈그림 7〉 효율적인 기술금융 시스템 도입을 위한 미래 전략

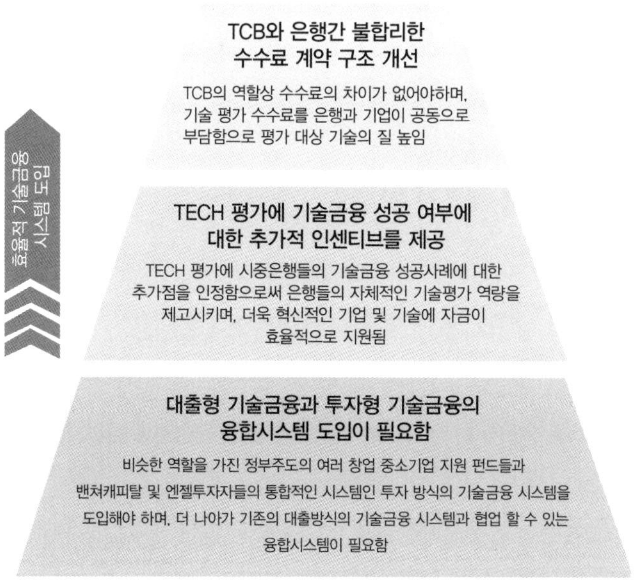

○ 비슷한 역할을 가진 정부주도의 여러 창업·중소기업 지원 펀드들에 대해 통합적인 정보를 제공하면 펀드 입장에서는 평가 대상 기업들의 정보를 교환함으로써 더욱더 투명하고 효과적으로 기업을 평가할 수 있으며, 투자 대상 기업 입장은 여러 펀드들을 찾기 위한 거래비용 등을 줄임으로써 효율적이 됨

○ 이에 더해서, 정부는 보다 효율적으로 심사 대상이 되는 기업 및 기술을 평가할 수 있으며, 창업·중소기업 입장에서는 각각의 사업 단계에 알맞은 자금 지원 서비스를 받을 수 있음

－ 창업 초기 단계에는 이자 상환의 부담이 있는 자금지원보다 투자 방식의 지원이 더욱 알맞으며, 창업 중기 단계 이후는 대출 방식의 기술금융을 통한 자금지원이 효율적임[10]. 지원을 받는 기업 입장에서는 통합 기술금융 시스템을 통해 현재 자신의 단계에 알맞은 방법으로 대출 방식 혹은 투자 방식으로 기술금융 서비스를 받을 수 있음

○ 또한, 정부 주도의 투자형 기술금융의 궁극적인 목적 중 하나는 민간의 모험자본 활성화이기 때문에 민간 모험자본을 유도하는 인센티브 체제를 설계, 도입해야 함

－ 요즈마펀드의 경우 벤처투자안이 성공했을 때 정부가 가지고 있는 지분을 민간투자자에게 이자만 지불하면 인수할 수 있게 함으로써 민간 투자자의 모험자본 지원을 유도했으며, 정부는 철저히 마중물 역할만 함

－ 다른 출구전략으로는 하방 리스크 공유(downside risk sharing)방식으로 위험성이 큰 창업·중소기업에 대한 투자가 실패했을 시 발생하는 손실을 정부가 보존해줌으로써 민간 투자자의 모험자본 지원을 유도할 수 있으나, 기업과 투자자의 도덕적 해이 문제를 방지하기 위한 장치가 필요함

■ 은행 자체의 기술평가 역량 제고가 필요함

○ 금융위원회는 은행 자체적인 기술 심사역량을 높이기 위해 정책자금의 온랜딩 및 기술보증기금에 보증 받은 기술에 대해서는 기술평가기관의 평가서 없이 기술금융을 할 수 있도록 규제를 완화하였음

○ 하지만 여전히 시중은행들은 기술평가를 기술평가기관에 의존하는 경향이 크며, 자체적인 심사 역량을 갖추지 못함으로 기술금융의 효율성을 낮춤. 창업·중소기업의 기술에 대한 평가를 기술신용평가기관에만 의존하게 되면 은행과 기업 간 정보의 비대칭성

(information asymmetry)이 발생할 가능성이 크며, 이는 역선택(adverse selection)의 문제로 이어짐

○ 따라서 은행 자체적으로 기술에 대한 평가 역량을 제고하는 방안과 더욱더 혁신적인 기업에 효율적으로 자금이 지원될 수 있는 방안으로 기술금융의 성공에 대한 TECH 평가의 추가점을 인정할 필요가 있음

〈그림 8〉 융합 기술금융 시스템 도식화

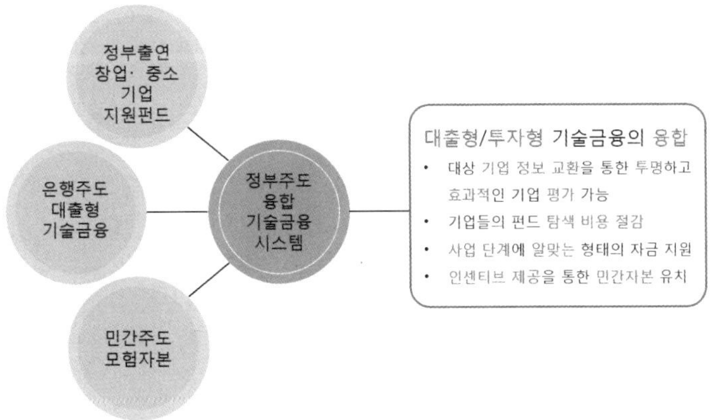

■ 기술평가기관과 은행 및 기술평가 기업의 합리적인 기술평가 수수료 계약이 필요함

○ 기술금융은 기술평가의 결과에 따라 대출이 이루어지며, 이때 대출은 은행들의 기술금융 실적으로 인정됨. 하지만 기술평가의 등급이 낮을 시 대출은 이루어지지 않을 가능성이 커지며, 기술금융 실적으로 이어지지 않음. 기술평가기관에 지불하는 수수료가 대출 성공여부와 연동되어있으면 기술평가등급 인플레이션(rating inflation)의 문제가 발생함

– 현행 4개의 TCB 중 대출미실행시와 실행시 수수료에 차이가 있는 기관은 한국기업데이터임. 나이스평가정보의 경우 대출 여부에 따른 수수료의 차이가 있는 것을 밝히고 있지 않으며, 이크레더블의 경우는 수수료에 차이가 없음(기술보증기금의 경우 준 정부기관이므로 제외함)

- 기술평가등급 인플레이션은 투명한 기술평가를 저해하며 TCB의 역할인 기술평가의 질을 떨어트리고, 더 나아가 기술금융 시스템의 안정성을 위해하며 시스템 위기로 이어질 가능성이 있음

- 실례로, 미국 금융위기 시기에 신용평가사들은 금융자산의 높은 신용평가 결과에 대해 더 높은 수수료를 받음으로써 등급인플레가 발생했으며, 이는 금융위기의 주요 원인 중 하나로 지목됨

○ 또한, 무분별한 기술신용 요구를 줄이며 평가 대상인 기술의 질을 높이기 위해서 평가 수수료의 일정 부분을 평가 의뢰 기업이 은행과 공동으로 부담하는 방법을 도입할 필요가 있음

■ **기술금융 시스템이 효율적으로 성장하고 안착되었다면, 정부주도하 기술금융시스템에서 민간주도의 기술금융 생태계 조성을 지향하는 정부의 단계적 출구전략이 필요함**

○ 따라서 투자형 기술금융 시스템에서 단계적으로 펀드 내 정부 지분을 민간에게 유통시키는 방법과 민간자본의 도입과 대출형 기술금융의 TECH 평가를 통한 인센티브를 단계적으로 줄이는 방법을 통한 출구 전략을 사용할 필요성이 있음

○ 또한, 민간자본으로 이루어진 효율적인 기술금융 생태계가 조성되면 정부는 기술금융 시스템에 출연했던 자금을 기술금융의 혜택을 받기 힘든 부가가치가 있는 농수산업, 광업에 자금을 융통함으로써 산업 전반에 걸친 균형적인 성장을 꾀할 수 있음

2) 핀테크 육성 미래전략

■ 현재 정부의 핀테크 육성 정책에서 발생할 수 있는 금융기관과 핀테크 기업 간의 이해상 충의 가능성을 줄이고, 〈그림 9〉과 같이 기존 금융기관과 핀테크 산업 간의 상생이 가능 한 협력하는 생태계를 조성해야 함

〈그림 9〉 기존 금융기관과 핀테크 기업 간의 상생하는 생태계 구축

○ 정부의 핀테크 정책은 금융기관에 의한 핀테크 기업 자금 조달에 집중되어 있으나, 금융 기관은 핀테크 서비스를 이용한 수익 창출 과정에서 서비스 자체의 혁신성 강화보다는 기존 금융 서비스에 접목시키는 방법을 강구하는 기존 전자금융의 형식을 띨 가능성이 많기 때문에 국가 핀테크 산업의 혁신성을 낮출 수 있음

- 또한, 기술을 통해 물리적 인프라와 인력 자본에 대한 부담을 줄이는 핀테크 서비스가 기존 금융기관의 자회사로 흡수될 경우 모회사의 영업 구조에 의한 영향으로 본질적인 효율성을 잃을 수 있음

- 이와 같은 이해관계의 상충을 방지하면서 자본력이 부족한 신생 핀테크 기업들에게 충 분한 자금을 지원하기 위해서는 ICT업체 및 벤쳐캐피탈에 의한 투자를 장려해야 함

- 핀테크 기업의 시장 진출 과정에는 가상 계좌 구설 및 연계와 신용 등급 조회 등 기존 금융 서비스의 이용이 필수적이기 때문에 금융기관과 핀테크 기업의 서비스 제휴는 금융 기관 입장에서는 새로운 서비스 시장 확보를 통한 수익 창출을 기대할 수 있고, 핀테크 기업은 서비스를 수월하게 시장에 진출시킬 수 있음

■ 이미 다년간의 시장 경쟁으로 인해 관련 기술의 발전이 충분히 이루어진 간편 결제 시장에만 집중하기보다는 작은 규모의 기술 투자로 큰 부가가치를 올릴 수 있는 투자관리 및 금융 데이터 분석 등의 업종에도 지원이 이루어져야 함

○ 근래에 스마트폰의 확산을 통한 모바일 생태계 형성으로 인해 간편 결제 시장의 환경이 변화하였지만, 근본적인 기술의 차이는 미미하기 때문에 간편 결제 분야의 기술 투자비용의 한계편익은 적음. 또한 아직 제대로 산업군이 형성되지 않은 자산관리나 데이터 분석 등 다른 핀테크 산업 분야의 성장가능성은 무한함

○ 자산관리의 경우 기술 연구 지원을 통해 상용 서비스의 출시 및 시장 활성화가 이루어지게 되면 기존 금융 투자 시장에서보다 더 많은 사용자들의 참여가 가능해질 것임. 특히, 한국은 가계자산 중 금융자산의 비중이 2012년 기준으로 24.9%로 미국(70.7%) 및 영국(49.6%)보다 낮기 때문에 개인의 금융자산비중이 높아질 우리나라에서는 사회적 효용성 증대가 더욱 클 것으로 기대됨

○ 우리나라는 국내 신용카드사의 카드 이용액이 2014년 기준으로 약 690조 원이 넘을 만큼 신용카드 보급률 및 사용률이 높기 때문에, 카드사들이 보유하고 있는 고객 빅데이터를 이용하여 생활 패턴 분석, 신용등급 평가 등 다양하고 유의미한 정보 추출이 가능하므로 금융 데이터 분석 연구 지원의 기대 부가가치가 큼

○ 이와 같이 국내 시장에서 영향력 및 파급력이 클 것으로 기대되는 핀테크 업종에 투자를 다각화하고 데이터 조달 등 기존 카드회사와의 협력을 구조화하여 국내 핀테크 산업을 활성화시키면 시장 활성화로 인한 부가가치 획득뿐만 아니라 국내 핀테크 업체들의 질적, 양적 성장을 통해 국제적 경쟁력을 갖춘 핀테크 서비스를 탄생시킬 수 있음

○ 또한, 아직 상용 서비스가 출시되지 않아 업종이 분류되지 않는 새로운 종류의 핀테크 서비스의 경우 더욱더 부가가치가 클 수 있기 때문에 혁신적이고 창의적인 서비스가 생겨날 수 있다는 가능성을 염두에 두고 유연한 규제방안과 지원 기준을 정해야 함

- 규제 측면에서는, 국내 핀테크 창업·중소기업들의 회사들의 보다 쉬운 시장 진출과 체계적이고 일관적인 핀테크 산업 규제를 위해서 금융업자 또는 대부업자로 반드시 등록해야 하는 현행 규제를 폐지하고, 대신 핀테크 업체로 등록하여 별도의 규제 및 관리를 받도록 할 필요성이 있음

  ○ 금융 산업과 IT 산업의 성격을 모두 띠고 있는 핀테크 산업을 별도로 분류하고 규제하는 방안은 핀테크 산업 규제에 대한 불확실성을 줄여주는 효과도 기대할 수 있음

- 소비자 보호를 위해 개인정보보호법과 전자금융거래법을 유지하되, 핀테크 회사가 보험사 또는 사고의 책임을 감당할 능력이 있는 비금융회사와 연계하여 사고 발생 시의 피해를 줄일 수 있는 환경을 구축하는 제도가 필요함

  ○ 현재는 전자금융 사고 발생 시 책임이 기본적으로 핀테크 회사에게 있으며, 특정 상황에 대해서만 면책할 수 있게끔 되어 있는데 이는 충분한 자본을 갖고 있지 않은 핀테크 회사에게 큰 부담으로 다가옴

  ○ 개인정보보호법과 전자금융거래법에 대한 무조건적인 규제 완화는 소비자들이 안심하고 서비스를 이용할 수 없는 환경을 조성하게 됨

- 국내에서 충분한 경쟁력을 갖춘 국내 핀테크 회사가 해외 시장에 성공적으로 진출할 수 있도록 정부 주도로 지원할 수 있는 방안이 필요함

  ○ 비용을 절감하는 대신 더 많은 소비자들의 이용을 추구하는 핀테크의 특성상 경제적 부가가치를 창출하기 어려우므로 중장기적으로는 해외 시장으로의 진출이 필수적임

  ○ 새로운 해외 시장에 진출할 때는 사용자가 많을수록 네트워크 효과에 의한 더 많은 사용자를 끌어모으는 핀테크의 특성상 시장을 빨리 선점하는 것이 중요함. 전 세계적으로 6억 명 이상이 사용하고 있는 라인(line)을 운영하는 네이버(Naver)의 경우 라인페이(line pay)를, 전 세계 스마트폰 시장에서 30%를 가지고 있는 삼성의 경우 삼성페이(Samsung pay)를 더욱더 공격적으로 마케팅하여 시장을 선점하여야 함

    - 현대그룹 같은 경우 현대자동차, 기아자동차, 현대캐피탈, 현대카드와 연관관계에 있으

므로 무인자동차 및 자동차센서기술 개발, 금융소비자의 대출정보, 신용카드의 빅데이터를 유기적으로 연동해 통합된 보험서비스 및 금융상품(customer-based insurance and financial products) 출시 및 맞춤화된 금융서비스 제공에 대해서 고려해야 함

    − 한국은 아시아권에서 좋은 이미지를 구축하고 있는 만큼, 서구기업들에 비해 핀테크 기업의 시장 선점하기에 유리할 수 있음. 또한 시장이 큰 중국과 같은 경우 중국기업과의 협력 및 조인트 벤처(joint venture)의 방안도 강구하여야 함

○ 또한 정부주도의 핀테크 기업 해외시장 진출 지원방안으로는 국내 핀테크 업체에게 현지 국가비지니스 환경에 대한 교육 서비스 제공, 통역 서비스 제공, 현지의 쇼핑, 카드, 숙박, 관광업체와의 제휴 주선을 통한 해외 네트워크 형성 등을 들 수 있음

4

결론 및 제언

■ 결론 및 요약

○ 금융은 실물경제의 원활한 발전과 서비스산업의 부가가치 창출을 위해 핵심적임. 우리나라는 전통적으로 금융산업의 경쟁력이 낮고 자본시장이 선진국에 비해 성숙하지 못하며, 은행의 자본중개행위가 중심으로 금융산업의 혁신성과 역동성이 부족함

- 성장잠재력이 낮아진 한국경제의 신성장동력을 제공해줄 MESIA 산업에 대한 기술금융 지원 확대로 금융의 간접적인 부가가치를 극대화시켜야 함

- 이를 위해서 대출형 기술금융과 투자형 기술금융의 융합 기술금융 시스템, 은행의 기술평가역량 제고, 기술평가 수수료 구조 개선 등이 단기적으로 필요하며, 장기적으로는 정부의 기술금융자본을 민간에게 이양시키기 위한 인센티브 구조가 필요함

- 또한 세계금융산업이 핀테크라는 키워드로 일컬어지는 트렌드로 재편되는 가운데 한국 금융산업이 재도약할 수 있는 기회를 포착해야만 함

- 이를 위해서 전통적인 금융기관과 핀테크 기업이 상생과 협업할 수 있는 인센티브 마련, 핀테크 기업이 혁신적인 서비스를 제공할 수 있는 규제환경 마련, 지급결제 부분에 집중되어 있는 핀테크 산업을 다변화하는 것이 필요함. 또한 해외시장선점에 적극적인 노력을 기울여야 함

○ 미래 금융산업은 금융업권별로 ICT 기술을 기반으로 융합이 활발히 이루어질 것이며,

미래트렌드의 핵심에는 플랫폼 기반, 데이터중심, 적은 자본이 있음

- 이러한 기술혁신으로 금융산업은 기존에 서비스를 제공받지 못했던 금융소비자에게 더 낮은 비용으로 서비스를 제공하고, 더 많은 투자자에게 높은 수익률을 제공할 수 있는 기회를 마련하며, 투자를 원하는 기업에게 더 신속하고 빠르게 자금을 제공하는 시스템을 구축할 것임

- 이에 따라 금융소비자의 편익과 사회 전체적인 효용은 증가되겠으나 금융산업 자체는 경쟁이 심화되고, 심도있는 전문화된 서비스를 제공하지 않으면 생존이 어려워질 것임

■ **정책 관련 제언**

○ 현재 금융감독당국과 정부는 세계적인 핀테크 트랜드와 한국 금융산업의 특징을 잘 파악하고 기술금융과 핀테크 산업육성에 박차를 가하고 있음. 불합리한 금융규제 철폐가 그 좋은 예임

- 정권마다 바뀌는 금융산업육성정책의 키워드를 일관되게 유지하기 위한 노력이 필요함. 한번 도입된 정책이 효과를 나타내기까지 장기적인 관점에서 유지해야만 함

참고 문헌

[1] Koen, Vincent., Jones, Randall., Myungkoo Kim., Urasawa, Satoshi. (2014). OECD 한국경제보고서. OECD.

[2] Schwab, Klaus. (2014) Global Competitiveness Report 2014-2015. World Economic Forum.

[3] Skan, Julian., Lumb, Richard., Masood, Samad., Conway, Sean K. (2014). The Boon in Global Fintech Investment. Accenture.

[4] 금융위원회. (2015). 은행 혁신성평가 관련 향후 추진계획.

[5] 금융위원회. (2015). "양적 확대"에서 "질적 내실화"로 기술금융 체계화 및 제도개선 추진.

[6] 이광형. (2015). See Futures, 6, Spring 2015. KAIST 미래전략연구센터. pp.8-11.

[7] Venture Scanner. (2013). Global Breakdown of FinTech. The State of Financial Technology in Six Visuals.

[8] 금융위원회. (2015). IT·금융융합 지원방안.

[9] Bruno et al. (2015). The Future of Financial Services - How disruptive innovations are reshaping the way financial services are structured, provisioned and consumed. World Economic Forum.

[10] 손상호. (2015). 국내 기술금융의 과제와 개선방향. 한국금융연구원.

우운택 KAIST 문화기술대학원 교수

GIST 교수/ CT연구소 소장
USC EE-Systems 박사
POSTECH 전자전기공학 석사
경북대 전자공학 학사

MESIA 미래전략
(지적서비스 산업 : 문화기술 분야)

세부분야

CG/영상콘텐츠 기술, AR/VR 상호작용 기술, 디지털 휴매니티 기술,
데이터 사이언스 기술, 지능형 음악기술

1

연구 개요

■ **연구 목적**

○ 창조산업 미래전망과 문화선진국 실현을 위해 우리나라 실정에 맞는 향후 30년간, 2045
년까지 문화기술 인력 양성, R&D 선도, 문화산업 생태계 활성화 등 문화기술 분야 중장
기 전략 제시

○ 이를 위해 국내외 관련 산업과 기술을 분석하고 산업적, 기술적 전략을 모색

■ **연구 필요성**

○ 상상력과 창의력을 바탕으로 하는 창조산업은 자동차, IT 등의 산업 규모를 능가하며
더 빠르게 성장하고 있으며 문화기술은 창조산업 및 문화산업과 문화융성을 견인하는
신성장동력임

○ 선진 각국은 문화기술 기반의 고부가가치 창조산업에 장기적인 육성 계획을 갖고 선도적
투자를 하고 있음

○ 문화산업의 글로벌 경쟁력 제고를 위해 문화기술이 결합된 문화산업 생태계 육성 전략
이 필요함

○ 고령화 및 다문화 사회, 문화적 욕구의 다양성, 미디어 환경의 변화 등 사회구조와 가치

변화를 반영한 우리 현실에 맞는 문화산업 중장기 육성전략 수립 필요

○ 문화기술 인력양성, 문화기술 R&D 시스템 구축, 문화기술 R&D의 선택과 집중, 문화산업 체질 개선, 규제개선, 글로벌 협력 등을 통해 문화산업 생태계가 활성화되고 유기적으로 발전할 수 있도록 제도와 체계를 구축하는 전략이 필요

■ 연구 범위

○ 본 연구에서 주로 다루고자 하는 분야는 문화기술과 문화산업이며 비중과 성장 가능성이 높은 영화/애니메이션, 게임, 음악, 방송, 광고, 문화정보 등의 분야임

○ 문화 창조, 생산, 유통, 향유 방식, 미디어 등의 근본적 변화와 미래 기술 트렌드를 기반으로 관련된 문화기술과 이를 기반으로 하는 문화산업 분야를 집중 분석하고 미래전략을 수립

○ 참여 연구자는 연구책임자 외 12명으로 구성되었음

⟨참여 연구진 소개⟩

구 분	소속/직위/성명	담당 역할
연구 책임	카이스트/교수/우운택	연구과제 기획, 조정, 관리, AR/VR 분야 연구
연구 참여	카이스트/조교수/이성희	CG, 애니메이션 분야 연구
	카이스트/조교수/박주용	문화정보, 관광 분야 연구
	카이스트/조교수/남주한	음악, 공연, 전시 분야 연구
	카이스트/초빙교수/도영임	디지털 휴매니티, 게임 분야 연구
	카이스트/연구원/양현	연구과제 실무 총괄
	카이스트/박사과정/서기슬	디지털 휴매니티, 게임 분야 연구
	카이스트/박사과정/신승규	문화정보, 관광 분야 연구
	카이스트/박사과정/김승훈	음악, 공연, 전시 분야 연구
	카이스트/박사과정/김혜지	CG, 애니메이션 분야 연구
	카이스트/석사과정/박혜림	AR/VR 분야 연구
	카이스트/석사과정/이유진	CG, 애니메이션 분야 연구
	카이스트/석사과정/김하연	AR/VR 분야 연구

2

산업/기술 동향 미래예측

1) 산업/기술

■ 문화산업과 문화기술의 정의

○ 문화산업이란 문화산업진흥법에 의해 문화상품의 기획·개발·제작·생산·유통·소비 등과 이에 관련된 서비스를 하는 산업으로 정의하며, 문화기술은 문화상품의 제작에 사용되는 기법이나 기술로 정의함

○ 해외에서는 창조산업이란 개념이 보편적이며 UN무역개발회의(UNCTAD)는 창조경제를 미디어가 지배하는 현대의 창의, 문화, 경제, 기술의 인터페이스를 다루는 새로운 개념으로 정의하고, 창조산업을 문화, 예술, 기술, 비즈니스의 교차영역으로 정의함

■ 문화산업의 현황

○ 문화산업 규모와 성장률

– 세계 최대의 문화산업을 보유하고 있는 나라는 미국으로 〈표 1〉과 같이 전 세계의 33% 가량을 차지하고 있으며 일본 9.2%, 중국 8.9%, 독일 6.3%, 영국 5.2%, 프랑스 4.3% 등이 그 뒤를 잇고 있음 [1]

• 상위 14개국의 합이 전체의 85% 이상이며 작년 대비 4.0% 성장하였음

- 우리나라 문화산업은 2015년 542억 달러 규모로 세계 7위(2.9%) 수준임. 문화산업은 우리나라 전체 경제성장률과 비교해볼 때 2배 이상 빠르게 성장하고 있는 산업임
  - 콘텐츠산업 사업체 수는 10만 8,562개이며, 종사자 수는 총 61만 9,438명, 매출액은 전년 대비 4.5% 증가한 91조 2,096억 원임. 매출액은 지난 5년간 연평균 8.0%로 국가 전체 성장률인 연평균 3.8%보다 2배 이상 빠르게 성장[2]
- 그러나 글로벌 시장에서 경쟁하기에는 우리나라 문화콘텐츠 기업들은 규모가 작고 영세하여 선진국을 따라잡기 어렵고 중국이나 인도의 추격을 따돌리기 어려운 상황임
  - 문화콘텐츠 업체들의 91.4%는 연매출 10억 원 미만이고 93.4%는 종사자 10인 미만 규모
- 〈표 2〉와 같이 시장비중 또는 증감률이 높은 분야는 영화, 음악, 게임, 방송, 광고, 지식정보 등

〈표 1〉 국가별 문화콘텐츠산업 규모

No.	국가명	2014년	2015년	세계시장비중('15)
1	미국	598,544	626,161	33.6%
2	일본	170,282	171,504	9.2%
3	중국	147,377	165,265	8.9%
4	독일	115,257	117,479	6.3%
5	영국	93,491	96,498	5.2%
6	프랑스	78,370	80,857	4.3%
7	한국	51,835	54,296	2.9%
8	캐나다	48,783	51,206	2.7%
9	브라질	46,853	51,528	2.8%
10	이탈리아	44,021	45,329	2.4%
11	호주	38,183	39,391	2.1%
12	러시아	30,833	34,100	1.8%
13	인도	26,388	29,705	1.6%
14	스페인	25,957	26,630	1.4%
–	주요국 합계	1,516,174	1,589,949	85.2%

〈표 2〉 문화산업 분야별 비중과 증감률

구분	분야	세계시장	비중	증감률	한국시장	증감률	한국비중
1	출판	373.5	19.3	0.3	9.0	−1.3	2.4
2	만화	6.9	0.4	0.0	0.4	2.9	5.9
3	음악	47.6	2.5	2.1	0.8	8.4	1.7
4	게임	70.8	3.7	7.6	7.4	7.4	10.5
5	영화	90.9	4.7	3.4	3.0	6.8	3.3
6	애니메이션	14.7	0.8	15.4	0.7	−1.7	4.5
7	방송	464.8	24.1	4.5	6.9	0.1	1.5
8	광고	501.3	25.9	4.6	10.0	1.4	2.0
9	캐릭터	160.5	8.3	3.2	0.4	4.6	0.3
10	지식정보	646.9	33.5	7.5	20.6	10.7	3.2
계		1,933.3	100	4.8	50.7	−	2.6

*PwC 등 글로벌 리처치를 토대로 국내 콘텐츠분류체계 기준으로 재분류. (단위: 10억 달러, %)

○ 문화산업 생태계와 주요 분야 현황

- 유네스코의 문화산업 생태계 분류를 기반으로 문화기술 기반의 문화산업 생태계를 재구성한 것은 〈그림 1〉과 같음

- 창조, 제작, 확산, 재현, 참여의 다섯 단계로 이루어지며 다시 창작에 반영되어 문화가 활성화되고 확장되는 생태계를 형성하고 있음

- 최근 발전하고 있는 기술들에 의해 미디어/플랫폼은 고정형에서 이동형으로 다시 착용형으로 진화하고 있는데 이는 기획/창작, 표현/제작, 유통/서비스 등 문화산업 생태계 전반에 영향을 미치고 있음

- 문화산업/기술의 주요 분야 현황은 〈표 3〉과 같음

〈그림 1〉 문화산업 생태계

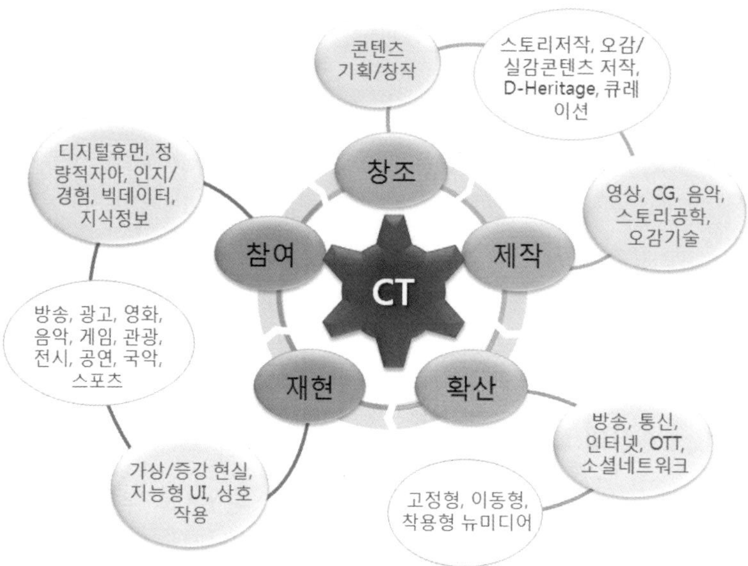

〈표 3〉 문화산업/기술의 주요 분야 현황

분야	현황 내용
영화	– 스마트 플랫폼 정교화. 예) Theatre: 4D, IMAX, STARIUM, Smart-device: IPTV – 디지털 콘텐츠 다양화. 예) 웹툰, 한국고전 소설 등을 영화화(미생, 은밀하게 위대하게, 메밀 꽃 필 무렵, 운수 좋은 날 등) – 콘텐츠 소비 패러다임 변화와 한국영화의 위상 확대. 예) 아시아필름마켓2014 성공적 개최
애니메이션	– 3D Native 세대에 맞는 3DTV 용 애니메이션. 예) 삼성전자와 드림웍스 공동작업한 〈몬스터 vs에일리언〉, 〈드래곤 길들이기〉, 〈슈렉〉, 〈메가마인드〉 3D 영상 – 뉴미디어에 따른 애니메이션 유통 범위가 커넥티드 단말기 중심으로 확장 – 스마트 폰의 앱을 기반으로 한 인터렉티브 애니메이션. 예) 어플리케이션 〈내가 주인공 구름빵〉, 픽사의 단편 애니메이션 〈La Luna〉의 인터렉티브 비디오 형 애니메이션인 디지털 북 어플리케이션
방송	– 방송 미디어의 패러다임 변화. 예) N-Screen 서비스, IPTV, OTT 서비스의 급격한 성장으로 심화되고 있는 Cord Cutting 현상, 스마트 TV 등장 – 킬러 콘텐츠 개발/확보에 주력. 예) 구글, 유투브의 영화 제작, 네이버의 웹드라마 시도, 넥플릭스의 자체 드라마 제작 – 빅데이터를 활용한 콘텐츠 제작과 서비스. 예) 넥플릭스의 〈하우스 오브 카드〉의 성공, '시네매치(CineMatch)' 알고리즘 – 방송콘텐츠 프로슈머 활성화. 예) YOUTUBE, 어썸니스 TV, 아프리카 TV, 크라우드 펀딩 등

광고	– 이용자 맞춤형 광고의 확산. 예) AdWorks (AT&T), Ad Swap (Hulu) – 실감, 체험형 광고의 등장. 예) IKEA AR catalog, Volvo AR 광고, Band-AID(존슨앤존슨) – 디지털사이니지의 발달. 예) 디지털미러(삼성전자), 스마트콜렉션(필립스) – 모바일 타깃광고. 예) ShopAlert (AT&T), 초이스클릭(네이버)
게임	– On-screen Display 패러다임의 변화. 예) Microsoft Roomalive, HMD의 경쟁적 출시(오큘러스 리프트, 모피어스) – High-tech VR의 보급. 예) 언리얼 엔진 무료화, 3D 인디게임 증가 약 3,000여 개 – 새로운 Family use Device의 출현. 예) OMNI, Cyberith 등
문화정보	– 빅데이터 활용에 대한 관심 증대 – 문화콘텐츠의 디지털화 및 데이터화. 예) Google Book Project(문학), 미국의 내셔널 갤러리(미술), Milion Song Data(음악) 등 – 취향을 반영한 맞춤화로 소비자 경험 최적화. 예) 미국 달라스 미술관(Dallas Museun of Art, DMA)의 DMA Friend Program이나 영국의 디지털 유통 플랫폼 기업 Adconion Direct의 맞춤형 광고
음악	– 스마트 기기 기반의 음악 연주 기기 확산. 예) Akai MPC, Apogee One Audio Interface for iPad, Rocksmith – 음악 스트리밍 서비스 보급과 이를 위한 음악 자동 검색/추천 서비스 등장. 예) iTunes Radio, Pandora, Shazam, Soundhound – 웹 기반의 오디오/음악 서비스 기술 등장. 예) Web Audio API
전시	– 스마트 전시 안내 기술의 확산. 예) Senheiser guidePORT, ETRI 스마트 디바이스–전시 미디어 연동시스템, 파리 시립미술관 Petit Palais의 KAIST TAPIR 기반 전시안내 시스템 – 가상 전시공간의 등. 예) 구글아트프로젝트, Microsoft Gigapixel ArtZoom – 발전된 미디어아트 인터랙션 기술. 예) Kinect 기반 인터랙티브 아트, Arduino (Lilypad) – AR, 드론 등 새로운 표현 매체의 등장. 예) Ars Electronica의 Drone light performance
공연	– 프로젝션 매핑/홀로그램 등 영상 기술의 발달. 예) 뮤지컬 고스트, 디지로그 사물놀이 – 무대에서의 특수효과 및 제어장치 기술 발전. 예) 하츠네 미쿠, 전통문양 불꽃놀이 기술, 태양의 서커스 – 인터랙티브 공연을 위한 개발 툴 및 이에 기반한 실험적 공연 콘텐츠 확산. 예) VVVV, Processing, Max/MSP, OpenFrameworks
관광	– IT, 빅데이터 기술을 활용한 융합관광의 대두 – 온톨로지 DB 기반의 모바일이 주도하는 새로운 관광생태계. 예) TourAPI 2.0, Wikitravel 등의 문화관광 콘텐츠 관련 온톨로지 기반 데이터베이스 – 스스로 결정하고 떠나는 DIY 여행의 확산

■ SWOT 분석

○ 한국의 문화산업 SWOT 분석 및 전략은 〈표 4〉와 같음

〈표 4〉 우리나라의 문화산업 SWOT 분석

	강점(Strength) - 풍부한 유무형의 문화자원 - 우수한 ICT 인프라 CT의 원조 - 정부의 적극적 산업육성 의지	약점(Weakness) - 문화자원 체계적 관리미흡 - CT 원천기술 R&D 인력부족 - 국내 문화산업 생태계 취약
기회(Opportunity) - 모바일, HMD 등 뉴미디어 확산 - CT 기반 문화산업시장 지속적 성장 및 확대 - 한류지속 및 중국/인도 시장 확대	SO 전략 종합적이고 체계적인 발전전략 수립과 CT R&D 선택적 강화를 통해 뉴미디어 확산과 사회문화 트랜드 변화를 반영한 문화자원의 산업화 및 한류시장 확대	WO 전략 지역 거점 대학 중심으로 CT 학과 확산을 통해 문화적 사고와 과학기술을 기반으로 미래 가치를 창조하는 융합형글로벌 CT R&D 인재 양성
위협(Threat) - CT관련 각종규제 및 정책 미비에 따른 대외경쟁력 약화 - 시장개방에 따른 글로벌 경쟁 심화 - 혐/반 한류 & 중국/인도의 급성장	ST 전략 새로운 미디어 확산과 글로벌 경쟁환경에 적합한 수준으로 CT 기반 문화산업 관련 규제 개선과 정책적 지원을 통한 문화산업 생태계 활성화 및 국제 경쟁력 강화	WT 전략 CT 연구소 중심으로 핵심 연구인력 유치 및 유지, 미래 성장 동력 축적, 응용연구와 문화자원의 산업화 지원, 창조적 개척가 확산 등을 통한 문화 생태계 활성화

(내부요인 / 외부요인)

2) 산업동향 미래예측

■ 산업 전반의 트렌드와 문화산업의 미래

- 과거 제조 산업과 현재의 지식정보산업에서 앞으로는 2020년대 사물인터넷의 시대, 2030년대는 가상과 현실의 융합과 만물의 상호작용 시대, 2040년대는 인공지능의 특이점 시대로 〈그림 2〉와 같이 미래학자들은 예측하고 있음
- 문화산업도 이러한 메가트렌드 속에서 지식융합, 가상현실, 인공지능 등이 융합되어 발

전할 것으로 보이며 정보통신기술과 문화기술의 발전으로 인해 미래의 새로운 융합형 문화산업이 등장할 것으로 예측됨

- 가상현실/증강현실/상호작용 기술의 발전으로 현실에서 가상의 오감 콘텐츠를 재현할 수 있게 됨에 따라 음악, 전시, 공연, 관광 등의 분야에서 활용하는 콘텐츠도 실감성, 지능성, 상호작용성이 강화

- 현장에서 다양한 맥락정보(사용자 프로파일, 환경, 컴퓨팅 자원 등), 빅데이터 해석에 기반한 문화정보, 소셜 큐레이션 등을 통해 폭발적으로 늘어난 다양한 콘텐츠로부터 필요한 정보를 필터링하여 가공하고 즉시에 제공하는 새로운 지능형 서비스도 등장

- 콘텐츠의 소비 방식도 단순 소비에서 사용자의 직간접적 명령이나 요구에 적응적으로 반응하는 콘텐츠의 등장으로 체감형 또는 상호작용형 참여와 경험 공유로 발전

〈그림 2〉 미래기술 트렌드와 융합형 문화산업의 등장

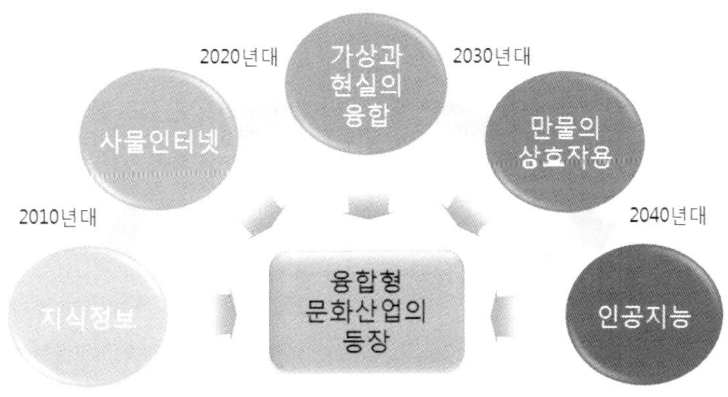

■ 미래 유망분야 예측

○ 미디어의 변화, 사용자의 사회적, 기술적 트렌드 변화, 그리고 문화산업에서의 비중 등을 종합적으로 볼 때 미래에 더욱 성장하며 중요해질 것으로 예상되는 문화산업의 세부 분야는 영화/애니메이션, 방송, 광고, 게임, 문화정보, 음악 산업임

○ 해당 전문가들이 6개의 세부 산업분야에 대한 미래 예측을 수행하였으며 구체적인 내용
은 〈표 5〉와 같음

〈표 5〉 문화산업의 주요 분야에 대한 미래예측

유망 분야	내용
영화/ 애니메이션 산업	○ 극사실화, 오감체험형 콘텐츠 부상 　− 3D 입체영상 제작기술, 오감체험형 디지털 시네마 기술 발전과 더불어 기술에 부합하는 　　자체 콘텐츠 개발 예상 ○ 신흥 문화 소비국가(인도, 중국, 브라질, 러시아 등)와 동반성장 및 제작의 중심이동 　− 한중 FTA 타결, 한중 영화공동제작협정 체결 등으로 인해 한중 영화공동제작 확대, 합작 　　법인 설립 등 중국과의 영화산업 교류가 활성화 ○ 지역에 특화된 영화제 육성과 해외인지도 제고를 통한 성장의 지속성 확보가 관건
방송 산업	○ TV를 중심으로 스마트 라이프 구축 　− TV는 정보통신기기의 스마트 트렌드에 맞춰 방송, 통신, 인터넷이 융합되고, 다른 스마 　　트 기기 간 연동을 지원함으로써 멀티스크린을 통해 사물인터넷(IoT) 생태계의 핵심 기기 　　가 될 것 ○ 시청자와의 실시간 인터랙션이 가능한 방송 　− IoT 환경에서 통합적인 사용자 맥락인식 기술을 기반으로 다양한 양방향 방송 서비스와 　　맞춤 콘텐츠의 등장 ○ AR/VR에 의한 미디어 패러다임의 혁신 　− AR, VR 기술이 발전함에 따라, 기존의 스크린 기반 디스플레이 방식에서 벗어나, 사용자 　　가 있는 공간을 활용하여 다양한 방식으로 방송 콘텐츠 소비가 가능해질 전망 　− 예) 사용자 인터랙션을 이용한 증강방송 기반의 스마트 교육, 상황/감정 기반 캐릭터를 활 　　용한 몰입형 증강방송 서비스, GPS 정보/비전인식 기반의 증강 콘텐츠를 제공하는 증강 　　방송 서비스 등
광고 산업	○ 퍼스널 광고(Personal AD) 　− 고객 행동 및 패턴을 파악해 고객별 맞춤화된 광고·커뮤니케이션을 제공하는 광고가 중심 　　이 될 것으로 전망 　− 예) 홍채 인식을 통해 지나가는 사람들에게 개별 맞춤형 광고를 제공. 과거에 관심을 가졌 　　던 자동차나 좋아하는 맥주 등과 관련된 광고를 보여주는 방식 ○ 콘텍스트 광고(Context AD) 　− IoT와 결합하여 실시간으로 고객의 상황을 분석하고 맥락에 맞는 광고를 실시간으로 제공 　　하는 콘텍스트 광고의 부상할 것으로 예상 　− 예) 애플의 아이비콘: 고객의 위치를 파악하여 매장 정보와 가격, 쿠폰, 광고 등을 아이 　　폰으로 푸시 ○ 커머스형 광고(Commerce AD) 　− 광고부터 결제까지 이어지는 논스톱 구매의 커머스형 광고, 상품 인식 기술·핀테크 등과 　　결합하여 광고와 구매가 하나가 되는 광고 　− 예) 아마존의 Dash, Tesco의 구글글래스 쇼핑 앱: 디바이스를 통한 상품 인식부터 결제, 　　배송까지 논스톱으로 이어지는 새로운 구매·광고의 형태

게임 산업	o 고화질 VR의 보급과 관련 게임 생태계 확산
	   – 고급형 물리엔진 개발사들이 다양한 라이선스 정책 및 무료화를 선언하고 지원 정책을 발
	     표함으로써 향후 관련 시장이 훨씬 확대될 것으로 예측됨
	   – 예) 모바일 3D 게임, 언리얼 엔진, 유니티 엔진 등의 보급, 3D 인디게임의 확산
	 o 체험형 게임을 위한 장비의 보편화
	   – 현재 프로토타입으로 등장 중인 체험형 게임 장비들이 3~4년 사이에 일반 가정에서 보
	     편화될 것으로 전망
	   – 예) Omni, Cyberith 등의 VR treadmill
	 o 삶 전체에 게임화가 확산되는 Games for life 시대
	   – 회사 업무, 운동, 가사 등 여러 삶의 영역에 게임 요소가 결합하는 게임화 확산
	   – 예) 알자지라 TV의 News game, kolibree 양치질 게임, 하얏트 호텔의 게임화 도입

문화정보 산업	o 문화콘텐츠의 분야별, 특성별 데이터 활용 기법 발달
	   – 문화콘텐츠의 집대성 및 비정형 콘텐츠 데이터의 정형화
	   – 문화콘텐츠의 특성에 맞는 고차원적 분석기법 발달
	 o 맞춤화된 콘텐츠 제공을 통한 소비자 경험의 최적화
	   – 실시간 기분 및 상황에 따라 소비자를 수만 개의 그룹으로 세분화하여 최적화
	   – 콘텐츠 창구가 다양화 됨에 따라 여러 채널의 소비자 이용 흔적을 종합적으로 고려
	 o 소비 패턴을 반영한 콘텐츠 제작
	   – 창의력에만 의존해야 했던 문화콘텐츠의 질을 빅데이터를 활용해 보완

음악 산업	o 모바일 및 웨어러블에서 활용할 수 있는 지능형 음악 창작, 연주 및 감상 플랫폼/콘텐츠 활
	   성화
	 o 음원 및 음악 서비스 관련 API 및 데이터 개방과 활용을 통한 융합형 음악콘텐츠 시장의 확대
	 o 센서 기술, 맥락인지 등을 활용한 새로운 음악 제작 기술 발달 및 지능형 기술 기반의 음악 교
	   육 시스템 고도화

3) 기술동향 미래예측

■ Gartner Hype Cycle 분석

  o Gartner에서 제시한 미래 기술에 대한 전망에 의하면 관련 문화기술들은 〈그림 3〉과 같
이 Hype Cycle (2014)상에서 다양하게 위치해 있으며 짧게는 2~5년, 길게는 10년 이상
에 걸쳐 발전하고 성숙될 것으로 보임

  o CT 관련 기술들의 분야는 다양하지만 대표적 특징들을 분석한 결과 실감형, 지능형, 상
호작용형이란 지향점으로 미래에 발전할 것으로 〈그림 3〉과 같이 예측됨

〈그림 3〉 Gartner Hype Cycle에서의 CT

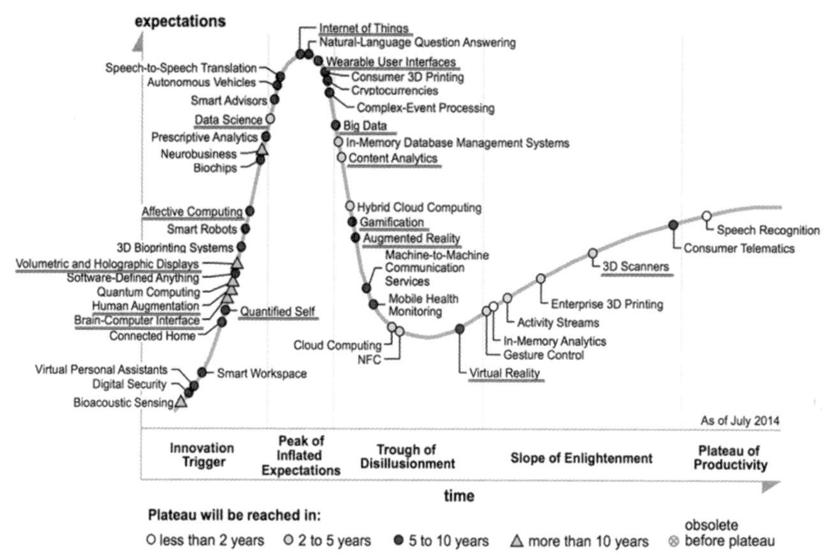

분야/시기	단기(5년 이내)		중기(5~10년)			장기(10~30년)	
가트너의 CT관련 키워드	지능형 Content Analytics 지능형 Data Science 3D Scanning 실감형		지능형 Internet of Things Quantified Self 지능형 Affective Computing 상호작용형	실감형 Augmented Reality Wearable User Interfaces 실감형 상호작용형	실감형 Virtual Reality Gamification 상호작용형 Big Data 지능형	실감형 Volumetric and Holographic Displays Human Augmentation 지능형 상호작용형	상호작용형 지능형 Brain-Computer Interface

■ 세부 분야별 분석

○ 문화산업 생태계에서 대표적인 14개의 문화산업/기술 분야를 선정하고 각 분야 담당 연구자들이 해당 분야의 미래 트렌드를 예측함

○ 대표적 미래 기술 키워드로 실감형, 지능형, 상호작용형과 미래에 발전가능성이 높은 것으로 예측되는 5대 전략기술로 CG/영상콘텐츠 기술, AR/VR 상호작용 기술, 지능형 음악기술, 데이터 사이언스 기술, 디지털 휴매니티 기술이 도출되었으며 전체 과정은 〈그림 4〉와 같음

○ 5대 전략기술의 미래 예측은 〈표 6〉과 같음

〈그림 4〉 미래 예측 과정

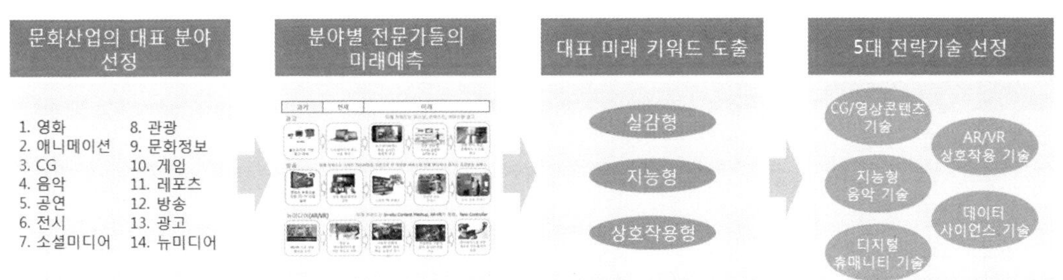

〈표 6〉 5대 전략기술의 미래 예측

유망 기술	내용
CG/영상콘텐츠	○ 웨어러블/N-스크린 플랫폼용 CG - 웨어러블 디스플레이, 멀티 디스플레이 등 다양한 미디어 플랫폼의 형태 및 기능을 활용하여 콘텐츠 제작 및 소비 영역을 확대 전망. 영상 품질을 높이는 극사실적 재현 기술 및 실시간 렌더링 및 애니메이션 생성 기술 ○ 인터랙티브 스토리생성 기반 영화/애니메이션 - 사용자와 대화형 상호작용을 통해 스토리 전개를 실시간 생성하고 이를 영상으로 구현하는 기술. 스토리 및 애니메이션 자동 생성 기술 ○ BCI 기술 기반으로 오감체험형 영화/애니메이션 발달 전망(15~30년) ○ 다시점 홀로그래픽 디스플레이 - 홀로그램 기술과 컴퓨터 그래픽의 결합과 실시간 렌더링, HCI 등의 발달
AR/VR 상호작용	○ 센서와 비전 기반의 다양한 객체를 지원하는 객체 단위의 증강 - GPS, 방위각 센서, 가속도 센서 외에 카메라를 통해 분석한 영상 정보, 그리고 사용자, 대상객체, 환경에서 획득한 맥락 정보를 통합적으로 활용 - 공간단위의 증강과, 객체단위의 증강, 그리고 영역단위의 증강을 지원함으로써 모바일 증강현실이 적용되는 대상과 활용 범위를 확장 ○ 사용자 참여 기반의 증강현실 콘텐츠 - 사용자가 기존에 등록한 공간, 객체, 영역을 기반으로 새로운 증강 콘텐츠를 사회적 맥락정보와 매쉬업을 통해 생성 - 온라인으로 증강 콘텐츠의 학습/등록이 가능하여 다수 사용자의 공유와 참여를 통해 동적으로 생태계 구축 ○ 맥락인지 증강현실 - 사용자 개인의 맥락 정보를 수집, 관리, 활영하여 사용자의 맥락에 따른 개인화된 증강, 선택적 공유, 상호작용, 협업 등을 가능하게 하는 맥락인지 증강현실 기술의 발전 전망

디지털 휴매니티 기술	o 사용자 모델링 지능화
	  – 사용자의 개인적 특성, 취향, 시스템에 대한 반응 등을 자동적으로 모델링하는 시스템. 이를 라이프로깅, 기업 인사경영, 게임, 교육 매체 등에 복합적 적용
	  – 음악, 영화, 전시 콘텐츠 등의 다양한 문화소비 영역에서 개인 유형에 맞는 맞춤 콘텐츠 제공. Intelligent User Modeling
	o 인간 체험 정량화 및 피드백
	  – 개인의 생체 정보뿐만 아니라 다각적 경험 및 정서적 영역까지 정량화시키고 그에 맞는 피드백을 제공. 분석과 피드백뿐만 아니라 예측적 알고리즘을 통해 미래 행동 변화 방향을 제시. 완전 자동화된 Quantified Self
	o 감성, 인지, 사회, 문화 통합 분석과 모델링
	  – 현실과 가상이 연결되고 오감이 서로 감응하며 사용자 반응과 시스템 반응이 유기적으로 연결되어 과거–현재–미래의 사회문화적 가치가 공진화하며 재창조되는 인간중심 기술. Cultural Computing

데이터 사이언스 기술	o 문화콘텐츠별 융합형/관계형 데이터베이스
	  – 문화콘텐츠별 특성을 반영한 스키마/온톨로지 기반 데이터베이스를 구축해 존재하는 문화콘텐츠 데이터를 집대성 및 정형화
	  – 인간중심적 감상 사전을 활용한 신형 태깅
	o 문화콘텐츠 데이터 분석 및 영역별 콘텐츠 큐레이션
	  – 기존의 정의되던 장르 중심의 구분에서 벗어나 콘텐츠 네트워크의 모듈을 발견함으로써 다양한 분류체계를 완성하고 문화콘텐츠의 특성에 맞는 분석
	o 문화정보 기반 문화콘텐츠 창작 및 유통시스템
	  – 축적된 데이터를 바탕으로 소비자 취향 맞춤형 문화콘텐츠 자동생성 시스템
	  – 시공간을 초월해 문화소비 과정을 공유할 수 있는 Virtual Gallery, Teleconcert와 같은 새로운 문화 향유 방식 대중화

지능형 음악 기술	o 지능형 음악 검색 및 추천 시스템
	  – 사용자의 취향과 의도를 자동으로 인식하여 음악 추천 및 제공 서비스
	o 지능형 음악 연주 시스템
	  – 개별 사용자의 자세, 습관 등에 맞는 악기 연주 방식 가이드 및 자동화 및 시각화된 반주와 악보 등의 서비스
	o 멀티모달 음악 창작, 연주, 감상 시스템
	  – 뇌파, 제스쳐, 비전, 음성, 컨텍스트 등의 멀티모달 기반 음악 시스템

3

산업/기술 육성 미래전략

1) 산업육성 미래전략

■ 영화/애니메이션 산업

○ 스마트 플랫폼 기반의 영화콘텐츠 시장 활성화

　　퍼스널 미디어의 지능화 및 홈 엔터테인먼트의 고도화에 대비하기 위해 스토리텔링과 콘
　　텐츠 개발을 위한 산학연 복합체 양성 및 지원

　– 다양화된 미디어 플랫폼을 통한 콘텐츠 유통과 소비에 대한 통합적 정책 전략 수립

○ 애니메이션 시장 규모 확대를 통한 수요 증대

　– 애니메이션 시장 환경이 주로 유아, 초등학생 대상의 좁은 시장에 머물러 해외와 같은
　　다양한 콘텐츠 제작이 어려움. 정부의 투자 및 세제 지원 등을 통해 다양한 콘텐츠 제작
　　을 장려하여 넓은 연령대의 수요층을 형성하고 이러한 선순환 구조를 형성 필요

○ CG, VR 등 원천 기술 개발 및 애니메이션 콘텐츠와의 접목

　– 애니메이션의 스토리에 적합한 기술을 적재적소에 사용하여 기술력이 콘텐츠의 감상을
　　방해하지 않으며 더욱 몰입을 높이는 방향으로 감상의 질을 높여야 함

○ 콘텐츠의 저작권 및 지적재산권 강화 및 다양한 영상 문화 콘텐츠 개발이 가능한 종합
　　멀티미디어 콘텐츠 제작 역량 강화를 위한 지원

> ※ **영화/애니메이션 산업 집중 육성분야**
>
> – 다면 투사형 실감체험형 콘텐츠 서비스
> – 극사실적 상호작용형 오감 콘텐츠 서비스
> – 시공간확장 가능한 지능형 오감 증강 콘텐츠 서비스

■ 방송 산업

○ 새로운 미디어 시장 선점을 위해 하드웨어, 서비스, 콘텐츠를 아우르는 생태계 조기 구축 필요

- UHD, 스마트 TV 등 새로운 미디어 시장을 선점하기 위해서는 우수한 하드웨어 경쟁력을 기반으로 플랫폼 구축, 콘텐츠 확보, 새로운 서비스 디자인 등 산업 생태계 조성을 통하여 시장 선점. 특히 사용자들을 유인하는 콘텐츠의 양적, 질적 확보 필요

○ 빅데이터 기반 사용자 맥락을 고려한 맞춤형 방송콘텐츠 개발에 투자

- IoT 기반 빅데이터로 사용자별 맞춤화된 콘텐츠 제작하고 사용자의 맥락을 인지한 콘텐츠 추천 기술, 디스플레이 기술 개발 필요

○ 차세대 방송산업을 위한 융합형 인력 육성 필요

- 새로운 미디어에 맞는 콘텐츠, 서비스 개발 교육 필요. 스마트 TV, 양방향 방송, 증강 방송, 1인 방송 등 뉴미디어를 활용한 제작, 편집, 검색, UX 등을 배울 수 있는 프로젝트 과목 개설, 콘텐츠 기획자와 기술 개발자가 상호 분야에 대한 내용을 이해 및 협력을 위한 기초 교육과정
- 교육기관과 산업체의 긴밀한 협력을 바탕으로 실질적인 프로젝트를 통해 인력 양성
- HD 드라마 타운(대전)-카이스트 문화기술대학원-대기업의 연계를 통하여 UHD, AR, VR 영상 콘텐츠 제작 프로젝트 진행과 개발자 육성

※ 방송 산업 집중 육성분야

- 방송, 통신, 인터넷의 통합형 실감방송
- 시청자와 실시간 상호작용 가능한 실감방송
- 시청자 간 경험공유가 가능한 지능형 증강방송

■ **광고 산업**

○ 뉴미디어 광고산업을 위한 융합형 기술 및 인력 육성 필요

- 뉴미디어(디지털 사이니지, 웨어러블 기기 등) 광고와 소비자의 맥락을 결합하는 기술

- 뉴미디어형 콘텐츠 제작, 유통, 평가(검색, 분석기법, 실시간 데이터 처리기술, 실감형 디스플레이 기술) 등 전반적인 업무를 이해하고 수행할 수 있는 융합형 인재 양성

○ 뉴미디어 플랫폼 기반의 콘텐츠 시장 활성화

- 새로운 플랫폼의 콘텐츠 생산, 유통, 소비에 대한 정책 전략 수립 필요

- 새로운 미디어를 통한 광고 수익 구조 창출

※ 광고 산업 집중 육성분야

- 고객 행동 및 패턴기반 고객별 맞춤 광고
- 실시간으로 고객 상황을 분석기반 맥락 맞춤 광고
- 온오프라인 및 광고-결제 연동 증강-커머스형 광고

■ **게임 산업**

○ 게임 내수 시장을 활성화하기 위한 게임 분야 규제(등급제, 사용 규제 등)의 완화가 필요

○ 콘텐츠 생태계의 다양화 및 활성화를 위해 인디게임 업체, 스타트업, 중소 개발사의 발전 장려를 위한 지원책, 교육 등이 수반되어야 함

○ 기업가치 2.5조에 달하는 '마인크래프트'의 개발사 Mojang의 경우 인디게임에서 시작함

○ 현실의 문제를 해결하는 데에 게임을 활용하려는 시도를 장려하는 기능성 게임이나 일상 활동의 게임화와 관련된 분야에 집중적 지원 필요

　－ IoT 센서 기술과 사물 간 통신을 활용해, 실외 활동뿐만 아니라 욕실, 주방, 거실에서 일어나는 일상생활에까지 게임 접목

○ 게임 체험을 위한 하드웨어 융합 HCI를 비롯한 실감 체험형 고화질 VR 게임 생태계 육성 지원

　－ HMD, 오감 레이싱 시뮬레이터, 실내 헬스기구 융합 기기 등

> ※ **게임 산업 집중 육성분야**
>
> – 가상현실형 기능성 게임 서비스
> – 위치기반 증강현실형 기능성 게임 서비스
> – 개인 빅데이터와 증강현실 기반 일상맞춤형 게임화

■ 문화정보 산업

○ 빅데이터 연계를 기반으로 문화예술 생태계 활성화

　－ 빅데이터 개방 및 공유체계 구축과 문화예술 정보만이 아닌 연계정보까지의 활용체계 구축

　－ 일반 데이터 분석과 SNS 분석을 연계한 가치 창출

　－ 개인정보보호법의 한계를 탈피하기 위한 제도적 기반 조성 및 개인정보 이용 인식 전환

○ 문화예술 특성에 적합한 플랫폼 개발과 데이터베이스의 구축

　－ 문화예술 분야 특성에 적합한 플랫폼 개발과 기술 표준

　－ 빅데이터 활용 주체들이 분석 자료를 체계적으로 활용할 수 있는 정보 관리체계 구축

※ **문화정보 산업 집중 육성분야**

- 문화콘텐츠의 분야별 특성 파악 기반 데이터 활용
- 소비자 경험의 최적화를 위한 맞춤화된 콘텐츠
- 소비자의 소비 패턴을 반영한 콘텐츠

■ 음악 산업

○ 빅데이터 관련 기술 응용 및 음악 서비스 기획력 증대를 통해 글로벌 음악 서비스 경쟁력 강화

  - 사용자 오픈 데이터 기반의 응용 콘텐츠를 활용한 글로벌 시장 진출 확대

○ 다감각, 지능형 음악 활동 서비스 및 콘텐츠 생태계 육성

○ 인디음악 등의 다양한 음악 제작 지원을 위한 독립적 플랫폼(예: Soundcloud, 크라우드펀딩)

○ 다양한 형태의 신규 음원 서비스 및 비즈니스 모델 개발

○ 불법 음악유통 근절 및 표절 판별 시스템 도입 및 음악창작자 보호를 위한 음원수입 분배 정책

※ **음악 산업 집중 육성분야**

- 사용자 맞춤형 음악 검색 및 추천 서비스
- 공간연동 환경의 지능형 음악 연주/협주 서비스
- 가상–현실 융합환경의 다감각 지능형 창작/협주/감상 통합 서비스

전체적으로 요약한 로드맵은 〈표 7〉과 같음

〈표 7〉 문화산업 미래전략 로드맵

분야/시기	단기(5년 이내)	중기(5~10년)	장기(10~30년)
영화/ 애니메이션 산업	다면 투사형 실감체험형 콘텐츠 서비스	극사실적 상호작용형 오감 콘텐츠 서비스	시공간 확장가능한 지능형 오감 증강 콘텐츠 서비스
방송 산업	방송, 통신, 인터넷의 통합형 실감방송	시청자와 실시간 상호작용 가능한 실감방송	시청자 간 경험공유가 가능한 지능형 증강방송
광고 산업	고객 행동 및 패턴기반 고객별 맞춤 광고	실시간으로 고객 상황을 분석기반 맥락 맞춤 광고	온오프라인 및 광고-결제 연동 증강-커머스형 광고
게임 산업	가상현실형 기능성 게임 서비스	위치기반 증강현실형 기능성 게임 서비스	개인 빅데이터와 증강현실 기반 일상맞춤형 게임화
문화정보 산업	문화콘텐츠의 분야별 특성 파악 기반 데이터 활용	소비자 경험의 최적화를 위한 맞춤화된 콘텐츠	소비자의 소비 패턴을 반영한 콘텐츠

음악 산업			
	사용자 맞춤형 음악 검색 및 추천 서비스	공간연동 환경의 지능형 음악 연주/협주 서비스	가상–현실 융합환경의 다감각 지능형 창작/협주/감상 통합 서비스

2) 기술육성 미래전략

■ CG/영상콘텐츠 기술

(R&D 측면)

○ 기존 플랫폼보다는 차세대 플랫폼용 SW에 기술투자를 통해 기술선도

- 콘텐츠의 멀티플랫폼 변환 기술 개발

- 인터랙티브 콘텐츠 생성 기술(스토리, 애니메이션, 렌더링) 개발

- 콘텐츠 유통, 보안 기술 강화

○ 콘텐츠의 전달 감각을 시청각뿐만 아닌 촉후미각까지 확대

○ 기술 개발과 콘텐츠 개발을 연계하여 시장/콘텐츠에 직접 적용되는 기술 개발

- 산업계와 연구 인력 간의 유기적인 협력 시스템 구축

○ 아티스트의 수작업을 대신할 효율적인 자동화 애니메이션 기술 필요

- 캡처된 모션 데이터베이스를 기반으로 애니메이터의 지정에 따라 애니메이션 자동 생성

(교육 측면)

○ 경쟁력 확보할 수 있는 핵심 분야에 대한 체계적인 교육 필요

- 비주얼 스토리텔링, 시각화 분야, 첨단 CG 기술 개발하는 R&D 분야 등 OEM 방식의 단순 제작 기술이 아닌 콘텐츠를 창작, 첨단 CG 제작기술을 개발할 수 있는 역량을 키

워야 함

○ 영화, 영상 및 애니메이션의 기초 교육

- 3D 애니메이터는 캐릭터 연기 교육, 3D 모델러는 인체 구조 및 입체 형태에 대한 교육, 라이팅이나 쉐이딩 분야는 빛과 조명에 대한 기초 공부 필요

○ 프로덕션의 파이프라인에 맞는 창작 중심형과 제작기술 중심형 인력 양성 필요

- 창작 중심형은 스토리텔러, 아티스트, 애니메이터. 제작기술 중심형은 R&D 프로그래머, 테크니컬 디렉터, 테크니컬 아티스트, 특수효과 스페셜리스트 양성

○ 연구 인력의 산업계 진출 및 기술-예술 융합 인력 육성 필요

- 영상 콘텐츠 업계의 선진화 및 고부가가치화를 통해 고급 기술 인력의 산업계 진출 촉진 필요

- 리드 프로그래머뿐만 아니라 리드 아티스트와 아트 디렉터의 체계적 양성 및 양 분야를 넘나드는 융합 인력(Technical Artist) 양성 필요

○ 국내 대학들과 해외 기관과의 연계를 통한 CG 전문가 양성

○ 대학 내 CT 연구소를 확대, 강화 운영하여 전 세계적인 네트워크를 구축

※ 집중 육성분야

- 웨어러블/ N-스크린 플랫폼 용 CG(실시간 렌더링기술, 극사실적 재현 기술)
- 실시간 영화/애니메이션 기술(스토리자동 생성, 애니메이션 자동 생성)
- 오감 영화/애니메이션 기술(오감 콘텐츠 기획/제작, 오감 렌더링)

■ AR/VR 상호작용 기술

(R&D 측면)

○ AR/VR 활용을 위한 콘텐츠 제작 기술 개발

- 사용자 참여형 콘텐츠 저작 기술 개발

- 생성 콘텐츠 관리를 위한 데이터베이스 기술 필요

    – 콘텐츠의 활발한 유통을 위한 플랫폼 구축 시급

○ 실감 재현과 맥락 인지 기술을 연계한 재현 기술 개발

    – 현재 AR/VR 기술은 가상의 오브젝트를 어떻게 실감 재현할지에 초점

    – 사용자 맥락을 고려한 콘텐츠 매쉬업 기술 개발이 필요

    – 사용자와 상황에 따라 달라지는 맞춤형 정보, 콘텐츠 제공 필요

(교육 측면)

○ 하드웨어, 소프트웨어 및 콘텐츠를 아우르는 융합 인력 양성 필요

○ AR/VR을 위한 다양한 하드웨어가 개발 중인 반면 소프트웨어와 콘텐츠는 빈약하고 특히 사용자들이 소비할 콘텐츠가 부족한 실정이므로 AR/VR 기술 교육을 통한 콘텐츠 제작 전문 인력 양성

○ AR/VR UI 및 상호작용 디자인 및 구현 인력 양성 프로그램 개발

※ 집중 육성분야

    – 관심객체 단위의 증강(센싱 및 입력 기술, 카메라 비전 기술)

    – 사용자 참여 증강현실 콘텐츠 생성(저작, 링크, 매시업)

    – 사용자, 환경, 사회적 맥락을 통합적으로 고려한 증강현실

■ 디지털 휴매니티 기술

(R&D 측면)

○ 전인적 자아 정량화 모델을 위한 퍼스널 빅데이터 분석, 인공지능 분야 육성 및 개발

○ 전인적 자아 정량화 모델을 디지털/아날로그 문화 콘텐츠 생태계에 적용 및 융합시킬 수 있는 전략 육성

○ 문화 콘텐츠 소비 효용성 평가와 검증을 위한 기초 이론과 평가 기술 개발이 이루어져야 하며, 사용자 체험의 효용성 평가가 피드백되어서 기술 개선 및 시스템 진화로 이어질

수 있는 Holistic Model 개발

○ 인공지능 및 딥러닝 등의 지능화 기술, 피드백 시스템: 사용자들의 정량화된 데이터를 실시간으로 분석하여, 사용자들의 반응과 콘텐츠를 유기적으로 결합하여 피드백하고 새로운 경험을 제안할 수 있는 지능화 시스템

(교육 측면)

○ 이론적 측면에서 신체 활성화 반응, 인지와 정서, 심리학, 사회학, 문화 예술 해석학 등의 포괄적인 인문사회예술 융합연구 인력 양성과 공학적 측면의 기술적 프레임워크 개발 인력을 동시에 육성. 인지과학, 심리학과 SW 분야 융합 인력 양성 필요

○ SW 개발자 중심으로 인지과학, 심리학 및 디지털 휴매니티 이해에 필요한 인문학계 고등 교육을 실시 및 사회과학 전공자 중에서 SW 융합 인력 발굴 및 교육

○ 인문과 공학을 통합하고 문화 단위까지 고찰할 수 있는 이론, 실무 인력을 각각 양성

※ 집중 육성분야

  – 신체정보 수집 기술, 상황 인지, 센서 기술 및 분석 기술로 개인적 특성, 취향 자동 모델링
  – 개인의 생체 정보와 다각적 경험을 정량화시키고 그에 맞는 피드백 제공 시스템
  – 빅데이터 분석 및 학습, 현실–가상 연결, 오감 만족, 사용자와 시스템의 유기적 반응

■ 데이터 사이언스 기술

(R&D 측면)

○ 문화데이터 High–throughput(대량신속처리) 데이터베이스 기술 및 개인별 맞춤화된 문화 정보 큐레이션 기술 개발

(교육 측면)

○ 문화예술 분야의 특성을 고려하여 문화예술 분야에 특화된 빅데이터 전문인력 육성

- 문화예술 분야에 대한 전문성이 낮고 빅데이터 처리 기술이나 통계분석 능력만 보유하게 될 경우 제한되거나 잘못된 결과 도출의 위험이 있으므로 문화예술 분야의 기본소양 및 전문성이 높으면서도 관련 빅데이터 분석 기술을 가진 전문인력 양성이 시급함

※ 집중 육성분야

- 문화콘텐츠 융합형/관계형 데이터베이스 구축(스키마/온톨로지, 인간중심적 감상 사전 등 신형 태깅)
- 문화콘텐츠 데이터 분석 및 영역별 콘텐츠 큐레이션(기존의 장르와 비견되는 콘텐츠 네트워크 모듈 발견)
- 문화정보 기반 문화콘텐츠 창작 및 유통시스템(자동 콘텐츠 생성 시스템, Virtual Gallery, Teleconcert)

■ 지능형 음악 기술

(R&D 측면)

○ 음악 기술 R&D를 위한 로드맵 작성 필요

○ 지역 거점에 음악 기술 중심의 연구소 설립하여 음악학계와 함께 산학연 협력 및 스타트업 육성 모델 수립

○ 음악 기술 현황에 대한 분석을 통해 국내에서 추격 혹은 선점할 수 있는 부분을 선정하여 연구개발 모델을 수립하고 적극적 투자 지원
  - 예) 음악 연주 게임, 센서 및 BCI 기반 음악 창작/연주 시스템

○ 음악 분야와의 활발한 교류를 통해 새로운 음악 기술 활용 사례 개발
  - 예) 음악 연주 교육 시스템, 모바일 또는 웹기반 음악 창작/연주 시스템

(교육 측면)

○ 미래 기술과 음악을 결합하며 세계적 수준에서 음악/소리 관련 기술을 연구할 수 있는 인력 양성 필요
  - 현재 국내에서는 기존 음악학과에서의 실무 교육 위주로 음악 기술 관련 교육 프로그램이 거의 없음

– 해외의 사례인 Music Technology Program – NYU, Georgia Tech, CMU, McGill 등 석/박사 학위 프로그램(Music Informatics, Music Education, Music Production and Interactive Performance 분야 등)을 참고하여 국내 인재양성 프로그램 개발

※ 집중 육성분야

- 지능형 음악검색 및 추천(사용자의 취향/의도를 자동으로 인식하여 음악 추천 및 스트리밍 서비스)
- 지능형 음악연주 시스템(목소리 시각화, 자세 측정/교정, 자동 반주 및 악보 표시 등)
- 멀티모달 음악창작/연주/감상 시스템(뇌파, 제스쳐 및 컨텍스트 등)

전체 내용들을 종합하면 〈표 8〉과 같음

〈표 8〉 문화기술 미래전략 로드맵

분야/시기	단기(5년 이내)	중기(5~10년)	장기(10~30년)
CG 영상콘텐츠 기술	웨어러블, N-스크린 플랫폼 용 CG	실시간 영화/애니메이션 기술	오감 영화/애니메이션 기술
AR/VR 상호작용 기술	관심객체 단위의 증강	사용자 참여 증강현실 콘텐츠 생성	사용자, 환경, 사회적 맥락인지 증강현실

디지털 휴매니티 기술	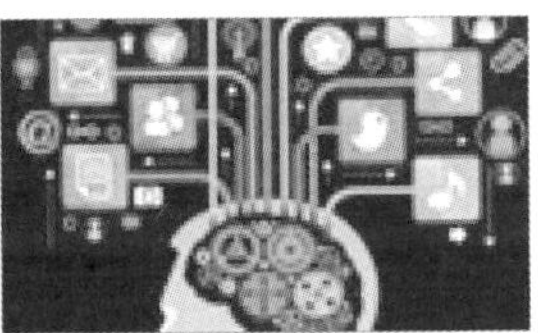 신체정보 수집, 상황인지 센싱/분석 및 개인적 특성, 취향 자동 모델링	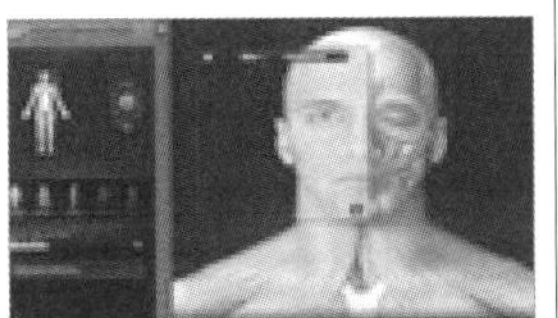 개인의 생체 정보와 다각적 경험의 정량화 및 피드백 제공 시스템	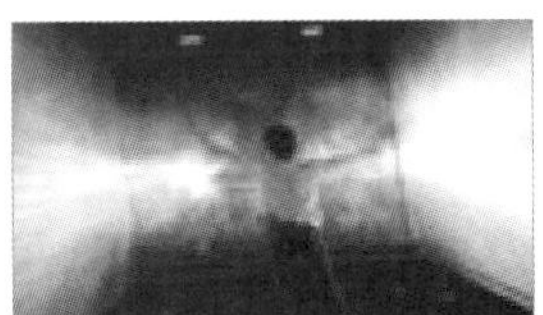 빅데이터 분석, 학습, 현실- 가상 연결, 오감, 사용자- 시스템의 유기적 반응
데이터 사이언스 기술	 문화콘텐츠 융합형/관계형 데이터베이스 구축	 데이터 분석기반 영역별 문화콘텐츠 큐레이션	 문화정보 기반 문화콘텐츠 창작 및 유통시스템
지능형 음악 기술	 지능형 음악검색 및 추천 시스템	 지능형 음악 연주/협주 시스템	 가상/증강의 멀티모달 창작/연주/협주 통합시스템

— 4 —
결론 및 제언

■ 결론 및 요약

○ 문화산업은 전 세계적으로 빠르게 성장하고 있는 분야이나 우리나라는 세계 7위 수준으로 선진국들에 비해 뒤쳐져 있는 현황임

○ 다양한 스마트 미디어와 플랫폼들이 등장하고 IoT 등 기술적 환경 또한 변화하고 있으며 이는 문화산업과 기술에도 영향을 미쳐 향후 융합형 문화산업과 기술이 도래할 것으로 예측됨

○ 향후 30년 미래 신성장동력을 위해서는 지속가능한 문화산업 생태계를 구축해야 하고 미래 발전 방향으로서 지능형, 실감형, 상호작용형 문화산업/기술 육성이 필요함

○ 6대 전략산업으로 영화/애니메이션, 방송, 광고, 게임, 문화정보, 음악 산업을 집중 육성해야 하며 5대 전략기술로서 CG영상콘텐츠 기술, AR/VR 상호작용 기술, 디지털 휴매니티 기술, 지능형 음악 기술, 데이터 사이언스 기술에 적극 투자 필요함

〈그림 5〉 문화산업/기술의 미래 비전, 목표, 전략

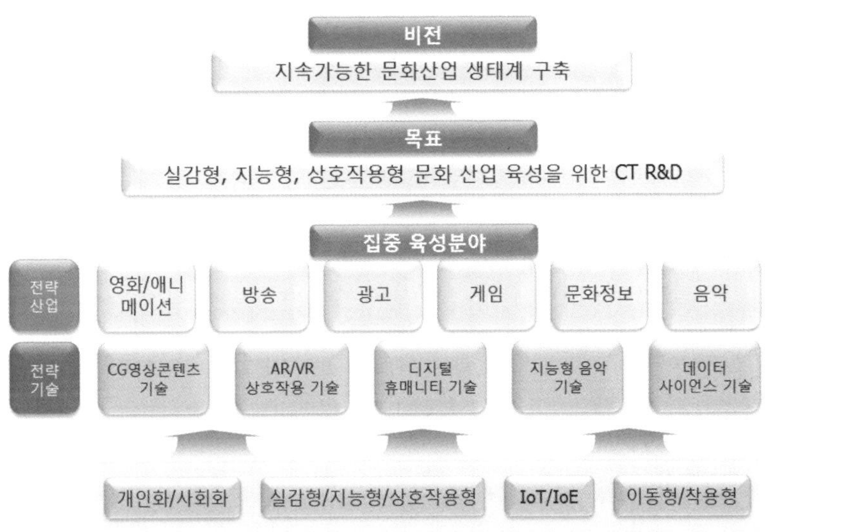

〈그림 6〉 문화산업, 기술, 미디어의 전략적 집중 육성 분야

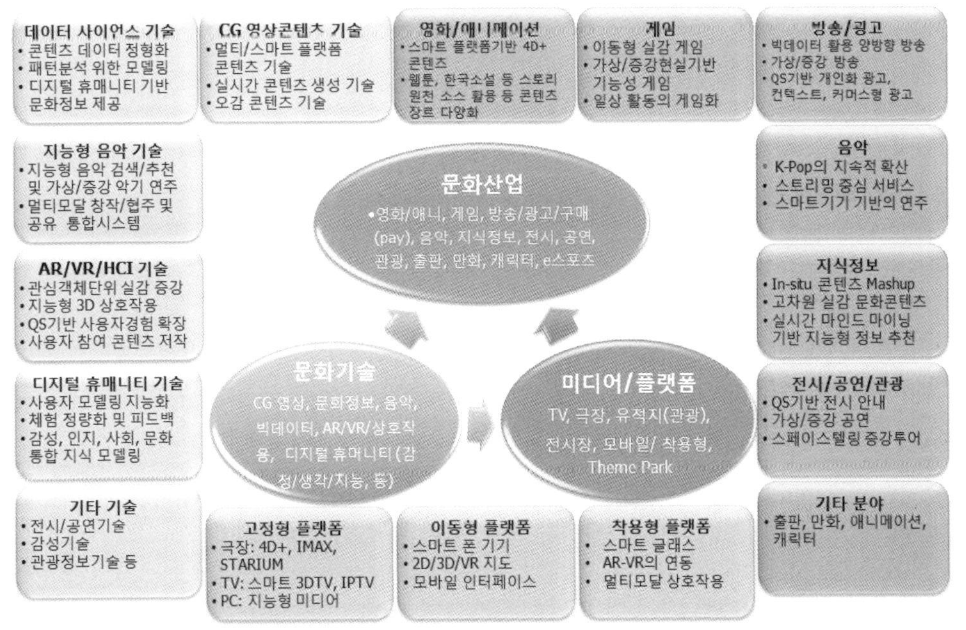

■ **정책 관련 제언**

○ 시장 변화에 유기적으로 대응하면서 효율적이고 일관성 있는 문화기술 R&D의 관리와 지원을 위한 창구의 일원화와 R&D 수행 체계의 정비가 필요

- 문화산업은 이종 산업 간 융복합 및 글로벌화가 빠르게 진행되고 있어 시장 환경 변화에 신속하게 대응할 수 있는 시스템의 정비와 문화기술 역량강화, 인력양성, R&D 추진 등의 종합적 전략이 중요

- 문화부는 1994년 이래 문화산업국을 통해 국내 문화산업을 육성하고 지원해 왔고 정부는 문화기술 확보를 위해 2001년 차세대 전략기술로 선정하였고, 2002년에는 미래유망 신기술 6T 중 하나로 선정. 문화부는 2003년부터 R&D를 시작하여 2008년 수립한 문화기술 R&D 기본계획과 2013년 수립한 제2차 문화기술 R&D 기본계획을 통해 R&D를 확대해 오고 있음

- 2003년 이래 문화부와 정통부가 나누어 담당하던 국내의 문화기술 R&D는 2008년 문화부로 일원화하였으나, 2013년 다시 문화부와 미래부가 나누어 관리하는 형태로 재편되고 문화부산하 R&D 담당 기관으로는 한국콘텐츠진흥원(콘텐츠, 문화예술, 서비스), 국민체육진흥공단(스포츠), 한국저작권위원회(저작권), 한국문화관광연구원(관광) 등으로 나뉘어짐

- 한편 미래부에서도 실감 콘텐츠(4D/5D, UHD, 홀로그램, 입체음향 등), 인터렉션 콘텐츠(AR/MR/VR, NUI/NUX, 오감/감성 체험 지원 등), 스마트 콘텐츠(상황인지, 소셜, N-screen, 등), 유통/서비스(플랫폼) 등의 분야를 담당하고 있음

- 장르나 기술의 명확한 구분이 무의미해지고 있는 문화산업의 현실을 감안한다면 관련 부처 간의 상호보완적인 역할 조정이나 통합 운영 시스템의 구축이 필요함

○ 문화적 사고와 첨단과학기술을 기반으로 미래가치를 창조하는 융합형 고급 연구개발 인력양성을 위한 체계적인 교육시스템 구축

- 사람이 기술(HOW)과 인문(WHY와 WHAT)을 융합한 문화기술의 중심에 설 때 경쟁력 있는 문화기술이 완성될 수 있음

- 다만, 융합은 교육의 목표가 아닌 문제 해결을 위한 새로운 방법의 하나이므로, 튼튼한 전공교육과 다른 영역과의 소통 능력 배양을 통해 창의적인 해법을 제시할 수 있도록 교

육해야 함

- 문화기술 연구개발 인력의 체계적 양성을 위해서는 2005년 당시 문화부와 과기부 협력 사업으로 카이스트에 설립한 문화기술대학원을 문화기술학과로 개편하여 학사교육으로 교육대상을 확장하고, 이를 롤모델로 하여 전국 거점대학은 문화기술학과를 설립하여 통합적 사고와 전문성을 보유한 창의적 융합인재를 지속적으로 양성해야 함

○ 연구소를 중심으로 문화기술 R&D 시스템구축

- 문화부가 설립한 한국문화기술연구소를 중심으로 문화기술 R&D 체계를 재편하고, 산학연 간 전문화 및 공동협력 체계를 구축해야 함

- 추가로 전국 거점대학에 부설 문화기술연구소를 설립하여 지역별로 특화된 문화산업과 연계를 통한 상호보완적 R&D 시스템 구축도 필요. 문화기술연구소를 통해 문화기술학과에서 배출한 인력의 일부와 문화산업 현장의 우수한 R&D 인력을 유치하고 유지하도록 해야 함. 각 연구소에는 연구기획자, 연구관리자, 연구수행자를 두고 각 과제별 연구수행자 조직은 10명 이내의 전임연구원, 기업체 파견연구원, 초빙연구원 등으로 구성하되 7년 이내의 일몰형으로 하여, 과제 수행 후 과제 참여 연구원을 통해 현장으로 기술이 이전될 수 있도록 하는 것이 필요함

○ 분화기술 R&D의 선택과 집중

- 미디어/플랫폼은 고정형에서 이동형으로 다시 착용용으로 진화할 것이고 문화기술은 미디어/플랫폼의 변화와 함께 기획/창작, 표현/제작, 유통/서비스 등 문화산업 전체의 가치사슬에 걸쳐 영향을 미침. 앞으로 특히 집중 육성해야 할 문화산업 분야는 영화/애니메이션, 게임, 방송, 음악, 지식정보, 광고, 전시, 공연 등임

- 미디어/플랫폼과 문화산업의 변화를 견인하기 위해 문화기술 중 CG 영상콘텐츠, 문화정보, 음악, AR/VR, 디지털 휴매니티 등의 기술에 집중적인 투자가 필요함

○ 문화산업 생태계 체질 개선

- 산입계 및 현장 중심의 기술적 요구를 반영하기 위해서는 시장요구에 부합하는 R&D 기획이 필요함. 〈그림 7〉과 같이 한국문화기술연구소, 지역거점 대학 부설 문화기술연구소를 연계하여 지역 특화 산업을 지원해야 하고, 산학협력과 기술이전을 통해 지역의 중소·중견기업의 R&D 역량을 강화해야 함

- 한편, 각 대학의 문화기술학과와 문화창조아카데미를 연계하여 창의인재를 육성하며 창업 벤처의 글로벌화를 지원하여야 함

- 그 외에도 빠르게 진화하는 콘텐츠 산업의 특성을 반영하지 못하는 규제, 정책 등은 성장의 모멘텀을 약화시킬 수 있으므로 정부는 각종 규제를 개선하여 공공 수요를 확대하고, 투자를 활성화해야 함

- 특히 글로벌콘텐츠 시장변화에 맞춘 사업전략을 수립하고 국제 경쟁력을 갖춘 신생 기업을 위한 지원도 필요함. 또한 문화기술과 문화산업의 발전으로 인해 발생할 수 있는 문화적 빈부격차를 해소하는 것도 정부에서 수행해야 할 역할임

〈그림 7〉 문화산업/기술 육성을 위한 추진체계

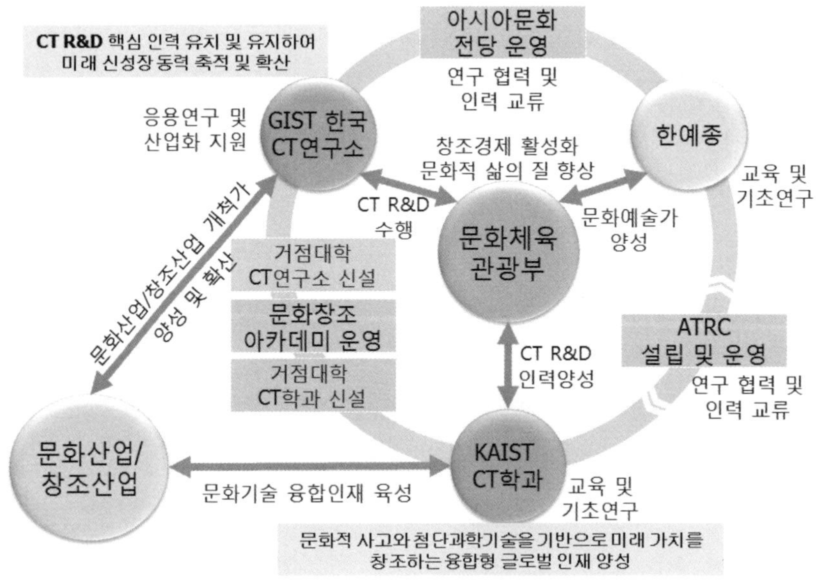

참고 문헌

[1] 한국콘텐츠진흥원. (2015). 콘텐츠산업 전망.

[2] 문화체육관광부. (2014). 콘텐츠산업 통계조사.

[3] 한국콘텐츠진흥원. (2015). 중국 문화산업 정책연구 보고서.

[4] 현대경제연구원. (2015). 지속가능 성장을 위한 VIP Report: 콘텐츠산업의 시장 현항과 시사점.

[5] National Creativity Network. . (2013). America's Creative Economy.

[6] 문화체육관광부. (2015). 문화로 행복한 삶 - 주요업무계획.

[7] 문화융성위원회, 관계부처 합동콘텐츠. (2014). 문화융성·창조경제의 무한동력! 콘텐츠 산업 발전 전략. 제3차 문화융성위원회 회의.

[8] 한국콘텐츠진흥원. (2014). 글로벌 엔터테인먼트&미디어산업 현황과 시사점. 코카포커스 통권 84호.

[9] 콘텐츠산업진흥위원회. (2014). 제2차 콘텐츠산업 진흥 기본계획. (2014~2016).

이의진 KAIST 지식서비스공학과 부교수

미국 벨 연구소 선임연구원
UCLA 전산학 박사
KAIST 전산학 석사
전북대 컴퓨터공학 학사

MESIA 미래전략
(지적서비스 산업 : 모바일/SW 분야)

세부분야

모바일, IoT, 웨어러블 기반 지적서비스 분야의 미래전략

— **1** —
연구 개요

■ **연구 목적**

○ 본 연구는 사물인터넷(IoT : Internet of Things) 기반 산업/기술에 대해 국가 미래 전략 개발을 목표로 함

  - 미래 사회는 모든 것이 인터넷으로 연결되는 사물인터넷이 보편화 되는 초연결 시대가 될 것이며 이에 발맞춰 국가 차원에서 관련 산업과 원천 기술들을 선제 대응할 수 있는 전략을 모색할 필요성이 있음

■ **연구 필요성**

○ 사물인터넷(IoT: Internet of Things)은 과거의 유비쿼터스나 M2M과 유사한 개념이지만 기기 간 상호작용과 어플리케이션을 포함한 포괄적 개념으로 확대됨 [1]

  - 미래사회는 모든 것이 인터넷으로 연결되는 사물인터넷이 보편화 되는 초연결 시대가 될 것

○ 초고속 이동통신, 고감도 센서, 빅데이터 처리 등 3대 핵심기술의 발전과 생산 단가의 하락으로 사물인터넷 시대가 가시화 되고 있으며, 개인, 가정, 산업, 공공 분야에 걸친 광범위한 소비 기반이 마련되고 있는 상황임

  - Cisco 자료에 따르면 사물인터넷화는 급속도로 이루어지며 2020년에는 500억개 사물이

연결될 것으로 보고 있음

○ IoT는 스마트홈, 스마트 가전, 스마트카, 스마트 그리드, 헬스케어, 웨어러블 기기 등 스마트 시대로 진입하는 과정에서 핵심적인 역할을 하고 있으며 관련 산업이 급속도로 성장하고 있음

○ 미국과 유럽, 그리고 아시아의 중국과 일본은 국가 차원에서 다양한 계획과 정책들을 발표하고 추진하고 있으며 글로벌 기업들도 IoT 시장을 선점하기 위하여 관련 제품과 서비스, 나아가 IoT 생태계 조성을 위하여 많은 노력을 기울이고 있음

○ 이에 따라 우리나라도 IoT와 맞닿아 있는 각 산업 영역과 관련 요소 기술들 중 전략적인 선택과 집중을 통해 우리나라의 특성과 강점을 살려 IoT 강국으로 도약할 필요가 있음

■ **연구 방법**

〈그림 1〉 기술인문융합 가치창출을 위한 미래예측 프레임워크와 방법론

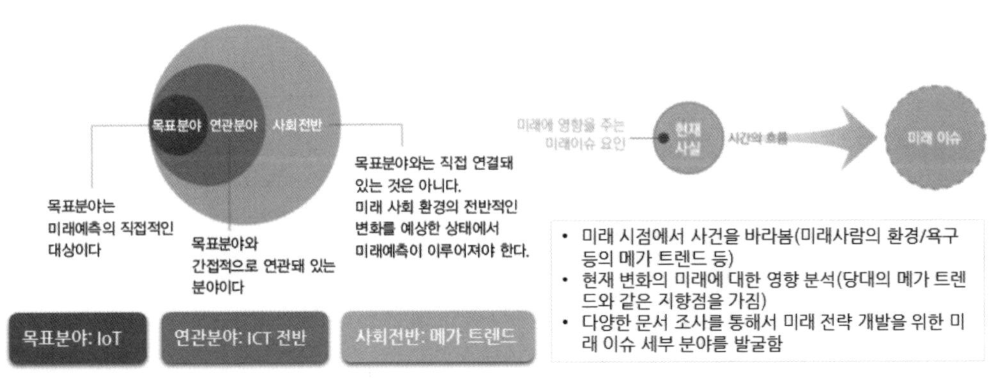

〈출처: 산업통상자원부, 2013〉

○ 본 연구에서는 주요 미래 이슈 세부 분야를 선정하고 문헌 조사, 전문가 심층 인터뷰, 어피니티 다이어그램(Affinity Diagram) 분석 방법 [11], SWOT 분석 등의 다양한 연구 기법을 통해 한국 실정에 적합한 전략을 모색

○ 목표 분야는 IoT이며 연관분야는 ICT 전반적인 산업과 기술, 그리고 사회전반의 메가트렌드로 설정하였음 〈그림 1〉

○ 다양한 문헌(산업 및 출연연 출판 보고서, 도서, 해외 보고서 등)을 조사
   − IoT 전반적으로 개념, 시장, 기술 동향 등의 방대한 자료를 수집 및 분석
   − IoT의 세부 응용 분야를 수집 및 분류

○ 전문가 심층 인터뷰를 통해 IoT 산업의 핵심 이슈와 IoT 산업의 활성화 및 기술 선점을 위한 다양한 전략을 수집 (연구 자문 총 16명)

○ 수집한 전략 어피니티 다이어그램 분석 방법을 통하여 핵심 주제/소주제를 도출 〈그림 2〉

○ 도출된 결과물을 다시 SWOT 분석을 통해 세부 전략 도출

〈그림 2〉 어피니티 다이어그램 분석 수행 모습

〈참여 연구진 소개〉

구 분	소속/직위/성명	담당 역할
연구 책임	카이스트/부교수/이의진	– 연구과제 기획 총괄
연구 참여	카이스트/박사과정/고민삼	– 문헌조사 및 전문가 인터뷰, 전략 도출
	카이스트/박사과정/오정민	– 문헌조사 및 전문가 인터뷰, 전략 도출
	카이스트/박사과정/박상근	– 문헌조사 및 전문가 인터뷰, 전략 도출
	카이스트/박사과정/김재정	– 문헌조사 및 전문가 인터뷰, 전략 도출
	카이스트/박사과정/최우혁	– 문헌조사 및 전문가 인터뷰, 전략 도출
	카이스트/석사과정/송애진	– 문헌조사 및 전문가 인터뷰, 전략 도출
	카이스트/석사과정/김주현	– 문헌조사 및 전문가 인터뷰, 전략 도출
연구 자문	카이스트/교수/김대영	– IoT 산업/기술 전략 자문
	카이스트/교수/박준성	– IoT 산업/기술 전략 자문
	카이스트/교수/이동만	– IoT 산업/기술 전략 자문
	부산대/교수/김학용	– IoT 산업/기술 전략 자문
	성균관대/교수/최윤섭	– IoT 산업/기술 전략 자문
	세종대/교수/송재승	– IoT 산업/기술 전략 자문
	한국기술교육대/교수/강승우	– IoT 산업/기술 전략 자문
	홍익대/교수/백정엽	– IoT 산업/기술 전략 자문
	삼성전자/박사/이상정	– IoT 산업/기술 전략 자문
	LG경제연구소/박사/이승훈	– IoT 산업/기술 전략 자문
	SKT/박사/윤종필	– IoT 산업/기술 전략 자문
	모다정보통신/부사장/김용진	– IoT 산업/기술 전략 자문
	어비팩토리/대표/송태민	– IoT 산업/기술 전략 자문
	IBM연구소/박사/황인석	– IoT 산업/기술 전략 자문
	ETRI/박사/고정길	– IoT 산업/기술 전략 자문
	KETI/박사/김재호	– IoT 산업/기술 전략 자문

2

IoT 산업 및 기술 현황

1) IoT 생태계

■ **메가 트렌드와 IoT 생태계를 고려한 산업 및 기술 동향 분석 수행이 필요함**

○ IoT 관련 주요 메가트렌드는 다음과 같은 세 가지로 도출할 수 있었음

- 인구구조변화로 인해 고령화 시대로 진입하고 있음

- 자원고갈과 환경문제가 심화됨에 따라 지속가능성을 지원해야 함

- 과학기술발달이 융복합화 중심으로 이루어지고 있으며 이는 스마트사회 가속화를 이루고 있음

○ IoT 생태계는 IoT 하드웨어, 플랫폼, 응용서비스 3개의 레이어로 나뉠 수 있음

○ IoT 응용서비스의 경우 메가트렌드를 반영하여 헬스케어, 환경/에너지의 지속가능성, 재난/안전, 사물/공간 지능화의 총 4가지 분야를 선정하였음

2) IoT 시장 및 기술 현황

■ IoT 성장 추이 전망

○ 세계 사물인터넷(IoT 또는 M2M) 분야는 도입기 또는 성장 초기 단계임

- 세계 IT기술의 성장 추이 전망을 보면, IoT는 '도입 단계(관심 고조기)', M2M은 '성장 초기(현실적 재조정기)'에 위치한 것으로 나타남

■ IoT 분야별 시장 규모 및 전망

○ IoT 분야들 중 가장 큰 시장 규모를 차지하고 있는 분야는 단말기를 중심으로 한 '하드웨어' 분야임

- 2022년까지도 하드웨어 분야는 꾸준히 성장하여 가장 큰 시장 규모를 유지할 것으로 예상됨

○ 반면, 성장 폭이 가장 클 것으로 기대되는 분야는 시스템 사업 분야와 플랫폼 및 응용 서비스 분야로 전망됨

- 현재 플랫폼 및 응용 서비스 분야는 초기단계에 있으나, 향후 성장을 거듭하여 IoT 전체 시장에서 중요한 위치를 차지할 것으로 전망됨

■ 국내외 IoT 관련 특허 현황

○ 지난 10년간(2004년~2013년) 전체 특허출원 평균 증가율이 약 6%임에 반해 IoT 관련 특허출원은 40% 이상의 증가율을 보임

○ 국가별 IoT 관련 특허출원 비중을 보면 중국, 미국 및 우리나라 출원 비중이 전체 특허출원 건수의 약 80%를 차지

- 특히, 중국과 미국은 각각 38%, 31%를 비중을 차지, 우리나라와 일본을 크게 앞서고 있는 것으로 나타나 주목을 끌고 있음

■ 국내외 표준화 현황

○ 사물인터넷 서비스에서도 플랫폼과 표준화가 중요한 요소로 작용하면서, 세계적으로 디바이스, 통신 및 서비스분야 등에서 이에 관한 기술개발과 논의가 활발한 상황임 [1]

○ 사물인터넷 시스템에 대한 표준화 논의는 3GPP, ETSI, IEEE 등 세계 이동통신분야 표준화 단체별로 2005년경부터 진행되고 있음

 – 〈표 1〉과 같이 세계 주요 표준화 단체들은 사물인터넷 서비스에 있어서 현재 이동통신 사용자들에게 최소한의 영향을 주면서 연결 디바이스에 최적화하는 것을 목표로 표준화를 추진하고 있음

 – 이와 별도로 2012년 7월 M2M 표준화 협력체 'oneM2M'이 설립되었으며, 2013년 현재 세계 273개의 주요 단체와 기업들이 oneM2M 표준화에 참여하고 있음

○ 우리나라는 RFID/USN을 시작으로 M2M 등 다양한 관련 기술 개발과 시범 사업을 전개하는 한편, 국내 기업, 이동통신사, 연구기관 등이 IoT 호환성 확보를 위해 플랫폼 표준화를 추진

○ 하지만, 주요 글로벌 기업 및 국가들을 중심으로 시장 선점을 위한 경쟁이 치열하여 웹 표준하아 달리 세계 공용 표준화 작업에 어려움이 있는 상황임

○ 많은 기업이 채택한 방식이 사실상 표준이 될 가능성이 높으나 이종의 서비스 분야를 아우르는 범용 표준은 부재한 상태

〈그림 3〉 IoT 관련 세계 특허 출원 현황 [2]

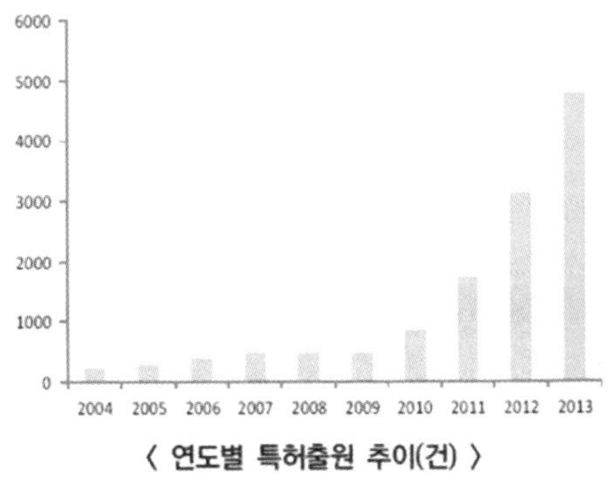

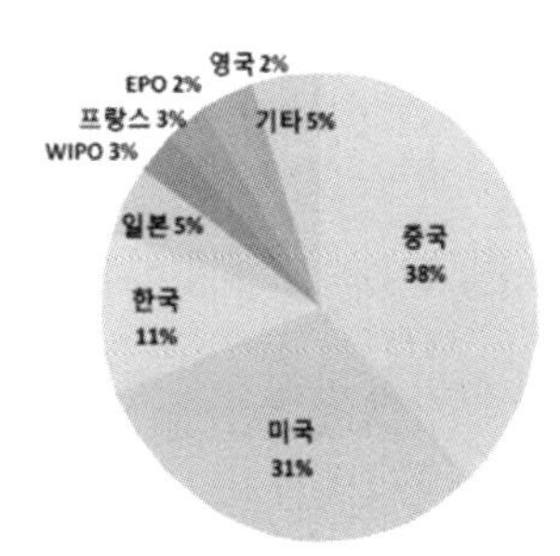

<표 1> 대표 표준 단체

표준단체	개요
Qivicon	2011년, 독일 통신사 DT의 주도로 설립된 Qivicon에는 EnBW, Miele, 삼성전자, Phillips 등 통신, 에너지, 가전 분야의 약 30개 기업이 가입
oneM2M	2012년 7월, 글로벌 사물인터넷 서비스 플랫폼 표준 개발을 위해 ETSI, TIA, ATIS 등 7개의 세계 주요 표준화 단체가 공동으로 oneM2M을 설립
AllSeen Alliance	2013년 12월, Qualcomm과 Linux Foundation은 Cisco, Microsoft, LG전자 등이 참가하는 표준단체 AllSeen Alliance를 결성
IIC	2014년 3월 Intel과 Cisco, AT&T, GE, IBM은 산업용 IoT에 목적을 둔 표준을 개발하기 위해 IIC 결성을 발표, 이후 Microsoft가 합류
IEEE P2413	2014년 6월, IEEE는 IoT 아키텍처 구축을 통해 더욱 다양한 산업과 기술 영역으로의 확장을 목적으로 IEEE P2413 프로젝트를 공식 개시
Thread Group	2014년 7월, Google (Nest Labs) 주도의 사물인터넷 프로토콜 컨소시엄인 Thread Group에 삼성전자, ARM, Freescale, Silicon Labs 등이 참여
OIC	2014년 7월, Intel, Atmel, Dell, 삼성전자 등은 Qualcomm 주도의 AllSeen Alliance에 대항하고, IoT 기기의 연결성 확보를 목표로 OIC를 설립

3) IoT 세부분야 #1: IoT 하드웨어

■ 국내외 산업 현황

○ 칩/모듈

- IoT 단말 가격에서 가장 큰 비중을 차지하고 있음

- 소수 글로벌 기업의 시장 점유율이 높아 진입 장벽이 높은 편이나 최근 인텔, 삼성 등도 모바일 칩셋 분야에 경쟁력을 강화하고 있음

- 주요 기업: 퀄컴, TI, 인피니언, Cinterion Wireless, Sierra Wireless, Motorola 등

○ 센서

- 최근 센서의 활용도가 높아지면서 센서 시장이 더욱 활발해 지고 있으며 (2020년까지 연 평균 10% 성장률), 기술의 발전(MEMS, SoC, 임베디드 SW)으로 지능화된 다양한 스마트 센서가 보급되고 있음

- 하지만 우리나라는 원천 기술 확보에 어려움을 겪고 있어 수입 의존도가 굉장히 높은 편임

- 주요 기업: 허니웰, 보쉬, ST마이크로일렉트로닉스 등

○ 단말기

- 가장 큰 시장을 형성함 (2020년 3,692억 달러로 전망됨, Machina Research 2013)

- 2020년 가전 및 빌딩 IoT 점유율이 60% 이상일 것으로 예상됨 (GSMA 2011)

- 국내는 현재 하이패스(773만대) 및 CCTV(274만대)를 중심으로 보급 비중이 높은 편이나 향후 헬스케어 및 자동차, 생활 편의 분야를 중심으로 성장이 예상됨

- 주요 기업: 구글, 애플, 삼성, LG, 페블, 해피 외 다수 스타트업 등

〈그림 4〉 MCU(왼쪽), 센서(중간), 웨어러블 단말기(오른쪽)

 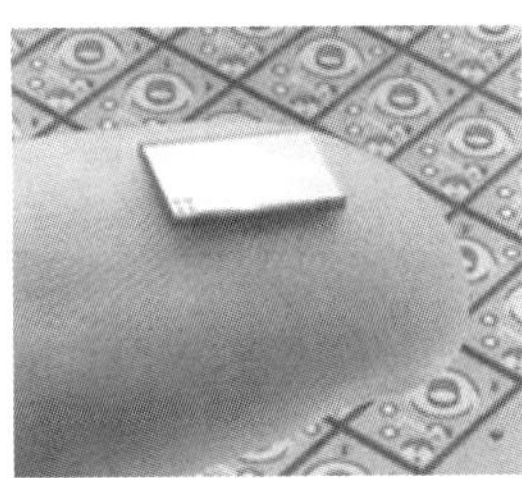 

■ 주요 기술 현황

  ○ MCU

  – 대부분의 전자제품에 채용돼 전자제품의 두뇌역할을 하는 핵심 칩 기술로 단순 시간예
    약에서부터 특수한 기능에 이르기까지 제품의 다양한 특성을 컨트롤하는 역할을 하는
    비메모리 반도체(시스템 반도체)

  ○ 센서

  – 센서는 이미지, 동작, 소리, 빛, 열, 가스, 온도, 습도 등 주변의 물리/화학/생물학적 정보
    를 감지하여 전기적 신호로 변환하는 모든 장치로, 데이터를 센싱하고 이를 신호 처리하
    여 인터페이스를 통해 전달하는 기능을 수행

  ○ 단말기

  – IoT 확산에 따라 다양한 형태와 소재의 지능형 단말을 생산하고 있음(웨어러블/플렉서블
    단말, 스마트카 등)

  ○ 통신

  – IoT 기기의 통신 지원을 위한 모듈로 유선 및 무선 접속 기술 등을 지원함

  ○ 주요 기술 이슈

  – 센서 기술

  – (센서/통신/단말) 저전력화, 소형화, 반도체 SoC 기술

  – 차세대 통신기술, 임베디드 소프트웨어 기술 등

■ 기술 격차 표

〈표 2〉 IoT 하드웨어 분야 기술 격차 표 [3]

	한국	미국	일본	유럽	중국	투자중요도
시스템 반도체	77.3	100.0	89.4	91.0	68.2	아주 긴급
센서 소재부품	79.6	96.4	100.0	89.3	66.0	아주 긴급

상황 감지 센서	80.5	94.7	96.6	100.0	65.4	긴급
센서 네트워크	79.9	100.0	85.5	88.2	67.3	아주 긴급
융복합 단말기술	97.5	100.0	90.7	90.3	80.0	-
RFID 기술	88.3	100.0	89.5	93.3	75.2	-

*투자 중요도: 기술적 중요도, 기술개발 시급성, 기술의 파급효과가 큼에도 불구하고 기술수준이 낮은 기술

■ 이슈

○ 기존 시장의 중심인 물리 센서 분야에서 국내 기술 경쟁력은 미흡함

- 스마트폰 및 웨어러블 기기와 함께 다양한 물리 센서들이 보급되었음. 물리 기반 센서에는 자이로센서, 가속도센서, 지문센서, 온도센서 등이 있으며 기술 수준이 많이 올라오고, 가격 단가가 낮아져 범용화가 넓게 이루어져 있음. 특정 장소에서의 기온 측정이나 교량 흔들림을 감지하는 등의 정적인 상황에서 데이터를 수집하는 기술 수준이 높은 편임. 또한 센서를 연결하고 단말에서 간단한 데이터를 처리하는 수준의 센서 네트워크 기술도 수준이 꽤 높은 편임. 하지만 아직까지 그 외의 물리 센서 분야에 대한 국내 기술력은 미흡한 상황임.

○ 최근 다양한 분야에 맞춤화된 센서 및 지능형 센서가 주목을 받고 있음

- 주요 미개척 센서 분야로는 '에너지/환경 센서', '바이오 센서', '오감 센서', '비접촉식 센서', '지능형 센서' 등이 있음.

○ 미개척 센서 분야에 대해서 국내 기업들의 기회가 있음

- 파편화 된 신흥 센서 시장: 미개척 센서 분야는 물리 센서와 다르게 특정 분야에 대한 이해와 함께 관련 기술들이 발달되어야 함. (예: 환경 센싱을 위한 화학 물질; 메디컬 분야에 대한 이해 등) 또한, 분야별로 특화되고 세분화 된 요구들이 늘어나고 있기 때문에, 기존 물리 센서와 다르게 특정 기업이 전체 시장을 빠르게 장악하기 쉽지 않음. 이에 따라 기존 물리센서 시장은 소수 글로벌 기업들을 중심으로 시장이 형성되어 있는 반면, 신흥 센서 분야에 대해서는 다수의 소규모 업체 중심으로 시장이 형성되어 있음. 따라서

국내 기업들 역시 이러한 신흥 센서 시장 진입이 비교적 용이한 이점이 있음.

- 분야에 특화된 고성능 기술 필요: 앞으로 보다 동적인 환경에서 센싱을 필요로 할 가능성이 높기 때문에 센서의 성능(정확도, 저전력, 소형화 등)은 지금보다 더 중요해질 것이며, 데이터 무결성을 보장하는 기술들이 중요해질 것임. 후발 주자로서 국내 각 기업들이 선전할 수 있는 분야(예: 자동차, 건축, 조선 등)를 선정하여 해당 분야 맞춤화 된 고성능 센서 개발을 해 나가면 향후 세계 시장 점유 기회가 있을 것임.

- 시스템 반도체/SoC를 기반으로 하는 지능형 센서의 수요 증가: 메모리 반도체 개발 노하우와 시장 선도 경험을 보유(예: 삼성전자)하고 있어, 이를 활용하면 미래 스마트 센서의 핵심 기술로 주목 받고 있는 시스템 반도체 및 SoC 관련 시장을 선도할 수 있을 것임.

○ 국내 HW 경쟁력 확보를 위해 해결해야 할 문제들

- 현재 새로운 센서 분야를 발굴하고 시장을 이끌어 갈 수 있는 국내 업체가 많지 않으며, 특히 중소기업의 경우 센서 기술 투자에 있어 당장의 협소한 시장이 주요 장애 요인임. 미개척 센서 분야에 대해 협소한 시장으로 인하여 국내 대기업은 물론 중소기업들이 적극적으로 참여하고 있지 못하고 있는 상황임.

- 미개척 센서 분야의 경우 융합적인 접근이 필수적이나 이에 대한 적극적인 대응이 부재함. (분야 간 협업 및 융합연구 에코시스템 등) '에너지/환경 센서', '바이오 센서', '오감 센서', '비접촉식 센서', '지능형 센서' 등의 경우 융합적인 분야를 가지기 때문에 우수한 센서 개발을 위해 초학제적 접근이 필요하지만, 우리나라는 특정 분야에 한정하여 연구가 단편적으로 이루어지고 있음. 융합적인 연구가 가능하도록 하는 에코시스템과 기반을 갖춰 나갈 필요가 있음.

- IoT HW 제작을 위한 중소기업이 존재하나 이를 활성화 시킬 수 있는 제조 생태계가 부재. 중국 심천의 경우 수백여 개의 초기 제조기업과 대기업형 제조기업이 밀집되어 있어, 각 기업의 수요에 맞는 제조 인프라가 갖추어져 있음. 우리나라에서도 심천과 유사하게 1) 저렴한 단가의 부품 수급, 2) 빠른 프로토타입 제작 및 테스팅, 3) 소량 및 대량생산 사업 네트워크를 지원하는 IoT HW 제조 생태계 형성이 필수적임.

4) IoT 세부분야 #2: IoT 플랫폼

■ 국내외 산업 현황

○ 향후 시장 성장 가능성이 매우 높은 분야로 전망됨

- Machina Research는 2020년 IoT 시장 전망에서 시스템사업자(CAGR: 66.1%), 서비스 및 애플리케이션(CAGR: 90.0%)의 성장을 높게 전망함

○ 데이터 및 서비스 중심 플랫폼화로 관련 미래 기술 분야와 상호 융합을 통한 기술 발전 및 시장 확대가 예상됨

- 디바이스 및 연결 중심의 플랫폼에서 데이터 및 서비스 중심(데이터 개방/연계/검색/분석/ 서비스화)의 플랫폼으로의 변화

- IoT 데이터에 대한 처리 및 융합을 위한 클라우드, 빅데이터, 인공지능 기술의 확대 및 데 이터에 대한 보안/프라이버시 기술의 이슈화

〈그림 5〉 IoT 플랫폼 분류 [4]

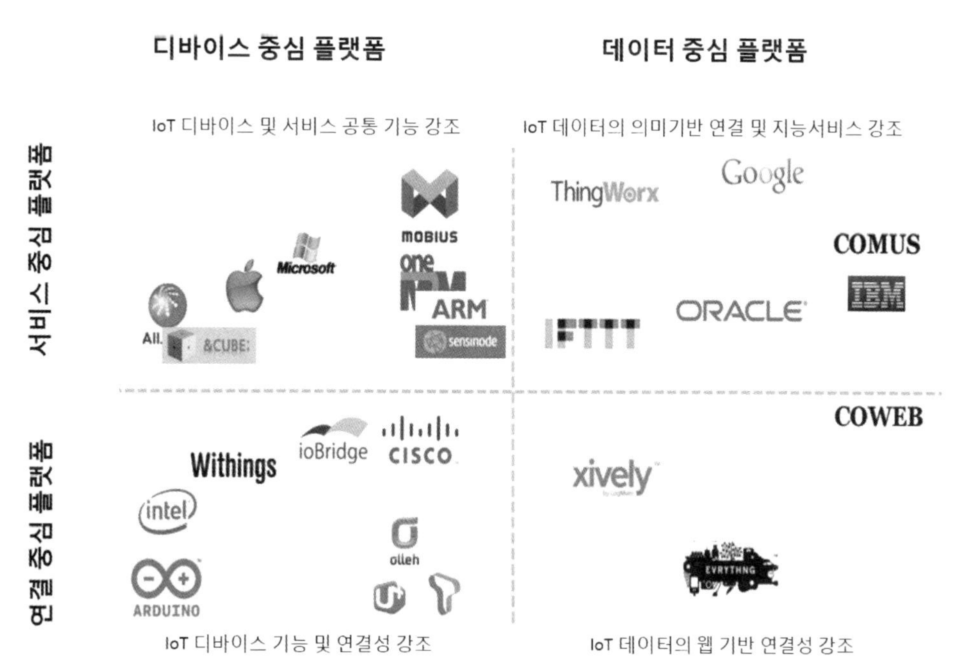

■ **주요 기술 현황**

○ IoT 서비스 플랫폼을 이루는 주요 구성 기술은 다음과 같이 나뉠 수 있음 [6]

  – IoT 장치 및 스마트 단말 간 연동 기술(연동에 한정된 미들웨어 기술)

  – IoT 자원 동적 관리 및 공유 기술

  – IoT 데이터 처리 및 관리 기술

  – IoT 지식 정보 서비스 고도화 기술

  – IoT 정보 보안 기술

○ 주요 기술 개요

  – 오픈 HW 플랫폼(Arduino 등): 개발 편의성 중심 Open HW 기술, 다양한 IoT에 범용적
  으로 적용 가능과 다양한 IoT 구현이 쉽게 이루어질 수 있도록 하는 것을 목표

  – 디바이스 플랫폼(TinyOS 등): 초경량, 초전력 OS 기술, 네트워크 장비의 IoT화 기술

  – 사물 연결 플랫폼(Xively 등): 폐쇄적/수직적 플랫폼에서 개방형 플랫폼으로 전환, 표준
  기반 개방형 플랫폼 기술과 글로벌 기업 중심의 개방형 플랫폼 상존

  – 사물 데이터 플랫폼(IBM 등): 시멘틱 기술의 IoT 접목을 통한 데이터 상호운용 기술, 인
  공지능 및 빅데이터 분석 기술에 기반한 지능형 서비스

  – 플랫폼 간 연동 기술(모다정보통신 등): 모다정보통신의 서로 다른 국제 표준 플랫폼인
  oneM2M과 AllJoyn 간 연동 기술을 통해 각 플랫폼의 단점을 극복

  – IoT 보안 기술(IoT-A 프로젝트 등): 인증/인가 기술, 접근 제어/권한 제어 기술, ID 관리
  기술, 키 관리/분배 기술, 신뢰 제어 기술 등

○ 기술 격차 표

〈표 3〉 IoT 플랫폼 분야 기술 격차 표 [3]

	한국	미국	일본	유럽	중국	*투자 중요도
이동통신 서비스 플랫폼	92.0	100.0	88.1	91.6	78.6	–
서비스화 S/W	75.7	100.0	79.7	83.9	64.5	아주 긴급
시스템 S/W	72.8	100.0	79.6	81.6	64.6	아주 긴급
임베디드 S/W	74.5	100.0	82.1	87.2	65.3	아주 긴급
지능형 S/W	75.7	100.0	83.1	86.1	66.5	아주 긴급
미래 컴퓨터 (빅데이터)	76.7	100.0	80.9	83.8	67.4	아주 긴급
클라우드 컴퓨팅	77.5	100.0	78.6	80.3	67.0	아주 긴급
클라우드 보안	76.7	100.0	79.5	83.0	66.8	아주 긴급

*투자 중요도: 기술적 중요도, 기술개발 시급성, 기술의 파급효과가 큼에도 불구하고 기술수준이 낮은 기술

■ 이슈

○ IoT 플랫폼의 글로벌 경쟁이 매우 치열한 상황

- HW 플랫폼 경쟁 가속화: 아두이노, 라즈베리파이 등의 오픈소스 하드웨어 플랫폼(예. 인텔 에디슨/갈릴레이, 삼성 아틱 등)

- SW 플랫폼 경쟁 가속화: 구글 브릴로, 애플 홈킷 등 거대 기업의 IoT 임베디드 소프트웨어 플랫폼 참여

- 활발한 IoT 관련 특허 출원: 지난 10년간('04–'13) IoT 관련 특허출원은 40% 이상의 증가율을 보임(전체 특허출원 평균 증가율이 약 6%). 중국, 미국, 우리나라가 전체 특허의 약 80%를 차지하고 특히 중국과 미국이 반 이상을 차지함

○ 우리나라는 하드웨어 플랫폼 분야에서 기술 경쟁력이 있음

- 국내 대기업은 반도체 기술이 뛰어나며 이를 바탕으로 SoC 시장을 공략할 수 있을 것임.

삼성의 경우 반도체 기술이 뛰어나므로 ARTIC HW 플랫폼을 잘 만들 수 있을 것으로 전망

- 하드웨어 플랫폼을 활용하는 응용 서비스 및 시장 생태계가 부족한 상황임. 다양한 융복합형 서비스가 나올 수 있는 생태계 조성을 위한 자체 플랫폼을 개발하는 것이 필요함. 시스코, 퀄컴 등의 기업도 플랫폼을 활용해 무엇을 할 것인가에 더 집중하고 있음

○ IoT 서비스 제공을 위한 클라우드 컴퓨팅 인프라의 중요성 부각

- IoT 서비스 제공에 있어서 클라우드 컴퓨팅 인프라(IaaS, PaaS, SaaS 등) 활용이 부각될 전망. 수많은 IoT 단말로부터 분산된 데이터를 수집하여 클라우드 컴퓨팅 인프라로 단계적으로 모아 데이터를 관리 및 처리하여 응용서비스를 제공하는 방식

- 현재 해외 대기업이 클라우드 컴퓨팅 인프라 시장을 선점(마이크로소프트, 아마존 등)

○ 외산 SW 플랫폼에 종속되는 문제가 발생할 가능성이 높음

- 일반적으로 내장형 SW 기술력 미국 등 주요 국가에 비해서 낮아, IoT SW 플랫폼의 경우도 외산 SW 플랫폼에 종속될 가능성이 높음(응용서비스 개발과 함께 SW 플랫폼에 대한 적극적 개발 참여 필요)

○ 국내 기업의 데이터 처리 및 활용에 대한 경험 부족

- 데이터 수집 및 활용 계획 마련이 시급함. 구글 등의 해외 기업은 이미 축적된 빅데이터를 소유하고 있으며, 이를 바탕으로 한 서비스 창출 및 에코시스템 구축이 가능함. 우리나라에는 활용할 만한 빅데이터를 소유하고 있는 기업이 많지 않으며, 특히 IoT에 관련된 응용의 경우 더욱 그러한 상황임

○ 활발한 표준화 진행 및 범용 표준의 어려움

- 전 세계적인 표준화 현황: 사물인터넷 서비스에서도 플랫폼과 표준화가 중요한 요소로 작용하면서, 세계 각 단체별로 2005년부터 디바이스, 통신 및 서비스분야 등에서 이에 관한 기술개발과 논의가 활발한 상황임. 한국은 표준화 활동에 활발히 참여하고 있음(예; 이동통신사업자: oneM2M, 삼성: OIC, LG: AllSeen 등)

- 범용 표준 마련의 어려움: 많은 기업이 채택한 방식이 사실상 표준이 될 가능성이 높으나, 이종의 서비스 분야를 아우르는 범용 표준은 부재한 상황이며 상호연동을 위한 다양한 방안이 모색되고 있는 상황임

5) IoT 세부분야 #3: IoT 응용 서비스

■ 국내외 산업 현황

○ 헬스케어

- IoT 기기들 중 헬스케어 관련 기기들이 차지하는 비중은 약 30%라고 보고됨(Intel/GE 보고서 2012)

- 2015년 16.7억달러, CAGR은 26.6%에 달함 (MGI 보고서 2014)

- 헬스케어는 진단과 치료를 목적으로 하는 메디컬과 예방을 위한 웰니스로 나뉘며 예방 관련 사업 성장률이 치료 관련 사업보다 약 2.5배 높게 예측 [5]

- 구글과 애플은 각각 헬스 플랫폼을 발표하고 사용자의 활동 데이터를 수집/분석, 그리고 어플리케이션과 연동할 수 있는 개발 환경도 구축하고 있음

- IBM 역시 슈퍼컴퓨터인 Watson을 이용한 대규모 헬스 데이터를 분석하고 활용할 수 있는 서버 및 어플리케이션을 출시하고 있음

○ 에너지/환경(지속가능성)

- 에너지 IoT 시장 규모는 2015년 13.5억달러, CAGR은 33.8%로 전망됨 [7]

- 선진 각국에서는 에너지 분야의 다양한 기기와 데이터를 IoT 기반의 개방형/지능형 플랫폼으로 추진하고자 하는 노력 시도(구글 NEST 인수, Belkin WeMo 등)

- 구글, MS, KT, 삼성 등 글로벌 기업 중심으로 플랫폼 경쟁중이나 시장주도형 플랫폼으로 자리 잡지 못함

- 에너지 IoT 확산에 따라 다양한 정보를 활용하여 건물 에너지 효율화 등의 신사업 기회들이 나타나고 있음

○ 재난 및 안전

- 산업의 발전과 다양화로 인해 재해 또한 복합적으로 발생(예: 동일본 대지진 → 해일 → 원전사고)하기 때문에 재난의 조기 대응 체계 구축이 시급

- 이를 위해 국과위에서는 IoT 및 빅데이터 기반의 재난 감시 체계를 추진하고 있음

- 또한 재난 대처를 위한 다양한 제품 및 서비스를 출시(예: 어비팩토리: 재난대처 인텔리전트 시스템, 경기도: 안전대동여지도)

– 외국은 센서 네트워크를 활용한 지진 감지(미국), 산불 예방(미국), 쓰나미 감지(일본) 및 차량 안전사고 조기 대응 체계(유럽: e-Call) 등을 구축하고 있음.

○ 사물 및 스페이스 지능화(스마트 카/홈/시티/팩토리 등)

– 모바일·스마트TV·스마트 가전기기 등 개별 시장들이 궁극적으로 '홈 IoT' 생태계로 집결하고 있으며, 도시 내의 사회, 경제, 문화 등 모든 활동의 스마트화를 지원하는 스마트시티화가 가속될 것으로 전망됨

– 2015년 스마트홈 시장은 국내 10.1조 원 (한국스마트홈산업협회, 2013), 세계 571억 달러 (Strategy Analytics, 2014)로 전망되며 분야마다 이종의 플랫폼이 존재하고 표준화를 위해 경쟁하고 있음 [9]

– 대표 기업: 삼성전자 ARTIK (2015), SKT ThingPlug (2015), 구글 Brillo (2015), 샤오미 MiHome (2015), 애플 HomeKit (2014), 퀄컴 AllJoyn (2014), AT&T Digital Life (2013) 등

■ 주요 기술 현황

○ 헬스케어

– 센서 데이터 복합 분석 기술(예: 가속도 센서를 이용한 수면분석 기술, 심박수를 이용한 스트레스 측정) 및 고도화된 바이오 센서를 이용한 질병 진단 기술

– 헬스케어 플랫폼 기술: 전통적인 PHR(Personal Health Record)와 접목되어 환자의 실시간 바이오 데이터를 수집 분석하여 예방뿐만 아니라 만성질환의 관리, 진단 등의 정교한 서비스를 구현

– 현재 미국의 구글이 가장 앞서있으나 애플의 HealthKit, 삼성의 S-Health 등의 플랫폼이 보급되고 도약하면서 본격적인 주도권 경쟁이 일어나고 있음 [8]

○ 에너지/환경(지속가능성)

– 개인화 에너지 IoT 기기 및 기술: 에너지 소비량을 학습하여 스스로 에너지 사용량 효율을 높일 수 있는 기기 및 기술(예: 스마트미터, 스마트플러그, Nest Labs 자동 온도 조절 기기 등)

– IoT 기반 에너지 관리 시스템(EMS): 에너지/환경 데이터를 통합하고 분석하여 빌딩, 공

장 등의 에너지를 최적화 하는 기술

- IoT 기반 자원 절약 및 환경 보전 사용자 행동 변화 기술: IoT 센서를 활용하여 사용자의 지속가능성 의식 고취 및 사용자 행동 변화 유도

○ 재난 및 안전

- 재난안전통신망 기술 및 재난 대응 IoT 관련 기술(국가심의위원회, 2013)

- 지능형 CCTV 기술, 실시간 감지 IoT 센서 및 계측 데이터 표준화 기술

- 소셜 미디어 분석을 통한 재난 대응 기술: 예. 미국, 트위터 지진 감지기(TED): 트위터의 위치정보서비스를 이용하여 지진 발생을 실시간으로 공지; 일본, 피난지 분석 리포트: 소셜 미디어 텍스트 마이닝 기술을 통한 피난지 필요 물자 정보 정리

○ 사물 및 스페이스 지능화(스마트 카/홈/시티/팩토리 등)

○ 스마트 사물, 환경 장치의 무선접속 기술 및 유무선 네트워크를 연동 기술

- 사물 및 스페이스 지능화를 위한 빅데이터 전송, 수집, 저장 기술

- 도메인 특화(스마트 카/홈/시티/팩토리) 데이터 분석 기술 및 서비스 기술

- 사물 및 스페이스의 데이터 보안 기술 (예: 현재 50가지 스마트홈 기기 분석결과 기본적 보안 문제 발견) [10]

■ 기술 격차 표

〈표 4〉 IoT 응용 서비스 분야 기술 격차 표 [3]

	한국	미국	일본	유럽	중국	*투자 중요도
그린 컴퓨팅	81.5	100.0	88.8	88.8	74.4	긴급
건강한 생활IT	76.5	100.0	92.9	95.0	59.7	긴급
국방 IT	68.8	100.0	82.9	87.0	74.4	긴급
안전한 생활IT	78.9	100.0	95.8	94.5	64.5	긴급
스마트카	83.8	100.0	97.6	100.0	67.1	아주 긴급
홈네트워크/정보가전	85.5	100.0	88.6	89.0	68.8	긴급

*투자 중요도: 기술적 중요도, 기술개발 시급성, 기술의 파급효과가 큼에도 불구하고 기술수준이 낮은 기술

■ 이슈

○ <u>파편화 된 글로벌 IoT 생태계를 주도하기 위한 전략 수립이 시급한 상황임</u>

- 스마트 가전/홈, 통신 인프라를 바탕으로 한 IoT 서비스 기술 자체는 뒤떨어지지 않음. 우리나라는 현재 세계 최고 수준의 통신 인프라를 갖추고 있으며 IoT에 대해 수용성이 높음(SKT, KT, LG U+). 삼성 및 LG 등 대기업을 중심으로 한 스마트 가전 분야도 선도하고 있음

- 하지만 국내 IoT 서비스는 국제 표준별로 파편화 되어 있음. oneM2M(이통사), Allseen/OIC(가전/단말 업체) 등 표준에 적극 참여하고 있으나 각 산업계 위주로 비즈니스 모델이 상이하여 이들이 하나로 수렴하기는 어려운 상황

- 글로벌 선도 기업은 자사의 강력한 서비스 플랫폼을 중심으로 별도의 생태계 구축 중. 구글 및 애플의 경우 견고한 모바일 OS 플랫폼(안드로이드/iOS 등)의 기술경험을 바탕으로 IoT로 서비스 확장 중이며 IoT 신생기업과의 협력과 M&A를 적극적으로 추진 중

○ <u>우리나라 주거 구조는 사물/공간 지능화 서비스 적용에 용이함</u>

- 밀집형 거주 단지를 중심으로 사물/공간 지능화를 통해 일률적인 IoT 인프라 구축이 빠르고 손쉽게 가능: 최신 IoT 기술과 서비스를 건축 분야에 접목시킴으로 인해 IoT 서비스가 일반화될 수 있음

- 최근 신축 아파트 단지의 경우 스마트 서비스가 적극적으로 도입되고 있는 상황임. 기본적인 스마트 제어 기능(스마트 콘센트, 전등 등)과 함께 건축 분야에 IoT 기술이 도입 중

○ <u>우리나라 의료 환경은 외국과 매우 달라 이를 고려한 전략 수립이 필수적</u>

- 의료시스템의 접근성이 높아 원격 의료 서비스 모델 적용은 힘든 상황: 외국의 경우 낙후된 의료 시스템과 높은 의료비용, 또는 낮은 접근성으로 원격 헬스케어의 필요성이 크지만 이에 비해 우리나라는 저렴한 의료비용과 병원이 주거시설과 매우 근접한 곳에 있기 때문에 실효성이 낮음. 기존 의료 서비스를 보조하는 웰빙/삶의 질 중심의 모바일 웨어러블 기반 서비스가 중요하게 부각될 전망임.

- IoT 헬스케어 서비스는 의료 서비스 접근성이 낮은 주요 국가(미국 및 개도국 등)에 니즈가 더욱 높음

○ 국내 헬스케어 관련 법규의 비합리성 존재

- 국제 트렌드에 맞지 않는 법규로 인한 신규 서비스 창출 어려움: 의료기기와 웰니스 기기의 구분이 모호하여 웰니스 기기가 아직도 엄격한 의료기기 수준의 규제를 받고 있음. 헬스케어 관련 규제를 완화하여 기술의 수용도를 높이는 전략이 필수적임

- 일관성이 결여된 법규 적용으로 인한 사업 불확실성 증대: 규제 적용에 있어서 기업의 규모와 관련 없이 일관된 법규 적용을 통한 사업 불확실성 제거(예: 스마트워치 심박센서)

- 최근 미국 FDA 승인을 먼저 받아 서비스를 개시하는 사례가 존재: 최근 벤처기업들이 새로운 서비스 개발 후 미국의 FDA 승인을 먼저 받아 미국에서 서비스를 시작하고 추후 한국으로 들어오는 전략을 사용함

○ 에너지 분야는 스마트 빌딩/시티, 에너지社 중심 사업 모델 창출이 필수

- IoT를 이용한 에너지 절감은 개인 단위(스마트홈) 보다 커뮤니티 단위(스마트빌딩) 및 전력회사 중심의 모델이 더 효과적일 것으로 전망임. 개인 단위에서 얻을 수 있는 혜택이 매우 적기 때문에 커뮤니티 단위의 관리와 함께 산업적인 스테이크 홀더(예: 발전회사) 참여를 통한 IoT 기반 스마트화를 통하여 서비스 확산이 되어야 할 것으로 전망(예: 구글 NEST의 경우 전력회사와의 연계를 통한 탄력적인 전력생산 계획을 추진할 계획을 갖고 있음)

○ 재난/안전/환경 분야는 기술보다는 규제가 IoT 산업 발전에 큰 영향

- 재난/안전/환경 분야는 기술적인 문제가 상대적으로 적음(이미 다양한 센서 등이 개발되어 있는 상태이며 IoT 기기화 되어 서비스가 연동 가능한 상황임)

- 국내의 경우 재난/안전/환경 분야에 대해 중소기업 중심으로 기술과 서비스가 소규모로 이루어지고 있으며 대부분 정부 규제에 근거하여 제품을 생산하고 있는 상황임

- 우리나라의 경우 재난/안전/환경 분야의 정부 규제가 주요 선진국에 비해 높지 않으며 국가 산업 발전 및 IoT 확산 등의 트레이드오프를 고려한 장기적인 규제 개혁 로드맵이 필요함

— **3** —

SWOT 분석 및 미래 전략 도출

1) IoT 하드웨어 대응 전략

■ SWOT 분석

〈표 5〉 SWOT 분석 : IoT 하드웨어

S : 강점	W : 약점
– AP 등 모바일용 반도체 시장 장악 – 메모리 반도체 시장 선도 경험 – 센서 및 칩 적용이 용이한 단말기 및 가전 브랜드 점유 – IoT 센서를 활용할 수 있는 응용 서비스 및 기간산업(예: 자동차, 조선, 건축, 의료 등)이 잘 발달되어 있음	– 국내 센서 기술 수준 매우 약함 – 당장의 시장 자체가 협소하기 때문에 중소기업 입장에서 부담이 있음. 그나마 있는 중소기업들도 많지 않음 – IoT 플랫폼의 부재로 좋은 센서를 만들어도 보급에 있어 어려움을 겪을 가능성이 있음 – 융합적인 접근보다 단편적인 접근으로 센서 기술들에 대해 연구가 진행되고 있음 – 삼성과 같은 대기업들이 HW 기술들은 보유할 수 있으나 이를 잘 보급할 수 있는 생태계가 부족한 상황임 – IoT HW 제조 생태계의 수준이 중국 심천 등에 비하여 상대적으로 매우 낮은 상황임
O : 기회	T : 위협
– 앞으로 IoT 도입으로 다양한 분야에서의 다양한 센서 수요가 지속적으로 늘어날 것으로 전망되고 있음 – 기존 센서 분야(물리 센서)는 시장이 포화된 상황이지만, 아직 미개척된 다양한 센서 분야들이 존재하고 지능화된 센서 개발에 대한 수요가 늘어 가고 있음. 이러한 분야는 물리 센서 분야와 다르게 소규모 업체들이 새로 진입하기 상대적으로 용이함 – 기존 선도 기업들이 정적인 환경에서의 센싱을 중심으로 형성되어 있기 때문에, 동적인 환경에서의 센싱 기술의 고도화를 통해 틈새시장을 개척할 기회가 있음	– 물리 센서의 경우 이미 시장이 범용화되고 대량 생산에 들어가서 센서 시장 경쟁이 치열해지고 있음 – 센서 시장에 대한 경쟁국들의 적극적 투자: 중국 주도의 대규모 자본 및 인력이 형성되고 있음. 일본은 센서에서 엑츄에이션까지 기술이 정교하게 갖추어지고 있음. – 미개척 센서 분야는 물리 센서 분야와 비교하여 응용 분야가 파편화되어 있기 때문에 전 세계 시장 규모의 성장 측면에서 불확실성이 큼

■ 핵심전략: 주요 기간 산업의 IoT화를 통한 미개척 센서 분야의 주도권 확립

○ 전략 1.1. 미개척 센서 분야 투자 및 주요 산업(반도체, 전자, 자동차, 조선, 건설 등)의 IoT화 전략

    – 현재 시장 점유 중인 단말기, 가전, 주요 기간산업 (반도체, 전자, 자동차, 조선, 건설 등) 등에 적용 가능한 미개척 센서 기술들(예: 환경/의학/비접촉식/오감 센서 등)을 확보함. 이를 통해 국내 센서 기술의 세계 시장 점유율을 점진적으로 높여 나가며, 기존 단말기 및 가전 산업과 연계된 새로운 부가가치를 창출함.

    – 미개척 센서 시장 선도를 주도하되 시장 단가가 쉽게 떨어질 위험이 적고 꾸준한 수요가 있을 수 있는 분야들을 잘 선택하도록 함. 특히 경쟁력 있는 자체 브랜드를 보유하고 있는 가전 및 단말기, 주요 산업 기반의 응용 서비스(예: 반도체, 전자, 자동차, 조선, 건설) 등을 중심으로 미개척 센서들을 개발하고 적용할 필요가 있음.

○ 전략 1.2. 축적된 반도체 기술/경험을 토대로 시스템 반도체 기반 지능형 센서 시장 선도

    – 반도체 기술에 대한 축적된 경험을 활용하여 향후 지능형 센서의 핵심인 시스템 반도체 및 SoC 분야에 대한 기술을 확보해 나감.

    – 메모리 반도체 및 모바일용 반도체 기술을 바탕으로 해외 글로벌 기업들과 차별화 될 수 있는 고유의 SoC 기술들을 보유하여 스마트 센서 분야에 있어 향후 경쟁국들 간 경쟁의 우위를 다짐.

○ 전략 1.3. 대기업–중소기업이 상생할 수 있는 기술 교류 생태계 조성 (SoC를 중심으로)

    – SoC를 잘 만들 수 있는 국내 기업들(예: 삼성, 하이닉스)이 최신 센서 기술들을 중소기업에서 쉽게 활용할 수 있도록 하여 중소기업의 시장 진입을 돕고, 대기업과 중소기업이 상생할 수 있는 고유의 생태계 조성(예: 다양한 수요에 맞는 센서들을 소규모로도 공급하여 자체 플랫폼 및 HW를 보급함)

    – 정부 주도로 IoT 센서 시장을 키워 나가야 할 필요가 있으며, 특별히 국내 대기업들과 중소기업은 물론 센서 기술이 발달한 해외국가들이 함께 기술 교류를 하며 상생할 수 있는 국제적 생태계 조성이 필요.

    – 이러한 국제적 생태계를 바탕으로 국내 대기업은 고유의 HW 및 플랫폼을 보급하고 중소기업은 보다 쉽게 시장 진입을 할 수 있을 것임. 또한 생태계 내에서 각 국가나 기업이 잘 할 수 있는 분야(예: 에너지, 환경, 자동차, 건설 등)를 선택하여 집중할 수 있도록 하

여 과도한 경쟁을 피하고 상생할 수 있는 방안을 마련함.

○ 전략 1.4. 경쟁력 있는 세부 분야를 잘 선택한 후, 센서 기술과의 융합을 통해 부가가치를 창출

 – 이미 포화된 물리 센서 시장을 피하고 미개척 센서 분야를 중심으로 새로운 시장을 개척해 나가며 단편적인 접근보다 융합적인 접근을 통해 특정 분야에 특화 된 다양한 센서 기술들을 확보하여 해당 분야의 기술 경쟁력을 높여 나감. 특별 분야에 대한 구체적인 이해와 함께 해당 분야의 기술과 센서 간의 융합적 접근이 필수적임.

○ 전략 1.5. IoT HW 제작 활성화를 위한 제조 생태계 육성 전략

 – 중국 심천과 유사하게 1) 저렴한 단가의 부품 수급, 2) 빠른 프로토타입 제작 및 테스팅, 3) 소량 및 대량생산 사업 네트워크를 지원하는 IoT HW 제조 생태계 형성이 필수적임.

2) IoT 플랫폼 대응 전략

■ SWOT 분석

〈표 6〉 SWOT 분석 : IoT 플랫폼

S : 강점	W : 약점
– 신규 서비스 창출을 위한 우수한 네트워크, IT 서비스 인프라 보유 – IoT 서비스가 올라가는 end-user 단말 및 기기 등이 널리 보급 – 결제 등 사물인터넷 단말 개발 및 활용 경험이 풍부 – 전통적인 대기업의 하드웨어 경쟁력(삼성 반도체 등) – 우리나라의 활발한 표준화 활동 참여(oneM2M, OIC 등) – 가전, 자동차, 조선 등 경쟁력 있는 국가 기간산업	– IoT 기반 대규모 시장 창출을 위한 비즈니스 모델 부재 – 복잡한 가치사슬로 인한 시장 활성화 어려움 – 인프라 관련 데이터 처리 기술 개발 역량 부족. 빅데이터에 대한 전문기업 경쟁력 낮음(규모, 사업/서비스경험) – 국내 기업이 클라우드 인프라에 투자해도 수익창출이 힘든 작은 국내 시장 규모 – 국내 기업의 IoT 기반 빅데이터 보유 및 활용 경험 부족
O : 기회	T : 위협
– 글로벌 경쟁력을 보유한 국내 단말 제조 기술력과 연계하여 차별화된 클라우드 기반 서비스 발굴 가능 – 다양한 플랫폼과 표준의 등장으로 이종 플랫폼/표준 간 연동 기술의 필요성이 증대 – 국제적으로 아직 IoT 플랫폼 개발에만 집중하여, 이를 활용한 서비스 및 비즈니스 모델이 아직 많지 않음	– 파편화된 소규모 IoT 시장으로 규모의 경제 달성 어려움 – 치열한 국내외 플랫폼 경쟁(구글, 아마존, 마이크로소프트 등) – 해외 기업의 클라우드 인프라 선점으로 인한 시장잠식 우려 – 외산 SW 플랫폼에의 의존성 증대 우려 – 구글 등 해외 기업의 축적된 빅데이터 및 이를 바탕으로 한 서비스 창출 및 에코시스템 구축 움직임

■ **핵심전략: HW플랫폼**(기술력기반 생태계조성 전략), **SW플랫폼/데이터처리인프라** (정부차원 육성 전략), **표준화 참여확대**(산업전반, 서비스중심)

○ 전략 2.1. 우수한 하드웨어 경쟁력을 활용한 IoT 하드웨어 플랫폼 주도

 – 대기업(삼성 등)은 전통적으로 반도체 기술이 뛰어나 IoT 관련 SoC 시장을 공략할 수 있음. 삼성이 주도하고 있는 아틱 하드웨어 플랫폼도 글로벌 생태계를 잘 조성한다면 성공적으로 성장 가능할 것으로 사료됨.

 – 단순히 하드웨어 플랫폼 개발에 집중하는 것이 아니라, 이를 이용한 서비스 및 글로벌 생태계를 조성하는 방안이 함께 이루어져야 함.

○ 전략 2.2. 우리나라 기간산업과 연계한 사물 인터넷 융합 전략

 – (기존에 존재하는 서비스를 개선하는 방식보다) 우리나라가 잘 하고 이해하는 기간산업 및 시장(가전, 자동차, 조선) 등과 IoT를 결합하여서 새로운 시장을 창출하는 개척자적 전략이 필요.

 – 이미 형성된 기간산업에서 출발하여 각 산업별로 파편화되어 규모의 경제 실현이 어려운 문제를 극복가능(서비스 플랫폼의 경우 이러한 개척자적 전략을 통해 사실상 표준화가 가능하므로 전 세계 시장 선도 가능성이 높음)

 – 하지만 기간산업의 경우 전문적인 IoT 응용 기술을 적극 수용 가능한 환경이 미비하여 이에 대한 개선이 시급함

○ 전략 2.3. 다양한 표준화 활동에 국내 기업의 적극적 참여가 필수적(주요 기간산업 포함)

 – 글로벌 표준 흐름에 맞춘 IoT 개발이 필수적이므로 꾸준한 표준화 활동에 참여하는 것이 필수적이며, 이통사/가전사 뿐만 아니라 주요 기간산업에서도 Industrial Internet 등의 표준화에 적극 참여가 필요함

 – 이종 플랫폼 및 표준 간 연동하는 기술 개발도 적극적으로 참여 즉, 애플리케이션 레이어, 디바이스 레이어에서 다양한 표준들이 함께 동작할 수 있도록 연동하여 기존 산업의 고도화 및 신서비스 창출이 활성화 되어야 함

○ 전략 2.4. 대기업/정부 주도 소프트웨어 플랫폼 개발

 – 외산 소프트웨어 플랫폼에 종속되지 않도록 응용 서비스뿐만 아니라 자체 플랫폼에도

투자하는 전략이 필요.

- 우리나라가 미국 등 주요 SW선진국에 비해 상대적으로 뒤쳐져 있는 상황이므로, 대기업/정부 주도의 자체 소프트웨어 플랫폼 개발을 통한 기술력 확보가 필수적임

- 대기업/정부 주토의 사업을 통하여 다양한 융복합형 서비스가 나올 수 있는 환경 구축이 되어야 함

○ 전략 2.5. IoT 응용서비스 개발 활성화를 위한 클라우드기반 데이터 처리 인프라 확보

- 응용서비스 개발이 아닌 기반 인프라 관련 데이터 처리 기술 역량을 확보하는 것이 필수적임

- 장기적인 관점에서 축적되는 데이터를 효율적으로 처리할 자체 인프라 구축이 필요하며 대기업/정부 주도의 기간산업의 성격으로 추진을 하는 것이 바람직함(국내 시장이 작으며 글로벌 SW기업과 경쟁이 어려운 상황임)

3) IoT 응용 서비스 대응 전략

■ SWOT 분석

〈표 7〉 SWOT 분석 : IoT 응용 서비스

S : 강점	W : 약점
- 스마트홈 적용에 용이한 주거 환경 구조를 갖춤 - IoT 서비스 제공을 위한 통신망 구축이 잘 되어 있음 - IoT 기술을 적용할 수 있는 기간산업(예: 반도체, 자동차, 조선, 건축 등)이 잘 발달되어 있음	- IoT 서비스 플랫폼의 부재로 서비스 제공을 위한 양질의 데이터가 없음 - 대기업과 벤처/중소기업 간의 협력 생태계 부재로 파편화되고 단편적인 서비스만 제공 - 의료시스템의 접근성이 좋아 내수를 위한 IoT 기반 헬스케어 서비스의 필요성이 낮음 비합리적인 헬스케어 관련 규제로 인해 헬스케어 사업자들의 불확실성이 증가 - IoT 서비스 기업들이 적고 정부/벤처캐피탈의 투자도 적음
O : 기회	T : 위협
- IoT 서비스는 기존 산업에 더 큰 부가가치 창출을 하며 성장할 것으로 전망되고 있음 - 미국과 동남아 지역 국가들은 의료 접근성이 낮아 IoT 기반 의료 서비스의 기회가 큼 - IoT 서비스 특성상 검증된 기술과 서비스를 손쉽게 해외로 수출할 수 있음(시스템으로 수출 가능)	- 글로벌 선도기업의 강력한 IoT 에코시스템이 더욱 견고해져 글로벌 시장 진출이 어려울 수 있음 - 선도기업의 생태계에 맞춘 IoT 서비스가 선도기업의 횡포에 의해 쉽게 흔들릴 수 있음 - 중국과 독일 등의 국가에서의 적극적인 자국 IoT 산업 지원 정책으로 후발국과 기술격차가 줄고 있음

■ **핵심전략: 우리나라 산업/기술/문화적 특성을 고려한 분야별 대응전략이 필수적**

○ 전략 3.1. IoT 서비스 인프라를 구축하기 용이한 우리나라의 주거 구조 환경을 십분 활용

- 미국과 달리 우리나라는 밀집형 아파트 단지가 많기 때문에 빠르고 손쉽게 일률적인 IoT 서비스 인프라를 구축할 수 있음. 기업 입장에서는 IoT 서비스를 통해 건축물의 부가가치를 향상시킬 수 있고 국가적인 측면에서는 IoT 서비스를 위한 전국 테스트베드가 구축될 수 있음

○ 전략 3.2. 건설, 자동차, 조선 등의 기간산업 중심 IoT 서비스 도입/확산

- 모바일 서비스 플랫폼 중심의 해외 선도 기업들의 접근방식과 달리 우리나라는 대표 기간산업인 건설, 자동차, 조선 등을 중심으로 IoT 서비스를 도입하면 사물/공간 지능화를 선도 가능함

- 이를 위해 보수적인 기간산업이 최신 IoT 기술을 적극 수용하고 도입할 수 있는 환경을 마련하는 국가차원의 노력이 필요함.

- 기간산업은 이를 통해 보다 높은 부가가치를 창출할 수 있는 전략들을 구상하여 내수시장과 해외 시장도 함께 공략할 수 있을 것으로 보임.

○ 전략 3.3. IoT의 혜택을 피부로 느낄 수 있는 IoT 서비스 확산을 통한 내수 시장 창출 전략

- 사람들의 눈에 가장 잘 띄고 직접적인 도움을 줄 수 있는 IoT 서비스는 사물/공간 지능화 이므로, 개인화 서비스 등을 활용해 서비스의 혜택을 소비자가 체감할 수 있도록 하여 IoT 서비스의 내수 시장을 적극적으로 창출해야 함

○ 전략 3.4. 국내 의료시장의 특성을 고려한 IoT 헬스케어 서비스 연구 개발 추진 전략 수립

- 외국의 경우 낙후된 의료 시스템과 높은 의료비용, 또는 접근성이 떨어져 원격 헬스케어의 필요성이 크지만 이에 비해 우리나라는 의료비용이 상대적으로 저렴하며 접근성이 높아 이에 대한 필요성이 낮은 현실임

- IoT 기반 원격 진료의 경우 관련된 연구개발을 하되 국내 시장보다는 의료 접근성이 낮은 미국이나 동남아 시장으로 진출 공략하는 것이 필요함

- 기존 의료 서비스를 보조하는 웰빙/삶의 질 중심의 IoT 헬스케어 서비스(예: 모바일 및 웨어러블 기반 서비스 만성질환 관리 등)의 경우 꾸준한 연구 개발이 필요함

○ 전략 3.5. 글로벌 경쟁력이 있는 의료법규 확립 및 일관성 있는 법규적용

- 국내 헬스케어 시장의 큰 걸림돌은 헬스케어 서비스의 비합리적인 규제로 의료기기와 웰니스 기기간의 모호한 구분을 새로이 규정하고 헬스케어 관련 규제를 글로벌 트렌드에 맞게 수정해야 하며, 규제 적용에 있어서 기업의 규모와 관련 없이 일관된 적용을 통한 사업 불확실성 제거하여 중소기업 활성화를 장려해야 함.

○ 전략 3.6. 에너지/재난/안전/환경 분야에 대한 지속가능한 IoT 서비스 모델 개발 및 투자 필요

- 기술적인 문제가 상대적으로 적은 분야로 선진국과 기술격차가 크지 않아 빠른 추격이 가능함

- 에너지/재난/안전/환경의 경우 정부의 규제의 영향이 매우 크므로 정부의 주도적인 역할이 필수적임

- 현재 정부주도 실증단지 사업은 단기성과 위주로 진행되고 있어 유사/반복투자의 우려가 크며 단지의 추후 활용 및 확장이 어려운 상황임

- 비즈니스 모델에 기반을 둔 지속가능한 IoT 서비스에 대한 장기적인 로드맵을 수립하여 민관 협동을 통해 대규모 투자를 하는 것이 바람직하며 이에 대한 정부의 주도적인 역할이 필수적임

4) 인재 양성 전략

■ **핵심전략: 복합 시스템을 다룰 수 있는 실무 중심의 융합형 인재 양성 전략 필요**

○ 전략 4.1. 기술간 융합이 가능한 IT 인재를 양성

- 미래 IoT 시대는 빠르게 변화하고 한 두 기술이 아닌 다양한 기술들 간의 융합을 통해 문제 해결이 이루어 질 것이라는 전망이 있음. 단순한 테크닉(예: 코딩)을 갖춘 인재보다도 근본적인 IT 소양(예: 협업, 소통, 적응력 등)을 갖춘 인재 양성에 집중할 필요가 있음.

- 미래 IoT 시대는 한두 가지 기술로만 솔루션을 만들지 못할 것이기 때문에 다양한 분야에 능통한 융합적인 인재들을 양성하는 것이 중요할 것임.

○ 전략 4.2. 실무 중심의 교육을 통해 실무 경험을 갖춘 인재를 양성

- IoT 분야는 실무 경험이 굉장히 중요한 분야이기 때문에 오픈소스 커뮤니티 참여 지원 등과 같은 실무 중심의 교육이 강화되어야 할 것임.

○ 전략 4.3. 다국적 소통 및 협업이 가능한 글로벌 인재를 양성

- 글로벌 단위에서 IoT 트렌드가 빠르게 움직일 것이며, 국내외 단체들이 긴밀히 협업하는 생태계가 만들어질 것이기 때문에, 이 생태계에서 중요한 역할을 할 수 있는 글로벌 인재(예: 국제적 오픈소스 활동 참여 등)의 양성이 필요하다는 의견이 있었음.

— 4 —
결론 및 제언

■ 결론 및 요약

○ IoT 기반 지적 서비스의 특징: 복잡성, 융합성, 생태성, 지역성

- 복합성(센서, 처리, 서비스 등 구성 + 관련 이해당사자 구조)

- 융합성(다학제/다분야 기반 융합이 필수적으로 요구됨)

- 생태성(단위 기술을 뛰어넘는 다양한 이해당사자를 아우르는 생태계 조성 및 활성화가 필수적)

- 지역성(자국의 산업/기술/문화적 특징에 기반한 글로벌 대응 전략 수립이 필수적)

○ IoT 기반 지적 서비스 미래전략 요약

- IoT 하드웨어(센서): 주요 기간산업의 IoT화를 통한 미개척 센서 분야의 주도권 확립

- IoT 플랫폼 대응 전략: HW플랫폼(기술력기반 생태계 조성 전략), SW플랫폼/데이터처리 인프라 (정부차원 육성 전략), 표준화 참여확대(산업전반, 서비스중심)

- IoT 응용서비스 대응전략: 분야별 우리나라 산업/기술/문화적 특성을 고려한 대응전략이 필수적

- 헬스케어: 원격진료 보다는 웰빙/삶의 질과 관련된 서비스 중심 전략(규제완화 필수적)

- 사물/공간 지능화: 주요 기간산업 중심 IoT 서비스 도입 및 확산 전략

    – 에너지/환경/재난/안전: 규제혁신 기반 전략 및 지속가능한 IoT 서비스 모델 개발 시급

    – 인재양성: 복합 시스템을 다룰 수 있는 실무 중심의 융합형 인재 양성 전략 필요

    – 국가정책: 규제혁신을 통한 기회 포착 및 지속가능한 IoT R&D 정책 수립 전략

■ **정책 관련 제언**

○ 정부 규제

    – 규제의 일관성: 일관적이지 못한 규제 정책은 오히려 국내 기업들이 해외 기업에 역차별 당하게 되는 부작용을 낳을 수 있음. 해외 기업들에 국내 기업들이 역차별 당하지 않도록 규제 정책의 일관성이 필요함.

    – 규제 완화: IoT 로부터 수집되는 방대한 데이터들을 기반으로 다양한 서비스 가치들을 창출할 수 있도록 관련 규제들이 완화 될 필요가 있음.

    – 규제 강화: 무조건적인 완화 보다는 사회적 합의에 따라 적당한 선을 잘 그어주는 것이 매우 중요할 것임. 특히, 보안 및 개인 정보 보호 같은 경우 어떤 면에서는 기존 규제가 강화되고 구체화 될 필요가 있음. 또한 기술적 이슈보다 규제의 부재로 IoT 활용이 잘 이루어지지 못하고 있는 분야(예: 환경)는 규제 강화가 필요함

○ R&D 정책

    – 정부 R&D 투자 확대: IoT 관련 기술을 확보하기 위해 주요 국가 산업 및 기술 육성 분야를 선택하고 지속가능한 서비스 모델을 고려하여 장기적으로 투자를 할 필요가 있음.

    – 국가 R&D의 연속성: IoT 관련 R&D 결과물의 활용으로 이어져 나갈 수 있는 장기적인 R&D 정책이 필요함.

    – 정부 주도의 시장 개척: 내수 시장의 협소함으로 국내 중소기업이나 대기업에서 당장 시장을 스스로 개척해 나가기에는 상당히 위험부담이 있음. 따라서 국가 차원에서 산업 생태계를 마련해 주고 이를 토대로 해외 시장에 진출할 수 있도록 돕는 정책적/재정적 지원이 필요함.

참고 문헌

[1] 주대영, 김종기. (2014). 초연결시대 사물인터넷. (IoT)의 창조적 융합 활성화 방안. 산업연구원.

[2] 이상홍 외 12. (2014). IoT 현황 및 주요 이슈. Insight 04. IITP 정보통신기술진흥센터.

[3] 한국산업기술평가관리원. (2013). 2013년 산업기술수준조사 보고서, 한국산업기술평가관리원.

[4] 김재호. (2014). IoT Platforms, KRnet 2014.

[5] 고유상 외 2. (2011). 헬스케어산업의 메가트렌드와 한국의 기회, *CEO INFORMATION*, 삼성경제연구소, 788.

[6] KCA. (2013). 개방형 시맨틱 IoT 서비스 플랫폼 기술 동향과 전망.

[7] 한국에너지기술평가원. (2014). 2014 Energy Technology Innovation Roadmap.

[8] 한국산업기술평가관리원. (2015). 스마트 헬스케어 기술동향과 산업전망. (IoT, 빅데이터, SNS를 중심으로), KEIT PD Issue Report.

[9] William Ablondi. (2014). Smart Home Systems and Services Forecast Global Total, Strategy Analytics.

[10] Mario Ballano Barcena & Candid Wueest. (2015). Insecurity in the Internet of Things, Symantec Security Re-sponse.

[11] Beryer, Hugh & Holtzblatt, Karen. (1999). *Contextual Design*, Interactions, 6-1. pp. 32-42.

Aerospace

분야책임자 임춘택

KAIST 원자력및양자공학과 부교수
전 청와대 안보전략비서관실 행정관
KAIST 전자공학과 석·박사
KIT(국립) 전자공학과 학사

안재명 KAIST 항공우주공학과 부교수

한국항공우주연구원 선임연구원
미국 Massachusetts Institute of Technology (MIT) 항공우주공학 박사
서울대 항공우주공학 학·석사

A

MESIA 미래전략
(항공우주 산업)

세부분야

항공, 우주

1

연구 개요

■ **연구 목적**

○ 5대 전략사업 MESIA 중 하나인 항공우주 분야의 미래 전략 수립 [1]

– 항공우주 분야에서 추격자 전략을 활용해 미래 선진국과 경쟁이 가능한 사업 아이템의 발굴

– 해당 사업 아이템을 성공적으로 추진하기 위한 미래 전략의 수립

■ **연구 필요성**

○ 현재 한국이 세계적인 경쟁력을 가지고 있는 기간산업 이외의 사업들에서 선도국 대비 경쟁력 확보를 위한 미래 전략이 필요함 [1]

– 우리나라가 세계적인 경쟁력을 가지고 있는 5대 기간산업인 전자, 기계, 조선/해양, 석유/화학, 철강을 '개척자전략' 기반으로 경쟁력을 유지해야 함

– 선진국이 주도하는 세계적 5대 전략산업인 의료/바이오, 에너지, 안전, 지적서비스, 항공우주(MESIA)를 우리나라가 가지고 있는 IT 기술 등의 인프라를 활용한 '추격자 전략'을 기반으로 하여 선도국 대비 경쟁력을 확보해야 함

○ 항공우주 분야 중 우리나라가 세계 시장에서 경쟁하여 이윤을 낼 수 있는 사업 영역의 발굴과 그에 대한 추진 전략의 개발이 요구됨

- 현재까지 우리나라 항공우주산업은 정부 주도 대형 프로그램 중심으로 성장, 핵심 분야에 대해 이런 노력은 계속되어야 함(예: 우주발사체 개발)

- 분야 중 민간 기업이 참여, 기존 인프라 및 인접 산업 역량을 활용, 비교적 단기간에 경쟁력 확보가 가능한 아이템 발굴과 성장 전략 개발 또한 필요함(MESIA 전략)

- 항공우주 산업 중 이러한 핵심 분야와 MESIA 전략 적용 분야는 산업/시장의 특성과 우리나라의 경쟁력을 바탕으로 선정되어 균형을 가지고 선택/집중 하의 투자가 이루어져야 함

■ **연구 범위**

○ 항공 우주 분야 산업/기술의 동향 조사 분석 및 미래 예측

○ 항공 우주 분야 전략 사업 아이템 도출

○ 도출된 사업 아이템에 대한 추진 전략 수립

○ 참여 연구자는 연구책임자 외 3명이며, 2명의 자문을 받았음

〈참여 연구진 소개〉

구 분	소속/직위/성명	담당 역할
연구 책임	카이스트/부교수/안재명	- 연구과제 기획, 조정, 관리 - 항공/우주 분야 사업 아이템 도출 및 전략 연구
연구 참여	카이스트/교수/박승오	- 항공/우주 분야 사업 아이템 도출 및 전략 연구
	카이스트/교수/방효충	- 항공/우주 분야 사업 아이템 도출 및 전략 연구
	카이스트/부교수/이정률	- 항공/우주 분야 사업 아이템 도출 및 전략 연구
연구 자문	KARI/실장/안오성	- 무인기 및 MRO 분야 자문
	SaTReC/실장/장태성	- 우주활용 분야 자문

— **2** —
산업/기술 동향 미래예측

1) 산업동향 미래예측

■ **항공우주산업에 대하여 논할 때 다음과 같은 점들이 고려되어야 함 [2]**

○ 항공우주산업의 위상

- 국격을 상징하는 대표사업이며 강대국/선진국의 조건임: 미국-러시아 우주경쟁(1960년대), 중국-인도 우주경쟁(현재)

- 국가방위의 근간이 되는 핵심 전략기술 사업임: 현대전에서 항공 전력과 우주정보전 역량은 그 중요성이 점점 커져 가고 있음

○ 항공우주산업의 특징

- (독특한 시장) R&D 규모, 소량·고가·고품질 제품, 지속적·전략적 기술/산업 발전 정책

- (공공재 산업) 정부주도의 정책안정, 민-관-군의 협력/소통과 국가리더십이 필수적

- (기반산업 연계 및 기술 선도형 산업) 국내 방산 수요와 산업역량 기반 최적의 미래산업

- (R&D 집약 및 지식집약형 산업) 한국의 산업 및 연구 체질 고도화/선진화 기회

○ 항공우주산업의 국가적 가치-경제적 가치뿐 아니라 전략적 가치까지 고려되어야 하고, 그 외 다른 가치들도 존재함

　－ 항공과 우주는 인류의 도전적 분야

　－ 지식집약형 국가산업체제 선도: 미국의 2대 핵심 정책 과제

■ 현재 항공우주산업 시장 현황은 다음과 같음 〈그림 1〉 [2-4]

○ 매출액 규모는 항공운항산업을 포함할 경우 연간 USD 1,300B 수준이며, 항공운항산업 제외 시 연간 USD 700B 수준임(2014년 기준, 다수의 source를 인용하고, 일부 추정치도 적용되어 있음)

　－ 항공운항산업: USD 600B

　－ 항공산업: USD 400B

　－ 우주산업: USD 300B

○ 우리나라는 항공 분야 세계 16위(2011년 매출액 기준), 우주 분야 세계 8위(2014년 Futron사의 Space Competitiveness Index 기준) 수준의 경쟁력을 지니고 있음(부록 1 참조)

■ 항공우주산업 시장은 지속적으로 성장하고 있음 [2]

○ 항공운항산업: 연간 성장률 5% 수준

○ 항공산업: 연간 성장률 4% 수준

○ 우주산업: 연간 성장률 9% 수준

○ 시장 평균 수준을 훨씬 상회하는 성장을 기록 중인 세부시장도 존재함

〈그림 1〉 세계 항공우주산업 시장 현황(단위: billion USD)

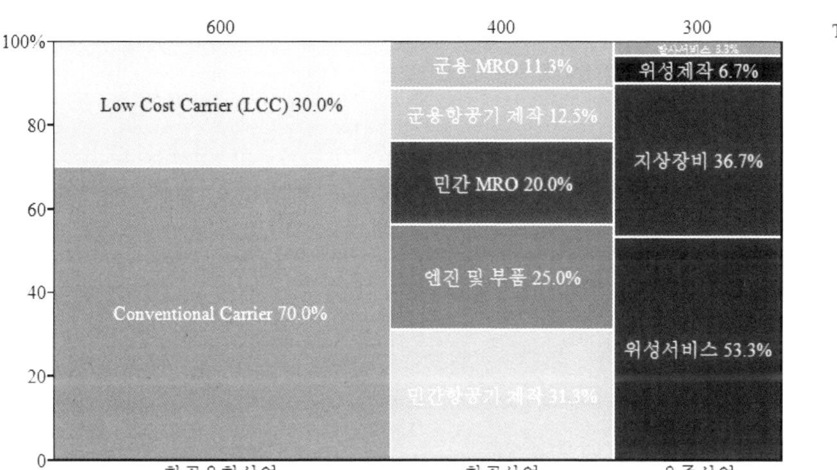

■ **전체 시장 내의 각 세부시장별 특징을 가지고 있으며, 이 중 일부 세부시장은 추격자 전략의 활용이 가능함**

○ 항공운항산업

– 도시화, 글로벌화 추세에 의하여, GDP에 비례한 꾸준한 증가가 지속되어 있음

– 특히 최근에는 저가항공사의 성장이 주목할 만 함

– 극심한 가격 경쟁이 발생하고 있는 시장이며, 이로 인한 수익성 악화 이슈가 존재함

○ 항공산업 – Civil [5–7]

– 유인기 제작: 소수의 player들이 시장 대부분 점유 중이며, 진입장벽이 매우 높음

– 무인기 제작: 아직 산업 발전 초기 상태이며, 우리나라가 상당한 경쟁력을 가지고 있어 집중 대상 세부시장으로 고려 가능함(Fast Follower 전략 적용 가능)

– 엔진 및 부품산업: 엔진 산업도 소수 player들에 의한 과점이 일어나고 있는 상황임. 부품산업의 경우 일부 address 가능한 segment 존재함

- Maintenance, Repair, and Overhaul (MRO): 현재 우리나라가 적극적으로 뛰어들고 있지는 않으나, 뒤에 소개될 싱가포르의 사례 등을 볼 때 상당한 upside가 존재하는 세부시장임(Fast Follower 전략 적용 가능)

○ 항공산업 – Military [5-7]

- 군용 유인기 제작: 진입장벽이 매우 높음. 우리나라는 훈련기 개발 경험(미국과 공동), KFX 기술 확보 등을 통해 일부 segment 진출을 노려볼 수 있음 – 추격자 전략을 적용하기 쉽지 않음

- 군용 무인기 제작: 민간 무인기와 유사하게, 우리나라가 상당한 경쟁력을 가지고 있으며 집중 대상 세부시장으로 고려 가능함(Fast Follower 전략 적용 가능)

- 군 MRO, 개조/개량: 민간 MRO처럼 상당한 upside가 존재하는 세부시장이며, 특히 전통적인 의미의 MRO 이외에 'Modification(개조/개량)'의 개념을 포함시켜 확장한 M-MRO 산업 진출을 적극적으로 고려해볼 수 있음(Fast Follower 전략 적용 가능)

○ 우주산업 – 위성서비스 [3]

- 통신, 영상/위치정보, 기상/환경/우주과학 등의 시장이 지속적으로 확대되고 있음

- 특히 위성영상 서비스 시장은 매년 8% 수준의 꾸준한 성장세를 유지하고 있음

- 최근 소형 위성들의 formation flying 및 constellation을 이용한 저비용 고효율 위성영상 서비스가 주목받고 있으며(예: Skybox imaging사), 이 분야는 향후 우리나라가 집중을 통해 성과를 만들어낼 수 있는 세부시장이라고 판단됨(Fast Follower 전략 적용 가능)

○ 우주산업 – 위성제작 [8, 10]

- 현재 5톤 이상의 대형위성 혹은 1톤 이하 소형위성에 대한 수요가 많아 시장 상황이 양극화되어 있음

- 최근에는 초소형위성 기술 발전과 관련 응용분야의 확대로 인한 수요 증가 또한 주목할 만함

- 우리나라의 경우 창의적인 소형/초소형 위성 기반의 임무 개발과 이를 위한 위성 제작에 집중해 성과 창출이 가능할 것이라고 판단됨(Fast Follower 전략 적용 가능)

○ 우주산업 - 발사 서비스 [8-9]

    - 미국 Space-X사의 Falcon 발사 서비스의 저가 제공으로 대표되는 가격 경쟁이 일어나고 있으며, 이러한 현상은 지속적으로 일어날 것으로 판단됨

    - 우리나라의 발사체 개발은 monetary benefit과 함께 국가안보, 과학기술 발전 등의 측면을 고려하여 꾸준히 진행되고 있음

○ 전체 항공우주산업 분야의 분류와, 관련하여 우리나라가 취해야 할 position을 〈표 1〉에 정리, 제시하였음(Fast Follower 전략이 적용 가능한 분야를 진한 색으로 명시하였음)

〈표 1〉 항공우주 주요 세부시장 별 특징과 Fast Follower 전략 적용 가능 분야(진한 색 표시)

세부시장	산업 및 시장 특성/우리나라의 경쟁력	Position
항공 운항	- 도시화, 글로벌화에 의해 꾸준한 증가 지속(CAGR~5%) - LCC시장 급격한 성장	- 핵심 분야(민간 주도)
민항기 제작	- 과점 시장, 꾸준한 성장(CAGR~4.8%) - 민간 무인기(UAV)시장 급격한 성장 중임	**- MESIA 전략분야(UAV)**
엔진 및 부품산업	- 민항기 제작시장과 함께 꾸준한 성장, 엔진 시장은 과점 MRO 산업과 연관히여 동시 발전 가능함	
민간 MRO	- 정비, 수명 연장, 화물기 전환/개조 - 외주 정비 시장의 확대(~80%) ⋯ 급성장	**- MESIA 전략분야**
군용기 제작	- 현대/미래전의 핵심 - 무인기 시장 급속히 성장 중임	- 핵심분야(정부 주도) **- MESIA 전략분야(UAV)**
군 M-MRO	- Modification(개조/개량) + MRO - 전자장비 개조 및 수명 연장 사업 확대 추세	**- MESIA 전략분야**
위성 서비스	- 통신, 영상/위치정보, 기상/환경/우주과학 시장 확대 - 특히 위성 영상	**- MESIA 전략분야**
위성제작시장	- 시장 양극화 현상 발생 중임(대형 위성/(초)소형 위성) - 소형 위성 중심, 시장 내 경쟁 Potential 존재	- 핵심분야(정부 주도) **- MESIA 전략분야**
발사체시장	- 최근 가격 경쟁이 치열-지속 예상 됨 - 국가안보, 기술 파급효과 등 고려, 꾸준히 진행되어야 함	- 핵심분야(정부 주도)

○ 이러한 시장 분석 결과를 바탕으로, 다음과 같이 'Fast Follower' 전략 기반의 사업 집중화 분야를 도출하였음

○ 항공 분야

  – 무인기(Unmanned Aeroal Vehicle, UAV): 초소형 드론 및 고성능 민수/군수용 무인기 포함

  – 개조/개량 및 유지 보수 산업(Modification, Maintenance, Repair, and Overhaul: M-MRO): 전통적인 의미의 민간 MRO 산업 및 개조/개량 중심의 군 산업 포함

○ 우주 분야

  – 소형 위성 및 이를 활용한 위성 이미징 산업

  – 민/군 겸용 우주기술 산업

■ 도출된 분야의 경쟁력을 키우기 위한 기술 요소들에 대한 설명이 다음 절에 제시되었음

2) 기술동향 미래예측

■ 무인기(Unmanned Aerial Vehicle / Drone – 드론) 분야 [5-6]

○ 최근 무인기(드론)이 항공 분야에서 미래를 이끌 신사업으로 떠오르고 있음

  – 무인기는 20세기 초 미국에서 연구되기 시작했고, 군사용으로 처음 활용되기 시작했음

  – 1982년 1차 레바논 전쟁 때 이스라엘 공군이 드론을 투입했다고 알려져 있으며, 현재까지도 정찰, 감시, 폭격 등 군사임무를 수행하는 경우가 많음

  – 최근 들어 구글과 아마존 등 글로벌 IT 기업들이 드론을 상업적 용도로 활용하기 위해 연구개발에 뛰어들면서 무인기 시장이 빠른 속도로 성장 중임

  – Teal Group의 분석 결과에 의하면, 2013년 세계 무인기 시장 규모는 USD 6.6B 수준임

○ 현재 무인기 산업은 군용 수요에 의하여 주도되고 있으나, 상업용(민간) 무인기 수요가 매우 빠른 속도로 성장하고 있음

- 무인기 시장은 연평균 성장률 8% 이상 지속적으로 성장될 것으로 예측되었고, 2025년 시장 규모는 USD 12.5B 이상으로 커질 것으로 전망되었음

- 여전히 무인기 시장은 군사용이 대부분으로 90% 수준이 군사용 무인기이고, 2020년대 초반까지 무인기 산업은 군 수요에 의해 주도될 것으로 예측하였음

- 현재 상업용 무인기는 정부 규제 등의 이유로 수요가 많지 않지만, 글로벌 대기업들이 잇달아 뛰어 들고, 각 나라에서 규제 문제가 해결되면 민간 수요가 급격하게 증가할 것이라고 전문가들이 예상하고 있음

○ 무인기(UAV)는 그 사용 목적에 따라서 8종류로 구분이 가능함 [6]

- Mini-UAV, 소형 무인기: 한 사람에 의해 이착륙과 운용이 가능한 육군 중/소대급 운용 수준, 많은 수가 운용 중이지만(약 70%) 저가인 관계로 비용 점유율로는 5% 이하임

- Small Tactical UAV (STUAV), 소형 전술급무인기: 1인 운반이 가능하나 land launcher 가 안 되는 육군 대대급 운용 수준, 점유율 낮음

- Tactical UAV (TUAV), 전술급 무인기: 200km 이내 반경에서 몇 시간 체공 가능한 육군 연대/여단/사단급 운용 수준임, 비용 점유 약 10% 수준

- Naval UAV, 해군용 무인기: 함상에서 운용 가능한 수직이착륙형(VTOL) 무인기, 수량 면에서 1% 수준이지만 비용면에서 10%(고부가가치 기종), 성능 향상이 이루어질 때 시장성이 큼

- Mid-Altitude Long Endurance (MALE), 중고도 장기체공 무인기, 수량 점유 3%, 비용 점유 34%로 향후 10년간 가장 큰 시장이 될 것으로 예측됨

- High-Altitude Long Endurance (HALE), 고고도 장기체공 무인기, 하루 이상 장시간 체공하는 전략급 무인기로, 수량 점유 0.35%, 비용 점유 22%임

- Unmanned Combat Aerial Vchiclc (UCAV), 무인전투기: 유인 전투기를 대체할 수 있는 UAV로 2020년 부터는 가장 큰 시장으로 부상할 것으로 예측됨

- Civil UAV, 민수용 무인기

■ **이러한 무인기 종류에 따른 특징들이 다음과 같이 제시되어 있음**

○ 고고도 장기체공 무인기(HALE) [6]

  - 고도 18km 이상의 준 우주(Near Space)에서 장기 체공하면서 원격 통제에 의한 무인 자율비행이 가능한 비행체

  - 기존 위성기술과 지상 통신 인프라의 한계를 극복할 수 있는 대안이 될 수 있으며, 향후 관련 서비스 수요의 증대로 신규 시장이 창출될 수 있을 것으로 예견되고 있음

  - 미국: 보잉사의 Phantom Eye 고고도 정찰기, 성층권 5년 비행이 가능하다고 알려진 Solar Eagle 등이 있고, NASA, DARPA 등 국가기관 주도로 연구 개발을 추진하고 있음

  - 영국: Qinetiq사의 Zephyr(2010년) - 고도 21km에서 최대 2주간 체공하였음

  - 국내: 한국항공우주연구원(2013년 착수, 2015년까지 태양전지와 이차전지를 동력원, 성층권 24시간 체공 가능 시제기 개발 중) / 국방과학연구소(2014년 민군협력 시범사업, 성층권 비행 목표 무인 비행체 개발 사업 착수)

○ 민수용 무인기(Civil UAV) [6]

  - 2012년 2월 미 의회에서 Federal Aviation Administration (FAA)으로 하여금 향후 4년 안에 무인기에게 미국의 민간 공역을 개방하기 위한 방안을 준비하는 법안이 통과되어 관련 제도의 제정이 가속화될 것으로 예상됨

  - 미국은 2015년 소형 무인기 대상으로 민간 운용을 허가하는 것을 목표로 하고 있고, 유럽 또한 이와 유사한 유/무인 항공기 공역 통합을 추진하여 2028년까지 모든 무인기 대상 민간공역 운항 허용이 예상됨

  - 기술의 성숙과 제도적 정비 노력과 동시에 민수용 수요의 지속적 증가로 인하여, 민수용 무인기 시장의 도약은 가능성이 아닌 시기의 문제일 것으로 예상되고 있음

  - 물류 및 배송 분야: 물품 배송(예: 아마존의 Prime Air 서비스 계획, 국내 물류 전문기업들도 관심을 보이고 있음), 정부 문서 배송(예: 2014년 UAE에서 정부 행정 서비스에 무인기 투입), 의약품 배송(예: DHL이 육지에서 12km 떨어진 섬까지 의약품 배송 사례 있음), 교과서 배송, 음식 서빙 등

  - 정보통신 분야: 무선인터넷 중계(예: 페이스북의 무인기 기반 인터넷 보급 프로젝트), 우주/미지 지역 탐사, 기상 관측 및 통신, 어군 탐지, 방송용 무인기, 송유관/전력 설비 점검 등

- 재해 예방 및 수색 분야: 재난 탐지, 스모그 제거, 홍수 감지(예: 브라질 상파울루 연방 대학의 홍수 관찰용 드론), 방사선 모니터링, 소방용 무인기, 화산 근접 촬영 등

- 농업 분야: 농약 살포, 씨뿌리기 등

- 치안 및 보안 분야: 도시 치안 강화, 개인용 무인 경비, 밀렵 감시 등

○ 무인기 산업 발전을 위하여 육성/확보되어야 하는 핵심 기술로 다음과 같은 것들이 있음[6]

- 통신 및 운용 주파수 관련 기술: 무인기 통신 시스템(UP/Down link 관련 연구, 내부 전송 – 지상장비와 통신 / 외부 전송 통신 연구 – sense and avoid, surveillance for situational awareness, air traffic controller 음성 데이터, 항법 정보 데이터 등), 무인기 주파수 대역 결정 연구 등

- 무인기 엔진 기술: 가스터빈엔진(터보제트, 터보프롭 등) 기술, 통합 동력장치 기술 – 특히 고고도에서 장시간 비행하는 무인기의 경우 더 중요해짐

- 무인기 센서 기술: 관성센서(가속도계 및 자이로) 기술, 탑재 센서(가시광선, 적외선, SAR 센서 등) 기술

- 자동 이착륙 기술: 영상 기반 이착륙 등의 자동 이착륙 기술은 무인기의 자율화 레벨을 높이는 데 매우 critical함

 • 〈그림 2〉에 현재 KAIST에서 활발하게 연구가 진행 중인 영상 기반 이착륙 실험 장면이 제시되었음

- 신개념 동력 기술: 태양전지(예: Aerovironment/NASA의 Helios 등), 연료전지(예: 수소 연료전지를 사용한 보잉사의 고고도장기체공무인기인 팬텀아이 등) 기술, 공중 급유 기술 등

- 무인기 충돌회피 기술: 탑재 기반 충돌 감지 및 회피 기술, 지상 기반 충돌 감지 및 회피 기술 (예: 미국 SAVDS/TRS사가 개발한 GBSAA 시스템) 등

〈그림 2〉 무인기의 영상 기반 착륙 시험

〈출처: KAIST 심현철 교수 연구실, http://unmanned.kaist.ac.kr〉

■ **Modification/Maintenance, Repair, and Overhaul (M/MRO) 분야 [2, 5]**

o MRO 산업은 민간 운항 및 군용 항공기 운용을 공통적으로 지원하는 산업으로 지속적으로 성장하고 있음(부록 2 참조)

- 항공 운항사들의 경쟁이 치열해짐에 따라 외주 정비(MRO) 및 개조/개량(수명 연장, 화물기 개조, 객실 개조 등) 시장이 커지고 있음

- 특히 최근에는 아시아, 유럽 미주 등지에서 저가항공사(Low Cost Carrier, LCC)들이 꾸준히 성장하고 있으며, 이러한 항공사의 기반이 되는 MRO 및 이와 연계된 부품산업 생태계의 조성 기회가 확대되고 있음(현재 민간 정비의 80% 수준이 외주로 처리 중임)

- 군용 항공기 기체 기술의 정체와, 상대적으로 전자전 장비의 빠른 발전에 따라 군용 항공기 성능 업그레이드(개조/개량) 산업이 빠른 속도로 성장 중임

o MRO 시장의 규모는 민항기 제작 시장과 비슷한 수준으로 매년 꾸준히 증가하고 있음

- 민항기 제작 시장은 연간 약 1,200억 불임(2011년 기준)

- 민항기 MRO 시장은 2011년 기준 약 1,400억 불이며, 연간 약 2% 수준으로 성장할 것으로 예측됨 [2]

○ 우리나라 항공기 보유 대수 및 운항 규모, 군 정비 및 개조개량 수요, 그리고 세계적인 추세인 저가항공사의 빠른 성장을 고려할 때, 이 산업 육성 기회 요인과 가능성이 충분함

    – 군 보유 항공기 규모: 고정익 세계 8위, 회전익 세계 6위

    – 민간 여객 수송량: 세계 13위, 화물 수송량: 세계 5위

    – 과거 10년간 운송실적 성장률: 여객 3.3%, 화물 4.4%로 안정적 성장이 지속 중임

○ 개조/개량 및 유지 보수 산업(Modification, Maintenance, Repair, and Overhaul: M-MRO): 전통적인 의미의 민간 MRO 산업 및 개조/개량 중심의 고부가가치 산업을 함께 육성할 수 있음

    – 민/군 항공기 개조/개량 사업은 전통적 의미의 MRO에 비하여 고부가가치 산업으로(예: 화물기 개조, 공중급유기 개조, 항공전자장비/전자전 장비 개조 등) 향후 육성으로 큰 impact를 만들 수 있을 것으로 기대됨

    – 관련 기술의 육성과 함께 이를 활용한 선행연구 및 산업생태계 강화 전략이 범 부처 차원에서 구상되고 추진될 필요가 있음

○ 또한, MRO 산업을 전략적으로 활용하여 항공기 부품 제조 기술을 강화시킬 수 있는 기회도 존재함 [2]

    – 싱가포르의 사례: MRO 산업을 기반으로 하여 엔진 조립 및 엔진 핵심 부품의 제작 산업 육성과 항공기 개조/개량 산업의 육성에 성공하여 작은 국가 규모 및 GDP 규모를 가지고 있음에도 성공적으로 항공우주산업을 효과적으로 육성하였음(현재 세계 민간 항공기 정비의 7%를 점유하고 있음)

    – 우리나라의 경우, 세계 3위 방산 수입국 등의 항공우주 부문 정부 지출 규모를 바탕으로 한 협상력을 이용, offset 교역 등의 기회를 통해 안정적 물량 확보 및 가격조건 제고, 고부가가치 부품 제작 등의 기회가 존재함

■ **위성 활용 분야: 시장 규모의 성장과 새로운 서비스 시장 대두**

○ 우주산업의 저가화 지속 및 위성 활용 산업의 빠른 성장이 예상되고 있음

    – 가속화되고 있는 발사비용의 저가화로 인하여(예: Space X사의 Falcon 발사체) 상용 위

성 활용 서비스 사업자가 늘어나고, 위성 서비스 산업이 지속적으로 성장할 것으로 예
상됨

- 위성을 이용한 영상, 통신 서비스 등 위성 활용 산업은 전체 우주 산업의 절반 이상 규모
이고, 위성 제작 산업의 8~10배 수준의 큰 시장임

○ 위성영상 기술 분야는 특히 빠른 성장이 예상됨

- 광학카메라 및 영상 레이더 장비의 소형 경량화 및 성능 발전으로 인하여 소형 위성으로
도 양질의 영상 획득이 가능해짐

- 2012년: USD 1.5B(연간) → 2022년까지 USD 3.5B 규모로 성장할 것으로 예상됨

○ 새로운 형태 위성 서비스 예시: SkySat Constellation

- 2014년 8월, Google사에 인수/합병되었음

- 저궤도 소형 군집위성 기반의 위성영상 서비스 산업

- 2013년 시험 위성의 첫 발사와 시연에 성공하였음

- 24기 위성군 완료 시(2018): 영상 주문에서 판매까지 1시간 이내 처리가 가능하도록 하는
것이 목표임(근 실시간성)

- S/W의 90% 이상 공개 코드 사용하는 등, 저가 위성개발 사업 모델 가능성 제시

- 향후 고고도 성층권 무인기를 이용한 이미징 서비스와의 경쟁이 예상됨

○ 저궤도 군집소형위성 기반 위성영상 서비스 산업

- 위성영상 서비스 목적의 지구관측위성은 대부분 저궤도 운용 중이고, 동일지역 관측 사
이의 시간 간격이 상당히 큼

- 재난감시, 감시정찰 등 목적으로 특정지역에 대해 신속한 위성 영상 공급을 요청하는 고
객 요구 발생. 이에 대항하기 위해 단일 중대형위성보다 다수 소형위성의 군집운용이 유리

- 소형위성의 성능 한계가 존재하지만, 다수 위성의 군집 운용을 통해 재방문 주기를 현격
히 줄일 수 있다는 탁월한 장점이 있으며, 동일 위성 다수 제작을 통한 비용절감 효과 또
한 존재함

○ 해외 초기 개발 사례

- DMC 위성군(영국 SSTL사): 다수 운용기관이 SSTL사와 공동 위성 제작, DMC

International Imaging이라는 자회사 통해 위성 운용과 영상 공급 협력(개별 위성 소유/관제는 독립 운용), 1m급 영상 공급 가능한 위성 3기로 구성되는 DMC-3 개발 중임

- RapidEye(독일): 단일 회사가 5기의 동일 위성 운용, 위성영상 공급 중임(2011년 파산 후 캐나다 회사에 인수됨)

○ 해외 혁신 개발 사례: 미국 Skybox Imaging

- 최근 소형지구관측위성 성능의 혁신적 개선에 힘입어 미국 Skybox Imaging사는 24개 위성군을 이용, 1m급의 위성영상과 90초 연속 HD급 동영상 공급 위한 시험위성의 첫 발사와 시연에 성공하였음(2013)
- 24기 위성군 완료 시(2018년) 위성영상 주문-판매까지 근 실시간(30분~1시간) 처리가 가능, 향후 고고도 성층권 무인기의 저가형 영상 서비스와 경쟁 가능
- S/W의 90%를 공개 코드 사용, 상용 기술 성숙을 활용한 스필오버(Spill Over)형 저가 위성개발 사업모델 제시

■ **소형 위성 분야: 시장이 매우 빠른 속도로 성장 중임**

○ 위성 제작비용과 발사 서비스 비용이 함께 내려가면서 저궤도 위성의 가격 경쟁 심화가 일어나고, 새로운 형태의 비즈니스 모델에 기반한 혁신적인 사업자가 출현하고 있음(예: Skybox Imaging)

- 최근 소형임에도 불구하고 우수한 관측 성능을 가지는 위성들이 많이 등장하고 있음

○ 이러한 위성의 저가화는 다음과 같은 기술 요소들이 견인하고 있음

- 큐브위성 등 위성의 소형화
- 자동차 등 인접 산업에서 성숙된 전자 부품
- 항공산업 및 지상 감시 시스템에서 성숙한 영상 처리 기술 활용

○ 비슷한 성능을 가지는 위성의 소형/경량화가 지속적으로 진행되고 있음.

○ 소형 위성개발 시장 규모는 지속적으로 성장할 것으로 예측되고 있음.

- 향후 5년간(2015~2019) 500kg 이하 소형위성 510개 발사 예상, 총 규모 USD 7.4B
- 지난 5년간(2010~2014) 총액 대비 17% 성장 예상

○ 국내 소형위성 기술을 활용하여 가능할 것으로 판단되는 분야는 다음과 같음

- 1m 이하 고해상도 지구관측 소형위성 제작

- 전자, 소재, 광학 기술 발전으로 위성 소형화 가속

- 독자 소형위성기술을 활용, 틈새시장 진입 가능

- 〈그림 3〉은 국내의 위성 개발 업체인 SaTReC-i에서 개발된 1m급 고해상도 imaging 위성인 SpaceEye-1임

〈그림 3〉 SpaceEye-1(국내 SaTReC-i 사 개발, 1m급 고해상도 이미징 가능, 위성 무게 300kg 이하)

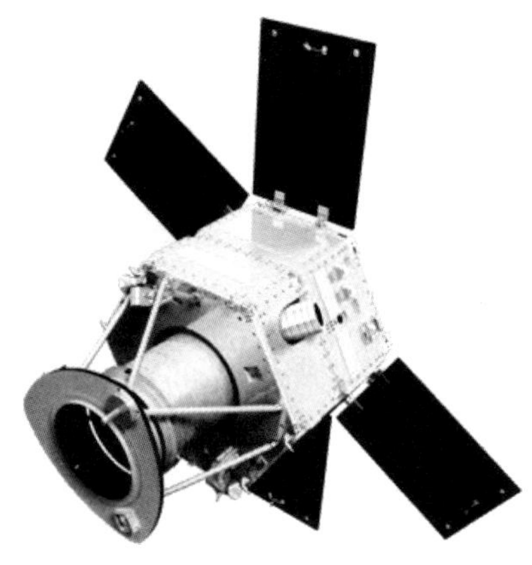

〈출처: SaTReC-i사 웹사이트 - https://www.satreci.com/index.htm〉

■ 민군 겸용 항공우주핵심기술 분야

○ 위성의 경우 군용의 비율이 상용 위성 비율을 상회하고 있음

- 2013년 전 세계 위성 제작 시장 규모: USD 15.7B

- 군 정찰(30%), 상용/공공/군용 통신(47%)

- 위성 분야 시장에서 군용 수요 비율 높음

○ 해외 안보 기술 특화 R&D center 사례

- MIT Lincoln Lab (DoD federally funded R&D center)

- JHU Applied Physics Lab (University affiliated R&D center)

➡National security 핵심기술 및 시스템 연구, 기술이전

우리나라의 경우, 기술 환경의 변화와 위성영상 수요의 꾸준한 증가로 우주산업 수요의 꾸준한 성장이 예상되며, 현재 세계 6위 수준으로 끌어 올린 국내 위성 제작 기술의 산업화 성공을 위한 핵심 기술 개발, 산-연 협력 및 민-군 협력을 통한 기술수준 향상을 기대할 수 있음

: 일례로, 현재 500kg급 중형위성 사업에 사용되는 위성 본체는 민-군 공통 플랫폼으로 기획되었음

○ 다음과 같은 민/군 겸용 항공우주 기술들에 focus를 맞출 수 있음

- Free space laser communication: 위성 간 통신, 심우주 통신, 전술적 군통신(보안강화)

- Miniaturized micro-SAR: 정찰임무용 레이더 영상 카메라(항공SAR, 위성SAR 활용)

- High-resolution satellite imagery processing: Super-resolution 기법을 활용한 Half-meter급 위성영상 획득(공공수요 및 군용 활용)

- Hyper-spectral camera: 파장대역별 다채널영상 획득 카메라(물질탐사/분석 등 공공수요 및 군용 활용)

3

산업/기술 육성 미래전략

1) 산업육성 미래전략

■ 항공우주산업의 특성

○ 기반산업 연계 및 기술 선도형 산업

- 항공우주산업은 자동차, 기계, 조선, IT 등 기반산업과 연관도가 높은데, 우리나라는 이들 산업군에서 경쟁력을 확보 중이나, 중국의 추격 등으로 새로운 기술적 도약과 차별화 전략이 필요하게 되었음

- 항공우주 분야에서 요구되는 초고온 소재기술, 초경량고강도 복합재 기술, 고효율 터빈 엔진 기술, 고성능 영상탑재체 기술 등은 경제적 가치뿐 아니라 해당 국가의 기술 수준을 보여주는 데에도 그 가치를 인정받을 수 있음

○ R&D 집약형 및 지식 집약형 산업

- 항공우주산업은 제조업 중 R&D 인력 비율이 가장 높고 지속적인 기술 투자가 반드시 요구되는 산업임

- 선진국의 대규모 투자를 통한 빠른 기술 혁신과 규모의 경제 및 글로벌 아웃소싱에 기반한 가격 경쟁력 강화 고려 시, 우리나라에서는 기술 개발에 있어 전략적인 선택과 집중을 할 필요가 있음

○ 지속적인 전문 인력 양성이 요구되는 산업

　－ 항공우주산업은 제조업 중 R&D 인력 비율이 가장 높고 지속적인 기술 투자가 반드시 요구되는 산업임

■ **항공우주산업 시장 공략 – 기회 요인 및 난점**

○ [기회 요인(Strength and Opportunity)] 국내 항공우주 전방 산업 및 후방 산업의 성숙도와 성장 현황을 고려할 때, 국가적 전략사업으로 항공우주산업 육성 가능성 존재함

　－ 전방: 운항 산업, 군용기 수요, 위성 활용 수요, 후방: 기계 산업, 전기/전자/통신 산업

○ [성공 사례] 후발 항공우주산업 육성 성공 사례

　－ 이스라엘: 항공전자기술, 도전적인 전략 선행기술 투자 육성 정책으로 무인기 및 항공기 개조개량 기술 발전 → 항공우주 분야 매출 USD 6.5B 수준(우리나라의 2.5배)

　－ 싱가포르: MRO 산업 기반으로 엔진조립 및 엔진 핵심부품 제작 산업 육성, 항공기 개조개량 산업 육성에 성공(2010년까지 매년 GDP의 3%를 MRO 산업 육성에 투자하는 등, 국가 주도의 강력한 MRO 산업 육성 정책과 부품 정비 인프라 갖춤) → GDP 대비 항공우주산업 가장 효과적으로 육성, 항공우주분야 매출 USD 11.5B 수준(우리나라의 4.3배)

○ [난점(Weakness and Threat)] 세계 시장 진입 장벽과, 산업 고유의 특성으로 인한 시장 진입 난점

　－ 세계 주요 5개국의 매출액 비중 78% (2011년 기준), 그 중 미국이 44%로 독보적임

　－ 산업 생태계의 수직 계열화가 이루어지며 Tier 1급 시장의 진입 장벽이 강화되고, Tier 2 업체들의 기회가 줄어들고 수익성이 악화되고 있음

　－ 항공우주 분야는 제품 기술을 확보하고 핵심 부품을 국산화한다고 해도 시장 성공 가능성이 보증되지 않음

■ **세부 산업 육성 전략 1: 무인기 산업**

○ UAV 시장의 범위가 넓기 때문에 세부시장을 나누고 목표 세부시장의 공략에 집중해야 함

- UAV의 대형화와 소형화가 동시에 진행되고 있으므로 전략적 Focusing을 해야 함
- 국내에 기술은 있으나 전략적으로 Targeting이 되지 않아 시장에 진입하지 못한 경우가 있기 때문에 구체적인 무인기시장 파악과 전략수립이 중요

○ 국가적인 차원에서 UAV 규격화와 같은 기술개발 Direction을 제시해야 함

- UAV 시장은 타 항공분야에 비해 빠른 기술수용(소형화, 전기동력화, 고성능화)으로 기술의 진부화 속도가 빠름. 따라서 정부 주도 연구개발에 있어서 잠재적 경쟁 제품과의 차별성(가격경쟁, 성능경쟁, 운용자 편의성 경쟁)을 감안한 전략적 고려가 중요함
- 연구개발 기획단계의 시장상황과 개발완료시점의 시장상황이 다르기 때문에 이를 고려한 R&D 전략이 필요

○ 몇몇의 기업에만 국가의 지원이 집중되는 문제를 해결해야 함

- 이는 긴장감 없는 R&D 사업의 구조를 형성하며, 기술개발의 다양성을 저해하는 요소가 됨
- 현재와 같이 단기간에 가시적 결과를 보여주기 위한 목적성의 R&D 기획과 사업자 선정(대부분의 무인기 관련 연구개발 사업, 지자체 사업에서 발견되는 특성)이 지속되면 국내 기업의 혁신 경쟁이 느려지고 세계적인 기업이 자랄 수 있는 토양이 형성되지 않을 것임

■ 세부 산업 육성 전략 2: MRO

○ MRO는 고용창출효과 등 지역사회 발전에 기여할 수 있는 요인이 많은 High-quality service 산업이므로, 지방자치단체와 연계하여 산업 발전을 추진할 수 있는 기회 존재함

- 현재 인천시에서 관련 사업에 관심을 보이고 있음
- 사업 분야별로 공항 특성과 연계하여 시장이 형성된다는 특징을 고려할 필요 있음(지상 조업, 라인 정비: 항공기 이착륙 빈번한 Hub 공항 중심, 중정비: 공항료가 경제적인 지방 공항)

○ 개조/개량을 뜻하는 Modification을 포함한 M-MRO (Modification, Maintenance, Repair, Overhaul) 산업 형태로 추진하는 것이 바람직함

- 세계 민간 MRO 시장은 연 1,400억 달러 규모. 아시아 지역 MRO 수요는 세계시장의 1/4 이상이며 가장 빠르게 증가하고 있음

- 현재 아시아 지역 MRO는 싱가포르가 1/4 이상을 차지하고 있는데, 항공기 Modification
  에 초점을 맞추어 차별화 요소를 만들어 내는 것이 필요함
- 화물기 개조, 공중급유기 개조, 항공 전자장비, 전자전 장비 개조 등 고부가가치 사업에
  집중
- 국내 보유 다양한 항공기 제조-개발 및 보수-개조 경험으로 차별화가 가능할 것으로 기
  대되며, 현재 F-16 항공기의 개조에 중점을 두고 있는 이스라엘의 전략을 적용할 수 있음

○ 최근 군용기 부문에서 비행체 복잡도 증가와 정비 일정 문제로 인한 가용성 저하 문제
  해결 위해 Performance Based Logistics (PBL) 계약 형태가 출현했으며, 이에 대한 대응
  이 필요함

- 해외 도입 항공기에 대한 PBL은 국내 정비 인프라 및 관련 산업의 종속을 가져올 수 있음
- 대안으로, 해외 항공기 구매 시 항공기 정비 권한과 함께 개조/개량 권한까지 추가 구매
  하여 자체 개조/개량하는 방법을 고려할 수 있음(대부분 군사 강국이 추진하는 전략)

○ 국내에 역량을 보유한 다양한 기업들이 항공산업에 참여하여 새로운 기술개발과 기술파
  급으로 산업이 활력을 찾을 수 있는 모티브가 될 수 있도록 유도할 필요가 있음

- 대기업뿐만 아니라 새로운 진입자가 참여할 수 있는 국가지원 정책 및 신규진입자의 진입
  장벽을 낮추는 인프라 조성(인증지원, 시험평가 지원, 시범운용 사업 등) 사업모델 필요

■ 세부 산업 육성 전략 3: 소형 위성 제작 및 활용(이미징)

○ 지구 관측 위성 개발 후발주자인 우리나라가 선진국과 비교했을 때 가격경쟁력과 기술경
  쟁력을 가질 수 있도록 하는 대책 마련이 시급한 상황임

- 국가 연구 개발 사업 기획 시 성능뿐 아니라 가격 경쟁력 확보와 핵심 부품 기술 확보 방
  안을 같이 고려하고, 그 신뢰성과 전략을 적절한 방법으로 검증하는 절차가 필요함
- 위성영상서비스 관련 다양한 활용/운용개념과 핵심기술의 확보를 위한 연구 개발이 필요함
- 빠른 발전 추세에 대응하기 위하여 국가 연구 사업의 기획을 복수로 수행, 기획 단계에서
  경쟁 체제를 도입하는 방안에 대하여 검토할 필요 있음

○ 위성의 소형화/고성능화가 가속되면서 위성 본체 설계 제작 기술과 고성능 영상 탑재체 기술, 통신 및 소프트웨어 기술이 융합되어가는 추세임

  – 이러한 융합 기술에 대한 기획 단계의 중요성이 더 커지고 있으며, 관련 연구 기획 역량과 이를 뒷받침할 수 있는 정책이 필요함

  – 특히 통신-영상탑재체-본체-SI 주체 간의 협력, 민-군/산-연 기관 사이의 협력이 현재보다 높은 수준으로 이루어져야 함

■ 세부 산업 육성 전략 4: 민/군 기술협력

○ 현재 우리나라 민/군 기술협력 추진 체계를 개선하여 항공우주 분야 민/군 협력 사업의 활성화와 내실화를 유도할 수 있음

  – 민-군 개발을 생산공정 공유하여 비용절감(NRC 및 RC)과 상용 성숙기술의 활용을 기대할 수 있음

  – 세계적으로는 이를 위하여 상용 개발 후 군용 전환을 통해 군용만을 목적으로 한 개발 대비 품질, 비용성능을 제고하려는 추세가 있음

  – 반면 우리나라의 경우, 군 수요를 우선으로 고려한 '민-군 공통수요'의 개발로 민군겸용 개발 추진 범위가 제한되어옴(응용개발 – TRL6 이상 위주)

  – 최근 원천 기술(TRL4 이하) 활용 시범기 개발이(장기체공 UAV) 추진되고 있음

  – 민/군 기술협력 사업이 연 600억 규모로 성장하였으나 군 소요 위주 기획으로 사업이 구성되었으며, 향후 더 큰 성과를 창출할 수 있는 upside 존재함

○ 민/군 기술 협력 체계의 개선 전략

  – 항공우주 기초원천기술개발 확대: 민간 우위 기술기반, 항공우주 활용가능 선행 기술 개발

  – 민간수요 선도형 민/군협력 사업 추가: 민간 선행 제품화 통한 군 조달 제품의 품질 및 경제성 제고

  – 도전적 시제품/시범사업 활성화: 원천핵심기술 고도화/실용화를 선도-중계할 도전적 시제사업

2) 기술육성 미래전략

■ **항공우주 분야 R&D 전략 1: 전체적인 R&D 전략 구조를 조정할 Control Tower 필요**

○ 항공분야의 R&D는 관리 부처가 다양하고, 부처 간 융합이 되지 않아 부처 상위의 조정 기구가 필요함

  - 현재 상위 조정기구의 부재로 R&D 효율성이 낮은 문제가 있음

  - 조정기구를 통한 합리적인 연구개발 일정과 비용관리가 가능함

○ 컨트롤타워를 통해서 처음 개발기획 단계에 미래전략과 목표를 수립할 수 있고, 기술 Innovation에 실패하여 시장진입 기회를 놓치는 경우를 막을 수 있음

■ **항공우주 분야 R&D 전략 2: 기업체 참여 유도 전략 필요**

○ 국가가 제시하는 중장기 연구개발 계획이 민간의 투자를 유인하기 위해서는 현재와 같은 Wish List 수준(부처별 예산경쟁의 목적이 포함된)이어서는 곤란함

  - 확고한 선택과 집중의 근거 위에 개발 단계별(원천, 응용, 개발) 예산 계획까지 승인된 수준의 중장기 연구개발 및 공공 획득계획(개발 성공 시 군획득 보장 등)이 필요

○ 구체적인 사업 Targeting과 Directing이 필요함

○ 사업의 지속성을 약속하여 항공분야 진출을 꺼려하는 기업의 참여를 유도해야 함

■ **항공우주 분야 R&D 전략 3: 국제 경쟁력 확보를 위한 장기 (체계) 사업의 발굴 필요함**

○ 국가전략으로 중장기적/범 부처 사업으로 추진할 필요가 있는 사업 및 관련 기회 요인의 발굴

○ 고려 가능한 후보 플랫폼 사업

  - 국내 민/군/무인기 부문에서 공통 수요가 큰 터빈엔진 공통 플랫폼(표준모델) 개발(항공기 핵심 기술)

  - 국내 개발 항공기 개조개량 사업(민간 M-MRO)

  - 군 기보유 항공기의 개조개량 및 성능 고도화 사업(군 M-MRO)

— **4** —
결론 및 제언

▪ 결론 및 요약

○ 항공우주 산업 중 정부 주도 핵심 분야와 함께 민간 주도로 인접 산업 역량을 활용, 비교적 단기간에 경쟁력 확보가 가능한(추격자 전략) 아이템 및 전략 개발 또한 필요함

- 핵심 분야와 추격자 전략 적용 분야는 산업/시장의 특성과 경쟁력 바탕으로 선정, 균형감을 유지하며 선택/집중 하의 투자가 이루어져야 함

○ 추격자 전략 전용 분야로 1) 군용 및 민간 무인기(UAV) 분야, 2) 개조/개량 및 유지 보수 분야(M-MRO), 3) 소형 위성 및 이를 활용한 위성 이미징 산업, 그리고 4) 민/군 겸용 우주기술 산업을 선정하였음

- 선정된 세부 분야의 특징과 우리나라의 포지션에 대한 분석, 그리고 관련 산업 발전 전략을 제시하였음

○ 현재 소수의 선도국에 전 세계 산업의 대부분이 집중되어 있고, 후발 주자들이 참여해서 성과를 내기에 불리하도록 상당한 진입 장벽이 존재하는 항공우주 산업의 특징을 고려할 때 다음과 같은 전략적 방향성이 유지될 필요가 있음

- 너무 많은 세부 산업에 참여하기보다는 우리나라가 경쟁력을 가질 수 있는 세부 산업에 선택과 집중을 하고, 차후 필요시 이를 바탕으로 한 확장을 노리는 것이 바람직함

- 우리나라가 가지고 있는 기술 측면에서의 강점(전기/전자/기계 산업 등에서의 기술적 성

숙도)과 산업적 측면에서의 강점(민간 및 군용 항공/우주 product의 구매자 입장에서 생기는 협상력 등)을 최대한 leverage할 수 있도록 방향을 설정해야 함

- 지금보다 더 다양한 기업들이(중소기업 포함) 뛰어들어 산업 발전에 기여할 수 있도록 법/제도 및 투자를 비롯한 다양한 도움과 보상 체계를 개발하여 산업 생태계를 더 건강하고 innovation-friendly하게 만들어야 할 것임

- 각 분야에서 성과를 내고 세계시장에서 경쟁하기 위해서는 정부 차원의 장기 계획을 수립하고 실행할 수 있는 조직을 만들고 권한과 책임을 같이 부여할 필요가 있음

■ 정책 관련 제언

○ R&D 관리에 High-trust system 도입

- 빠른 성과 요구와 실패를 용인하지 않는 Low-trust system으로 인한 문제점을 해결해야 함

- 특히, 도전적인 연구개발을 장려하기 위해서는 High-trust system에 필요한 다음 3가지 제도적 장치가 정비되지 않고는 불가할 것으로 판단

  • 시제개발-검증 사업 활성화: 탐색개발과 체계개발의 분리 및 탐색개발 시 충분히 도전적인 기술목표를 설정하고 이의 충족성을 검증하기 위한 시제기 개발-검증을 지원하는 체제 구축. 특히 완제기 개발 사업에 선행하는 시제기 개발만이 아니라, 완제기의 개조개량에 필요한 기술의 선행개발 사업의 기획·추진 필요

  • 시제개발 사업, 핵심기술 개발 사업의 충분한 선행성 확보: 시제기 개발-검증 또는 핵심기술 개발 사업에 충분한 시간을 할애하지 않을 경우, 해외의 원천기술에 의존하여 고비용·저성능 연구개발 사업 구조 고착화

  • 지체보상금 제도의 완화: 개발사업의 난이도와 국산화 대상 기술의 국가 전략적 중요성을 충분히 고려한 개발전략을 위해서는 지체보상금 제도의 완화와 유연한 운영이 필수적임

○ 항공 우주 수출 진흥을 위한 지원 체계 개선이 필요함

- 항공우주분야는 수출조약이 까다로운 경우가 많기 때문에 기술개발 단계부터 수출시스템을 분석하여 국제시장 진출을 도모해야 함

- 부품개량/시험평가-인증 관련 금융 지원, 글로벌 마케팅 등 해외수출을 전담 지원하는

사업이 필요함

– 부품 관련 Joint Venture 장려, 절충교역을 활용한 국제 협력 등 전략적 국가지원 추진 필요

참고 문헌

[1] 임춘택, 이광형. (2013). 창조경제시대의 대한민국 미래 5대 전략사업 MESIA. *KAIST See Futures* 창간호. pp. 18-25.

[2] 박승오, 임철호, 이주진, 박민우, 안오성, 방효충, 안재명, 심호준, 이필춘. (2013). 나로호 이후 우주항공산업의 길을 제시한다. 한국공학한림원. pp. 1-41, 55-95.

[3] Space Foundation Offices. (2015). The Space Report 2015: the authoritative guide to global space activity. *Space Foundation*. pp. 1-40.

[4] M. A. Caceres. (2014). World Space Systems Briefing, *Teal Group Corporation*. pp. 31-52.

[5] Market Report 2013-11. (2013). 우주항공 관련산업과 기술개발 동향. 데이코산업연구소. pp. 23-41, 87-114.

[6] Market Report 2015-2. (2015). 창조경제 핵심산업으로 부상하는 드론. (무인기) 관련 신사업 전략 모색을 위한 종합 분석. *Information Research Service*. (IRS) Global. pp. 127-275.

[7] Teal Group. (2015). World Unmanned Aerial Vehicle Systems: Market Profile and Forecast - 2015 Edition. (Executive Summary). Teal Group Corporation. pp. 12-13.

[8] Futron Corporation . (2014). Futron's 2014 Space Competitiveness Index: A Comparative Analysis of How Countries Invest In and Benefit from Space Industry. Futron Corporation. pp. 17-29, 131-136.

[9] Federal Aviation Administration. (FAA) Commercial Space Transportation. (AST) and the Commercial Space Transportation Advisory Committee. (COMSTAC). (2015). *2015 Commercial Space Transportation Forecasts*. FAA. pp. 32-42.

[10] Forecast International. (2014). Space Systems Forecast - Satellites & Spacecraft. *Forecast International*.

1. 항공 및 우주 분야에서의 시장 경쟁 현황 및 우리나라의 위치

■ **항공 분야: 2011년 현재 매출액 기준 세계 16위 〈표 1〉 [1, 2]**

  ○ 매출액 상위권에는 북미 및 유럽의 강대국들이 포진해 있고, 중국 또한 포함되어 있음

  ○ 11위 싱가포르 및 12위 이스라엘은 우리나라와 비교할 때 매우 작은 국가임에도 불구하고 우리나라보다 훨씬 더 많은 매출을 기록 중임

  − 적극적으로 벤치마킹할 필요 있음: MRO(싱가폴)/UAV(이스라엘)

  ○ 우리나라는 2008년 기준도 16위였고, 2011년 기준으로도 16위로 순위 변화 없음

〈표 1〉 항공 분야 국가별 매출액 순위 및 관련 통계

순위	국가명	2011년 현황			주력분야
		매출액(억 달러)	비중(%)	고용(천명)	
1	미국	1,874	43.7	625	완제기, 엔진
2	프랑스	503	11.7	162	완제기, 엔진
3	영국	374	8.7	101	엔진, 부품
4	독일	358	8.3	97	부품, 헬기
5	캐나다	226	5.3	87	중형기
6	중국	177	4.1	501	군용기
7	러시아	177	4.1	407	군용기
8	일본	176	4.1	32	부품
9	이탈리아	133	3.1	35	군용기, 헬기

10	스페인	93	2.2	33	중형기, 부품
11	싱가포르	79	1.9	19	MRO
12	이스라엘	63	1.5	29	무인기, MRO
13	브라질	58	1.4	17	중형기
14	스웨덴	36	0.8	13	군용기
15	스위스	29	0.7	9	소형기
16	대한민국	27	0.6	10	군용기, 부품

■ **우주 분야: 2014년 현재 8위**(Futron사의 2014 Space Competitiveness Index 기준) 〈표 2〉 [3]

○ 우주 분야의 국가별 경쟁력 지수인 Space Competitiveness Index를 기준으로 할 때, 우리나라의 우주 분야 경쟁력은 인도, 캐나다에 이어 세계 8위 수준임(9위: 이스라엘, 10위: 호주)

  – 해당 분석에서는 정부(Government), 인적 자원(Human Capital), 그리고 산업(Industry) 측면에서 각국의 경쟁력을 평가하고, 이를 합산하여 최종 경쟁력 지수를 도출하였음

  – 2013년 기준 순위인 9위에서 한 단계 상승하였음

  – 1위: 미국, 2위: 유럽, 3위: 러시아, 4위: 중국, 5위: 일본

○ 같은 자료에서는 우리나라의 우주 분야 경쟁력 중 정부, 인적 자원, 산업에 대해 아래와 같이 언급하고 있음 [3]

  – [Government] "⋯ South Korea's new launch success has removed some uncertainty and tension from the national space program. Now, the challenge is to move forward on ambitious goals, sustaining momentum. ⋯"

  – [Human Capital] "⋯ South Korea faces both a lack of scale in its human capital base and the absence of clear methods to increase the size of its space-skilled workforce. It may wish to consider immigration as a tactic. ⋯"

  – [Industry] "⋯ South Korea's overall space industrial base is small, but its smallsat manufacturing cluster and past industrial policy successes suggest it may be able to rapidly scale up to meet market demand. …"

ㅇ 경쟁력 강화를 위하여 시급한 분야는 산업 및 인적 자원 분야임 – 본 과제에서 도출된 전략 중 하나인 "기업체 참여 유도 전략"과 align되는 결과임

〈표 2〉 2014년 Space Competitiveness Index 기준 순위

2014 rank	Country	Overall Score	2013 순위
1	U.S.	90.60	1
2	Europe	50.34	2
3	Rusia	43.76	3
4	China	24.39	4
5	Japan	21.45	7
6	India	20.49	5
7	Canada	16.75	6
8	S. Korea	10.80	9
9	Israel	10.30	8
10	Autralia	7.73	
11	Brazil	7.42	10
12	Ukraine	6.05	
13	Argentina	5.87	
14	Iran	4.46	
15	S. Africa	3.50	

2. MRO산업 특성 분석 [1]

■ MRO 산업의 특성

○ 항공기 수명 주기 중 지속적인 반복 수요가 발생함

○ 항공기 부품 개발/제작 산업과 맞물려 발전 가능함

　－ 항공기 엔진/구성품 제작 업체 매출의 절반 가량이 MRO에서 창출됨

○ MRO 산업을 통해 상당한 수준의 고용 창출 효과를 기대할 수 있음

○ 장기간 항공기가 머물 수 있고 비교적 부대 비용이 낮은 지방 공항들을 MRO 중심 공항으로 활용 가능

　－ 주변에 MRO 산업 단지를 조성, 관련 부품 공급 생태계를 조성할 수 있으며, 이를 통해 지역 경제 활성화에 기여할 수 있음

■ 해외/국내 동향

○ 항공운송시장은 2008 글로벌 경제 위기 시 잠시 주춤했던 시기를 제외하면 매년 고성장을 유지해 왔고, 차후 지속적인 고성장 추세가 이어질 전망임

○ 선진항공사들은 항공운송분야 역량 집중을 위하여 MRO 부문의 외주 전문 업체 outsourcing 확대 중임. 저가항공사의 성장 또한 MRO 시장의 성장을 견인하는 요인임

○ 각국의 군 또한 국방 경영 효율화를 위해 비전투 분야 항공기 운영유지를 MRO 전문 업체들과 민/군 partnership 체계 구축을 통하여 전략적 협력 관계를 유지, 확대 중임

○ 국내의 경우, 수요(민간/국방 외주 MRO가능 수요), 환경(정비 전문 인력, 산업 역량, 지자체 등의 유치 노력) 성공 가능 요인에도 불구하고 군 및 항공사들의 자가 정비 정책이 지속 중이며, MRO 산업이 미성숙한 상태임

■ MRO 산업의 정책적 중요성

○ 새로운 체계개발추진에 따른 막대한 비용 및 위험 부담 없이도 부품 산업 생태계 육성

이 가능하며, 저가항공사(LCC)의 성장 등 MRO 시장 성장을 위한 세계적 추세를 고려
할 때 시급한 육성이 필요한 분야라고 할 수 있음

○ 국내 수요 및 주변 국가(일본 등) 수요의 흡수 가능성, 국내 체계 개발 인프라 연동 가능
성 등을 고려할 때(가상 경쟁국인) 싱가포르 대비 경쟁력 확보가 가능함

■ MRO 산업의 육성 기회 요인

○ (해외) 향후 20년간 Global 항공기 신규 수요는 아시아/태평양 지역이 리드할 것으로 전
망되며, 특히 급성장 중인 저가항공사들의 outsourcing 확대에 따라 MRO 시장 급성장
이 전망됨

  - 아시아/태평양 지역의 주요 저가항공사들: Air Asia(말레이시아), Lion Air(인도네시아),
    IndiGo(인도) 등 – 1,000여 대의 항공기 주문 중임(2012년 기준)

○ (국내) 국내 저가항공사들의 지속적인 성장(2013년 기준, 국내선 시장점유율 48%, 국제선
    9.6%)과 한국군의 강도 높은 경영효율화 노력으로 인한 국내 MRO 시장 확대 전망됨

참고 문헌

[1] 박승오, 임철호, 이주진, 박민우, 안오성, 방효충, 안재명, 심호준, 이필춘. (2013). 나로호 이후 우주항공 산업의 길을 제시한다. 한국공학한림원. pp. 1-41, 55-95.

[2] Market Report 2013-11. (2013). 우주항공 관련산업과 기술개발 동향. 데이코산업연구소. pp. 23-41, 87-114.

[3] Futron Corporation. (2014). Futron's 2014 Space Competitiveness Index: A Comparative Analysis of How Countries Invest In and Benefit from Space Industry. Futron Corporation. pp. 17-29, 131-136.

초판 1쇄   2016년 01월 01일

지은이   KAIST 문술미래전략대학원/미래전략연구센터
발행인   김재홍
디자인   박상아, 이슬기
교정·교열   김현경
마케팅   이연실

발행처   도서출판 지식공감
등록번호   제396-2012-000018호
주소   경기도 고양시 일산동구 견달산로225번길 112
전화   02-3141-2700
팩스   02-322-3089
홈페이지   www.bookdaum.com

가격   20,000원
ISBN   979-11-5622-136-4 13300

CIP제어번호   CIP2015034482
이 도서의 국립중앙도서관 출판도서목록(CIP)은 서지정보유통지원시스템 홈페이지(http://seoji.nl.go.kr)와 국가자료
공동목록시스템(http://www.nl.go.kr/kolisnet)에서 이용하실 수 있습니다.